Fritz Mybes

W0244666

GESCHICHTE DER EVANGELISCHEN FRAUENHILFE IN QUELLEN

unter besonderer Berücksichtigung der
Evangelischen Frauenhilfe im Rheinland

Schriftenmissions-Verlag Gladbeck

© 1975 im Schriftenmissions-Verlag, Gladbeck
Umschlagentwurf und Layout: Gerd Meussen, Essen
Satz & Druck: Contzen, Lünen
Einband: Verlagsbuchbinderei Werner Berenbrock, Wuppertal-Barmen
ISBN 3-7958-0380-2

Den Mitarbeiterinnen und Mitarbeitern

Geleitwort

Eine Darstellung der Geschichte der Evangelischen Frauenhilfe scheint mir aus zwei verschiedenen Gründen angezeigt zu sein. Ich nenne nur zwei davon.

Man hört heute nicht selten den Vorwurf, auch Christen hätten kein oder nur ein gebrochenes Verhältnis zur Geschichte, besonders zu unserer jüngst vergangenen Geschichte. Leider wird man dies nicht so leichthin in Abrede stellen können. Die vorliegende Quellensammlung ist geeignet, diesem Mangel an geschichtlichem Denken ein wenig abzuhelfen.

Es stimmt, daß das Mitwirken der Frau insbesondere beim Aufbau gegliederter Gemeinden, ihrer biblischen Vertiefung und ihrer diakonischen Durchdringung bisher keineswegs überall deutlich genug gesehen wird. Auch in dieser Hinsicht kann das neue Buch wesentlich neue Einsichten erschließen.

Im übrigen bedeutet es keine provinzielle Engführung, wenn diese Veröffentlichung ihren Schwerpunkt in der Darstellung der Geschichte der Rheinischen Frauenhilfe hat. Die Ausführungen werden dadurch nur konkreter und regen stärker zum Nachdenken darüber an, wie denn die Mitarbeit der Frau in der Kirche heute noch intensiver geschehen kann.

Ich wünsche der sorgfältigen Arbeit, die der Leitende Pfarrer der Evangelischen Frauenhilfe im Rheinland hier vorlegt, eine weite Verbreitung und eine interessierte Leserschaft.

Landesbischof D. Helmut Claß

Vorsitzender des Rates
der Evangelischen Kirche in Deutschland

Einleitung

Warum eine Geschichte der Evangelischen Frauenhilfe, insonderheit der Rheinischen Frauenhilfe, in Quellen? Welchen Sinn hat es, sich mit Geschichte und mit dieser Geschichte zu befassen?

,,Nach einem kennzeichnenden Wort, das unter den Studenten der Politikwissenschaften umgeht, beginnt vor 1914 die Archäologie — das unendliche Ferne, das, was uns nicht berührt, uns nichts angeht." (Rudolf Buchner) Ist das Fragen nach dem, was war, eine Sache für Akten-Archäologen, also lebensfremd, ohne Bezug zur Gegenwart, ohne Hilfe für heutiges Tun und das Planen für morgen? Oder ist Beschäftigung mit der Geschichte, gar dem kleinen Zeitabschnitt eines Werkes der Kirche, ein Stück Nostalgie, Sehnsucht nach dem, was einmal war? Ist sie eine geschäftige Ausrede für Leute, die nicht willens oder nicht fähig sind, sich den Fragen der Gegenwart zu stellen und ,,ein Neues zu pflügen"? Lebt der richtig, der geschichtslos lebt?

Wer tiefer blickt, erkennt, daß ein solches Leben nicht möglich ist. Wie wir unsere heutige Welt nicht verstehen, wenn wir ihre Vergangenheit nicht kennen, so verstehen wir die Laienbewegung ,,Frauenhilfe" nicht, wenn wir ihre Vergangenheit nicht kennen. Unkenntnis des Werdens bedeutet Nicht-Verstehen des Gewordenen.

Rankes Frage ,,wie es eigentlich gewesen" ist, wird auch im Blick auf die Geschichte der Evangelischen Frauenhilfe ergänzt von der anderen Frage, ,,wie es eigentlich geworden" ist. Der Wunsch nach Erklärung und Verstehen des Vergangenen ist verbunden mit dem Wunsch nach Erklärung und Verstehen des Bestehenden und dem Wunsch nach Lernen für die Zukunft.

Wenn Geschichte überlieferte Erfahrung ist, so bedeutet dies freilich nicht, daß nicht jede Generation ihre eigenen Schlußfolgerungen aus den Ereignissen zu ziehen hätte. Es ist immer neu zu klären, was von altem Besitz noch wertvoll ist, was wertlos, was vielleicht sogar zur Belastung geworden. So vermittelt die Beschäftigung mit der Geschichte der Frauenhilfe keine Handlungsrezepte für anstehende oder künftige Entscheidungen, aber sie hilft uns, Entscheidungen besser und gründlicher zu bedenken.

Anlaß, die Geschichte der Evangelischen Frauenhilfe darzustellen, ist das 75jährige Bestehen der Rheinischen Frauenhilfe am 14. März 1976. Die Geschichte eines Landesverbandes der Frauenhilfe kann nicht isoliert betrachtet werden, sie ist im Rahmen der Geschichte des Gesamtverbandes zu sehen, — wie die Geschichte der Frauenhilfe in Deutschland von ihren Anfängen bis 1933 zu sehen ist als ein Teil der Geschichte des Evangelisch-Kirchlichen Hilfsvereins. Andererseits wird, wie aus dem Anlaß verständlich, der Darstellung von Geschehnissen im Bereich der Evangelischen Kirche im Rheinland ein größerer Raum gegeben.

Vollständigkeit konnte nicht erstrebt werden. Die Archive der Frauenhilfe sind im Zweiten Weltkrieg oder in den folgenden Wirren vernichtet worden. Die letzte größere zusammenfassende Darstellung der Frauenhilfsarbeit erschien 1913 und auch sie ist nur noch in wenigen Exemplaren vorhanden. So wurde vor allem für die Zeit nach 1913 der Versuch gemacht, aus verstreuten kleineren Veröffentlichungen in den Zeitschriften der Frauenhilfe und sonstigen Publikationen, aus bisher nicht veröffentlichten Akten und einzelnen Schreiben, aus Flugblättern, Aufrufen, Programmen usw. den Ablauf von Ereignissen, besonders in der NS-Zeit, zu rekonstruieren. Zu danken für ihre Mithilfe bei diesem Versuch habe ich vor allem dem Leiter des Archivs des Diakonischen Werkes der Evangelischen Kirche in Deutschland — Berliner Stelle — Dr. jur. Helmut Talazko und dem Leiter des Archivs der Evangelischen Kirche im Rheinland in Düsseldorf, Kirchenarchivrat Pfarrer Walter Schmidt.

Eine Geschichte *in Quellen* wird vorgelegt, um dazu beizutragen, daß vermeintliches Wissen von dem, was war, durch die Kenntnis von dem, was wirklich war, ersetzt wird und um damit zu eigenem Urteil zu helfen. Um die Quellen möglichst selbst sprechen zu lassen, wurden die verbindenden Zwischentexte auf ein Mindestmaß beschränkt.

Bonn — Bad Godesberg, im Mai 1975

Fritz Mybes

Zur Vorgeschichte

Die Entstehung
evangelischer Frauenvereine

Die Entstehung
evangelischer Frauenvereine

Frauenhülfe ist der Dienst der Frau in der evangelischen Gemeinde. Was im Leben der Gemeinde an Nöten, an Sorgen, an Fragen, an Freuden hervortritt, sollen die Frauen miterleben und mittragen. Sie werden, soweit es in ihren Gaben und Kräften steht, sich im Gemeindeleben persönlich betätigen. Das ist nötig, um ihrer selbst willen, damit sie nicht in ihrem Glaubensleben verkümmern; denn der Glaube muß in der Liebe tätig sein, sonst erstirbt er oder wird zur Schwarmgeisterei. Das ist nötig, um der Gemeinde willen; denn es gehört zu den ihr von Gott gewiesenen Aufgaben und zu ihrem eigenen Wohlsein, daß ihre Glieder Freud und Leid miteinander teilen und tragen.

Frauenhülfe hat es alle Zeit gegeben, seitdem eine Christengemeinde besteht. Dienende Frauen folgten unserem Herrn auf seinem Erdenwandel. Frauen haben den ersten Christengemeinden in ihrem Hause die Stätte bereitet, an der sie sich feiernd versammelten. Frauen haben als „Dienerinnen" („Diakonissen") der Gemeinde die Versorgung der Armen, Kranken und Gefangenen, die Unterweisung von Frauen und Kindern übernommen; auch die prophetische Rede und das Gebet war ihnen in den Versammlungen, die sich in den einzelnen Häusern abgespielt haben werden, nicht verwehrt.

Aus dem freiwilligen Dienst bildeten sich die Anfänge des beruflichen. Das Amt der „Witwen" übertrug erfahrenen Frauen die Pflege der bedürftigen Gemeindeglieder, Hülfe beim Unterricht der Frauen und Kinder, bei der Erziehung der Waisenkinder und beim Vollzug der Taufe von Frauen. Später schufen die Bischöfe das Amt der weiblichen Diakonen, die neben den genannten Diensten als Türhüterinnen und niedere Kirchenbeamte in den Frauenabteilungen der Kirche für Reinlichkeit, Ordnung und Anstand zu sorgen hatten. Aber je mehr die Autorität des priesterlichen Amtes wuchs und die Gemeinde beherrschte, um so mehr mußte der Laiendienst in der Kirche zurücktreten, und mit dem Hervortreten und der Ausbreitung des Nonnentums, mit der Überschätzung einer ungesunden Weltflucht und eines rein kontemplativen Lebens gingen die Anfänge einer organisierten weiblichen Liebestätigkeit in der Kirche zugrunde. Gewiß hat es auch in den späteren Jahrhunderten Frauen in großer Zahl gegeben, die Hab und Gut und Leib und Seele in den Dienst Christi und ihrer Brüder und Schwestern gestellt haben. Aber was die Kirche schuf, war die anstaltliche Hülfe für Kranke, Sieche, Waisen, Pilger, Krüppel, Aussätzige, und in solchen Anstalten leisteten Frauen Bewundernswertes; nur daß das Ideal einer selbstquälerischen Entsagung den Wert ihrer aufrichtig gemeinten Liebesarbeit beschränkte, und über der klösterlichen Organisation das Gemeindeleben zurücktrat. Die Kirche verstand es nicht mehr, die Kräfte der Gemeinde zu selbständigem Leben und Wirken zu entfalten.

Die Kirche der Reformation hat erst den Boden wieder bereitet für ein evangelisches Gemeindeleben und damit auch für eine Betätigung der Frauen im Dienste der Gemeinde. Indem die Reformation der Frau ihren natürlichen heiligen Beruf im Familienleben wiedergab, schuf sie die notwendige Vorbedingung für die Wiederbelebung des Dienstes der Frau in der Gemeinde. Freilich blieb es erst dem 19. Jahrhundert vorbehalten, die von den Reformatoren erkannten und klargestellten Grundsätze auch für den Dienst der Frau in der evangelischen Kirche in die Tat umzusetzen.

Im Jahre 1820 veröffentlichte der niederrheinische Pfarrer Klönne einen Aufsatz über das Wiederaufleben der Diakonissinnen der altchristlichen Kirche in unseren Frauenvereinen. Ausgehend von dem Hinweis auf die rühmliche Tätigkeit der Frauenvereine in den Freiheitskriegen, deren Wiederverschwinden nach dem Kriege er lebhaft bedauert, stellt er die Frage: „Sollten die Frauen, die von Vaterlandsliebe ergriffen sich zu den Krankenbetten der Krieger drängten, um ihre Wunden zu verbinden, ihre Leiden zu lindern, sollten die nicht, von christlicher Liebe beseelt, ebenso willig und freudig in die Hütten der Armen eilen, um das Elend ihrer christlichen Brüder und Schwestern zu lindern? Sollten die Frauen und Jungfrauen, während so viele ihrer Brüder sich dem großen Verein der Bibelgesellschaft angeschlossen haben, um die geistlich Armen zu erquicken und ihnen das Wort Gottes zu bringen, es nicht mit Dank annehmen, wenn ihnen ein großes Feld angewiesen wird, auf dem sie köstlichen Samen ausstreuen sollen, dessen Saaten sie noch in der Ewigkeit erfreuen werden?" So macht Klönne den Vorschlag, „in der evangelischen Kirche die Frauenvereine in den Instituten der Diakonissinnen der altchristlichen Kirche wieder aufleben zu lassen". Er denkt dabei an etwas anderes, als was wir heute unter dem Amt der Diakonissin verstehen. Seiner Denkschrift hat er einen Entwurf beigegeben, der folgendes ausführt:

1. In jeder evangelischen Gemeinde bilden die Frauen und Jungfrauen einen Verein, der den Zweck hat, notleidende Gemeindeglieder, und unter ihnen vorzüglich die Kranken, Witwen und Waisen, verpflegen, unterstützen und erziehen zu helfen.

2. Die besondere Führung und Leitung dieser Angelegenheit wird einem Ausschuß übertragen, welcher aus der Mitte der Frauen und Jungfrauen gewählt und das Diakonissenamt genannt wird.

Diese Diakonissinnen werden von sämtlichen Frauen und Jungfrauen der Gemeinde gewählt. Der Pfarrer leitet die Wahl. Die gewählten Diakonissinnen bedürfen der Bestätigung durch das Presbyterium. Sie verwalten ihr Amt zwei Jahre. Die zu Wählenden sollen einen christlichen Wandel führen, bei der Gemeinde in Achtung stehen, vorzüglich einen religiös-wohltätigen Sinn haben, und ihre Verhältnisse müssen ihnen erlauben, sich mit der nötigen Muße ihrem Amte zu widmen. Keine Frau oder Jungfrau darf ohne triftige Gründe, die das Presbyterium anerkennen muß, die Wahl zum Diakonissenamt ablehnen usw.

Die Klönneschen Vorschläge fanden viel Beachtung, einen praktischen Erfolg aber hatten sie nicht. Es blieb einer Frau vorbehalten, auf diesem Wege den ersten praktischen Schritt zu tun: das war die Hamburgerin Amalie Sieveking. Jahre hindurch beschäftigte sie sich mit dem Gedanken, die Stifterin eines barmherzigen Schwesternordens in der evangelischen Kirche zu werden. „Es ist ein fröhlicher Glaube in mir", schreibt sie 1823 in ihrem Tagebuch, „daß die Stunde nicht mehr fern sei, daß der Herr auch seine protestantische Kirche durch solche in seinem Namen geschlossenen Liebesvereine verherrlichen würde." Sie besprach ihren Plan mit Johannes Goßner und wurde von ihm zu ihrem künftigen Beruf feierlich eingesegnet. Sie wurde von dem preußischen Minister von Stein ermuntert, eine protestantische Schwesternschaft nach dem Vorbilde der katholischen barmherzigen Schwestern zu schaffen. Aber auch all dieses Planen hatte keinen praktischen Erfolg. Ein akuter Notstand war es, der Amalie Sieveking in die Arbeit führte: der Ausbruch der Cholera im Jahre 1831 in Hamburg. Jetzt glaubte sie den Zeitpunkt gekommen, wo sie für die Pflege der Cholerakranken ihre Schwestern aufrufen könnte. Aber ihr Ruf fand kein Echo. Allein ging sie in eins der großen Lazarette Hamburgs, unbekümmert um alles Gerede, und arbeitete wochenlang im freiwilligen Krankendienst. Als ihre Arbeit im Lazarett zu Ende war, wurde sie durch das Band der Freundschaft mit den von ihr Gepflegten in die Häuser der Armut gezogen. Es wurde ihr bald klar, daß sie allein zu helfen nicht imstande war, und nun reifte in ihr der Plan, statt eines barmherzigen Schwesternordens einen „Verein für Armen- und Krankenpflege" ins Leben zu rufen. Es gelang ihr, zwölf Gehülfinnen zu finden, die mit ihr am 23. Mai 1832 die Arbeit begannen. Der persönliche Besuch der Armen und Kranken wird zur Hauptaufgabe, die persönliche Fürsorge, die Erziehung zur Arbeit, die religiös-sittliche Beeinflussung als das Wesentliche betrachtet.

Dieser Verein wurde nun sehr bald das Vorbild für viele andere deutsche Frauenvereine. Er ist zwar nicht der erste evangelische Frauenverein überhaupt. Wir haben solche, die aus den zwanziger Jahren des vorigen Jahrhunderts stammen. Aber er ist die erste Organisation weiblicher Liebestätigkeit in Deutschland, die über die Grenzen der eigenen Heimat hinaus ein wirksames Vorbild gegeben hat. Noch war solche Vereinstätigkeit nicht an bestimmte Kirchengemeinden angeschlossen, sondern arbeitete in frei gebildeten Bezirken. Aber es war eine Vereinigung evangelischer Frauen und Jungfrauen aller Stände zu freiwilligem und doch methodischem Liebesdienst an Armen und Kranken. Die Tätigkeit von Amalie Sieveking hat dem Aufblühen der Diakonissenhäuser nicht unwesentlich vorgearbeitet. Fliedner hat später seine Schwestern nicht selten gerade aus ihrem Frauenverein heraus gefunden. Seine zweite Frau, Karoline Bertheau, war eine der ersten Mitarbeiterinnen von Amalie Sieveking gewesen. Diese selbst hat er zweimal zu einer leitenden Stellung gewinnen wollen. — Nach dem Hamburger Vorbild gründete Johannes Goßner seinen „Frauenkrankenverein" in Berlin, der schon nach einem Jahre 600 Mitglieder zählte. Sechs Bezirksvorsteherinnen standen an der Spitze dieses Vereins; sie versammelten sich mit ihren Gehülfinnen alle vierzehn Tage zu gegenseitiger Berichterstattung. Man mietete später gesonderte Krankenstuben, baute dann ein eigenes Krankenhaus, in welchem berufliche christliche Krankenpflegerinnen dienten. Aus diesem Frauenkrankenverein entstand das Elisabeth-Krankenhaus, das nach Goßners Tode zu einem Diakonissenmutterhause nach Kaiserswerther Muster umgewandelt wurde.

Aber diese verheißungsvollen Anfänge des freiwilligen Dienstes der Frau in der Kirche haben nicht die erhoffte weitere Entwicklung genommen; es würde zu weit führen, den Gründen hierfür nachzuforschen. Wir begnügen uns festzustellen, daß Gott dem Dienst der Frau in der christlichen Kirche zunächst andere Wege gewiesen hat: die berufliche Diakonie ging voraus. Und wir erkennen auch hierin etwas, was in der Entwicklung der christlichen Kirche und der Gemeinde sich immer wiederholt. Freiwillige Einzelarbeit ist dem Werden jedes kirchlichen Amtes vorhergegangen, aber sie kann allein nicht bestehen: nur feste Institutionen sind imstande, kirchliche Unternehmungen bis zu einem gewissen Grade davon unabhängig zu machen, daß sie, von einzelnen Persönlichkeiten getragen, mit dem Verschwinden dieser Persönlichkeiten untergehen. Auch ein Frauenverein wie der von Amalie Sieveking hätte trotz aller Nacheiferung auf die Dauer nichts Bleibendes geschaffen. Und deshalb ist es verständlich, wie gerade Amalie Sieveking das Erwachen und Erblühen der beruflichen weiblichen Diakonie mit heller Freude begrüßte, und daß gerade diese eifrigen Vereine die ersten waren, die die Hülfe der Schwestern in ihre Arbeitskreise hineinzogen. Und auch heute ist es noch so: die berufliche Diakonie ist und muß sein das Rückgrat der freiwilligen, aber auf der anderen Seite kann auch die berufliche Diakonie niemals die freiwillige entbehren.*)

*) Cremer, Die Frauenhülfe des Evangelisch-Kirchlichen Hülfsvereins, in: Die Frau im evangelischen Gemeindeleben. Handbuch der Frauenhülfe. Im Auftrage des Engeren Ausschuß des Evangelisch-Kirchlichen Hülfsvereins hrsg. v. Lic. P. Cremer. Potsdam o. J. [1912], S. 1ff.

Die Zeit der Anfänge
(1887 - 1899)

Der Evangelisch-Kirchliche Hülfsverein

Die Frauenhülfe des
Evangelisch-Kirchlichen Hülfsvereins

Der Evangelisch-Kirchliche Hülfsverein

Am 28. November 1887 findet eine Versammlung von „etwa 50 Herren und einigen Damen" im Generalstabsgebäude zu Berlin bei General Graf Waldersee statt. Männer der verschiedenen kirchlichen und politischen Richtungen aus Berlin und den Provinzen nehmen an ihr teil.

Mit dem Anwachsen der Großstädte in der zweiten Hälfte des 19. Jahrhunderts hat die kirchliche Versorgung nicht Schritt halten können. In Berlin ist durch die Gründung der „Stadtmission" den Schwierigkeiten etwas, aber doch nicht genügend abgeholfen worden. Der materielle und geistliche Notstand unter großen Teilen des Volkes mit all seinen Auswirkungen veranlaßt den Prinzen Wilhelm und seine Gemahlin Auguste Victoria - das spätere Kaiserpaar - zu der „Waldersee-Versammlung" einzuladen.

Prinz Wilhelm führt dabei etwa folgendes aus:

In den großen Volksmassen, namentlich der großen Städte, nehmen die Umsturzideen immer mehr überhand. Gesetze oder Gewaltmaßregeln sind dagegen nicht ausreichend.

Der wirksamste Schutz für Thron, Altar und Vaterland bestehe darin, die der Kirche entfremdeten Massen zum Christentum und zur Kirche zurückzuführen. Dazu müsse der christlich-soziale Gedanke mehr Ausbreitung gewinnen. Durch die Verkündung und Betätigung des Evangeliums müssen wir uns besonders der armen, verwahrlosten Massen annehmen. Die Kirche ist die Macht, die hier hauptsächlich mit dauerndem Erfolge arbeiten kann und muß. Da aber die Kirche vorläufig keine ausreichende Macht in den großen Volksmassen besäße, so müßten nicht nur in Berlin, sondern in allen großen Städten Stadtmissionen und ähnliche Werke begründet und dauernd unterstützt werden. Dazu aber müßten sich alle treuen Männer ohne Unterschied der kirchlichen und politischen Parteistellung vereinigen und in gegenseitigem Vertrauen zusammenarbeiten zu einem nachhaltigen

Widerstande gegen die Sozialdemokratie und den Anarchismus, die sich in immer gefahrdrohenderer Weise organisierten. Somit werde eine Hebung der großen Volksmassen nicht nur kirchlich und moralisch, sondern auch politisch stattfinden. Bisher sei dafür nicht genug geschehen; es fehle vor allem ein vereintes, planmäßiges Vorgehen. Es freue ihn, daß gerade in letzter Zeit hier in Berlin viele ähnliche gute Bestrebungen hervortreten. Aber man möge sich vor Zersplitterung der guten Kräfte hüten, wozu man in der evangelischen Kirche immer neige. Wir brauchen eine zielbewußte Arbeit mit vereinten Kräften aller Gutgesinnten der verschiedenen Parteien, mit gegenseitiger Nachsicht und Liebe. Der Prinz schloß dann ungefähr wörtlich: „Ich will nun nicht die Unterstützung dieser Arbeiten durch eine einmalige Kollekte, sondern ich will die Organisation einer dauernden Arbeit. Es muß daher ein Verein begründet werden, und ich beauftrage die Minister von Puttkamer und von Goßler, den Grafen Stolberg und den Grafen Waldersee, den Vorsitz über ein Komitee zur Einleitung der Begründung eines Vereins zu übernehmen. Ich selbst bin durch meine dienstlichen Pflichten zu sehr in Anspruch genommen, um mich eingehend mit der Sache zu beschäftigen. Das übertrage ich meiner Gemahlin, welche das Protektorat übernehmen soll. Ich werde mir aber stets über die fortschreitenden Arbeiten berichten lassen und dem Vereine immer mein warmes Interesse zuwenden."[*]

Noch ist der Verein nicht gegründet. Schon einige Stunden nach der Versammlung bricht in der Presse ein Sturm los.

In der Presse wurde es ausgesprochen, daß die geplante christliche Liebestätigkeit ein Deckmantel sei, hinter welchem sich eine politisch-reaktionäre und kirchlich-orthodoxe Verschwörung gebildet habe, um sich des jungen Prinzen und der Prinzessin zu bemächtigen.[**]

[*] Im Dienst der Liebe. 25 Jahre Arbeit des Evangelisch-Kirchlichen Hülfsvereins. — Im Auftrage des Engeren Ausschuß des Evangelisch-Kirchlichen Hülfsvereins herausgegeben von Pastor Lic. Cremer. Potsdam 1913, S. 6f.

[**] a.a.O., S. 9

Eine Interpellation soll im Reichstag eingebracht werden. Bismarck sieht in der Sache zunächst eine politische Gefahr, stellt aber dann seine Bedenken zurück. So kann am 30. Januar 1888 ein Aufruf für die Stadtmissionen in der evangelischen Kirche Preußens erscheinen.

Mit Genehmigung Ihrer Königlichen Hoheiten des Prinzen und der Frau Prinzessin Wilhelm, an Höchstwelche von vielen Seiten Bitten um Hülfe für die Arbeiten der Inneren Mission zugunsten der verarmten und der Kirche entfremdeten Volksmassen gerichtet worden sind, wird folgender Aufruf zur öffentlichen Kenntnis gebracht, durch welchen alle auf christlichem, evangelischem Grunde stehenden Anschauungen zu einem gemeinsamen Werke christlicher Liebe vereinigt werden sollen. Das für diesen Zweck bestimmte Hülfs-Komitee soll ein dauerndes sein, zur Anregung, Förderung und Unterstützung der Werke Innerer Mission.

Möge diese in sorgenschwerer Zeit begonnene Liebesarbeit vieler Treuen im Lande, die sich sonst im Leben oft ferne stehen, vom Segen Gottes getragen, mildernd, versöhnend und heilbringend wirken.

Das Hülfs-Komitee
für die Stadtmissionen in der
evangelischen Kirche Preußens.*)

**Bitte um Hülfe
für die Stadtmissionen in den großen Städten.**

Mit Ermächtigung Seiner Majestät des Kaisers und Königs wollten Seine Königliche Hoheit Prinz Wilhelm von Preußen im vergangenen Frühjahr zum Besten der Berliner Stadtmission eine große Festlichkeit veranstalten. Wegen der Unsicherheit der politischen Lage wurde dieser Gedanke verschoben, er ist auch jetzt im Hinblick auf die ernsten Verhältnisse unseres Königshauses unausführbar. Aus demselben Grunde ist ein Bazar, der unter dem Protektorat Ihrer Königlichen Hoheit der Frau Prinzessin Wilhelm von Preußen stattfinden sollte, aufgegeben.

Da aber die Stadtmission der Unterstützung gerade jetzt dringend bedarf und von Ihren Königlichen Hoheiten die gütige Absicht, dazu mitzuwirken, ausgesprochen ist, so ist in einer Zusammenkunft, welche im Beisein Ihrer Königlichen Hoheiten stattfand, und zu welcher Männer verschiedener politischer und kirchlicher Richtung erschienen waren, der Plan gefaßt, sich mit einer Bitte um Hülfe unmittelbar an die Freunde der Stadtmission zu wenden. Und da ähnliche kirchliche Notstände wie in Berlin auch in den Provinzial-Hauptstädten vorhanden sind, so ist beschlossen, auch diese in den Kreis der helfenden Tätigkeit einzuschließen.

In der Reichshauptstadt ist die geistliche Not am dringendsten. Für die fast ein und eine viertel Million Evangelischer sind, wenn man die Krankenhaus- und Gefängniskirchen abrechnet, nur 38 Gemeinden mit 103 Pfarrern vorhanden. Aber diese Zahlen, so ungünstig sie sind, lassen das Bild der eigentlichen Not noch nicht erkennen. Denn in den von der Stadtmission besetzten Vorstadtgemeinden wohnt nahezu eine Million Evangelischer, die von 35 Geistlichen, einschließlich der immer wechselnden Hülfsprediger, versorgt werden muß. Es ist eine unlösbare Aufgabe, wenn in diesen Massenparochien, in denen alljährlich fast die Hälfte der ärmeren Glieder ihre Wohnung wechselt, die Kraft eines einzigen Geistlichen für die Pflege von 20 000 bis 30 000 Seelen ausreichen soll. Daß in den Vorstädten mit der religiösen Gleichgültigkeit der Umsturz aufwächst, daß vielfach das Familienleben durch den Mangel an Pflege den christlichen Charakter verliert, ist die Frucht solcher Zustände.

Gewiß kann nur die organisierte Kirche selbst durch die Gründung von Gemeinden, durch die Berufung von Geistlichen, durch den Bau von Gotteshäusern dem Übelstand wirksam und dauernd begegnen. Sie ist in den Anfängen einer hoffnungsreichen Arbeit begriffen; mit ihr verbindet sich eine reiche freiwillige Tätigkeit, die in mancherlei gesegneten Einrichtungen und Werken der Inneren Mission der Kirche hilft. Unter ihnen steht die Stadtmission durch den Umfang ihrer Arbeit, wie durch die Schwierigkeit und Mannigfaltigkeit ihrer Aufgaben an hervorragender Stelle. Von dem Gesichtspunkt geleitet, dem Gemeindeleben und dem geistlichen Amt unmittelbar zu dienen, bietet sie ihre Kräfte dazu an, Familien aufzusuchen, welchen der mit Geschäften

*) a.a.O., S. 11

überhäufte Pfarrer auch bei der größten Treue nicht nachzugehen vermag, und dadurch die Gefährdeten der Kirche zu erhalten, die Entfremdeten für das Gemeindeleben zurückzugewinnen. Sie sucht die Ungetauften zum heiligen Sakrament zu bringen, die säumigen Konfirmanden zum regelmäßigen Besuch des Unterrichts anzuhalten, die Ungetrauten zur kirchlichen Trauung zu bewegen, die Kranken zu trösten, die Sonntagslosen mit Predigten zu versorgen, durch ihre gesamte Tätigkeit den Zusammenhang des einzelnen mit der Kirche bewahren zu helfen. 60 000 bis 70 000 seelsorgerliche Besuche werden von der Stadtmission im Laufe jedes Jahres gemacht; eine reiche Vereinstätigkeit aller Art schließt sich an diese Arbeit an. In vier eigenen und sechzehn gemieteten Sälen treibt die Stadtmission ihr Werk; ein Personal von vier theologisch gebildeten und ordinierten Inspektoren, von 33 Stadtmissionaren, 5 Stadtmissionsarbeiterinnen steht an der Arbeit. Eine jährliche Einnahme von mehr als 100 000 Mark ist für das gesamte Werk erforderlich, und diese Summe aufzubringen, ist schwer. Im vorletzten Jahre hat die Stadtmission ein Defizit von 30 000 Mark gehabt. Will sie den Anforderungen genügen, welche die wachsende Bevölkerung an sie stellt, so muß sie ihre Kraft verstärken. Statt dessen steht sie, wenn die finanziellen Schwierigkeiten bleiben, vor der Notwendigkeit, ihre Arbeit einzuschränken. Damit dies nicht geschehe, richten wir die Bitte um reichliche Unterstützung an ihre Freunde in der evangelischen Kirche Preußens. Daß die Provinzen uns erwidern, Berlin müsse sich selber helfen, fürchten wir nicht. Die bei weitem größere Hälfte der hauptstädtischen Bevölkerung ist aus den Provinzen zugezogen; viele Tausende kommen jährlich aus allen Teilen des Vaterlandes und bedürfen des Rats und der Hülfe. Wenn die Provinzen die Stadtmission unterstützen, so sorgen sie zum allergrößten Teil für ihre eigenen Kinder.

Aber auch in den Provinzialhauptstädten müßte die Stadtmission stärker sein, als sie ist. Große Städte, wie Königsberg mit 145 000 Evangelischen, Stettin — einschließlich der Vorstädte — mit 120 000, Breslau mit 180 000, haben nur je vier Stadtmissionare, Cassel mit 55 000 Evangelischen hat eben erst einen Anfang gemacht. Überall gilt es, das Vorhandene zu stärken, neue Kräfte an die Arbeit zu stellen.

Die Unterzeichneten glauben deshalb, wenn sie die Liebe evangelischer Christen aufrufen, daß die Unterstützung sich nicht auf die Stadtmission von Berlin beschränken soll. Von vornherein sind bewährte Freunde der Stadtmission auch aus den Provinzen aufgefordert, sich dem Hülfswerk anzuschließen; es soll auch in den Provinzialhauptstädten den bestehenden Stadtmissionen die hülfreiche Hand dargereicht werden.

Es gilt nun, unter dem lebendigen Antrieb, welchen wir von der hochherzigen Teilnahme Ihrer Königlichen Hoheiten empfangen haben, diese Bitte um Hülfe freudig und tätig zu verbreiten. Der Notstand ist groß; aber die Hülfe kommt noch nicht zu spät, und der Segen ist gewiß. Wer Liebe säet, der erntet Freude. Lasset uns Gutes tun an jedermann, allermeist an des Glaubens Genossen.*)

In kurzer Zeit kommen 100 000 M zusammen. Viele raten, das Geld zu verteilen, aber von der Gründung eines Vereins abzusehen. Zu wenig geklärt erscheinen Vereinsziele.
Prinzessin Auguste Victoria hat inzwischen, um der Arbeit eine einheitliche Leitung zu geben, den Landesdirektor der Provinz Brandenburg, von Levetzow, gebeten, den Vorsitz über einen „leitenden Ausschuß" zu übernehmen. Es werden Richtlinien für die Arbeit des Vereins aufgestellt, der den Namen „Evangelisch-Kirchlicher Hülfsverein" erhalten soll.
Am 9. März 1888 stirbt Kaiser Wilhelm I. Nunmehr Kronprinzessin, richtet Auguste Victoria am 18. April folgendes Schreiben an die Kaiserin:

Euere Majestät bitte ich allerunterthänigst, mir zu gestatten, daß ich das Protektorat übernehme über den Evangelisch-Kirchlichen Hülfsverein, welcher sich gebildet hat, um regelmäßige Unterstützungen und Förderung allen denjenigen Vereinen und Bestrebungen angedeihen zu lassen, welche sich die Bekämpfung der religiös-sittlichen Nothstände unter den großen verarmten Volksmassen in Berlin und den anderen großen Städten der Monarchie zur Aufgabe gestellt haben. Dürfte ich Euere Majestät bitten, bei passender Gelegenheit dies zur Kenntnis Seiner Majestät zu bringen.   Victoria, Kronprinzessin.**)

*) a.a.O., S. 11ff.
**) a.a.O., S. 18.

Die Kaiserin übermittelt diese Bitte, deren Genehmigung mündlich sofort erfolgt. Am 4. Mai 1888 unterzeichnet Kaiser Friedrich die Kabinettsordre — die einzige in dieser Art — an die Kronprinzessin:

> Eurer Kaiserlichen und Königlichen Hoheit will Ich, Ihrem Wunsche gern entsprechend, hiermit die Erlaubniß ertheilen, das Protektorat über den zu gründenden „Evangelisch-Kirchlichen Hülfsverein zur Bekämpfung der religiös-sittlichen Nothstände in den großen Städten" anzunehmen.
> Charlottenburg, den 4. Mai 1888.
>
> Friedrich.*)

Damit sind alle äußeren Hemmungen zunächst aus dem Wege geräumt. Der leitende Ausschuß unter von Levetzow bereitet eine Generalversammlung vor. Am 1. Mai schreibt die Kronprinzessin an ihn:

> Sehr geehrter Herr von Levetzow!
> Da seit Jahren an den Kronprinzen und mich von verschiedenen Seiten Wünsche zur Unterstützung der Bekämpfung der geistlichen Nothstände unter den großen Volksmassen, vor allem in Berlin, gerichtet worden sind, und diese stets wachsenden Nothstände ein dauerndes vereintes Eintreten aller Derjenigen erfordern, denen eine Abhülfe und das Wohl des Volkes wahrhaft am Herzen liegt, so regte der Kronprinz den Gedanken der Bildung eines Hülfsvereins an, mit dem Wunsche, daß ich demselben meine dauernde Fürsorge widmen möchte. Ich thue dies von Herzen gern. Daß Sie, geehrter Herr von Levetzow, trotz Ihrer mit Geschäften bereits übermäßig in Anspruch genommenen Zeit, auf des Kronprinzen und meine Bitte den Vorsitz des Vereins übernommen haben, dafür sagen wir Ihnen unsern aufrichtigsten Dank. Mir ist es eine besondere Freude, das Protektorat mit Allerhöchster Genehmigung führen zu dürfen.
> Die von dem Vorstande ausgearbeiteten Statuten habe ich mit großem Interesse gelesen und hoffe, daß der Verein, von Ihnen in bewährter Treue geleitet, im Lande die nöthige Unterstützung finden, segenbringend wirken und dem einst ausgespro-chenen Willen und Wunsche unseres dahingeschiedenen, unvergeßlichen Kaisers gemäß dazu beitragen werde, dem Volke sein wichtigstes Kleinod, die Religion, zu erhalten.
>
> Ihre dankbar ergebene
> Victoria, Kronprinzessin.*)

Am 28. Mai findet im großen Saal des damaligen Reichstagsgebäudes mit Genehmigung des Kaisers und im Auftrag der Kronprinzessin als Protektorin die konstituierende Versammlung des Evangelisch-Kirchlichen Hülfsverein statt. Von Levetzow leitet die Versammlung, gibt die Kabinettsordre bekannt und verliest ein an ihn gerichtetes Schreiben der Kronprinzessin vom 26. Mai.

> Berlin, den 26. Mai 1888.
>
> Sehr geehrter Herr von Levetzow!
> Ich bitte Sie in des Kronprinzen und meinem Namen, die erste General-Versammlung des Evangelisch-Kirchlichen Hülfsvereins zu eröffnen und die erschienenen Mitglieder mit unserem herzlichen Danke willkommen zu heißen.
> Es sind seit mehreren Jahren aus allen Landestheilen von verschiedenen Seiten Wünsche an uns herangetreten, um Bestrebungen zu unterstützen, welche die wachsenden religiös-sittlichen Nothstände, namentlich in den Massengemeinden größerer Städte, zu heilen suchen. In der Absicht, möglichst vielen dieser Wünsche gerecht zu werden und in der Meinung, daß dazu die Kräfte der organisierten Kirche allein vorläufig nicht ausreichen, glaubten wir, daß eine gemeinsame Liebesarbeit Aller, denen das Wohl unserer evangelischen Kirche und die geistliche Noth der Massen am Herzen liegt, im ganzen Lande ins Leben gerufen werden müsse. Die schweren inneren und äußeren Sorgen und Trübsale der letzten Monate fordern im doppelten Maße zu vereinter, treuer Arbeit auf, um dem Volke das zu erhalten, von wo allein Hülfe, Trost und Errettung kommt.

*) a.a.O., S. 18.

*) a.a.O., S. 18f.

Es ist mir eine tiefempfundene Freude, daß Seine Majestät der Kaiser, mein inniggeliebter Schwiegervater, mir allergnädigst gestattet hat, das Protektorat über den heute zusammentretenden Verein zu übernehmen, und daß mir Ihre Majestät die Kaiserin, sowie Ihre Majestät die Kaiserin-Mutter in freundlicher Weise ihre Zustimmung ausgesprochen haben.

Der Verein ist berufen, auf dem Boden des Evangeliums und im engen Anschlusse an die Kirche für eine schöne, ernste und verantwortungsvolle Aufgabe mitzuarbeiten. Er wird die bereits bestehenden Bestrebungen verwandter Art unterstützen und fördern, neue nothwendig werdende Arbeiten anzuregen suchen, sowie durch planmäßige Organisationen auf diesem Gebiete der inneren Mission die Nachtheile der Zersplitterung beseitigen helfen.

An Sie, geehrter Herr von Levetzow, und an Alle, die dem Volke mit dem Evangelium helfen wollen, richte ich die mir aus tiefstem Herzen kommende Bitte: lassen Sie uns bei diesem Werke, welches wir in Gottes Namen und mit der Bitte um Gottes Segen beginnen, den Frieden und die Versöhnung, welche der Heiland der Welt gebracht und gelassen hat, in Allem unsern Leitstern sein, und legen wir unsere Wünsche, Sorgen und Hoffnungen mehr an Gottes Vaterherz, als daß wir uns auf menschlichen Rath und Kraft verlassen. Nur durch die Einigkeit im Geiste werden wir den der Kirche Entfremdeten die Religion wieder näher bringen und erhalten.

Lassen Sie uns bauen auf dem Grunde, von dem es heißt: Einen andern Grund kann Niemand legen, außer dem, der gelegt ist, welcher ist Jesus Christus.

Ihre dankbar ergebene
Victoria, Kronprinzessin.*)

Die vorgelegten Statuten werden von der Versammlung diskutiert und in der folgenden Fassung angenommen:

Statut
des Evangelisch-Kirchlichen Hülfsvereins vom 28. Mai 1888.

1. Die Unterzeichner des auf Anregung Ihrer Kaiserlichen und Königlichen Hoheiten des Kronprinzen Wilhelm und der Frau Kronprinzessin Auguste Victoria erlassenen Aufrufes vom 30. Januar 1888, sowie diejenigen, welche zur Erreichung der Zwecke desselben Beiträge gegeben haben oder geben werden, bilden einen Evangelisch-Kirchlichen Hülfsverein mit dem Sitz in Berlin.

2. Ihre Kaiserliche und Königliche Hoheit die Frau Kronprinzessin übernimmt das Protektorat über den Evangelisch-Kirchlichen Hülfsverein.

3. Der Hülfsverein beabsichtigt, die Bestrebungen zur Bekämpfung der religiös-sittlichen Notstände in Berlin und anderen großen Städten und in den Industriebezirken zu unterstützen.

4. Der Hülfsverein will zu diesem Zwecke zunächst Mittel sammeln, um
a) die bestehenden Stadtmissionen und ähnliche Arbeiten zu unterstützen,
b) die Ausbildung persönlicher Kräfte dafür in geeigneten Anstalten zu fördern.
Außerdem behält er sich vor, neue Bestrebungen zur Erreichung seiner Ziele anzuregen.

5. Der Hülfsverein überträgt ein für allemal die Verfolgung seiner Zwecke einem Weiteren und einem Engeren Ausschuß. Der Weitere Ausschuß, in welchem die an dem Verein beteiligten Landesteile tunlichst vertreten sein sollen, versammelt sich mindestens jährlich einmal. Derselbe wird für das erste Mal durch die Generalversammlung der Unterzeichner des Aufrufs gewählt und ergänzt sich fernerhin durch Kooptation. Seine Geschäftsordnung setzt der Weitere Ausschuß selbst fest.

6. Der Engere Ausschuß besteht bis auf weiteres aus acht Mitgliedern. Von diesen wird eines durch Ihre Kaiserlichen

*) a.a.O., S. 23f.

Hoheiten den Kronprinzen und die Frau Kronprinzessin ernannt. Ferner ist der jedesmalige Präsident des Central-Ausschusses für Innere Mission ständiges Mitglied. Die übrigen sechs Mitglieder werden für das erste Mal von Ihren Kaiserlichen Hoheiten bestimmt.

Von diesen Mitgliedern scheidet jährlich der dritte Teil aus. Die zunächst Ausscheidenden werden durch das Los festgestellt. Die Neuwahl erfolgt durch den Weiteren Ausschuß. Die Ausscheidenden sind wieder wählbar. Der Engere Ausschuß verteilt die Geschäfte unter sich.

Der Weitere Ausschuß ist befugt, die Zahl der zu wählenden Mitglieder bis auf neun zu erhöhen.

7. Der Engere Ausschuß hat die Aufgabe:

a) Die Sammlungen für die Zwecke des Hülfsvereins in Berlin und in den Provinzen anzuregen, die aufkommenden Summen zu verwalten und zu verwenden, unter Beachtung der von dem Weiteren Ausschuß festgestellten Grundsätze.

b) Hülfskräfte für diesen Zweck zu gewinnen sowie ihr Verhältnis zu den anderweitigen Instanzen für Innere Mission und das Zusammenwirken mit denselben zu regeln.

c) Die Versammlungen des Weiteren Ausschuß seiner Geschäftsordnung gemäß vorzubereiten, zu berufen und zu leiten, sowie demselben über seine Tätigkeit Rechenschaft abzulegen. Die Mitglieder des Engeren Ausschuß haben bei den Beratungen des Weiteren Sitz und Stimme.

8. Änderungen dieses Statuts kann der Weitere Ausschuß im Einvernehmen mit dem Engeren Ausschuß beschließen.*)

Schon am 25. Juni 1888 richtet der Engere Ausschuß ein Rundschreiben an seine Mitarbeiter im Lande, in dem die Aufgaben des Hilfsvereins noch genauer beschrieben werden. Es heißt darin:

1. Der Verein hat seinen besonderen Wirkungskreis an den geistlichen Notständen der in den großen Städten und Industriebezirken ohne genügende kirchliche Versorgung sich ansammelnden Massen. Soweit deren geistliche Versorgung es erheischt, tritt er mit bestehenden anderen Unternehmungen in Verbindung oder regt solche Arbeit an.

2. Seine eigenen, sowie die von ihm unterstützten Bestrebungen müssen auf dem Grunde des evangelischen Bekenntnisses stehen, sich an die bestehenden landeskirchlichen Ordnungen und Einrichtungen anschließen und das Zusammenwirken mit dem Pfarramt und den Gemeindevorständen tunlichst suchen und pflegen.

Seine Aufgabe liegt namentlich da, wo die bestehenden kirchlichen Einrichtungen Lücken zeigen, deren Ausfüllung zur Zeit nur auf dem Wege freier Vereinstätigkeit erfolgen kann, und bleibt darauf gerichtet, die Herstellung fest geordneter kirchlicher Versorgung anzubahnen und nach Kräften anzuregen.

3. Die Hülfstätigkeit des Vereins wird zunächst die in Berlin, sowie in Stettin, Königsberg, Magdeburg, Breslau, Kassel, Liegnitz bereits bestehenden Stadtmissionen und außerdem diejenigen Vereine in den größeren Städten und Industriebezirken, welche dasselbe Ziel anstreben, umfassen.*)

In rascher Folge werden Provinzialverbände des Evangelisch-Kirchlichen Hülfsvereins gegründet:

Ostpreußen . . . . 24. Juli 1888,
Schlesien . . . . 24. Juli 1888,
Westfalen . . . . 30. Juli 1888,
Sachsen . . . . 3. August 1888,
Pommern . . . . 9. August 1888,
Posen . . . . 11. September 1888,
Berlin . . . . 19. September 1888,
Rheinland . . . . 26. September 1888,
Hannover . . . . 25. Oktober 1888,
Schleswig-Holstein . . . . 19. November 1888,
Bezirksverein Wiesbaden . . . . . . 19. Dezember 1888,
Westpreußen . . . . 27. Februar 1889,
Brandenburg . . . . 28. März 1889,
Kassel — der am 30. Mai 1890 gegründete Landesverein für Innere Mission bildet als solcher einen Zweigverein des Evangelisch-Kirchlichen Hülfsvereins,
Frankfurt am Main . . . . 10. Februar 1892.

*) a.a.O., S. 34f.

*) a.a.O., S. 39.

25 Jahre nach seiner Gründung, im Jahre 1913, wird die Organisation des Hülfsvereins wie folgt beschrieben:

Wie kommt es zur Gründung der Frauenhülfe des Evangelisch-Kirchlichen Hülfsvereins?

Die Arbeit und Organisation des Evangelisch-Kirchlichen Hülfsvereins erstreckt sich auf das Königreich Preußen. Die Leitung des Gesamtvereins liegt bei dem *Engeren Ausschuß,* der seine Geschäftsstelle in Potsdam, Mirbachstraße 2, hat. Ihm zur Seite steht der *Weitere Ausschuß,* zu dem gegenwärtig [1912] rund 1300 Mitglieder gehören; er kann auf Vorschlag des Engeren Ausschuß weitere Mitglieder hinzuwählen. Einmal im Jahre versammelt sich der Weitere Ausschuß und nimmt den Rechenschaftsbericht des Engeren Ausschuß entgegen. Zu seinen Obliegenheiten gehört es, die Mitglieder des Engeren Ausschuß, soweit sie nicht ernannt werden, zu wählen, die Jahresrechnung zu prüfen und die Grundsätze für die Verwendung der dem Engeren Ausschuß zur Verfügung stehenden Mittel festzustellen.

Die Verfassung des *Gesamtvereins* war zunächst durch das bei der konstituierenden Versammlung angenommene Statut gegeben. Um für den Verein die Rechtsfähigkeit zu erlangen, mußte es völlig umgearbeitet und wesentlich erweitert werden. In seiner neuen Fassung wurde es von der dritten Jahresversammlung 1891 angenommen und darauf dem Verein durch Allerhöchste Kabinettsorder vom 20. April 1892 die Rechte einer juristischen Person verliehen.

In dieser Satzung wurde das niedergelegt, was durch die Arbeit dreier Jahre geschaffen war. Unverändert blieb der Zweck des Vereins. Die Organisation in ,,Provinzialvereine'', zunächst für Berlin und je eine Provinz oder größere Teile einer Provinz, und in kleinere ,,Zweigvereine'', wurde durch die Satzung anerkannt. Es wurde bestimmt, daß die Provinzialvereine die Hälfte der ihnen zufließenden Beiträge an den Engeren Ausschuß abzuliefern haben. Die Zusammensetzung und die Geschäftsführung des Engeren und des Weiteren Ausschuß wurde geregelt.

Auch später sind die Satzungen noch wiederholt geändert worden. Von Bedeutung ist indessen nur die Erweiterung der Zwecke des Vereins im Jahre 1900; zu den bisherigen Aufgaben des Evangelisch-Kirchlichen Hülfsvereins wurde die ,,Frauenhülfe'' hinzugenommen.*)

*) a.a.O., S. 45f.

Die Frauenhülfe des Evangelisch-Kirchlichen Hülfsvereins

Zum ersten Male ist der Name „Frauenhülfe" bei einer Arbeit genannt worden, welche der Evangelisch-Kirchliche Hülfsverein durch seinen Ortsverein Berlin im Jahre 1890 für die Reichshauptstadt schuf: *Diakonissenstationen zur Ausübung ständiger häuslicher Krankenpflege*. In den einzelnen Kirchengemeinden Berlins sind Hunderte von Diakonissen als Gemeindeschwestern tätig; auch sie üben Krankenpflege aus, können aber sich *einem* Kranken nicht tage- oder wochenlang dauernd widmen. Auf den Besuch und die Hülfe der Gemeindeschwester warten täglich viele, und sie muß ihre Zeit zwischen allen teilen. Neben ihrer ambulanten Tätigkeit besteht im besonderen Maße in der Großstadt, in der die nachbarliche Hülfe kaum geleistet werden kann, das Bedürfnis, für Fälle schwerer Krankheit Hülfe zu wissen. Deshalb begründete der Evangelisch-Kirchliche Hülfsverein Diakonissenstationen, von denen aus die Schwestern die ständige häusliche Pflege in solchen Familien ausüben, in denen schwere und längere Krankheit, namentlich der Hausfrau, eine *dauernde Pflege*, sei es bei Tag und Nacht, sei es bei Tag oder Nacht nötig macht und vielfach zugleich die Versorgung der übrigen Familienglieder erfordert. Die Zahl der Stationen beträgt heute [1912] 16, und die Zahl der auf ihnen tätigen Diakonissen ist von 20, mit denen 1890 die Arbeit begonnen wurde, auf 135 gestiegen.

Als die Arbeit der Krankenpflegestationen begann, wurde es allen Beteiligten bald klar, daß der Vorstand des Evangelisch-Kirchlichen Hülfsvereins in Berlin nicht allein der Träger der Arbeit sein konnte. Der Unterhalt der Stationen, deren Hülfe völlig unentgeltlich geleistet wird, erfordert große Mittel, zur Zeit jährlich über 120 000 M. Wie oft kommen die Schwestern in die bitterste Armut; sie finden kaum ein Lager für die Kranken; Bett- und Leibwäsche fehlt; Pflegemittel sind nicht zu beschaffen. Der Vorstand suchte sich helfende Hände, und unsere Kaiserin, welche mit ihrem hohen Gemahl im Jahre 1887 die Anregung zur Begründung des Evangelisch-Kirchlichen Hülfsvereins gegeben hatte, und welche auch dem Werk der Krankenpflegestationen ihre lebhafte Teilnahme und Förderung zuwendete, rief die *Frauen und Jung-frauen Berlins* auf, für die Erhaltung dieser Arbeit mitzusorgen. So bildete sich die „*Frauenhülfe des Evangelisch-Kirchlichen Hülfsvereins in Berlin*". Zu ihr gehören heute [1912] mehr als 7 000 Mitglieder, welche sich in besonderen Vereinigungen um die einzelnen Stationen gruppieren. Ihre Aufgabe ist eine dreifache:

sie bringen einen großen Teil der *Mittel für den Unterhalt der Stationen* auf, jährlich 70 000 bis 80 000 M.;

sie bilden aus ihrer Mitte *Arbeits- und Nähvereine*, welche die Schwestern mit Wäsche und Pflegemitteln für ihre bedürftigen Kranken ausrüsten;

sie stellen den Schwestern *freiwillige Helferinnen*, welche einzelne Dienste bei den Pflegebefohlenen der Frauenhülfe übernehmen (Nachtwachen, Hülfe im Haushalt bei Rekonvaleszenten u. a. m.).*)

Frauen, die in Berlin die Arbeit ihrer „Frauenhülfe" mit getragen haben und nun in andere Städte gezogen sind, suchen „in ihrer neuen Heimat die Gelegenheit zu ähnlicher Betätigung im Dienste der Gemeinde" (Cremer), ohne solche Möglichkeit zunächst oder überhaupt zu finden. Der Engere Ausschuß des Hülfsvereins befaßt sich mit dieser Frage und sucht nach Wegen, die Hilfe der Frauen für den Dienst in den Gemeinden zu gewinnen und zu ermöglichen. Eine Anregung von ungeahnter Tragweite bringt in diese Überlegungen ein Handschreiben der nunmehrigen Kaiserin Auguste Victoria zur Jahresversammlung 1897 des Evangelisch-Kirchlichen Hülfsvereins, gerichtet an dessen Vorsitzenden.

Sehr geehrter Herr von Levetzow!

Es war der 4. Mai 1888, als die Bildung des Evangelisch-Kirchlichen Hülfsvereins unter Meinem Protektorate durch Kabinettsordre Meines teuren in Gott ruhenden Schwiegervaters bestimmt wurde. Hervorgegangen aus ernster, sorgenschwerer Zeit,

---

*) Cremer, Die Frauenhülfe des Evangelisch-Kirchlichen Hülfsvereins, a.a.O., S. 6f.

in der Zuversicht, sich aufzubauen auf der Kraft und dem Troste des Evangeliums, unterstützt in seinen ersten Anfängen von dem unvergeßlichen alten Kaiser und der Kaiserin Augusta, hat der Verein in seinem neunjährigen Bestehen in Segen gearbeitet und Meine Hoffnungen und Wünsche in reichem Maße erfüllt. Ganz besonders sind in Berlin durch Förderung der Seelsorge auf verschiedenen Gebieten, durch dauernde Unterstützung der Stadtmission, vor allem aber durch die Errichtung von Diakonissenstationen mit über hundert in aufopfernder Liebe tätigen Schwestern, sowie durch die Begründung des Kirchbauvereins die schönsten Erfolge erzielt worden. Die Zweigvereine in den Provinzen haben zur Neubelebung und Hebung des kirchlichen Sinnes in mannigfacher Weise segensreich gewirkt.

Es ist Mir deshalb an dem heutigen Tage ein Bedürfnis, sowohl dem Evangelisch-Kirchlichen Hülfsverein, als dem Kirchenbauverein Meinen herzlichen Dank auszusprechen und damit die Bitte zu verbinden, sich in Treue und Hingebung weiter unserer Volksmassen anzunehmen. Es hat sich in den letzten Jahren gezeigt, daß neben einer ausgedehnten Unterstützung der seelsorgerischen Tätigkeit der Kirche es zur Weckung und Förderung des Gemeindelebens vorzugsweise der Arbeit der Diakonissen bedarf, sowie der Errichtung von Gemeindehäusern, durch welche im Anschluß an die Kirche ein Mittelpunkt für praktische Liebestätigkeit im weitesten Umfange geschaffen wird, wo sich, wie kaum an einem anderen Orte, alle Kreise, Stände und Parteien Hülfe und Rettung bringend, verbinden können, wo in freudigem Geben und dankbarem Empfangen Unterschiede und Gegensätze ausgeglichen und versöhnt werden. Hier können Meine beiden Vereine gemeinsam zur Lösung einer wichtigen evangelischen Aufgabe beitragen, hier eröffnet sich aber vor allem ein weites und schönes Arbeitsfeld für unsere Frauen und Jungfrauen, denen Herz und Hand für solche Arbeit geschickter ist, als die Tätigkeit der durch Berufspflichten in Anspruch genommenen Männer. An die evangelischen Frauen und Jungfrauen richtet sich daher Meine herzliche Bitte, einzutreten und zu helfen, daß wir unserem Volke die Segnungen des Evangeliums in stets reicherem Maße zuwenden und erhalten.
Neues Palais, 4. Mai 1897.

Auguste Victoria.*)

In vielen Beratungen mit den führenden Persönlichkeiten der kirchlichen Arbeit, vor allem mit den Provinzialvorständen des Evangelisch-Kirchlichen Hülfsvereins, wird festgelegt, wie der Versuch gemacht werden soll, Frauenhilfsarbeit zu wecken und zu organisieren. Der Engere Ausschuß erhält dazu die Zustimmung seiner Protektorin mit folgendem Handschreiben:

In dem Wunsche, unserer teuren evangelischen Kirche durch neue gemeinsame kirchliche Liebesarbeit eine noch weitere innere geistige Verbindung zu geben, und in der Ansicht, daß hierfür die persönliche Tätigkeit unserer Frauen und Jungfrauen besonders geeignet ist, habe Ich an dieselbe Meinen Erlaß vom 4. Mai 1897 gerichtet. Vielerorten sind erfreuliche Anfänge gemacht, aber gerade häufig da, wo die Not am größten ist, fehlen am meisten die Mittel. Dem kann nur durch gemeinsame Arbeit und gemeinsame Hülfe abgeholfen werden.

Was die Frauenwelt leisten kann, hat der unter Meinem Protektorate stehende Vaterländische Frauenverein bewiesen, welcher, über den Konfessionen stehend, ausschließlich allgemein humanen Zwecken dient. Unserer evangelischen Kirche fehlt eine derartige Vereinigung, in welcher sich für kirchliche und sittlichreligiöse Zwecke nur evangelische Frauen und Jungfrauen zu gemeinsamer Arbeit für unser ganzes Vaterland verbinden.

Wieviele große und verantwortungsvolle Aufgaben unsere Kirche zu erfüllen hat und erfüllen kann, ist Mir in Jerusalem ergreifend vor Auge und Herz getreten; vor allem habe Ich dort von neuem erkannt, wie die hingebende, praktische, stille Liebesarbeit an den Armen und Verlassenen, den Notleidenden und Kranken am meisten geeignet ist, die verirrten und kalten Herzen dem Evangelium zu erschließen.

Ich bringe deshalb den von dem Engeren Ausschusse des Evangelisch-Kirchlichen Hülfsvereins gemachten Vorschlägen zu einer Organisation der Frauenhülfe Meinen aufrichtigen Dank und Mein lebhaftes Interesse entgegen und wünsche Ihrer Ausführung von ganzem Herzen den Beistand und Segen Gottes.
Potsdam, den 1. Januar 1899.

Auguste Victoria.*)

*) Cremer (Hrsg.), Im Dienst der Liebe, S. 198f.

*) a.a.O., S. 199f.

Die Zeit
des schnellen Wachsens
(1900 - 1913)

Die Provinzialverbände

Ziele und Grenzen der Arbeit

Freiwillige Helferinnen
für die ländliche Krankenpflege

Die Frauenhülfe fürs Ausland

Die Provinzialverbände

Als das erste Jahrbuch der Frauenhülfe im Jahre 1900 erschien, zählte ihr Verband 85 Vereine — heute [1912] gehören 2286 zu ihm . . .

Von den Zweigvereinen der Frauenhülfe ist etwa der dritte Teil älter als die Organisation der Frauenhülfe selbst. Nicht wenige unter ihnen führen ihre Entstehung auf die unmittelbare Anregung von Amalie Sieveking zurück. Die Anfänge eines unserer Vereine in Cassel liegen in der Zeit der Befreiungskriege des vorigen Jahrhunderts: ohne Unterbrechung ist der Dienst der Liebe durch Frauenhände seit dem Jahre 1813 geschehen, wenn auch die feste, vereinsmäßige Organisation erst im Jahre 1840 geschaffen wurde.

Bei weitem der größte Teil der Vereine ist in den letzten anderthalb Jahrzehnten neu gegründet.

Im Anfang lag die Arbeit in *einer* Zentrale, bei dem Engeren Ausschuß des Evangelisch-Kirchlichen Hülfsvereins. Mit dem Wachstum der äußeren Organisation ergab sich die Notwendigkeit der Arbeitsteilung aus einem doppelten Grunde; einmal war es nicht mehr möglich, von einer Stelle aus die Verhältnisse aller Vereine, die sich zunächst im Bereiche der Preußischen Landeskirche der Frauenhülfe anschlossen, zu übersehen und zu erkennen, was zur Anregung und Pflege ihrer Tätigkeit notwendig war. Sodann erforderte auch die werbende Arbeit eine besondere Vertretung in kleineren Bezirken.

In den einzelnen Landesteilen Preußens bildeten sich „Provinzial- bzw. Bezirksverbände" der Frauenhülfe. Sie treiben ihre Arbeit selbständig in Verbindung mit dem Gesamtverband und im engsten Anschluß an den Evangelisch-Kirchlichen Hülfsverein ihres Bezirks. Solche Verbände bestehen in:

Posen, begründet im Jahre 1900,
Bezirk Wiesbaden, begründet am 25. April 1900,
Rheinland, begründet am 14. März 1901,*)
Brandenburg, begründet am 4. März 1902,
Westpreußen, begründet am 25. September 1902,
Sachsen, begründet am 27. Oktober 1902,
Ostpreußen, begründet am 18. April 1904,
Hessen-Cassel, begründet am 25. Mai 1904,
Schlesien, begründet am 23. November 1904,
Pommern, begründet am 3. Oktober 1905,
Westfalen, begründet am 7. März 1906.

Von diesen Verbänden besitzen eigene Vereinsgeistliche, im Hauptamte vom Evangelisch-Kirchlichen Hülfsverein der Provinz berufen: Rheinland, Brandenburg, Westfalen, Ostpreußen und Sachsen.

Wo das Netz der Organisation dichter geworden, haben die Vereine sich zu Kreis- und Synodalverbänden zusammengeschlossen, deren es heute 37 gibt, besonders in den Provinzen Brandenburg, Sachsen, Westfalen und Rheinland. Sie haben eine starke werbende Kraft; innerhalb mehrerer hat jede Gemeinde ihre Frauenhülfe.

Zu besonderer Freude gereicht es uns, daß auch die Herzogtümer Braunschweig und Anhalt und das zum Großherzogtum Oldenburg gehörende Fürstentum Birkenfeld sich dem Verbande der Frauenhülfe angeschlossen haben. Eine der Frauenhülfe entsprechende Organisation ist von den Landesvereinen für Innere Mission im Königreich Sachsen, in den Großherzogtümern Mecklenburg-Schwerin, Hessen und Oldenburg und in der Provinz Hannover geschaffen.**)

*) Der am 14. März 1901 gewählte Vorstand hat sich am 3. Juni 1901 unter dem Namen „Ausschuß der Rheinischen Frauenhülfe" mit dem Sitze in Coblenz konstituiert und ist am 13. August 1901 in das Vereinsregister des Königlichen Amtsgerichts daselbst unter Nr. 17 eingetragen worden.

(Zweiter Jahresbericht der Rheinischen Frauenhülfe für das Jahr 1. Okt. 1902/1903.)

**) Cremer, Die Frauenhülfe des Evangelisch-Kirchlichen Hülfsvereins, a.a.O., S. 11ff.

Ziele und Grenzen der Arbeit

Die „offizielle" Beschreibung von Zielen und Grenzen der Frauenhilfsarbeit zu Beginn des neuen Jahrhunderts stellt heraus:

Frauenhilfe ist organisierte Arbeit in den Kirchengemeinden, ohne geschlossene Kreise zu wollen.

Frauenhilfe hält ihre Mitglieder dazu an, durch Jesus erfahrene Liebe liebend weiterzugeben, somit ist Frauenhilfsarbeit ein evangelisches Bekenntnis. Frauenhilfe ist gegenseitige Hilfe der Mitglieder zu einer tätigen Anteilnahme am öffentlichen Leben, aber sie grenzt sich ab gegen die Frauenbewegung, indem sie sich an die Frauen der Gemeinde wendet, um so der Gemeinde zu dienen.

Bei allen Aufgaben sind „Wesen" und „Natur" der Frau zu berücksichtigen, ihre „Eigenart" und ihre „Sonderbedürfnisse".

Die Gemeinde und ihre Glieder stehen im gegenseitigen Pflichtverhältnis zueinander. Eine Gemeinde kommt erst durch den organisierten Zusammenschluß ihrer Glieder zustande. Diese haben an ihrem Teil dafür zu sorgen, daß die Gemeinde in den Stand gesetzt wird, ihren Aufgaben möglichst allen ihren Gliedern gegenüber gerecht zu werden; wiederum die Gemeinde hat die Pflicht, den Sonderbedürfnissen der verschiedenartigen Gruppen und Schichten unter ihren Gliedern nachzugehen, die letzteren im wachsenden Umfang zur Mitarbeit heranzuziehen und so immer enger mit der organisierten Gemeinde zu verbinden.

Wie aber verhält sich diesen Forderungen gegenüber der wirkliche Tatbestand? Sind nicht vielmehr die Gemeinden vielfach atomisierte Konglomerate, zufällig zusammengewürfelte Massen, die sich gar nicht dessen bewußt sind, christliche Gemeinschaften zu sein, in denen einer die Last und die Lust des anderen teilen sollte? Nimmt die Entfremdung, die Zerklüftung der Stände nicht noch immer zu?

Und was hat man zumeist hiergegen getan? Man begnügte sich vielfach damit, nur die Angeregten zu pflegen und verzichtete wohl auf zwei Drittel, ja auf neun Zehntel der Gemeindeglieder. Die Kirche hat es nur zu oft versäumt, die sich von ihr Entfernenden zu halten und zu pflegen. Häufig hat sie anderen überlassen, was sie selbst hätte tun sollen: den Dienst der Liebe. Sie hat ihren Gemeindegliedern keine Aufgaben zu stellen, sie nicht in ihren Dienst zu ziehen gewußt. Sollte das in der Tat so gar schwierig sein? Ich glaube das nicht.

Sicherlich ist es nötig und sicherlich auch möglich.

Als besonders dankbar erweist sich solch Vornehmen gegenüber den weiblichen Gemeindegliedern. Weit mehr in unseren Tagen als jemals zuvor tritt das, was die beiden Geschlechter von einander unterscheidet und trennt, gegenüber dem, was sie verbindet und verbinden soll, in den Vordergrund. Aus dieser starken Betonung des Trennenden hat sich eine sehr energische, in ihren Einzelerscheinungen oft recht seltsame Vertretung der wirklichen oder vermeintlichen Interessen des weiblichen Geschlechts herausgebildet. Man braucht nicht alles, was auf diesem Gebiet in unseren Tagen geredet, gefordert und getan wird, für berechtigt zu halten, aber man wird ohne weiteres anerkennen müssen, daß zweifellos auch im Wesen und in der Natur der Frau und in den gegenwärtigen Zeitläuften begründete Ansprüche vorliegen, die man bisher nicht in genügendem Maße erkannt und befriedigt hat. Rückblickend müssen wir von einem Versäumnis, vorwärtsschauend von einer Aufgabe der Gemeinde und der Gesamtkirche sprechen.

Die Frage, wer am kirchlichen Leben, insbesondere am Gottesdienst und Abendmahl, regeren Anteil nimmt, die Männer oder die Frauen, wird in weit überwiegendem Umfang zugunsten der letzteren zu beantworten sein, wenn es auch gottlob eine Menge von Gemeinden gibt, in denen die Männer in dieser Beziehung nicht hinter den Frauen zurückstehen. Schon dieser Umstand, die im allgemeinen größere Anteilnahme der Frauen am

Kultusleben der Gemeinde, legt der Kirche nach dem Worte noblesse oblige besondere Pflichten den Frauen gegenüber auf. Dazu kommt die Bedeutung der Frau in sozialer Beziehung als der tonangebenden Vorsteherin des Hauses, als Gattin und als Mutter, endlich die Gefahren, von denen unsere Frauen durch die Zeitströmungen bedroht werden, die sie in das politisch oder sozial radikale Lager hinüberziehen möchten. Alles dies darf die Gemeinde und Kirche nicht außer acht lassen, sie wird vielmehr bemüht sein müssen, den besonderen geistigen und geistlichen Bedürfnissen entsprechend die Frauen zu pflegen, um sie stark zu machen zur Erfüllung ihrer Aufgaben und zur Abwehr der drohenden Gefahren.*)

Eine weitere Erwägung läßt diese Pflicht der Kirche noch dringender erscheinen. Wenn wir nach einem Kennzeichen fragen, das dem ganzen Frauenleben und Denken von heute als gemeinsames Charakteristikum aufgeprägt ist, so ist es vielleicht dieses: der überall hervortretende Wunsch nach tätiger Anteilnahme am öffentlichen Leben, sei es auf dem Gebiete des Rechts, der Bildung, der sozialen Fürsorge oder der Liebestätigkeit. Rein formal angesehen dürfen wir, darf die Gemeinde dieses Streben als etwas Erfreuliches, Gottgegebenes und darum Dankenswertes ansehen. Sie muß freilich nun darauf bedacht sein, es sich selbst, das heißt ihren eigenen Zwecken und Aufgaben in einer Weise dienstbar zu machen, die der Wesensart des Weibes entspricht und darum in ihren Endzielen seiner eigenen Befriedigung und Beglückung dient, mit anderen Worten, wir müssen uns bemühen, den Tätigkeitsdrang unserer Frauenwelt und die reichen Gaben, mit denen Gott die Frau ausgestattet hat, in den Dienst der Gemeinde zu ziehen.

Die Frauenhülfe ist es, welche in *organisierter* Arbeit — das ist das Neue daran — der Gemeinde Handreichung leistet bei Erfüllung dieser beiden Aufgaben: die Frauen ihrer Eigenart und ihrem Sonderbedürfnis entsprechend zu pflegen und ihnen Arbeit in der Gemeinde zu geben.

An solcher Arbeit fehlt es nicht. Wir brauchen nur mit warmem Herzen und klaren Augen hineinzuschauen in unser Volksleben: da fehlt es nicht an Nöten, die nach Abhülfe, nach Arbeit schreien. Die immer geringer werdende Seßhaftigkeit, die das nachbarliche Gefühl und die nachbarliche Hülfe tötet, die damit verbundene Auflösung des Familienzusammenhangs mit seinem sittlichen und sozialen Rückhalt, die Notwendigkeit der alleinstehenden Frau, sich einen Beruf zu suchen und sich auf eigene Füße zu stellen, die Nötigung vieler verheirateter Frauen, zum Unterhalt der Familie beizutragen: schon diese charakteristischen Züge des Frauenlebens von heute weisen uns auf eine Fülle von Notständen hin.

Aber ist es denn wirklich Aufgabe der Kirche, der Gemeinde, solchen Nöten zu steuern? Kann das nicht mit viel reicheren Mitteln und damit viel wirksamer der Staat und die Kommune tun, denen die Gesetzgebung, in stetig wachsendem Maße die Fürsorge für Arme und Kranke, Invalide und Hinterbliebene obliegt? Wir können ohne Neid und ohne Eifersucht auf die segensreiche Tätigkeit dieser Instanzen blicken, und wir müssen uns sagen, was sie leisten, kann keine Einzelgemeinde und keine Landeskirche bieten. Aber auch umgekehrt, was die Gemeinde zu bieten hat, kann Staat und Kommune nicht leisten. Das ist der Dienst, getan in der Nachfolge und im Gehorsam gegen den Heiland. Endlich bedarf auch das einzelne Gemeindeglied der Uebung seines Glaubens in der Kraft der Liebe gleich wie der Mensch der Uebung seiner Muskeln bedarf, damit er nicht schlaff und schwach wird.

Dort die Lücke in der Fürsorgetätigkeit unseres Volkes, hier die Kräfte, die der Einstellung bedürfen: Die Frauenhülfe erzieht ihre Mitglieder dazu, in unmittelbarer persönlicher Liebesarbeit an den Notleidenden aus dem Reichtum eines von Jesu Liebe erfüllten Herzens zu spenden. Sie sollen nicht fragen nach Wert oder Unwert, Würdigkeit oder Unwürdigkeit, nach Erfolg oder Dank. Sie sollen darum auch nicht müde werden trotz allen Mißerfolgs und Undanks. Sie sollen lernen, in den Armen, in den Kranken gleichwie in den Gefährdeten und Gefallenen die betrübte, niedergebeugte Seele zu erkennen, dieser Seele aufzuhelfen und sie zu neuem starken Leben zu führen. Das ist das Ziel ihres Dienstes.

26

*) Friedrich Richard Arnold, Ziele und Grenzen der Frauenhülfe, in: Die Frau im evangelischen Gemeindeleben, hrsg. v. Lic. Cremer, Potsdam o. J. [1912], S. 20f.

Wie das einzelne Gemeindeglied solcher Betätigung seines Glaubens nicht entraten kann, so auch die Gesamtgemeinde. Sie hat ein Interesse daran, daß ihre Glieder, die in der Not sich von Menschen und von Gott verlassen glaubten, es erfahren, daß die von Gott in den Menschenherzen geweckte Liebe sie nicht verlassen hat, auf daß auch in ihnen wieder Glauben und Liebe erwache. Sie hat ferner ein Interesse daran, daß durch solches Tun die Gemeinschaft, die alle Gemeindeglieder verbinden soll, gestärkt werde: Einer für alle, alle für Einen. Sie darf endlich sich nicht ihrer Friedensmission entziehen gegenüber den Zerklüftungen in unserem Volk.

Die Frauenhülfe erzieht ihre Mitglieder zu solchem Dienst an den Schwachen, auf daß die Gemeinde dadurch erstarke.*)

Dem Ziele unserer Arbeit: Die Seelen für den Heiland zu gewinnen, dem Charakter derselben als einem ausgesprochenen kirchlichen muß der Vereinsbetrieb naturgemäß allezeit Rechnung tragen. Zur Arbeit gehört Geld. Die Versuchung liegt nahe, dasselbe durch ähnliche Mittel aufzubringen, wie es andere Vereinigungen tun, durch Blumentage, Vergnügungen oder dergleichen. Die Frauenhülfe hat sich vor solchen Entgleisungen peinlich zu hüten. Lieber die Arbeit langsamer wachsen lassen, als ihre Eigenart verleugnen. Daß dadurch nicht ein frisches, fröhliches Vereinsleben gehindert wird, daß darum unsere Feste es doch nicht fehlen lassen an festlichen Darbietungen und an festlicher Stimmung, dafür könnten mannigfaltige Beispiele genannt werden.

Wir hüten uns auch davor, unsere Vereine als Sonderkreise in der Gemeinde erscheinen zu lassen. Das Ideal ist, daß alle erwachsenen weiblichen Gemeindeglieder zu ihr gehören, jedenfalls darf keine Exklusivität bestimmte Schichten und Kreise ausschließen, denn sie alle bedürfen der erwähnten geistigen und geistlichen Pflege. Ich kenne Vereine, deren Mitglieder zum Teil ehemals unterstützt wurden und nun, nachdem ihre Kinder herangewachsen sind, sich aktiv an der Vereinsarbeit betätigen . . .

Es ist schon vordem gesagt worden, daß die Gemeinde die Liebestätigkeit der Frauen nötig hat, um nach außen die in ihr wohnende Glaubenskraft zu bezeugen. Die Arbeit der Frauenhülfe will ein evangelisches Bekenntnis sein, dadurch unterscheidet sie sich von interkonfessionellen, humanitären Verbänden. Auf dem Stettiner Kongreß für Innere Mission wurde sehr hübsch der hier bestehende Unterschied mit den Worten gekennzeichnet: Glaube und Heimat. Am zutreffendsten kann man diese Worte wohl anwenden auf die Unterscheidung unseres Verbandes von dem Vaterländischen Frauen-Verein. Der letztere will, wie sein Name sagt und sein vornehmstes Ziel zeigt, dem Vaterlande dienen; dasselbe gilt von aller Wohlfahrtstätigkeit von Staat und Kommune. Ihre Fürsorge geleitet den Bedürftigen äußerstenfalls bis ins Grab. Der der Seele geltende Dienst der Frauenhülfe reicht darüber hinaus.

Auch von allen den Bestrebungen, die wir unter dem Namen Frauenbewegung zusammenfassen, trennen uns scharfe Grenzlinien. Nicht als ob wir etwa alles, was da angestrebt und getan wird, gering achteten oder gar verwürfen: es handelt sich hier um eine rein sachliche Abgrenzung. Die Frauenhülfe stellt die Kirche und Gemeinde in den Vordergrund, sie fragt, was tut der Gemeinde not, und ruft die Frauen auf zu tatkräftiger Antwort. Und wenn sie auch die andere Frage nicht ablehnt, was tut den Frauen not, so beschränkt sie sich dabei, indem sie die Frauen nur als die weiblichen Glieder der Gemeinde faßt. Die Frauenbewegung fragt, was braucht die Frau heutzutage im Kampf ums Dasein, was muß ihr an Rechten, an Bildung gewährt werden, um sie leistungsfähig und selbständig, ja, um sie dem Manne ebenbürtig zu machen. Das sind ganz andere Ziele, zu deren Erreichung einzelne Mitglieder unserer Vereine wohl auch mitwirken, aber die Frauenhülfen halten peinlich fest an der umschriebenen Abgrenzung, um desto sicherer ohne Kampf ihr Friedenswerk zu tun. Wir wollen nicht verkennen, daß die Wirklichkeit nicht immer dem von uns aufgestellten Ideal entspricht. Sind es doch alles nur schwache Menschenkinder, die ihre Neigungen und Eigenart um so mehr in die Vereinsarbeit hineintragen, als wir darauf Wert legen, daß alle Arbeit persönlich, individuell und nicht generell getan wird. Aber solche Ideale gleichen den Satzungen; sie zeigen das Ziel und ziehen die Grenzen, erst die wirkliche Arbeit gibt ihnen Gestalt und Gehalt. Darin aber gilt es arbeiten und nicht müde werden, in jedem Einzelfall das Beste geben, was man hat. Wir wollen tun, was wir können, und darauf vertrauen, daß dann Gott tut, was wir nicht können.*)

*) F. R. Arnold, a. a. O., S. 21ff.

*) F. R. Arnold, a. a. O., S. 24ff.

In einem Flugblatt, das aufruft, die Frauenhilfe zu fordern und zu fördern, wird das Ziel der Frauenhilfe beschrieben als evangelische, freiwillige, geschulte und organisierte Diakonie der Frau aus der Gemeinde für die Gemeinde. Abgrenzend gegenüber der Frauenbewegung wird erklärt: Frauenhilfe will Blick und Fähigkeit der Frau für die Pflichten der christlichen Liebe in der Gemeinde wecken, will hierdurch aber keine Rechte für die Frau erreichen, am wenigsten die, die auf dem Gebiet des öffentlichen, besonders des politischen Lebens liegen. *)

WAS IST UND WAS WILL DIE FRAUENHÜLFE?

Frauenhülfe ist evangelische, freiwillige, geschulte und organisierte Diakonie der Frau aus der Gemeinde für die Gemeinde.
1. Frauenhülfe ist evangelische Diakonie.

> Das ewige Licht geht da herein
> Gibt der Welt einen neuen Schein;
> Es leucht wohl mitten in der Nacht
> Und uns des Lichtes Kinder macht.

So singt D. Luther zur Weihnacht. Das Licht aber ist die ewige Liebe Gottes, die in Jesu Mensch geworden ist. Sie ist für diese arme Erde das, was die Sonne am blauen Firmament für die sichtbare Welt bedeutet. Sie scheint in die Herzen aller, die da glauben lernen, und macht es warm und hell in ihnen. Und sie leuchtet dann aus diesen Herzen und will andere erquicken und erfreuen. Aus Leben kommt Leben. So stammt Liebe aus Liebe, und wo Liebe ist, da muß sie sich erweisen und muß neue Liebe wecken.

Rechte Liebe ist nicht zuerst ein süßes Gefühl. Sie ist kein verfeinerter Egoismus, da man sich an einen Menschen hingibt, um ihn für sich zu gewinnen und mit ihm die eigene Seele zu füllen. Das schafft wohl große Leidenschaft, kurzes Glück und langes Leid. Denn es ist aus der Selbstsucht geboren. Die rechte Liebe vollbringt auch nicht allerlei Werk, um Dank und Anerkennung zu gewinnen. Das stammt auch aus der Selbstsucht.

Rechte Liebe ist die Bewegung aus dem großen Gottesherzen heraus, die Bewegung, sich hinzugeben, sich mitzuteilen; sie ist der Wille zu dienen. So wunderbar sie ist, so unwiderstehlich erfaßt sie den, der sich ihr hingibt.

Wo darum die Liebe Gottes in Christo wohnt, da entsteht die Diakonie. Sie ist der Dienst der Liebe, die nichts anderes will, als sich selbst ganz einsetzen, um zu dienen.

Weil aber die Triebfeder der Diakonie, die Liebe, aus dem Herzen Gottes stammt, darum zielt sie wieder zum Herzen Gottes zurück. Ihre letzten Zwecke liegen nicht in irdischer Hülfe und irdischer Gabe.

*) Der nicht genannte Verfasser des Textes ist Generalsuperintendent D. Zoellner.

Sie braucht diese Gabe auch, so wie der Herr auf Erden Kranke geheilt und Hungernde gespeist hat, aber sie zielt mit all ihrer Erweisung höher hinauf: sie will die Seele für die große, herrliche Liebe Gottes in Christo gewinnen und dieser Liebe eine Stätte unter den Menschenkindern bereiten. Sie will nicht die Erde zum Himmel machen, denn sie weiß, das ist unmöglich; aber sie will den blauen Ewigkeitshimmel über dieser Erde sichtbar werden lassen; sie will mit den goldnen Strahlen von oben verklären, vergolden, was hier unten arm und jämmerlich und elend ist. Sie will den Pilger auf der Landstraße nicht dadurch trösten, daß sie ihm die Landstraße zur Heimat macht, sondern sie will ihn erquicken und stärken, daß er den Weg fortsetzen kann, hin zur Heimat, zum Vaterhause Gottes.

Das Herz der Diakonie haben wir beschrieben, aber ihre Erscheinungsweise will auch noch deutlich gemacht werden. Alle Diakonie im eigentlichen Sinn ist die Uebung christlicher Barmherzigkeit, aber alle Uebung dieser Barmherzigkeit ist noch keine Diakonie. Jenes ist der weitere, dieses der engere Kreis.

Die Diakonie, welche wir hier meinen, wird in der Gemeinde von den Gliedern dieser Gemeinde an denen geübt, welche zu ihr gehören oder ihr zugeführt werden. Sie ist keine zufällige, sondern eine geordnete Tätigkeit. Die Einzelnen schließen sich hier zusammen, um als Teile eines Ganzen für das Ganze zu wirken, auf daß die Gemeinde zu einer Gemeinschaft gebender und nehmender Liebe erbaut werde. Nicht jeder tut dasselbe, sondern jeder tut das Seine. Jeder kennt den Platz, auf dem er zu stehen hat, mit seinen Aufgaben, und diese nimmt er auf sich.

Diese Diakonie hat die Frauenhülfe auf ihre Fahne geschrieben. Daher will sie Diakonie verstehen lehren als die Arbeit der Frau in der Gemeinde für die Gemeinde.

2. Frauenhülfe ist evangelische, _freiwillige_ Diakonie.

Wir haben es als einen Segen preisen gelernt, daß der Herr seiner Kirche mit dem wieder in ihr erwachten Glaubensleben die Diakonie geschenkt hat. Diese Gabe gehört nach unserer Ueberzeugung mit zu derjenigen Ausrüstung, mit der er sie für die Kämpfe unserer Tage stärken wollte. Diese Diakonie setzte sich zuerst in der Form der beruflichen Tätigkeit durch. Das heißt, diejenigen, welche sie erwählten, verzichteten auf jede Tätigkeit außer und neben der Diakonie, um nur ihr sich zu widmen. Das ist begreiflich, denn diese berufliche Arbeit muß jederzeit das feste Rückgrat der Diakonie bleiben, so wie die Verhältnisse nun einmal sind. Aber das ist nun die zweite These der Frauenhülfe: Neben die berufliche Diakonie muß die außerberufliche, die freie Diakonie, treten. Wir wollen nicht übersehen, daß Leute wie Löhe und auch Härter diese freie Diakonie als das erste in die Gemeinden wieder einzuführen trachteten. Wenn das nicht möglich sein konnte, ehe eine berufliche Diakonie vorhanden war, so ist es jetzt nach deren Aufblühen unerläßlich. Wenn die berufliche Tätigkeit das ganze Gebiet der Diakonie gleichsam für sich als Monopol belegen will, dann dörrt sie den Boden aus, auf dem sie wachsen muß. Wir fallen wieder in die nicht evangelische Unterscheidung zwischen einem religiösen und weltlichen Leben zurück. Einem jeden Christenmenschen ist die Diakonie als Pflicht auferlegt; jedem in seinem Stande und in seinen sonstigen Berufspflichten. Die berufliche Diakonie wird in der evangelischen Kirche niemals alle ihre Aufgaben erfüllen können, wenn ihr nicht die ganze lebendige Gemeinde, sonderlich die Gemeinde der Frauen, tatkräftig helfend zur Seite tritt.

3. Frauenhülfe ist evangelische, freiwillige, _geschulte_ Diakonie.

Den Willen zu dienen wecken durch die Macht der Liebe Gottes in Christo, durch die Kraft des gepredigten Evangeliums: das ist dabei freilich die Hauptsache. Aber es ist nicht das einzige. Zum Herzen muß das Auge kommen. Daraus folgt weiter die dritte These: Die Frauenhülfe will die Arbeitsgebiete zeigen, auf denen die freiwillige Diakonie in Unterstützung und Fruchtbarmachung der beruflichen Diakonie tätig sein muß. Das tut sie, indem ihre Glieder untereinander sich berichten, sich aufmerksam machen und eine Gemeinschaft von der anderen lernt.

Herz und Augen müssen aber geschickte Hände und willige Füße finden; es müssen die Fähigkeiten da sein, die nun auch wirklich auf den erkannten Arbeitsgebieten einzugreifen verstehen. Daraus ergibt sich: Die Frauenhülfe muß die Willigen schulen und ausrüsten für die Arbeit der freiwilligen Diakonie in der Gemeinde. Das tut sie so, daß niemand um dieser Schulung und Ausrüstung willen seine besonderen Pflichten und Aufgaben zu versäumen und zu vernachlässigen braucht. Hier ist die Bedeutung ihrer Instruktionskurse.

Dazu gehört noch ein weiteres: Wer über einem leeren Brunnen ein großes Pumpwerk baut und von dem Pumpwerk etwas erwartet, der tut unnütze Arbeit. Das Werk kann gewaltig klappern, aber es nützt niemandem. Wer aber einen Brunnen mit frischem Wasser hat, der kann die Pumpe nicht entbehren, er kann auch des Röhrenwerkes nicht entraten, welches das Wasser in die Häuser hinein bringt zu Segen und Wohltat. Die Frauenhülfe will sich erbauen auf dem Brunnen des Wassers, das in das ewige Leben quillt. Deshalb kann sie aber auch des Pump- und Röhrenwerkes nicht entraten. Darum

4. Frauenhülfe ist evangelische, freiwillige, geschulte und organisierte Diakonie.

Die Frauenhülfe braucht eine Organisation. Zunächst eine Organisation in der Gemeinde, die einer jeden den Platz gibt, wo sie arbeitet, so daß kein Durcheinander und Nebeneinander, sondern ein freudiges und freies, aber doch geordnetes Ineinander und Miteinander entsteht. Das alles aber, weil es sich bewußt um die Erbauung der Gemeinde handelt, unter engstem Anschluß an das kirchliche Amt, sowohl an das Amt, welches das Wort verkündigt und die Sakramente verwaltet, als auch an das Amt der berufsmäßigen Diakonie. Dann aber muß diese Organisation über die einzelne Gemeinde hinausgreifen, wie ja auch die Einzelgemeinde nicht als solche isoliert werden darf, wenn sie nicht verkümmern und irre gehen will. Es muß auch von Gemeinde zu Gemeinde Austausch und Anregung und Hülfe in die rechten Wege geleitet werden.

Frauenhülfe und moderne „Frauenbewegung".

Es ist noch nichts davon gesagt, wie sich die Frauenhülfe von all den vielen Bestrebungen auf dem Gebiete der Frauentätigkeit unserer Tage unterscheidet. Die Frauenhülfe will nicht streiten, sie will bauen. Sie ist zufrieden, wenn man sie stille arbeiten läßt. Sie freut sich auch über das, was andere Bestrebungen ihr nachmachen, wie sie selbst bereit ist, immerdar zu lernen.

Nur eins sei hervorgehoben. Die Frauenhülfe will den Blick und die Fähigkeit der Frau für die Pflichten der christlichen Liebe in der Gemeinde wecken. Sie will aber die Ausübung dieser Pflichten nicht verbinden oder benutzen zur Erreichung von Rechten, am wenigsten von solchen Rechten, die auf dem Gebiete des öffentlichen, besonders des politischen Lebens liegen. Mit dem, was man heute Frauenbewegung nennt, hat sie nichts zu tun und will sie nichts zu tun haben. Sie möchte ein Werkzeug der Liebe werden, rein und lauter, die nur um der Liebe selbst willen tut, was sie tut. Sie möchte den Willen zu dienen aus der Kraft dessen darstellen, der nicht gekommen ist, daß er sich dienen lasse, sondern daß er diene.

Gott sei Dank, diese Frauenhülfe, diese evangelische, freiwillige, geschulte, organisierte, weibliche Diakonie der Frau aus der Gemeinde für die Gemeinde ist nicht mehr in den Anfängen. Sie ist schon ein Baum mit weitreichenden Zweigen. 1 750 Vereine sind ihr angeschlossen; ihr Monatsblatt „Frauenhülfe" kommt in die Hand von 2 200 Lesern und Leserinnen, und ihr Wochenblatt „Der Bote für die christliche Frauenwelt" gelangt in 19 000 Häuser.

Aber noch lange ist die Frauenhülfe nicht das, was sie für die Gemeinde sein muß. Noch viele Gemeinden entbehren ihres Segens. Darum bitten wir herzlich die Herren Pfarrer und die lieben Frauen in der Gemeinde, welche die Frauenhülfe noch nicht kennen, sich doch diese Kenntnis zu verschaffen. Laden Sie doch einen Berufsarbeiter der Frauenhülfe zu sich ein, lesen Sie die Frauenhülfe und den Boten, seien Sie überzeugt, wir bringen Ihnen bewährte Hülfe, wenn wir Ihnen zurufen:

Fordern und fördern Sie die Frauenhülfe!

Die Adressen der Schriftführer sind:
Für den Gesamt-Verband: Pastor Lic. **Cremer**, Potsdam, Mirbachstr. 2;
Pastor Dr. **Hoppe**, Potsdam, Mirbachstr. 3.

Für die Provinzial- und Bezirks-Verbände in:
Ostpreußen: Pastor **Lubenau**, Königsberg i. P., Ziegelstr. 7;
Westpreußen: Pastor **Scheffen**, Danzig-Langfuhr, Rickertweg 11;
Brandenburg: Pastor **Lux**, Potsdam, Wollnerstr. 5;
Pommern: Pastor Lic. **Thimm**, Stettin-Grünhof;
Posen: Generalsuperintendent D. **Hesekiel**, Posen O.;
Schlesien: Pastor **Kutta**, Breslau 11, Georgenstr. 18;
Sachsen: Pastor **Zitzlaff**, Magdeburg, Wilhelm Raabestr. 9;
Hessen-Kassel: Pfarrer **Armbröster**, Kassel, Herkulesstr. 9;
Wiesbaden: Generalsuperintendent D. **Maurer**;
Westfalen: Pastor **Dreyer**, Münster i. W., Coerdeplatz 14;
Rheinland: Pastor **Arnold**, Barmen, Auguste Victoria-Heim.*)

*) LKA Düsseldorf, KK. B XII 40.

Die Äußerungen führender „Kirchenmänner", die auch in der Leitung des Evangelisch-Kirchlichen Hilfsvereins und der Frauenhilfe tätig sind, zu den Rechten und vor allem zu den Pflichten der Frau, bleiben nicht unwidersprochen. Die Frauenbewegung hat eine andere Auffassung von diesen Rechten und Pflichten. Sie ist überzeugt, daß erst durch die Gewährung von den Frauen zustehenden Rechten Pflichten in einem angemessenen Umfang wahrgenommen werden können. Es mehren sich die Stimmen, die sagen: Das Tun der Frauen kann nicht auf Bereiche beschränkt werden, die nur unwesentlich über den Kreis der häuslichen Arbeiten hinausreichen. Immer stärker wird die Überzeugung: Die Männer können nicht allein Verantwortung tragen in Staat und Kirche.

Solche Stimmen gibt es auch in der Frauenhilfe. Bei der Hauptversammlung der Rheinischen Frauenhilfe 1916 in Barmen wird in der an ein Referat sich anschließenden Aussprache gesagt: „Die evangelische Frauenhilfe ist und bleibt Frauendienst, Frauentätigkeit, sie ist nicht Frauenbewegung." Ein Bericht über die Tagung korrigiert:

> Die Barmer Tagung der Rheinischen Frauenhülfe hat in ihren Verhandlungen gezeigt, welche Wege der Frau im Kreise der Frauenhülfe zu ihrer Betätigung angewiesen sind, aber wir dürfen doch nicht so ganz abweisend von der Frauenbewegung sprechen. Gewiß, ihre politischen Ziele liegen uns fern. Wir können aber aus der Frauenbewegung entnehmen, daß Frauenbewegung manche wertvolle Frauentätigkeit zeitigt und müßten uns bemühen, allen uns entgegentretenden Nöten und Schwierigkeiten, die besonders in dieser Zeit sich zeigen, mit wahrem Verständnis und mit nimmer erlahmender Tatkraft ratend und helfend zu begegnen.*)

Lauter, deutlicher und in einem größeren Umkreis hörbar werden diese Stimmen allerdings erst nach den großen Veränderungen in Staat und Kirche in den Jahren 1918/19.

*) Der Bote für die deutsche Frauenwelt, Ausgabe Rheinland, Nr. 8, 20. Februar 1916.

Freiwillige Helferinnen
für die ländliche Krankenpflege

Es ist verständlich, daß nach dem Erwachen des Glaubenslebens die christliche Liebestätigkeit in unserm Volke sich zunächst den gewaltigen Schäden gewidmet hat, welche durch das Anwachsen der Großstädte in erschreckender Weise hervortraten, und welche weit über ihren Herd hinaus unserm gesamten Volksleben unermeßlichen Schaden zugefügt haben. Als ihre Fürsorge sich auch dem Lande zuwendete, glaubte man, die in städtischen Verhältnissen gewonnenen und bewährten Methoden auch hier anwenden zu können. Auf keinem Gebiete wurde der darin liegende Irrtum alsbald so klar erkannt wie in der Krankenpflege.

Daß die Not der Kranken auf dem Lande nicht minder groß ist als in der Stadt, unterliegt keinem Zweifel. Ist schon ärztliche Hülfe oft nur schwer und nur unter Aufwendung großer Kosten zu erlangen, so fehlt in den Verhältnissen des platten Landes zumeist völlig die geschulte Pflegerin. Die Anstellung einer Berufspflegerin ist wohl in geschlossenen großen Ortschaften möglich; aber abgesehen davon, daß die Kräfte fehlen und auch die Mittel gar nicht zu beschaffen sind, so würden auch in den weit verstreuten, kleinen Orten und Höfen des Landes die großen Entfernungen einerseits und die in vielen Zeiten des Jahres nur in geringem Maß erforderliche Arbeit andererseits die Anstellung einer Gemeindeschwester unmöglich bezw. unnötig machen.

Einen neuen Weg, hier Hülfe zu bringen, hat die Frauenhülfe eingeschlagen mit der Ausbildung von freiwilligen Helferinnen für die ländliche Krankenpflege. Zum ersten Male ist dieser Versuch im Jahre 1902 von der Rheinischen Frauenhülfe gemacht und dort von Pastor Arnold durchgeführt worden.*)

Die 1901 im Rheinland unter Generalsuperintendent D. Umbeck und Pfarrer Arnold gegründete Evangelische Frauenhilfe hatte die Notwendigkeit der Mithilfe in den Gemeinden begriffen und neben vielen anderen Hilfsmöglichkeiten sah sie einen besonderen Ansatzpunkt: Mit den genannten Lehrgängen begann sie zielstrebig eine kurze aber gut durchdachte Ausbildung von sogenannten „Landhelferinnen" (verschiedentlich auch als „Dorfhelferinnen" bezeichnet).

Innerhalb von drei Monaten wurden die Helferinnen für Kranken- und Säuglingspflege zugerüstet. Gerade in den Landgemeinden fehlte es an einer fachgerechten Versorgung Kranker, da auch der Arzt viele Kilometer entfernt wohnte und nur ganz selten auf die Dörfer kommen konnte. Neben der fachlichen Grundausbildung — sechs Wochen Theorie, sechs Wochen Praxis in einem Krankenhaus — stand die Unterweisung in Bibelarbeit, Katechetik und Singen, da die Gemeinden bzw. die entsprechenden Frauenhilfen auch auf diesem Gebiet eine Mitarbeit erwarteten . . .

Bald wurde von den Gemeinden der Wunsch geäußert, solche Helferinnen möchten eine berufliche Anstellung erhalten. Die dafür in Frage Kommenden mußten sich aber zuvor einer weiteren, meist einjährigen Ausbildung in einem Krankenhaus mit abschließender Prüfung unterziehen und waren auch gehalten, in der Folgezeit regelmäßig an Nachschulungslehrgängen (wie z. B. für Desinfektion, Sozialwesen, Tuberkulosefürsorge, Bürgerkunde, Kranken- und Säuglingspflege u. a.) teilzunehmen. Sie wurden zum Unterschied „Landpflegerinnen" oder „Dorfpflegerinnen" genannt . . .

Die Landpflegerinnen wurden von den örtlichen Frauenhilfen oder den heimatlichen Kirchengemeinden angestellt und erhielten eine kleine Barvergütung. Sie waren offiziell anerkannt und durften eine ministeriell geschützte Tracht tragen. In ihrer Arbeit unterstanden sie dem Gesundheitsamt und arbeiteten mit dem zuständigen Arzt, der Fürsorgerin und dem Wohlfahrtsamt zusammen. Die Landpflegerinnen leisteten eine bedeutende Pionierarbeit

32

*) Cremer (Hrsg.), Im Dienst der Liebe, a. a. O., S. 291f.

Die Frauenhülfe fürs Ausland

in den Landgemeinden, deren Einwohner einer „modernen" Kranken-, Säuglings- und Gesundheitspflege zunächst feindlich gegenüberstanden. „Einmal erlebte ich es, daß die Mutter eines jungen Mannes, der an Kopfrose erkrankt war, mit geballter Faust vor mir stand und mich anschrie: ‚Wenn mein Bub stirbt, dann bist du es schuld, denn das hat man noch nie erlebt, daß einem solch schwerkranken Menschen der Strohsack aufgeschüttet und das Bett frisch bezogen wurde, daß man die Krankenstube feucht aufwischt und die Fenster öffnet! Bei dieser Pflege kann doch kein Mensch gesund werden!' — Es geschah das Wunder, daß dieser junge Mann wieder ganz gesund wurde!" Auch die Anerkennung der Ärzte erfuhren die Landpflegerinnen: „Nun komme ich gern an die Krankenbetten von B.!" — „Die C. D., deren Verhalten den Kranken gegenüber ein in jeder Beziehung tadelloses ist, hat vielfach Gelegenheit gehabt, bei frischen Verletzungen sachgemäße Notverbände anzulegen, und hat auch bei ihr anvertrauter Nachbehandlung die in sie gesetzten Erwartungen vollauf gerechtfertigt. Auch die Pflege an inneren Leiden erkrankter Leute hat sie bereitwillig und in liebevoller Weise übernommen."

Durch ihren unermüdlichen Einsatz, ihr Können, ihre Hilfsbereitschaft, die sich in Notfällen auch auf häusliche Arbeiten erstreckte, erwarben die Landpflegerinnen immer stärker das Vertrauen der Bevölkerung und wurden durch ihre Tätigkeit zu regelrechten Gemeindeschwestern.*)

1908 entsteht die „Frauenhülfe fürs Ausland". Evangelische Frauen beginnen, ihren Auftrag in neuer Weise weltweit zu sehen: nicht nur in einer bleibenden Hilfe für die „Äußere Mission", sondern auch durch eine selbständig verantwortete Aufgabe. Es entsteht in der Frauenhilfe ein neuer Arbeitszweig.

Sein geistiger Vater ist der spätere Präsident des Evangelischen Oberkirchenrates D. Dr. Kapler gewesen, der als juristischer Auslandsdezernent im Evangelischen Oberkirchenrat schwer an der mannigfachen Not des Auslanddeutschtums in den seiner Fürsorge anvertrauten deutschen evangelischen Gemeinden in Uebersee trug. Der Evangelische Oberkirchenrat konnte wohl für die geistliche Versorgung dieser Gemeinden durch Pfarrer und Lehrer eintreten, hatte aber nicht die Möglichkeit, Frauen zu entsenden, die hauptamtlich, wie es die dortige Not erforderte, in den Dienst dieser Gemeinden eintraten. Der mit D. Kapler befreundete Generalsuperintendent von Westfalen, D. Zoellner, der frühere hochverdiente Vorsteher des Kaiserswerther Mutterhauses, wurde sein sachkundiger, tatkräftiger Helfer in der Verwirklichung dieses Planes. Vergeblich bemühte er sich bei den großen Mutterhäusern des Kaiserswerther Verbandes darum, sie zu solchem Dienst in Uebersee willig zu machen. Sämtliche Mutterhäuser mußten damals über Mangel an Schwestern klagen und konnten ein derart ausgedehntes Arbeitsfeld nicht übernehmen. Beide Männer entschlossen sich daher zur Gründung eines neuen Vereins, der ausschließlich die Durchführung der gezeichneten Aufgabe ins Auge fassen und ein eigenes Diakonissen-Mutterhaus begründen sollte.

Es war die Zeit, in der der Gedanke der Evangelischen Frauenhilfe seine durchschlagende Kraft bewies. Der Gedanke, Frauen sollten Frauen helfen und als sachkundige Mitarbeiterinnen der geordneten Kirche in die Gemeinden gehen, sollte nun auch auf die überseeischen Gemeinden Anwendung finden.

*) Margareta Stahl, Die Frauenhilfs-Diakonieschwesternschaft im Rheinland - Stationen eines Weges, in: Mitteilungen der Evangelischen Frauenhilfe im Rheinland E.V., April 1971/20.

Daheim und Draußen
Mitteilungen
der
Frauenhülfe fürs Ausland

Schon am 15. Juni 1908 hielt Generalsuperintendent D. Zoellner auf der Jahresversammlung der Frauenhilfe in Berlin einen Vortrag über das Thema „Frauenhülfe fürs Ausland" und fügte der alten Losung „Frauenhilfe in Stadt und Land" die neue hinzu „Frauenhilfe über Land und Meer". Vor allen Dingen richtete er mit weitschauendem Blick die Augen seiner Zuhörer auf Südamerika und rief der Versammlung zu: „Erwarte Großes von Gott und tue Großes für Gott!"

Am 27. Oktober 1908 trat im Berliner Herrenhause eine wichtige Versammlung zusammen, auf der Generalsuperintendent D. Zoellner erneut die Notwendigkeit darlegte, den deutschen evangelischen Gemeinden des Auslandes zur Erlangung von Diakonissen behilflich zu sein. Der Verein „Frauenhülfe fürs Ausland" gründete sich. In dieser bedeutsamen Stunde war die Evangelische Frauenhilfe über die Grenzen der Heimat hinausgewachsen und ein weltweites Werk geworden, für das noch heute D. Zoellners damalige Ausführungen richtunggebend sind.

Am 1. März 1909 trat in Münster (Westfalen), an D. Zoellners Wohnsitz, die erste Schwester ein. Im dortigen Heim der Westfälischen Frauenhilfe fanden die ersten Schwestern als Gäste ihren Unterschlupf, bis nach kurzem eine eigene Mietwohnung bezogen wurde. Aus dem Senfkorn wuchs langsam der Baum, der schon 1912 nach der Lutherstadt Wittenberg verpflanzt wurde und in 25 Jahren seine Zweige immer weiter entfalten durfte.

Vor allem sollten, wie man anfangs beabsichtigte, junge Mädchen aus Brasilien selbst herangezogen, hier ausgebildet und dann in ihre Heimatgemeinden wieder entsandt werden. Mit dieser Absicht kam Schwester Sophie Zink, die Pfarrerstochter aus Campinas im Staate Sao Paulo, zu uns und mit ihr manch andere. Der Gedanke erwies sich aber als undurchführbar. Schwester Sophie, jetzt Leiterin des großen deutschen Krankenhauses in Porto Alegre, blieb über den Krieg hinweg in Wittenberg und hat nie in ihrer Heimatgemeinde gearbeitet. Ebenso ging es der Pfarrerstochter Lydia Pechmann aus Hamburger Berg und etlichen anderen, die von drüben zu uns kamen. Die Diakonie mußte auch für drüben auf den gleichen Boden gestellt werden wie hier, und die Kräfte dort zur Verfügung stellen, wo sie am dringendsten gebraucht wurden. So entwickelte sich naturnotwendig das Mutterhaus der Frauenhülfe fürs Ausland zu einer ebenso fest geschlossenen Schwesternschaft, wie alle anderen Mutterhäuser sie haben, vollzog auch 1917 den Anschluß an den immer wachsenden Kaiserswerther Verband deutscher Diakonissen-Mutterhäuser.

Kaum war das Haus begründet, da kam die erste Bitte um Schwestern. Es ist uns schmerzlich, daß die arme deutsche Gemeinde Theophilo Ottoni, die als allererste um eine Wittenberger Diakonisse gebeten hatte und um ihrer Armut willen lange diese Bitte nicht wiederholen konnte, bis heute ohne den Dienst der Diakonisse geblieben ist. Vor wenigen Monaten hat der gegenwärtige Pfarrer der Gemeinde uns persönlich die erneute Bitte vorgetragen.

D. Zoellner segnete am 23. Februar 1913 in der Schloßkirche zu Wittenberg die ersten 13 Diakonissen ein, von denen wenige Tage darauf die ersten nach Südamerika ausreisten. Drei Schwestern fuhren nach Puerto Montt in Chile, um dort Gemeindedienst und die Betreuung eines Schülerheimes zu übernehmen. Während des Krieges, als die Verbindung mit Südamerika fast völlig gelöst war, mußten diese Schwestern auf Weisung des Propstes D. Braunschweig in Porto Alegre das Arbeitsfeld in Chile aufgeben und in Brasilien eingesetzt werden. Dorthin waren gleichfalls Anfang 1913 etliche Schwestern gesandt worden, um in Blumenau das kleine Munizipalkrankenhaus und in Florianopolis die Gemeindepflege zu übernehmen. Noch im gleichen Jahre folgte eine Gemeindeschwester nach Blumenau. Diese anfangs kleine Arbeit, die vom Evangelischen Diakonieverband Zehlendorf an uns abgetreten wurde, wuchs unter der stillen treuen Arbeit unserer Schwestern langsam und sicher . . . *)

*) P. Stosch, 25 Jahre Frauenhülfe fürs Ausland, in: Frauenhilfe - Monatsblatt für kirchliche Frauen-Gemeindearbeit, 34. Jg., 1934, S. 185f.

Die Zeit der Wandlungen

(1914 - 1932)

Frauenhilfe in Kriegszeit

Die Frauenhilfe wird „eingetragener Verein"

Neue Möglichkeiten der Beteiligung am politischen und kirchlichen Leben

Müttererholung

Die Gründung von Schwesternschaften der Frauenhilfe

1926 - 25 Jahre Evangelische Frauenhilfe im Rheinland

Zeichen einer neuen Zeit?

Frauenhilfe in Kriegszeit

„Ihr werdet wieder zu Hause sein, ehe noch das Laub von den Bäumen fällt", sagt der Kaiser in der ersten Augustwoche 1914 zu den ausrückenden Truppen. Aber aus den erwarteten wenigen Wochen Krieg werden vier Jahre, aus dem erwarteten Sieg wird Niederlage. Deutschland ist bald isoliert, von den Weltmeeren abgeschnitten, ohne ausreichende Nahrungsmittel, ohne wichtige Rohstoffe. Es beginnen Jahre der Opfer, der Not, des Elends. Während die Männer an den Fronten kämpfen und verbluten, arbeiten die Frauen in Rüstungsbetrieben, in Lazaretten, wo immer sie „gebraucht" werden; hungern Mütter mit ihren Kindern. Und von dem Wenigen, was sie haben, geben sie weiter.

Vergeßt nicht unsere Feldgrauen,
ihr Frauen und Mädchen! Wir bitten immer wieder,
sendet Liebesgaben!
Eßwaren, Kleidungsstücke, Gebrauchs-
gegenstände aller Art sind nötig.

Aus den Dankschreiben, von denen wir mehrere abgedruckt haben, ist zu ersehen, wie sehr sich unsere Krieger draußen über alle Sendungen freuen.

Liebesgaben nimmt entgegen
Die Sammelstelle der Frauenhülfe,
Berlin N, Oranienburger Str. 76 a.*)

Eine Bitte an unsere ländlichen Frauenhülfen!

Kartoffelnot! Fleischnot! Fettnot! Darunter seufzen jetzt die Stadtleute, besonders in den dichtbevölkerten Industriebezirken. Die Not ist doppelt groß, wo die Armut wohnt. Die Landbevölkerung spürt gewiß auch den Druck der schweren Zeit: aber von eigentlichem Mangel und bitterer Not ist dort noch keine Rede. Jetzt muß es für die Frauenhülfen auf dem Lande heißen: Erkennt eure Pflicht und helft denen in der Stadt! — Wie kann es geschehen? Kurz vor Ostern schrieb mir ein westfälischer Landpfarrer im Wittgensteiner Land: „Schicken Sie mir für die Osterferien zwei arme Kinder, damit ich sie in meinem Hause durchfüttere." Am anderen Tage kam ein zweiter Brief: „Nein, nicht zwei, sondern 125; ich habe unsere junge Frauenhülfe mobil gemacht; viele Mitglieder wollen arme Kinder ins Haus nehmen." Am dritten Tage: „Nein, nicht 125, sondern 150."

Mit Freuden nahm unser Kreisverband Bochum das herrliche Anerbieten an und sandte die gewünschten Gäste. Drei Wochen sind sie dagewesen, haben die frische Luft, Milch, Eier, Speck, Butter genossen und kamen mit roten Backen, strahlenden Augen und dankbaren Herzen wieder.

Sollten sich nicht viele ländliche Frauenhülfen finden, die in den kommenden Herbstferien den Stadtkindern solche Barmherzigkeit erweisen möchten? Das wäre herrlich. Das wäre ein christliches Liebeswerk und eine vaterländische Tat!

Auf, ihr ländlichen Frauenhülfen! „Ich bin hungrig gewesen und ihr habt mich gespeist." *)

Bei der Hauptversammlung der Rheinischen Frauenhilfe 1916 in Barmen spricht D. Freiherr von Mirbach zu dem Thema „Der Krieg und unsere Arbeit". Die Mobilmachung aller Kräfte wird gefordert, damit eine „starke christliche Schutzwehr" ersteht gegen den „materialistischen, unchristlichen" Zeitgeist, aber nicht zuletzt gegen den Kriegsgegner, dem seine zahlenmäßige Überlegenheit nichts helfen wird gegen eine solche „sittlich-religiöse" Überlegenheit.
Das fatale „Gott mit uns" klingt wie in mancher vornehmlich vor Frauen gehaltenen „Kriegs-Predigt" auch in mancher vor Frauenhilfen gehaltenen „Kriegs-Rede" an.

*) Beilage zum Boten für die deutsche Frauenwelt, Nr. 13, 26. März 1916.

*) Der Bote für die deutsche Frauenwelt, Nr. 29, 16. Juli 1916.

Ausgehend von der ewigen Wahrheit, daß Gott der Herr nur ein solches Volk zu segnen vermag, das ihm gehorsam ist, wies der Vortragende die tiefzubeklagenden Schattenseiten auf, die überall in der Heimat hervortreten, und gab Antwort auf die Frage: Was sollen wir nun tun? Hat man sich auch nicht gescheut, aus der Tatsache dieses Krieges den Bankerott des Christentums zu folgern, obwohl nicht das Christentum, sondern gerade die hochgepriesene Kultur mit all ihren Fortschritten Bankerott gemacht hat, so gilt es jetzt vor allen Dingen für unser Volk und seine Glieder, zurückzukehren zu dem lebendigen Gott und ihm Gehorsam und Treue zu halten. Es wird sich in diesem Völkerringen zeigen, daß über das zahlenmäßige Uebergewicht unserer Feinde die sittlich-religiöse Ueberlegenheit den Sieg davonträgt. Darum gilt's, mutig und tapfer ans Werk zu gehen, um das Evangelium und die Lebenskräfte der oberen Welt hineinzutragen in alle Kreise unseres Volkes. Eine Mobilmachung der evangelischen Frauenwelt zu diesem Zweck sei im weitesten Umfang erfolgt; eine Mobilmachung der Männerwelt habe zu folgen, bis eine starke christliche Schutzwehr entstehe wider den materialistischen un-christlichen Geist unserer Zeit. Geeint zu solcher Schutzwehr, entschlossen, auf dem Grunde des Evangeliums Arbeit der Liebe unermüdlich zu tun, können wir allezeit getrost hinausblicken in die Zukunft, in der Gewißheit: „Ist Gott für uns, wer mag wider uns sein!"*)

Auf derselben Hauptversammlung berichtet die Vorsitzende der Westfälischen Frauenhilfe, Gräfin Plettenberg-Heeren, über die Kriegszerstörungen in Ostpreußen und über die für dieses Gebiet geleistete Hilfe.

Sodann nahm Gräfin Plettenberg-Heeren das Wort zu ihrem Vortrag: „Im Kraftwagen Hindenburgs durch Ostpreußen und die Hilfeleistung durch die Frauenhülfe." Mit der Frau Vortragenden durfte die große Versammlung das schwer heimgesuchte Ostpreußen besuchen, ergreifende Bilder grauenhafter Zerstörung, aber auch viel stillen starken Heldentums deutscher Frauen und Männer schauen. Von Stadt zu Stadt und Ort zu Ort hatten die Kraftwagen des großen Heerführers im Osten im Juli dieses Jahres eine Anzahl von Vertreterinnen der Frauenhülfe geführt und ihnen gezeigt, wie riesengroß die Aufgaben sind, damit auf den Trümmerfeldern des Todes neues Leben erwache. Die Eindrücke, die dort gewonnen wurden, weckten den Willen zur helfenden Liebestat in den Kreisen der evangelischen Frauenhülfe. Die Vereine in den vom Krieg verschonten Gebieten des Vaterlandes übernahmen alsbald die Patenschaft ostpreußischer Vereine; Wunschzettel aus dem Osten kamen herüber zu den evangelischen Frauen des Westens, und aus dem Westen trug die Eisenbahn die Patengeschenke helfender Liebe wieder gen Osten. Allein die Westfälische Frauenhülfe hat bisher 17 ostpreußische evangelische Gemeinden in Patenschaft und Pflege genommen; andere Provinzialvereine sind gefolgt, aber Großes bleibt noch zu tun. Ein warmherziger, den tiefsten Eindruck hinterlassender Aufruf zur Tat der Liebe, der einen Widerhall wohl in jedem Herzen fand, war der ganze Vortrag der geschätzten Rednerin.

Anschließend konnte der Versammlung mitgeteilt werden, daß der Barmer Kreisverband der Frauenhülfe beschlossen habe, die Patenschaft über die beiden evangelischen Gemeinden der Stadt Insterburg zu übernehmen.*)

Auch andere Kreisverbände beteiligen sich an Patenschaften für ostpreußische Gemeinden, beispielsweise der Kreisverband in den Kirchenkreisen Gladbach und Moers.

In Viersen, am 13. Februar d. J., beschloß der Kreisverband der Frauenhülfen in den Kirchenkreisen Gladbach und Moers, die ostpreußische Gemeinde Schmalleningken als Patenkind zu übernehmen. In dieser großen Versammlung hatte der treffliche Vortrag der Frau Gräfin von Plettenberg-Heeren, Vorsitzende der Westfälischen Frauenhülfen, über Selbstgeschautes und Selbsterlebtes in der zerstörten Provinz, die Herzen aller Zuhörer willig gemacht zur Uebernahme dieser gemeinsamen Aufgabe. Am 8. März berieten 28 Vertreterinnen der Kreisverbandsvereine in Viersen, um die Sammlungen schnellstens vorzubereiten. Einzige Sammelstelle für Möbelstücke, Bettwaren und dergleichen ist in Crefeld im Alterversorgungshaus Kronprinzenstraße 20. Alles

*) Der Bote für die deutsche Frauenwelt, Ausgabe Rheinland, Nr. 8, 20. Februar 1916.

*) Der Bote für die deutsche Frauenwelt, Ausgabe Rheinland, Nr. 8, 20. Februar 1916.

übrige wird von den Vereinen mit Verzeichnis des Inhaltes in Kisten verpackt, unmittelbar als Eilfrachtgut nach Schmalleningken befördert werden. Die Geldsammlungen nimmt Frau Wedekind, die Vorsitzende des Kreisverbandes, in Obhut, bis zur Bestimmung der Verwendung derselben nach Vereinbarung mit den Vorständen, auch ist die Vorsitzende zu jeder Auskunft bereit. Schluß der Sammlung 15. April d. J.

Das Kirchspiel Schmalleningken hat besonders bei dem zweiten Russeneinfall schwer gelitten. Die Hälfte nördlich der Memel war von Ende November 1914 bis Mitte Februar 1915 von den Russen besetzt. Während dieser Zeit sind nur wenig Gehöfte niedergebrannt, aber fast alle Einwohner, die nicht geflohen waren, sind nach Rußland verschleppt (600 Personen). Nach der Vertreibung der Russen war hier eine völlige Einöde. In den Häusern Schmutz und Trümmer von zerschlagenem Hausgerät, auf den Feldern zerstampfte Saaten. Der Teil des Kirchspiels südlich der Memel dagegen war der Schauplatz ständiger Patrouillengefechte. Hier sind infolgedessen die Mehrzahl der Häuser in Flammen aufgegangen. In dem kleinen Dorfe Schillehnen a. d. Memel sind allein 80 Gebäude niedergesengt. Dagegen sind die zurückgebliebenen Bewohner vor dem Schicksal des Verschlepptwerdens bewahrt geblieben.

Das Kirchspiel zählte vor dem Kriege 2600 Seelen. Jetzt sind nur etwa 1100—1200 Seelen vorhanden. Die Uebrigen sind verschleppt oder von der Flucht noch nicht zurückgekehrt oder von den Russen ermordet oder vor Angst gestorben.

Die Zurückgekehrten haben sich mit den Vorentschädigungsmitteln, die vom Staate gezahlt wurden, so weit eingerichtet, daß das Allernotwendigste vorhanden ist. Was ihnen noch fehlt zur Befriedigung der dringendsten Bedürfnisse, habe ich durch die Vertrauensdamen der hiesigen Frauenhülfe für jede Ortschaft besonders feststellen lassen und in Form von Wunschzetteln dem Provinzialvorstand weitergereicht. Diese Wunschzettel dürfen wohl in Ihre Hand gelangt sein. Im andern Falle bin ich bereit, Ihnen eine Abschrift derselben zu übersenden.

Darüber hinaus drücken uns noch andere Nöte. Die hiesige Kirchenkasse zahlte in Friedenszeiten jährlich 221 Mark Unterstützung an die ärmsten Gemeindeglieder in Raten von 3 Mark monatlich. Da die Kirchenkasse zahlungsunfähig ist, weil keine Kirchensteuern einkommen, so müssen die alten, meist hilflos und kranken Frauen hungern. Sie erhalten nur die Unterstützung des Ortsarmenverbandes, 9 Mark monatlich, vom Herrn Landrat. Davon können sie sich bei den teueren Zeiten nicht satt essen. Die Verhandlungen mit der russischen Regierung sind so weit gediehen, daß die Freilassung der Verschleppten zum Frühjahr zu erwarten ist. Wenn diese nun zurückkehren, finden sie nicht mehr ein Stück von ihrem Hab und Gut, nur kahle Wände. Es wäre schön, wenn etwas Hausgerät durch die Patenvereine beschafft werden könnte, damit der Empfang der Verschleppten in der Heimat nicht gar so trostlos sich gestalte.

Gewiß werden die Verschleppten Vorentschädigung aus Staatsmitteln erhalten. Aber bei den Behörden geht das alles langsam den Instanzenweg und von der Rückkehr bis zu dem Zeitpunkt, an dem sie die ersten Staatsmittel erhalten werden, wird mindestens ein Vierteljahr vergehen.

Grodde, Pfarrer.*)

Noch während des Krieges, zu Ostern 1916, eröffnet die Frauenhilfe „gemeinsam mit den Diakonissenhäusern Berlins und der Provinz Brandenburg" in Berlin eine Evangelische Frauenschule.

Diese Schule will die Töchter unseres Volkes einführen in den Beruf der deutschen, christlichen Frau. Sie sollen sich der hohen Aufgabe bewußt werden, die der Frau im Hause als Pflegerin frommen Sinnes und Hüterin deutschen Familienlebens obliegt. Sie sollen ein warmes Verständnis gewinnen für alles Leid und sollen es lernen, sich selbst zu vergessen und für andere da zu sein in helfender, dienender Liebe.

Die Frauenschule will in zweijähriger Ausbildungszeit ihre Schülerinnen so weit führen, daß sie auf dem weiten Gebiete der Wohlfahrtspflege und Wohltätigkeit einen Beruf auszufüllen imstande sind.

Das erste Jahr umfaßt den theoretischen Unterricht, den alle Schülerinnen gemeinsam in der Frauenschule durch erprobte Fachleute erhalten. — Im Mittelpunkt des Lehrplans steht

Der Krieg im Osten — Lyck

*) Der Bote für die deutsche Frauenwelt, Ausgabe Rheinland, Nr. 12, 19. März 1916.

der Religionsunterricht; sich gründend auf Gottes Wort, soll er ihnen den Blick öffnen für das Wesen und die Aufgaben des Reiches Gottes. — Die Liebe zum Vaterland soll in ihnen vertieft werden, daß ihnen die Freude an deutscher Art und Sitte, an der deutschen Muttersprache und an der deutschen Kunst aufgehe. — Sie sollen in das Verständnis des staatlichen und bürgerlichen Gemeinwesens und des sozialen Pflichtenkreises eingeführt werden.

Das zweite Jahr dient der praktischen Anleitung in einem Berufszweig, dessen Wahl den Frauenschülerinnen frei gestellt wird. Es kommen hier etwa folgende Berufe in Betracht: Gemeindehelferin, Kindergärtnerin, Hortnerin, Jugendpflegerin, Erziehungsgehilfin, Leiterin eines Kinder-, Mädchen- oder Arbeiterinnenheims, Fabrikpflegerin, Vereinssekretärin, Polizeiassistentin, Wohnungsinspektorin. Auch die praktische Ausbildung wird von der Frauenschule aus einheitlich geleitet. Das weitverzweigte und vielseitige Arbeitsgebiet der Frauenhülfe und der Diakonie ermöglicht es unserer Frauenschule, ihren Schülerinnen eine große Anzahl der verschiedensten praktischen Ausbildungsstätten zugänglich zu machen. — Für Frauenschülerinnen, welche sich schon vorher in einer praktischen Tätigkeit bewährt haben, kann das praktische Jahr abgekürzt werden bzw. in Fortfall kommen.*)

10 Jahre später, 1926, erhält die Schule, nun „Evangelisches Frauenseminar", die staatliche Anerkennung als Wohlfahrtsschule. Das im Prospekt beschriebene Ziel der Wohlfahrtsschule erinnert an das Ziel des von Friedrich Zimmer am 11. April 1894 nach einem Vortrag im Elberfelder Frauenverein gegründeten „Evangelischen Diakonievereins".

Er wollte mit einer gründlichen, abgeschlossenen fachlichen Ausbildung die Bildung der Frau zu einer christlichen Persönlichkeit verbinden, damit sie ihre Aufgaben sowohl in Beruf und Gesellschaft als auch in der Ehe erfüllen könnte. Dazu wählte er den Weg einer über das rein Fachliche hinausgehenden Ausbildungsform, wie sie bis heute im „Diakonieseminar" (für Krankenpflege) gegeben wird.**)

Ueber das Ziel der Wohlfahrtschule schreibt der Prospekt: „Das Evangelische Frauenseminar will die gebildeten evangelischen Töchter unseres Volkes einführen in den Beruf der deutschen christlichen Frau; es sei, daß sie diesen Beruf später ausüben in sozialer Betätigung oder auch in der eigenen Familie. Die Schülerinnen sollen sich bewußt werden der hohen Aufgabe, die der Frau als Pflegerin des frommen Sinns und Hüterin des deutschen Familienlebens obliegt. Sie sollen aber zugleich ein warmes Verständnis gewinnen für die sozialen Nöte aller Art. Sie sollen es lernen, sich als bewußte Glieder der evangelischen Kirche zu fühlen und sollen willens sein und tüchtig werden, mitzuarbeiten am Aufbau der Kirche und des Volkes. Sie sollen erfüllt werden mit dem Geist der Liebe, der nicht sich selbst lebt, sondern für andere da ist."

Die Ausbildung erfolgt in drei Hauptfächern: Gesundheitsfürsorge, Jugendwohlfahrtspflege und Wirtschafts- und Berufsfürsorge. Sie dauert zwei Jahre, an die sich noch ein Probejahr in der praktischen Arbeit anschließt. In den Aufnahmebedingungen wird für den Eintritt das vollendete 20. Lebensjahr vorgeschrieben. Abgeschlossene Lyceums- oder Mittelschulbildung wird verlangt, die aber auch durch eine schulwissenschaftliche Vorprüfung ersetzt werden kann. Die sich Meldende muß aber auch schon eine dem Hauptfach entsprechende berufliche Vorbildung haben, sei es in der Kranken- oder Säuglingspflege oder als Lehrerin oder Kindergärtnerin. Auch der Besuch einer Haushaltungs- oder Frauenschule wird anerkannt. Die genauen amtlichen Vorschriften darüber bringt der Prospekt.

Mit der Wohlfahrtsschule ist ein Heim verbunden, in dem 20 Schülerinnen wohnen können.*)

In den Kriegsjahren wendet sich die Frauenhilfe zudem einer sonst wenig beachteten Aufgabe zu: der Nachgehenden Fürsorge.

Manche der uns angeschlossenen Vereine haben sich schon lange Jahre mit den Aufgaben der Nachgehenden Fürsorge beschäftigt und Bedeutsames geleistet; die uns bisher im Laufe der Jahre zugegangenen Berichte geben davon ein erfreuliches Zeugnis. Von einer alle unsere Vereine umfassenden und planmäßigen

*) Der Bote für die deutsche Frauenwelt, Ausgabe Rheinland, Nr. 12, 19. März 1916.

**) Ingrid Kracker von Schwartzenfeld, Auftrag und Wagnis - Der Weg des Evangelischen Diakonievereins, Berlin 1969, S. 11.

*) Mitteilungen aus der Arbeit der Evangel. Frauenhülfe im Rheinland (E.V.), Nr. 23, Barmen, August 1926, S. 27f.

Durchführung der Arbeiten der Nachgehenden Fürsorge war ausführlich in den Provinzialvorstandssitzungen vom 3. Januar 1917, 30. März 1917 und 6. Dezember 1917 die Rede. Zur weiteren fachlichen Durchberatung wurde aus dem Vorstande ein besonderer Verwaltungsausschuß für Nachgehende Fürsorge gewählt. In verschiedenen Sitzungen desselben wurden ausgiebige Verhandlungen gepflogen. Hatte man ursprünglich den Plan erwogen, selbst eine Arbeiterinnenkolonie zu gründen und zu bauen — ähnlich wie es die Westfälische Frauenhülfe, die schon seit 2 Jahren die Nachgehende Fürsorge über ihre Vereine hin organisiert hat, in ihrer Kolonie Wengern getan, — so gab man ihn doch zunächst wieder auf und beschloß, den Zeitumständen entsprechend und im Verfolg der uns im Rheinland als Frauenhülfe gegenwärtig obliegenden Aufgaben und nicht zuletzt im Blick auf bereits Bestehendes mit dem in der Landgemeinde Aprath gelegenen ländlichen Arbeiterinnenheim des Bergischen Diakonissen-Mutterhauses fürs erste gemeinsam zu arbeiten, ohne damit die Möglichkeit auszuschließen, daß nicht auch zur gegebenen Stunde die Evangelische Frauenhülfe i. Rheinl. dahin geführt werden könnte, selbst eine Arbeiterinnenkolonie irgendwo in der Provinz ins Leben zu rufen. Wir glaubten das Gebot des Augenblicks beachten zu müssen, jetzt keine Anstalt zu schaffen, sondern vielmehr alle unsere Vereine in einem großen Netz zum Dienst in der Nachgehenden Fürsorge zusammenzuschließen und sie zu bitten, mit uns, d. h. mit dem Provinzialverband Nachgehende Fürsorge als eine der wichtigsten Aufgaben im Dienst unserer evangelischen Gemeinden und unseres Vaterlandes anzugreifen.

Was ist eigentlich Nachgehende Fürsorge?

...in der Nachgehenden Fürsorge handelt es sich im besonderen Sinne um das weibliche Stromertum; daß dies mit dem männlichen enge zusammenhängt, ist erwiesen. Schon die Gaunersprache, die beiden gemeinsam ist, läßt dies erkennen. Das männliche Stromertum richtet sich mehr auf Diebstahl und lebt vom Bettel, das weibliche dient überwiegend der Unzucht. Die Liebe zum Alkohol und die Arbeitsscheu, der Hang zum Leben auf der Straße ist beiden gemeinsam. Das weibliche Stromertum ist die furchtbarste Gefahr für die Familie und für den gesunden Nachwuchs des Staates... Es kann und soll an dieser Stelle die geschichtliche Entwicklung der Frage und der Aufgaben der Nachgehenden Fürsorge nicht ausführlich behandelt werden; es mag genügen, kurz darauf hinzuweisen, wie gerade während der gegenwärtigen Kriegszeit die Not des gefährdeten Teiles der weiblichen Bevölkerung gestiegen ist und die allgemeine Aufmerksamkeit auf sich zog. In weiteren Frauenkreisen regte sich die Ueberzeugung, daß die christliche Frau ganz anders als bisher die von Gott ihr auferlegten Verpflichtungen habe, sich der Gefährdeten und Gefallenen ihres Geschlechts in nachgehender Liebe und Fürsorge anzunehmen. Nachdem 1916 auf einer Versammlung der Deutsch-Evangelischen Asylkonferenz in Hannover Generalsuperintendent D. Zoellner aus Münster — in Westfalen hatte bereits seit dem 2. Mai 1915 die Frauenhülfe durch ihre Zentrale für Nachgehende Fürsorge eine große Organisation zur Erfassung des in Frage stehenden Elends geschaffen und zur Verfügung gestellt — auf neue Bahnen in der Nachgehenden Fürsorge hingewiesen, nachdem Strafanstaltspfarrer Just in Düsseldorf in einem Artikel der Kölnischen Zeitung auf die gleichen Wege und Ziele dieser Rettungsarbeit hingewiesen, nachdem die Landesverwaltung der Rheinprovinz, die in jeder Wohlfahrtpflege ständig führend sich beteiligt, in diese Bewegung durch klare und überzeugende Vorschläge ihres Landesrats Dr. Horion eingegriffen und ihr Interesse an der Durchführung dieser neuen Fürsorge erklärt hatte, fand am 10. Oktober 1917 auf der Hauptversammlung der Rheinisch-Westfälischen Gefängnis-Gesellschaft in Düsseldorf in Vorträgen des Generalsuperintendenten D. Zoellner und des Landesrats Dr. Horion und in einer ausführlichen Besprechung diese Frage eine ausgiebige Behandlung. Der Provinzialvorstand der Evang. Frauenhülfe i. Rheinl. war auf dieser Versammlung durch seine Schatzmeisterin Frau Rudolf Wedekind aus Uerdingen und durch mich [Pfr. Dr. Schött] vertreten. Die Provinzial-Frauenhülfe nahm diese Verhandlungen in ihre weiteren Vorbereitungen auf diesem Gebiete dankbar auf und beschloß in der Vorstandssitzung vom 30. März 1917 baldmöglichst die Nachgehende Fürsorge über ihre weitverzweigten Vereine in der Provinz zu organisieren und ein Netz von Fürsorgerinnen aus ihren Vereinen in unseren evangelischen Gemeinden zu schaffen. Auf einer Anzahl von Versammlungen von Kreisverbänden und Vereinen sowie auf den großen Konferenzen unserer Helferinnen machte ich unseren Plan bekannt; überall fand er außerordentliche Teilnahme und das Versprechen wärmster Förderung.[*]

Für die Kinderstube.

Beilage zum „Boten für die deutsche Frauenwelt".

Nr. 3.   Potsdam, im März 1916.   13. Jahrgang

[*] Mitteilungen aus der Arbeit der Ev. Frauenhülfe im Rhld., Nr. 9/10, Barmen, Oktober 1918, S. 1ff.

Die Frauenhilfe wird „eingetragener Verein"

Die Jahresversammlung der Frauenhilfe des Jahres 1916 findet vom 22. bis 25. Mai im großen Sitzungssaal des Abgeordnetenhauses in Berlin statt. Innerhalb dieser Versammlung wird am 23. Mai 1916 über eine Neuorganisation der Frauenhilfe beraten und beschlossen: Die Provinzialverbände bilden einen Gesamtverein der Frauenhilfe.

In der geschlossenen Sitzung der Frauenhilfe am Dienstagabend fand nach einem begründenden Referat Pastor Lic. Cremers die Begründung des Gesamtvereins der Frauenhilfe statt. Lic. Cremer wies darauf hin, daß die Vereine der Frauenhilfe zwar bisher eine gemeinsame Vertretung in dem Verwaltungsrat der Frauenhilfe gehabt hätten, zu dem die Vorsitzenden der Provinzial- und Kreisverbände gehörten, aber dieser Verwaltungsrat hatte außerhalb der Frauenhilfe keine rechtliche Stellung und konnte keine bindenden Beschlüsse fassen, da die Gesamtleitung der Frauenhilfe beim engeren Ausschuß des Evangelisch-Kirchlichen Hilfsvereins lag. Die Neuorganisation ist so gedacht, daß sie von unten aus aufgebaut wird. Die einzelnen Vereine schließen sich zu Kreisverbänden, Stadtverbänden und weiter zu Provinzialverbänden zusammen. Die Provinzialverbände sollen einen Gesamtverein der Frauenhilfe bilden, der aus den Vertretern und Vertreterinnen der Provinzialvereine besteht. Dabei ist vorgesehen, daß auch einzelne Vereine sich dem Gesamtverein direkt anschließen können, aber nur in solchen Landesteilen, in denen Provinzial- und Landesverbände noch nicht bestehen wie z. B. im Ausland oder bei denen ein Zusammenschluß zu einzelnen Verbänden noch nicht tunlich ist. Die Vertretung des Gesamtvereins soll bei einem Hauptvorstand liegen, der neu gebildet werden soll. Diesem werden angehören die Mitglieder des engeren Ausschusses des Evangelisch-Kirchlichen Hilfsvereins, soweit sie von dessen Mitgliederversammlung gewählt sind oder ihm ständig angehören, – das sind der von der Kaiserin ernannte Vertreter, der Vertreter des Evangelischen Oberkirchenrats, der Vorsitzende des Zentralausschusses für Innere Mission und der Hauptgeschäftsführer. Weiter sollen dem Hauptvorstand angehören die Vorsitzenden, die stellvertretenden Vorsitzenden und die Geschäftsführer der Provinzialverbände und schließlich noch gewählte Mitglieder, deren Zahl wenigstens 12 betragen soll. Da der so gebildete Hauptvorstand zwischen 50 und 100 Mitglieder haben wird, sieht der Entwurf die Einsetzung von Verwaltungsausschüssen vor und gibt dem Vorsitzenden für die Erledigung der laufenden Arbeiten einen ständigen Verwaltungsausschuß zur Seite. Die enge Verbindung mit dem Evangelisch-Kirchlichen Hilfsverein ist nicht nur aus Gründen der Pietät, sondern auch aus finanziellen Motiven notwendig, da ohne seine Beisteuer die Frauenhilfe zunächst noch nicht leben kann. Die Satzungen wurden einmütig angenommen und folgende Persönlichkeiten zu Mitgliedern des Hauptausschusses gewählt: Frau Generalleutnant von Ammon-Berlin, Freifrau von Bissing-Berlin, Frau Amtsrat Nicolai-Hannover, Frau von Podbielski-Dallmin, Frau Staatssekretär Gräfin Rödern-Berlin, Frau Konsistorialpräsident Steinhausen-Berlin, Frau Major von Viebahn-Potsdam, Frau Präsident Voigts-Berlin, Prof. D. Freiherr von der Goltz-Greifswald, Pastor Dr. Hoppe-Potsdam, Pastor Koschade-Wittenberg, Pastor Thiele-Berlin-Lichterfelde.*)

Der Weitere Ausschuß des Evangelisch-Kirchlichen Hilfsvereins trat zu seiner 28. Versammlung im Saale 12 des Abgeordnetenhauses unter dem Vorsitze des Generalleutnants v. Ammon bei recht guter Beteiligung zusammen. Es galt neben grundsätzlichen Fragen auch die Erledigung wichtiger organisatorischer Angelegenheiten. Dank der besonderen Mitwirkung des Wirkl. Geh. Ober-Kons.-Rates D. Möller sind die Satzungen des Evangelisch-Kirchlichen Hilfsvereins dahin grundlegend geändert

*) Kirchliches Jahrbuch für die evangelischen Landeskirchen Deutschlands 1917. Ein Hilfsbuch für die Kirchenkunde der Gegenwart. Hrsg. J. Schneider, Gütersloh 1917, S. 376f.

worden, daß die sehr groß gewordene „Frauenhilfe", das Fürsorgekind des Vereins, selbständig gemacht wird, dabei aber natürlich in engster Verbindung mit dem Evangelisch-Kirchlichen Hilfsverein bleibt. Nach sehr eingehender Beratung stimmte man dieser wichtigen Neuerung zu, ebenso dann die Versammlung der Frauenhilfe.

. . . . . Der Hauptversammlung der Frauenhilfe im großen Sitzungssaale wohnte in Vertretung Ihrer Majestät der Kaiserin die Oberhofmeisterin Gräfin Brockdorff bei. Die Versammlung genehmigte auf Vortrag von Pastor Lic. Cremer die neuen Satzungen und wählte auf Vorschlag des Sup. D. Matthes (Kolberg) gleich einen 12gliedrigen Hauptvorstand.*)

Die Evangelische Frauenhilfe, 1899 auf Anregung der verewigten Kaiserin vom Evangelisch-Kirchlichen Hilfsverein ins Leben gerufen und mit ihm lange Zeit organisch verbunden, 1916 (Satzungen vom 17. 11.) als selbständiger Verband mit dem Namen Evangelische Frauenhilfe E. V. (Gesamtverein) organisiert, „hat den Zweck, die Mithilfe der Frau in den Dienst der Gesamtkirche und der Einzelgemeinde zu stellen, nach evangelischen Grundsätzen diese Mitarbeit zu pflegen, die Frauenwelt dazu heranzuziehen und die evangelischen Frauen in ihrem christlichen Leben zu vertiefen" (§ 2 der Satzung). Der Verein sucht diesen Zweck zu erreichen durch „1. Förderung seiner Mitglieder bei Erfüllung ihrer in den einzelnen Landesteilen gegebenen Aufgaben, 2. Ausbildung und Anstellung von Diakonissen und anderen geeigneten Persönlichkeiten, die sich in freier Liebestätigkeit der öffentlichen unentgeltlichen Pflege der Kranken und Armen in der Gemeinde unter Mitwirkung der Mitglieder der Vereine der Frauenhilfe widmen, 3. die Ausbildung und Anstellung von Gemeindehelferinnen, 4. Schaffung und Unterhaltung hierfür geeigneter Ausbildungsstätten, 5. Veranstaltung von Lehrgängen und Versammlungen, um die ev. Frauenarbeit nach allen ihren Richtungen zur Entwicklung zu führen, 6. Vertretung der Belange der ev. Frau als einer Mitarbeiterin auf dem Gebiete der Wohlfahrtspflege, bei der Gesetzgebung, in der Öffentlichkeit und gegenüber den Behörden, 7. Pflege der Verbindungen mit anderen geeigneten Frauenverbänden, 8. literarische Arbeit, 9. Schaffung von Erholungsheimen und anderen Anstalten für Frauen und Mädchen, 10. Anstellung von Berufsarbeitern und Berufsarbeiterinnen. Bei allen Bestrebungen des Vereins soll auf christliche Vertiefung besonderer Wert gelegt werden" (§ 2).*)

Trotz der am 17. November 1916 erfolgten rechtlichen Loslösung der Frauenhilfe vom Evangelisch-Kirchlichen Hilfsverein bestehen weiterhin enge vermögensrechtliche Beziehungen zwischen beiden Verbänden. Erst 1932 wird auch hier eine klare Scheidung herbeigeführt. Eine gewisse Einflußnahme auf den Gesamtverband der Frauenhilfe behält sich der Evangelisch-Kirchliche Hilfsverein auch jetzt noch vor: In der Satzung der Frauenhilfe wird über den Hilfsverein die Bindung der Frauenhilfe an die Kirche sichergestellt.

In diesem Sinne hatte der Hilfsverein seine Rechte immer aufgefaßt und bis 1933 hält er an ihnen fest: Bindung eines freien Werkes an die verfaßte Kirche. Nachdem sich der Reichsverband der Evangelischen Frauenhilfe 1933 eine neue Satzung (nach dem „Führerprinzip") gegeben hat, beschließt der Hauptausschuß des Hilfsvereins in seiner Sitzung vom 11. Dezember 1933 der Mitgliederversammlung vorzuschlagen, auf die in der bisherigen Satzung der Frauenhilfe festgelegten Rechte des Hilfsvereins zu verzichten.

Die Mitgliederversammlung stimmt am 12. Dezember 1933 der Satzungsänderung zu und erklärt einstimmig, da der kirchliche Charakter der Reichsfrauenhilfe durch ihre Eingliederung in das Evangelische Frauenwerk gewährleistet sei, sei „die Mission des Evangelisch-Kirchlichen Hilfsvereins für die Reichsfrauenhilfe erloschen".

*) Neue Preussische (Kreuz) Zeitung, (Abend-Ausgabe), Berlin, 24. Mai 1916.

Der Bote

*) Hermann Priebe, Hrsg., Kirchliches Handbuch für die evangelische Gemeinde unter besonderer Berücksichtigung der Evangelischen Kirche der altpreußischen Union, Berlin 1929, 3. Aufl., S. 270f.

Neue Möglichkeiten der Beteiligung
am politischen und kirchlichen Leben

Was die protestantische Kirche, was namentlich der protestantische Volksunterricht frommen Fürsten und Magistraten verdankt, soll in der Geschichte unserer Kirche nicht vergessen werden.

Heute aber gehört dieser Bund von Staat und Kirche der Vergangenheit an. Die Kirche ist nicht mehr eine politische und der Staat nicht mehr eine kirchliche Institution . . . Die politische Bewegung, welche den Staat entkirchlichte, hat die Kirche aus der Umklammerung des Staates befreit und ihrer wahren Natur zurückgegeben. Darum beginnt mit der Entkleidung des Staates von der Kirchlichkeit, welche die modernen Verfassungen vollendet haben, eine neue Entwicklung des kirchlichen Verfassungslebens, welche dahin geht, daß sich die Kirchen als Korporationen der Glaubensgenossen selbst konstituieren.*)

Das Jahr 1918 bringt, was Friedrich Curtius schon 1910 als gegeben ansieht: die Trennung von Kirche und Staat. Zugleich werden den Frauen ihnen bisher vorenthaltene Rechte zugestanden: das politische und das kirchliche Stimmrecht. Mit der Zuerkennung des politischen Stimmrechtes wird auch eine wesentliche Forderung der Frauenbewegung erfüllt.

Als Begründung für die Forderung des politischen Stimmrechts wurde angeführt: Die Frau hat als Mensch dasselbe Recht wie der Mann, sie darf um ihrer Menschenwürde willen nicht Staatsbürger zweiten Ranges sein; die Frau trägt stärkste Mitverantwortung für die sozialen Zustände in unserm Volke, sie muß um dieser Pflicht der Verantwortung willen an der Gesetzgebung teilhaben, ihre Auffassung der sozialen Nöte und ihre Forderungen zu deren Behebung müssen Berücksichtigung finden.**)

Gewaltig sind die Umwälzungen und Veränderungen, die wir erlebt haben . . . Nicht zum wenigsten stehen die Frauen einer ganz neuen Lebenslage gegenüber. Ihre alten Pflichten sind nicht vermindert, sondern vermehrt — denn die häuslichen Sorgen lasten schwerer als je — und dazu sind nun neue Anforderungen getreten: sie sind an die Wahlurne gerufen worden, und die Notwendigkeit, mit abzustimmen und im Gewirre der Meinungen sich selbst ein Urteil zu bilden, stellt nun geistige Aufgaben. Auch die christlichen Frauen, die bisher wenig für das politische und kirchliche Frauenstimmrecht übrig hatten, sind nun genötigt, sich in die neue Entwicklung hineinzustellen.*)

Das politische und kirchliche Stimmrecht wird zunehmend bejaht, aber zugleich ist in manchen Äußerungen ein besorgter Unterton, Frauen könnten sich durch ihre Beteiligung am öffentlichen und politischen Leben ihrer „eigentlichen" Aufgabe entfremden.

Mag sich in der Gegenwart das Betätigungsfeld der Frauen noch so sehr erweitern, immer bleiben die *heiligsten Aufgaben der Frau die, welche der Fortpflanzung, der Erhaltung und der Pflege der Familie dienen* . . .

Auch in der Beteiligung am öffentlichen und politischen Leben liegt für die Frau eine große Gefahr der Entfremdung von ihren heiligsten, besten und bewährtesten Aufgaben.

Ich kenne daher für unsere Evangelische Frauenhülfe gegenwärtig nichts, was mehr zu betonen wäre, als daß wir dieser Gefahr zu begegnen haben, um *mit allen Mitteln das Familienleben und damit eben auch das Frauenleben in seinen eigentümlichen Werten zu schützen und zu bewahren.**)

*) Friedrich Curtius, Für das Recht der Frauen in der Kirche, Berlin 1910, S. 8.

**) Magdalene von Tiling, Die neue Stellung der Frau in der Volksgemeinschaft, in: Kirchlich-soziale Flugschrift Nr. 20, Leipzig 1925, S. 1.

*) Ed. Freiherr von der Goltz, Vor welche Aufgaben stellt die Gegenwart die evangelische Frau?, in: Arbeitsbücherei der Frauenhülfe, Potsdam 1919, S. 3.

**) a.a.O., S. 4.

Vorwiegend aber werden die Mitglieder der Frauenhilfe aufgerufen, sich am politischen Leben, zunächst durch Ausüben des Wahlrechts, zu beteiligen. Dies schließt ein das Überdenken des neuen Verhältnisses von Kirche und Staat. „Die freie Volkskirche im freien Staat" ist die Losung der Rheinischen Frauenhilfe.

Mit dem alten Gedanken: Das politische Leben geht mich nichts an, ist's nun endgültig vorbei. In Staat und Gemeinde ist die deutsche Frau vom 20. Lebensjahr an künftig zur Wahl berufen. So trägt die Frau der Frauenhülfe künftig auch die Verantwortung dafür, daß die großen Gedanken „Glauben" und „Vaterland" in der Neuordnung unserer völkischen Verhältnisse zur Geltung kommen. Jede lerne mit Ernst, wie sie in diesem Sinne ihrer Pflicht genügen kann. Keine bleibe von der Wahl zurück.*)

Die Frauenhülfe und die politischen Parteien.

Wir sehen davon ab, eine Losung auszugeben, nach der die Gesamt-Frauenhülfe unbedingt für eine bestimmte Partei einzutreten hat, da die Verhältnisse in den verschiedenen Teilen der Provinz, namentlich des Industriebezirkes, zu verschieden liegen.

Wir empfehlen den Vereinen, die bestehenden Parteien darauf aufmerksam anzusehen, ob sie bereit sind, unsere Forderungen betr. Verhältnis von Staat und Kirche und Schule mit allem Nachdruck zu vertreten. Da nicht für den einzelnen Kandidaten gestimmt wird, sondern für die Parteiliste, so wird nicht nur der Provinzialvorstand sich von den Zentralleitungen bestimmte Versprechungen in dieser Beziehung machen lassen, sondern auch die einzelnen Kreisverbände und Zweigvereine werden es tun.

Unsere Forderungen betr. Kirche und Schule fassen wir in folgendem zusammen:

1. Dem Staat gegenüber soll die evangelische Kirche ähnlich gestellt werden, wie die katholische Kirche heute schon steht, so daß sie also ihre kirchlichen Angelegenheiten selbständig verwaltet.

Für die evangelische Kirche, ihre Organe, Organisationen und Gemeinden verlangen wir volle Rechtssicherheit,

Bewegungsfreiheit und das Steuerrecht. Wenn der Staat die bisherigen Zuschüsse nicht weiter zahlen will, so muß er sie durch eine Abfindungssumme ablösen. Die Umänderung darf nicht überstürzt geschehen. Nicht nur die Nationalversammlung, sondern auch die Synoden unserer Kirche müssen Gelegenheit erhalten, sich äußern zu können.

2. Bezüglich der Schule fordern wir, daß den Familien ein maßgebender Einfluß in der Erziehung der Kinder gesichert werden muß und daß daher die Gestaltung der öffentlichen Schule (ob konfessionell oder religionslos) in erster Linie abhängig sein soll von dem Wunsch der Eltern, so daß an größeren Orten gegebenenfalls religionslose und konfessionelle öffentliche Schulsysteme nebeneinander bestehen. In den religionslosen Schulen muß der Kirche im Rahmen des Stundenplanes Raum gegeben werden für den Religionsunterricht.*)

Massenkundgebung der evang. Frauen Rheinlands.

Folgende öffentliche Erklärung, die wir an maßgebender Stelle mit anderen Verbänden zum Ausdruck bringen möchten, schlagen wir unsern Vereinen vor und bitten, baldmöglichst die Zustimmung uns zuzusenden und auf besonderen Bogen möglichst viel Unterschriften von Frauen zu sammeln.

Hunderttausende von evangelischen Frauen und Jungfrauen aus allen Teilen der Provinz Rheinland haben gegen eine Vergewaltigung der Kirche bei der Trennung vom Staat einmütig flammenden Einspruch erhoben und folgende Kundgebung beschlossen:

„Uns bewegt die Sorge für unsere teure evangelische Kirche. Wir wollen nicht, daß sie durch die bevorstehenden Aenderungen als Volkskirche gestört oder gehemmt werde. Wir wollen den Kräften des ewigen Lebens durch das Evangelium von Christus Jesus den Weg zu den Herzen unserer evangelischen Volksgenossen nicht versperrt sehen. Denn wir wissen, daß es, wie der einzige Trost im Leben und Sterben, so auch der feste Grund für die sittlichen Maßstäbe ist, ohne die kein Staat bestehen kann. ‚Die freie Volkskirche im freien Staate!'
das ist unsere Losung. Das landesherrliche Kirchenregiment ist

*) Mitteilungen der Evang. Frauenhülfe im Rheinland, Barmen, Nr. 11, Dezember 1918.

*) a. a. O.

gefallen. Damit ist die bisherige Form der evangelischen Landeskirche als Staatskirche geschwunden.

Wir wünschen nicht in irgend einer Weise die Kirche wieder als Staatskirche eingerichtet zu sehen. Wir begehren eine selbständige Volkskirche, an welcher der Staat nur seine Hoheitsrechte ausübt in wirklicher Gleichstellung mit der katholischen Kirche.

Wir evangelischen Mütter, die wir der Schule unsere Kinder, unsern kostbarsten Schatz anvertrauen, verlangen mit allen Kräften, daß ihnen das Bild und die Worte Jesu, des Heilandes und göttlichen Kinderfreundes, nicht vorenthalten werden. Die Schule muß dem christlichen Religionsunterricht Raum lassen. Wir wollen nicht, daß unsere Jugend in unchristlichem Sinne unterwiesen und erzogen werde.

Auch darf unsere Kirche nicht bettelarm werden. Wenn der Staat die bisherigen Zuschüsse nicht weiter zahlen will, so muß er sie durch eine Abfindungssumme ablösen. Die Umänderung darf nicht überstürzt geschehen. Nicht nur die Nationalversammlung, sondern auch die Synoden unserer Kirche müssen Gelegenheit erhalten, sich äußern zu können. Wir richten an die, welche es angeht, die dringende Bitte, für baldige Zusammenberufung der Synoden zu sorgen, damit auch das unbedingt Nötige in Betreff des kirchlichen Wahlrechtes der Frau in die Wege geleitet wird".*)

Schon im Oktober 1909 hatte das Oberkonsistorium, die Gesamtvertretung der Kirche Augsburgischer Konfession in Elsaß-Lothringen, eine neue Kirchenordnung angenommen, in der zum ersten Male in der Verfassung einer deutschen Landeskirche mit der alten Tradition gebrochen wurde, nach der Frauen in der Kirche rechtlos waren.

Was die neue Kirchenordnung will, ist die Durchsetzung einer Forderung der Gerechtigkeit gegen ein massives und hartnäckiges Vorurteil. Nirgends ist der Kampf gegen das Vorurteil schwieriger als auf kirchlichem Gebiete. Da die Kirche ihrem Wesen nach Tradition ist, so scheint hier jeder Bruch mit dem Hergebrachten eine Gefahr zu sein, und die Absage an alle neuen Ideen schmückt sich mit dem Scheine der Frömmigkeit.**)

Was die Verfassung der Gemeinde zu leisten hat, ist an erster Stelle die Besetzung des Pfarramts mit der rechten Person, demnächst die Unterstützung des Pfarrers in seinem gottesdienstlichen und sozialen Wirken, endlich die aus diesen Aufgaben sich ergebende Finanzverwaltung.

Ein ausschließliches Recht der Männer, die Gestaltung des Gemeindelebens zu bestimmen, kann mit keinem Schein einer biblischen Begründung behauptet werden.*)

Das ist denn in der Tat die entscheidende Frage, ob die Männer ein ausschließliches Recht beanspruchen können, der Gemeinde den Pfarrer zu geben. Es ist sehr schwer, diese Frage zu bejahen, weil es notorisch ist, daß die Frauen mindestens zwei Dritteile, meist einen größeren Bruchteil der Kirchgänger stellen. Demgemäß wird auch das Interesse an der religiösen Erziehung der Kinder, welche eine der wichtigsten Aufgaben des Pfarrers ist, besonders bei den Müttern vertreten sein.**)

Es ist wohl möglich, daß der Wahlkampf heftiger wird, wenn die Frauen teilnehmen. Aber haben wir wirklich Grund, uns vor einer Steigerung der Temperatur in den Äußerungen des kirchlichen Lebens zu fürchten? Ist es nicht eher Kälte und Lauheit, worüber wir klagen müssen? Ist überhaupt der Kampf der Meinungen mit aller Leidenschaft, die er bei der menschlichen Unvollkommenheit mit sich bringt, ein Übel, das auf den kleinsten Umfang beschränkt werden muß? Nur eine stumpfe und bequeme Bureaukratie, welche die Ruhe als erste Bürgerpflicht auch in der Kirche proklamieren möchte, kann sich zu dieser Maxime bekennen, die ihrer eigenen Herrschaft zugute kommt.***)

Manche liberale Theologen fürchten von einer Mitwirkung der Frauen bei der Wahl der Pfarrer eine Verstärkung der orthodoxen Position. Es mag sich in manchen Gegenden so verhalten, daß die Männer liberal sind, während die Frauen in ihrer Mehrzahl an der kirchlichen Überlieferung festhalten. Aber man prüfe, wo dies zutrifft, ob nicht die Männer überhaupt der Kirche entfremdet und deshalb und in diesem Sinne liberal sind, während die Frauen an der Kirche halten. Unmöglich aber kann ein *religiöser* Liberalismus dahin streben, seine Stellung im kirchlichen

*) a. a. O.

**) Friedrich Curtius, Für das Recht der Frauen in der Kirche, Berlin 1910, S. 4.

*) a. a. O., S. 16f.

**) a. a. O., S. 18.

***) a. a. O., S. 19.

Leben durch den Zuzug der unkirchlichen Elemente zu verstärken. Innerhalb der Kreise, die der Kirche treu sind, ist die moderne kritische Betrachtung der Überlieferung den Frauen nicht fremder als den Männern. Eine durchgehende Überlegenheit der Männer in bezug auf theologische Bildung kann, wie mir scheint, nicht behauptet werden . . .*)

Endlich bleibt die finanzielle Seite der kirchlichen Verwaltung, die Einnahmen und Ausgaben der Gemeinde, Verkäufe und Erwerbungen, Bauten und innere Einrichtungen, Kollekten, Geschenke und Vermächtnisse. Die vermögensrechtliche Gleichstellung der Geschlechter ist das geltende bürgerliche Recht Deutschlands. Eine mindere Handlungsfähigkeit der Frau ist ihm unbekannt. Eine solche kann daher auch in bezug auf die Erledigung von Rechtsgeschäften der Gemeinden nicht behauptet werden. Es müßte denn sein, daß man der Frau einen geringeren Grad von Gewissenhaftigkeit und Pflichttreue als dem Manne zusprechen wollte!**)

Auf denjenigen Gebieten des religiösen Lebens, wo eine durch kirchliche Satzungen ungehemmte Entwicklung stattfindet, ist die Männerherrschaft längst aufgegeben. Wie lange ist es schon her, daß der evangelisch-soziale Kongreß die Gleichberechtigung der Frauen anerkannt . . . hat! Und ebenso ist in größeren und kleineren Verbänden der Inneren Mission wie in der Verwaltung ihrer Werke und Anstalten die Gleichberechtigung der Frau längst anerkannt.***)

Für die Mitarbeit von Frauen in den höheren Entscheidungsgremien der Kirche setzt sich 1919 Ed. Freiherr von der Goltz ein, wobei er auf die Bedeutung der Frauenhilfe als organisierter Laienarbeit hinweist: Auf allen kirchlichen Ebenen sind Frauen schon vor Änderung der Kirchenverfassung für die Mitarbeit geschult worden. Daraus leitet sich ein Anspruch ab, in den kirchenleitenden Gremien vertreten zu sein.

Für Mission und Gustav-Adolf-Verein ist längst das Herz deutscher Frauen gewonnen worden — warum sollte dies nicht auch für weite andere Gebiete geschehen? *Es wird auch durch die Mitarbeit in Kreis-, Provinzial- und Generalsynode geschehen können,* wenn diese Körperschaften noch ganz ander, wie bisher praktische christliche Arbeit zu fördern vermögen. Es wird sich das ganz von selbst einstellen, wenn sie in Zukunft noch mehr als die Behörden der eigentliche Mittelpunkt für kirchliche Arbeitsförderung werden.

Für Frauen wird die praktische Mitarbeit auf den höheren Synodalstufen ja etwas sehr Neues und Ungewohntes sein. Es handelt sich ja dabei auch sehr oft um Rechts- und Verwaltungsfragen, die recht eigentlich Männersache sind. Dilettantismus und Geschwätz können wir in unsern Synoden weder in männlicher noch in weiblicher Form brauchen. *Deshalb können in die größeren Synoden auch nur solche Frauen gewählt werden, die sich in die kirchlichen Fragen eingearbeitet haben und zunächst in den lokalen Synoden und Vereinsorganisationen sich bewährt haben.* Daraus erhellt, welche Bedeutung unsere organisierten Frauenhülfen als Kreis-, Provinzial- und Landesverbände haben, um unsere Frauenwelt zur kirchlichen Mitarbeit zu schulen. Schon jetzt, ehe die Kirchenverfassung sich umgestaltet hat, ist die Frauenhilfe ein über das ganze Land ausgedehnter Organismus, der wie kein anderer Verband die kirchliche Frauenarbeit organisiert hat. *Deshalb haben auch die größeren evangelischen Frauenvereine, die in kirchlicher Arbeit stehen, einen Anspruch darauf, in den Provinzialsynoden, in der Generalsynode und auf dem allgemeinen deutschen Kirchentage vertreten zu sein.*)

*) a. a. O., S. 21.

**) a. a. O., S. 24.

***) a. a. O., S. 27.

*) Ed. Freiherr von der Goltz, Vor welche Aufgaben stellt die Gegenwart die evangelische Frau?, in: Arbeitsbücherei der Frauenhilfe, Potsdam 1919, S. 10f.

Welche Fragen müssen wir jetzt in unseren Vereinen behandeln?

Im Vordergrunde steht die Kirchenfrage. Der 22., 23. und 24. Januar 1921 sind vom Oberkirchenrat in der preußischen Landeskirche als Wahltage für die Neuwahlen der Kirchlichen Gemeindekörperschaften festgesetzt. Auch die anderen Landeskirchen stehen mitten in der Arbeit für die Neubildung ihrer Verfassungen. In der preußischen Landeskirche sollen die neugewählten Gemeindekörperschaften dann die Abgeordneten für die Verfassung gebende Kirchenversammlung wählen. Die Frauen haben überall das Kirchenwahlrecht. Jetzt gilt es nun, in unseren Vereinen den Mitgliedern zu sagen, um was es sich handelt. Es gibt Blätter und Schriften genug, die zur Grundlage von Besprechungen über die Wahlgesetze, über die kirchlichen Parteigruppen, über die Mitarbeit der Frau in der künftigen Kirche usw. gemacht werden können. Auch unser Monatsblatt hat schon entsprechende Artikel gebracht. Im übrigen geben die Provinzialverbände und der Hauptverband gern Auskunft über Literatur.

Eine zweite Frage, auf welche wir immer wieder in unseren Vereinsversammlungen zurückkommen müssen, ist die Schulfrage. Der Kampf um den Religionsunterricht in der Schule geht weiter, die Frage, ob weltliche Schule, Simultanschule oder Konfessionsschule kommt nicht zur Ruhe. Die Schulgesetzgebung wird endgültig darüber entscheiden, aber die Gegner des Religionsunterrichtes sind schon jetzt am Werk, ihre Absichten durchzusetzen. Unsere Vereine müssen dazu helfen, daß die evangelischen Frauen und Mütter ein klares Urteil bekommen über das, was auf dem Spiel steht und demgemäß auch zu gegebener Zeit ihre Stimme in die Waagschale werfen . . .

Ein drittes Gebiet möchten wir bezeichnen als staatsbürgerliche Fragen der Gegenwart. Es genügt nicht, daß wir immer, wenn Wahlen vor der Tür stehen, einige Fragen des öffentlichen Lebens in unseren Vereinen besprechen. Wir müssen vielmehr gegenüber den Schlagworten und gegenüber der Verhetzung in unseren Tagen wirkliches Wissen über die Fragen des öffentlichen Lebens zu vermitteln suchen. Dabei ist es auch wertvoll, immer wieder den Mitgliedern unserer Vereine klar zu machen, unter welchen Druck und in welche Fesseln uns der Frieden von Versailles gebracht hat.

Einen vierten Fragenkreis bezeichnen wir mit sozial-wirtschaftlichen und sozial-ethischen Fragen. Auch hier ist Klärung der Gedanken und Meinungen dringend nötig. Wir nehmen nur einiges, z. B.: Was ist eigentlich Sozialismus? Was heißt sozialisieren? Was heißt kommunalisieren? Was wollen und was sollen die Wohlfahrtsämter? Welche Aufgaben hat eine Kreisfürsorgerin? Brauchen wir in unserer Zeit noch christliche Liebestätigkeit? Der Unterschied zwischen kommunaler Wohlfahrtspflege und christlicher Liebestätigkeit und anderes mehr.*)

Im Zusammenhang mit den „sozial-wirtschaftlichen" und „sozial-ethischen" Fragen und Aufgaben ist die Begründung neuer Lehrgänge zu sehen.

Im Rheinland beginnt im Mai 1919 der erste „Lehrgang zur Einführung in die evangelische Gemeindearbeit und soziale Fürsorge" im Auguste-Victoria-Heim in Barmen.

Diese Lehrgänge sind nur kurzfristig (sie dauern 5 Monate) und können darum das Ziel eines evangelischen Frauenseminars oder einer Frauenschule selbstverständlich nicht erreichen; sie wollen eben nur einführen, jedoch so, daß die Schülerinnen befähigt werden, als Pfarrgehilfinnen und Helferinnen in der Gemeindearbeit sowie in sozialer Fürsorge tätig zu sein. Wenn man will, könnte man diese Ausbildungszeit als ein Stück des bislang vielbesprochenen weiblichen Dienstjahres ansehen.

Aufnahme finden junge Mädchen und Frauen (Witwen) evangelischen Bekenntnisses, welche im Lebensalter zwischen 18 und 36 Jahren stehen, eine gute Schulbildung besitzen, körperlich und geistig gesund sind und sich eines guten Rufes über ihre sittliche Führung und kirchliche Gesinnung erfreuen.**)

Zugleich wird angeboten ein erster „Lehrgang zur Ausbildung von Helferinnen für Erziehungs- und Fürsorgeanstalten".

Zum Teil in Verbindung mit den vorhin genannten Lehrgängen, zum größten Teil jedoch nach besonderem Lehrplan

*) Mitteilungen aus der Arbeit der Ev. Frauenhülfe im Rhld., Nr. 15, Dezember 1920.

**) Mitteilungen der Ev. Frauenhülfe im Rheinland, Nr. 12, Barmen, April 1919, S. 1.

wird die Frauenhülfe durch theoretische und praktische Unterweisung Helferinnen für die Arbeit in Kinderheimen, Erziehungs- und Waisenhäusern, Versorgungs- und Fürsorgeanstalten und dergl. ausbilden. Diese Lehrgänge sind kein Ersatz für Kleinkinderseminare und führen auch nicht zu deren Zielen; sie wollen vielmehr, wie es in dem Namen liegt, Helferinnen für die obengenannten Anstalten heranbilden und damit einem Bedürfnis abzuhelfen bestrebt sein, das von Anstaltsleitern und Hauseltern schon lange empfunden und oftmals ausgesprochen wurde. Wir werden ganz besonderes Gewicht auf die Ausbildung für die praktischen Aufgaben und Arbeiten in Erziehungshäusern und ähnlichen Anstalten legen.

Der Lehrgang dauert drei Monate. *)

Zu gleicher Zeit werden die örtlichen Frauenhilfen aufgerufen, die ,,Nachgehende Fürsorge'' (vgl. S. 39ff.) in ihre Arbeitsprogramme aufzunehmen.

*) a. a. O., S. 3.

Müttererholung

Am 20. Juli 1908 eröffnet die „Frauenhilfe des Evangelisch-Kirchlichen Hilfsvereins" südlich von Zossen bei Neuhof das „Auguste-Victoria-Haus" als „Erholungsstätte für Frauen und Mädchen der arbeitenden Stände". Ebenfalls im Sommer 1908 öffnen die rheinische und die ostpreußische Frauenhilfe ihre Zentralen für solche Erholungsmaßnahmen.

Die Notwendigkeit und die Bedeutung dieses Angebotes vorbeugender Gesundheitsfürsorge für sozial schwache Familien wird bald in der gesamten Frauenhilfe erkannt. Die Satzung der im Mai 1916 als Verein selbständig gewordenen „Evangelischen Frauenhilfe (Gesamtverband)" nennt unter den Aufgaben: „Schaffung von Erholungsheimen ... für Frauen und Mädchen."

Aber die wirtschaftlichen Verhältnisse im Deutschland der Kriegs- und Nachkriegszeit erlauben es nicht, die Arbeit nur aus eigener Kraft auszubauen. Hoffnungsvoll stimmt, daß 1926 bei der Beratung des Haushaltes des Reichsministers des Innern auf die „Heil- und Erholungsfürsorge für erholungsbedürftige Mütter und Hausfrauen" hingewiesen und folgende Entschließung bei dem Reichstag eingebracht wird: „Der Reichstag wolle beschließen, die Reichsregierung zu ersuchen, der bisher vernachlässigten Heilfürsorge und Erholungsfürsorge für die Hausfrauen und Mütter des Mittelstandes besondere Aufmerksamkeit zuzuwenden. Den Herrn Minister bitten wir auch, mit Hilfe des Reichsgesundheitsamtes nach dieser Richtung hin vielleicht Erhebungen anstellen zu lassen, damit es möglich ist, beim nächstjährigen Etat auf diesem Gebiete etwas zu leisten." Auch die Leitung der Deutschen Nothilfe anerkennt, daß gerade für die überlasteten und daher oft körperlich und seelisch zusammenbrechenden Mütter eine besondere Hilfsaktion nötig ist.

Die Bedeutung der von der Frauenhilfe begonnenen Arbeit wird in der Öffentlichkeit immer deutlicher erkannt, aber finanzielle Mittel werden in nur sehr begrenztem Umfang zur Verfügung gestellt: Wohlfahrtsämter bewilligen gelegentlich Freistellen für erholungsbedürftige Frauen und Mütter, auch die Innere Mission beteiligt sich.

1928 bittet die in Stettin tagende Jahresversammlung des Gesamtverbandes der Evangelischen Frauenhilfe in einer Entschließung alle zuständigen Stellen des Reiches, der Länder und der Kommunen, „ihr Augenmerk darauf zu richten, daß die Frauen und Mütter des deutschen Volkes in den Kriegs- und Nachkriegsjahren nach Leib und Seele so stark belastet wurden, daß viele von ihnen ermattet, wenn nicht zusammengebrochen sind. Die nötige Hilfe ist ihnen nicht zuteil geworden. Soll eine bessere Zukunft unserem Volke erwachsen, so ist es nötig, daß das Familienleben wieder gestärkt und besonders den Müttern geholfen wird, ihre so bedeutsame Aufgabe erfüllen zu können. Ein Erfolg versprechender Weg dazu ist die Müttererholungsfürsorge, bei der es den äußerlich und innerlich überlasteten Frauen ermöglicht wird, nach Leib und Seele zur Ruhe zu kommen und neue Kraft zu gewinnen."

Der Bitte, auch öffentliche Mittel für die Förderung der so dringenden Arbeit bereitzustellen, wird in der Weise entsprochen, daß der Oberpräsident der Rheinprovinz 1929 eine einmalige Hauskollekte zugunsten der Müttererholungsfürsorge bei allen evangelischen Haushalten der Rheinprovinz genehmigt und daß der Preußische Staatskommissar zur Regelung der Wohlfahrtspflege ab 1930 die Frauenhilfe berechtigt, um die Zeit des Muttertages eine Straßen- und Haussammlung zum besten der Müttererholungsfürsorge der Evangelischen Frauenhilfe im Gebiet des Staates Preußen abzuhalten.

Die Anerkennung „der bewußt evangelisch aufgezogenen Müttererholungsarbeit" von allen Seiten, insbesondere die Mithilfe leitender staatlicher Stellen stärkt in der Rheinischen Kirche die Erkenntnis, „daß gerade die freie, im Evangelium wurzelnde Arbeit bahnbrechend wirken darf" (Generalsuperintendent D. Stoltenhoff). So wird die Kirchenkollekte am Muttertag für die Müttererholungsfürsorge der Frauenhilfe bestimmt.

Rückblickend kann man nur mit Erstaunen feststellen, daß es bis 1928 neun Landesverbänden der Frauenhilfe gelingt, eigene Müttererholungsheime zu eröffnen und zu unterhalten.

Die Mittel hierzu werden zum größten Teil von den Mitgliedern der Frauenhilfe aufgebracht: 1930 gibt es 21 Heime mit fast 1000 Betten. 1932 können sich in 30 Heimen der Frauenhilfe Mütter an 266 112 Tagen erholen, rund 1 000 Mütter in Heimen der Rheinischen Frauenhilfe. Im Mai 1933 bestehen 42 Heime.*)

Zum Aufbau der Müttererholung der Frauenhilfe trägt wesentlich der „Müttergroschen" bei.

Seit 1918 wird zu den Mitgliedsbeiträgen und sonstigen Gaben ein „Mütterpfennig" erbeten, aus dem bald ein „Müttergroschen" wird. Dieser „Müttergroschen" der Frauenhilfsmitglieder trägt dazu bei, Müttererholungsheime zu schaffen und zu unterhalten.

Ab 1929 werden Gespräche mit den Spitzenträgern der deutschen Sozialversicherung geführt. Dabei wird erinnert an einen Satz von Bismarck bei den Kämpfen um die Sozialversicherung in Deutschland in den achtziger Jahren des 19. Jahrhunderts: „Unsere Sozialversicherung soll nichts weiter sein als praktisches Christentum in gesetzlicher Betätigung." Erstrebt wird nun, daß jeder Arbeitgeber und jeder Arbeitnehmer einmal im Jahr als Erhöhung seiner Prämienabgaben an die Sozialversicherung 10 Pfennig zahlt. Ein „Müttergroschen" der Sozialversicherung soll entstehen.

Ein erster Erfolg stellt sich schon im selben Jahre ein: Die Landesversicherungsanstalt Schlesien stellt 1929 für den schlesischen Mütterdienst die ersten 20 000 RM für versicherte Mütter zur Verfügung. 1932 wird nach einem Vortrag in Gleiwitz von den Landkrankenkassen beschlossen, einen „Müttergroschen" nach der vorgeschlagenen Art zu zahlen und den Reichsmütterdienst der Frauenhilfe zum Treuhänder der Verwendung zu machen.

Weitere Verhandlungen finden statt, Pläne und Denkschriften werden eingereicht. Alle Parteien lehnen die Einführung eines „Müttergroschens" der Sozialversicherungen als eine in absehbarer Zeit zu verwirklichende Maßnahme ab, - ausgenommen die NSDAP. Im Preußischen Landtag finden 1932 die Vorschläge bei den nationalsozialistischen Abgeordneten Zustimmung und Unterstützung. Bei nicht wenigen in der Müttererholungsarbeit Stehenden wird so der verhängnisvolle Eindruck erweckt, die Nationalsozialistische Partei habe wie keine andere sich das Wohlergehen der Mütter im Sinne kirchlich verantworteter Müttererholung mit zum Ziele gesetzt!

*) Fritz Mybes, Müttererholung - „eine evangelische Aufgabe", in: DER WEG - Evangelisches Sonntagsblatt für das Rheinland, 30. Jg., Nr. 4, 26. Januar 1975, S. VIII.

Die Gründung von Schwesternschaften
der Frauenhilfe

Die Schwesternschaften der Evangelischen Frauenhilfe erwachsen aus der Tätigkeit der freiwilligen Helferinnen für die Krankenpflege auf dem Lande (s. S. 32). Mehrere Provinzialverbände der Frauenhilfe bilden seit 1902 solche Helferinnen aus.

Für diese Verbände haben sich im Laufe der Zeit auch gemeinsame Arbeiten gefunden. Die erfolgreichsten dieser gemeinsamen Arbeiten hat zuerst der Rheinische Provinzialverband der Frauenhülfe in die Hand genommen, die Ausbildung von freiwilligen Helferinnen für die Krankenpflege auf dem Lande. Diese hat zur Errichtung des Auguste-Victoria-Heims in Barmen geführt... Das Heim ist der Mittelpunkt der Frauenhülfe im Rheinland. In demselben wohnen die Teilnehmerinnen an dem erwähnten Kursus während der Dauer desselben, hier wird der Unterricht erteilt, hier wohnt der Vereinsgeistliche für die Provinz; es ist das Heim des Provinzialverbandes.*)

Während des Ersten Weltkrieges beriefen die zuständigen Stellen Landpflegerinnen und -helferinnen in Heimatlazarette und Krankenhäuser. „Mir wurde trotz meiner kurzen Ausbildung die Verantwortung für das Lazarett übertragen. Ich hatte für den OP und das Verbandszimmer zu sorgen sowie 14 Zimmer mit je 4 Schwerverwundeten zu betreuen. Als Hilfe hatte ich 3 Rotekreuzhelferinnen mit vierwöchentlicher Ausbildung."

Auch während des Krieges waren die Lehrgänge in Barmen weitergeführt worden und es hatte sich ein »Helferinnenverband« gegründet. Durch den Einsatz in den Lazaretten verblieben manche nach Kriegsende im Krankenpflegedienst oder arbeiteten in den Gemeinden weiter. Insgesamt waren bis Kriegsende 100 Schwestern (Landpflegerinnen) und Helferinnen ausgebildet worden.

Nach 1918 meldeten sich, obwohl von der Evangelischen Frauenhilfe in Barmen nicht geworben wurde, immer mehr junge Mädchen, die ähnlich ausgebildet und eingesetzt werden wollten wie die bisherigen Helferinnen bzw. Landpflegerinnen. Durch diesen Zuwachs und den Wunsch der beruflich arbeitenden Pflegerinnen kam es zunächst zu dem internen Beschluß am 1. Januar 1921, eine Schwesternschaft der Evangelischen Frauenhilfe im Rheinland zu gründen. Durch einen Rundbrief teilte der damalige Leiter, Pfarrer Dr. Schött, seinen Pflegerinnen, denen schon längst die Anrede »Schwester« zugestanden war, am 4. Oktober 1921 folgendes mit:

Meine lieben Schwestern!
Am 18. Mai dieses Jahres ist im Hauptverband der Evangelischen Frauenhülfe ein Schwesternverband der Evangelischen Frauenhülfe gegründet worden; am 28. Mai dieses Jahres beschloß unser Vorstand die Begrüßung einer „Schwesternschaft der Evangelischen Frauenhülfe im Rheinland".
Sie ist eine Abteilung des Gesamtverbandes. In der Anlage erhalten Sie 2 Stück der Schwesternordnung. 1 Stück behalten Sie dort für sich und das andere bitte ich mir wieder hierher zu schicken, nachdem Sie es unterschrieben haben und sich endgültig bereit erklärt haben, unserem Verbande unter den Bedingungen der „Ordnung" beizutreten...
Ihr Dr. phil. Schött, Pfarrer.

Die einzelnen Schwesternschaften der Provinzialverbände, soweit sie bestanden, waren nun lose zusammengeschlossen in dem „Schwesternverband der Evangelischen Frauenhilfe" innerhalb des „Reichsverbandes der Evangelischen Frauenhilfe" mit Sitz in Potsdam. Dieser Schwesternverband schloß sich am 5. Oktober 1921 der „Zehlendorfer Konferenz" an (später „Zehlendorfer Verband für evangelische Diakonie"). Ein zunächst erstrebter Anschluß an den Kaiserswerther Verband war nicht zustande gekommen.

---

*) Ernst Evers, Auguste Victoria, Potsdam o. J. [1908], 4. Aufl., S. 192f.

Ab 1923 wurde vom Schwesternverband ein mehrmals im Jahr erscheinendes Blatt herausgegeben: „Im Dienst der Liebe", Nachfolgerin für die seit 1912 erschienenen „Grüße aus dem Auguste-Victoria-Heim". Es brachte Berichte aus den Schwesternschaften, biblische Besinnung, aber auch Beiträge allgemeiner und fachlicher Art...

Daneben kam einige Zeit später durch Pfarrer Dr. Schött für die rheinischen Schwestern ein eigenes Blatt heraus: „Unsere Schwester", wobei die ovale Brosche der Schwesternschaft mit dem Lilienkreuz (Zeichen der Evangelischen Frauenhilfe) auf dem Titelblatt abgebildet war.*)

*) Margareta Stahl, Die Frauenhilfs-Diakonieschwesternschaft, in: Mitteilungen der Evangelischen Frauenhilfe im Rheinland E.V., April 1971/20.

1926 - 25 Jahre Evangelische Frauenhilfe im Rheinland

Das Jahr 1926 ist Anlaß für die Evangelische Frauenhilfe im Rheinland, Bilanz ihrer 25jährigen Arbeit zu ziehen.

25 Jahre Rheinische Frauenhülfe.

Rundfunkvortrag am Jubiläumstage (Samstag, 5. Juni 1926), gehalten von Geschäftsführer Pastor Dr. Schött.

Die Arbeit, die die Evangelische Frauenhülfe tut, ist nicht erst 25 Jahre alt, sie ist viel älter. Evangelische Frauenvereine, welche Liebesarbeit in ihren Gemeinden ausübten, gab es schon seit der Zeit unmittelbar nach den Befreiungskriegen. Solche Vereine hat die segensreiche Tätigkeit einer Amalie Sieveking bereits ins Leben gerufen, kennen wir seit dem Wirken der Königin Elisabeth und auch aus der Zeit der Unruhen von 1848. Ja, die Arbeit reicht noch weiter zurück als in die Zeit vor 100 Jahren, sie ist letzten Endes so alt wie das Christentum selbst. Aber das Neue, das die Frauenhülfe begann, ist, daß sie alle diese evangelischen kirchlichen Frauenvereine zu einem geschlossenen Verbande zusammenbrachte, daß sie neue zu begründen suchte, und daß sie den Dienst der Frau in der evangelischen Gemeinde und für die evangelische Gemeinde systematisch pflegen und für die evangelische Kirche und deren Dienst am Volk und Vaterland ausbauen wollte. Das war auch der Sinn der Anregung, welche die heimgegangene Kaiserin Auguste Victoria in ihren beiden Erlassen vom 4. Mai 1897 und vom 1. Januar 1899 zum Ausdruck brachte. Der Anfang war bescheiden. Im Jahr 1900 zählte der Verband 85 Vereine, am Schlusse dieses Jahres schon 240. Dann wuchs die Zahl stetig von Jahr zu Jahr. Das Jahr 1914 brachte fast eine Verdoppelung der Zahl der Vereine. Heute hat die Evangelische Frauenhülfe rund 4 500 Vereine. Von diesen liegen etwa 150 außerhalb der Grenzen unseres deutschen Vaterlandes in dem Gebiet, das wir verloren haben, einige auch jenseits des Ozeans.

Neben den Frauenhilfsvereinen unseres Verbandes entstanden teils durch unsere Anregung, teils ohne unser Zutun in anderen Landeskirchen Deutschlands ebenfalls kirchliche Frauenvereine, die sich innerhalb ihrer Landeskirche zu Verbänden zusammenschlossen und ähnlich wie wir arbeiteten. So in Mecklenburg, Sachsen, Hessen, Baden, Oldenburg usw. Im September 1923 gelegentlich des 75jährigen Jubiläums der „Inneren Mission Deutschlands" fanden sich alle diese Landesverbände in dem „Reichsausschuß Evangelische Frauenhilfe Deutschlands" zusammen.

Im Anfang bei der Begründung war besonders viel Arbeit zu tun, um das Verständnis für alles das, was wir wollten, zu wecken, es galt einen zähen Kampf gegen die Meinung, als sei die Frauenhülfe nur ein Wohltätigkeitsverein; jede Frauenhülfe ist in erster Linie eine Gesinnungsgemeinschaft, welche sich auf den evangelischen Glauben gründet, in der alles, was ein Frauenherz bewegt, seine Stätte hat, durch die einem Frauenherzen die Möglichkeit geboten wird, sowohl Fragen des innersten Lebens als auch die Fragen über die Stellung der Frau im Staat, Kirche und Gemeinde zu besprechen. Von dieser Gemeinschaft geht dann all die weitere Arbeit aus, die mittlerweile so vielgestaltig und groß geworden ist, daß man sagen darf: „Frauenhülfe ist heute ein unentbehrliches Glied in der Wohlfahrtspflege in Stadt und Land."

Wir haben viel Mitarbeiter gehabt, die uns halfen, das zu erreichen, was wir erreichen konnten. Schon vorhin erwähnte ich, daß die heimgegangene Kaiserin Auguste Victoria in den beiden genannten Erlassen stärksten Antrieb und regste Förderung gab. Wir gedenken dessen dankbar. Wir gedenken auch dankbar vieler führender Männer und Frauen in der Inneren Mission und der Diakonie, die uns kraftvoll zur Seite standen.

Die Arbeit ging zunächst von unserer Gesamtzentrale in Potsdam aus, doch bald führte die Unmöglichkeit, alles zu übersehen und dann die Verschiedenheit der Verhältnisse zur

Errichtung von Provinzialverbänden der Frauenhülfe. 1900 entstand der Provinzialverband Posen als erster, dann der Bezirksverband Wiesbaden und 1901 der Rheinische Provinzialverband am 14. März.

Die Provinzialverbände haben von Anfang an für ihr Arbeit volle Selbständigkeit gehabt. Das förderte das Wachstum und zeitigte große Erfolge. Sind doch nicht nur Ost und West in vielem voneinander verschieden, sondern auch innerhalb einer Provinz haben die einzelnen Gemeinden ganz verschiedenes Gepräge und darum auch die verschiedenartigsten Bedürfnisse. Wie wir in Rheinland, so haben die Provinzialverbände in Westfalen, Sachsen, Brandenburg, Pommern, Ostpreußen und Schlesien in einem eigenen Hause ihr Heim. Im Laufe der Zeit haben sich innerhalb der kirchlichen Kreise und der politischen Kreise Zusammenschlüsse von Kreis- und Stadtverbänden gebildet, und ein gut Teil der Arbeit zur Pflege der Vereine ist auf sie übergegangen. Ihre Bedeutung ist ständig im Wachsen und wird durch Zusammenarbeit mit der staatlichen und kommunalen Wohlfahrtspflege fortschreitend größer.

Eine vornehme Aufgabe ist für uns die Ausbildung freier Pflegekräfte. Man darf von uns als Frauenhülfe mit Recht erwarten, daß wir für das weite Gebiet der Fürsorge zahlreiche Hülfen stellen. Nicht nur unsere Kirchengemeinden erwarten das von uns, sondern auch der Staat und die Kommunen.

,,Staat und Kommunen können aus eigener Kraft nicht annähernd all die Notstände überwinden, die das Volk bedrücken, nicht nur, weil es ihnen an sachlichen Mitteln fehlt, sondern vor allem deshalb, weil sie nur schwer die Hilfe zu jener seelischen Eingabe von Mensch zu Mensch finden können, die ihr die höchsten Werte verleiht. So mancher Hilfsbedürftige wird sein Innerstes niemals behördlichen Akten erschließen, er wird sich aber gerne Menschen anvertrauen, die sich aus höheren Beweggründen heraus selbstlos in den freien Dienst der Nächstenliebe gestellt haben. Staat und Gemeinde bleiben daher in der Fürsorge und in der Auswahl der Helfenden auf die unterstützende und ergänzende Hilfe der freien Wohlfahrtspflege angewiesen."

So heißt es nicht in einer Veröffentlichung der Freien Wohlfahrtspflege, sondern in einem im Februar 1923 erschienenen Entwurf zu einer Denkschrift des Reichsarbeitsministeriums über die Vorarbeiten zu einem Reichswohlfahrtsgesetz. Wir in der Frauenhülfe als kirchliche Wohlfahrtseinrichtung haben diese Sätze gerne gelesen und es an unserer Mitarbeit nicht fehlen lassen und werden es auch in Zukunft nicht tun.

Nun wissen wir, daß zum rechten Helfen mehr gehört als nur ein guter Wille. Armen- und Waisenpflege, Jugendfürsorge, Jugendgerichtshilfe, Fürsorge für Kriegshinterbliebene, Anormalenfürsorge, Gefährdetenfürsorge, Nachgehende Fürsorge u. a. mehr, setzen voraus, daß die Helfenden Kenntnisse haben. Darum ist Schulung nötig. Diese geschieht in geschlossenen Lehrgängen, in denen Führerinnen ausgebildet werden. Frauen aus allen Ständen unseres Volkes und aus allen Teilen unseres Verbandes haben sich in ihnen zusammengefunden, um sich religiös-ethisch schulen und sich Wege zeigen zu lassen zum Studium der geistigen Strömungen der Zeit, zur praktischen Mitarbeit in der Wohlfahrtspflege, zur Uebung in der Leitung von Vereinen und anderem mehr. Studientage haben mitgeholfen, nicht weniger Sanitätskurse, Lehrgänge für häusliche Krankenpflege, für Säuglings- und Kinderpflege, Industriekurse, Wanderkochkurse, Kurse, in denen man das Einfärben und Entfärben der Stoffe usw. lernte. Es ist uns immer wichtig dabei, unseren Mitgliedern und deren Töchtern auch Gelegenheit zu geben, für den Beruf der Hausfrau und Mutter sich Kenntnisse zu erwerben. Freizeiten für Mütter haben vielen Hunderten segensreiche Erholungstage gebracht.

In einigen Provinzialverbänden, so auch in unserer Rheinischen Frauenhülfe ist die Schulung von Helferinnen in der Krankenpflege ein wichtiges Arbeitsgebiet. Diese Arbeit ist aus dem Notstande heraus errichtet, den die Krankenpflege auf dem Lande durch Mangel an geschulten Kräften bot und bis heute noch bietet. Bei uns im Rheinland ist diese Aufgabe zuerst aufgenommen worden. Ein solcher Lehrgang dauert bei uns 23 Wochen und richtet sich nach dem Lehrplan, den wir mit der Landesversicherungsanstalt in Gemeinschaft mit der Katholischen Caritas vereinbart haben. Die ausgebildeten Helferinnen pflegen wir durch Wiederholungskurse, Fortbildungskurse sowie durch Konferenzen regelmäßig weiterzubilden. 3500 Helferinnen sind durch diese Kurse gegangen; wir haben in Rheinland bis jetzt etwas über 500 Helferinnen ausgebildet. Viele von ihnen sind

Konstituierende Versammlung

der

„Rheinischen Frauenhülfe"

zu Köln

am

14. März 1901, nachmittags 3 Uhr.

schon verheiratet, nicht wenige sind später in eine Diakonissen-anstalt oder in ein Mutterhaus eingetreten, eine ganze Zahl steht in gesegnetem Dienst in ihrer Heimatgemeinde.

Die Frauenhülfe hat sich auch das gedruckte Wort zum Hilfsmittel für ihren Dienst gemacht. Unser Gesamtverband hat seinen eigenen Verlag in seinem Stiftungsverlag in Potsdam, der im Laufe der Jahre mit der mit ihm verbundenen Vereins-druckerei unseres Evangelisch-Kirchlichen Hilfsvereines Großes geleistet hat. Wir geben nicht nur Bücher heraus, die unserer Arbeit dienen, sondern haben auch gute Unterhaltungsbücher und u. a. viele gute Kunstblätter durch die Bildermappen ,,Fürs Deutsche Haus" in unsere Familien hineingebracht.

Eine aus der Arbeit des Gesamtverbandes herausge-wachsene besondere Einrichtung ist die Frauenhülfe fürs Ausland, deren vornehmste Aufgabe es ist, Schwestern für deutsche Gemeinden im Ausland auszubilden und zur Verfügung zu stellen. Sie hat ihr Mutterhaus in Wittenberg.

Ein anderer Zweig unserer Arbeit ist unser Schwestern-verband. Je länger, je mehr treten weibliche Kräfte beruflich in unsere Arbeit. Schwestern für Privatpflege, Gemeindeschwestern, die sozialen Berufsarbeiterinnen und unsere in unseren Verbänden tätigen Schwestern bedurften in verschiedener Beziehung besonde-rer Fürsorge, und werden zu einem Schwesternverband der Frauen-hülfe zusammengeschlossen. Das Mutterhaus für die Schwestern unseres Rheinischen Provinzialverbandes ist das Auguste-Victoria-Heim in Barmen. Ganz ohne Zwang und aus sich heraus an-fangend mit den aus dem vorhin erwähnten Helferinnenverband hervorgegangenen Dorfpflegerinnen hat sich besonders in den letzten 5 Jahren unser Schwesternverband sowohl organisatorisch als auch in seinem inneren Aufbau gefestigt. Eine Krankenpflege-schule für unsere Schwestern besitzen wir in dem uns gehörenden Kreiskrankenhaus in Ehringshausen bei Wetzlar.

Der Gesamtverband begründete außerdem mit den Verbänden der Brandenburgischen Diakonissenmutterhäuser im Jahre 1916 in Berlin ein Evang. Frauenseminar, das staatliche Anerkennung besitzt.

Noch einmal betonen wir, daß von Anfang an die Evang. Frauenhülfe auf dem Grundsatz gestanden hat, durch persönliche Arbeit ihrer Mitglieder den freiwilligen Liebesdienst der Frau innerhalb ihrer Kirchengemeinde und ihres Pfarrbezirks zu pflegen und zu fördern. Darum ist die evangelische Gemeinde das Arbeitsgebiet des einzelnen Frauenhilfsvereins, wo er in enger Verbindung mit dem Pfarramt seinen Dienst tut zur Ueberwindung von sozialen Nöten einerseits und sittlich-religiösen Schäden an-dererseits. Der Aufgabenkreis der einzelnen Frauenhilfsvereine ist — auch dieses möchten wir noch einmal hervorheben — ein sehr mannigfacher und richtet sich ganz nach den Nöten und Bedürfnissen der einzelnen Kirchengemeinden, in welcher sie arbeiten.

Es geht nicht an, in diesem kurzen Vortrag ein er-schöpfendes Bild von dem gesamten Werk der Frauenhülfe, auch nicht einmal von dem des Rheinischen Provinzialverbandes zu geben. Das Gebiet des letzteren erstreckt sich über die ganze Rheinprovinz. Die Mitgliederzahl beträgt zur Zeit rund 65 000.

Wie schon im allgemeinen angedeutet, leisten die einzel-nen Vereine und Kreis- und Stadtverbände als Unterverbände für ihre Gemeinden und Bezirke zahlreiche ganz verschiedenartige Dienste. Viele unterhalten Krankenpflegestationen, Kleinkinder-schulen, Kindergärten, Nähschulen, oder Beratungsstellen und so weiter. Der Frauenhülfe-Kreisverband Barmen erledigt die ganze Fürsorgearbeit für die weibliche Jugend in Gemeinschaft mit bezw. im Auftrag der Stadt. Der Frauenhülfe-Kreisverband Essen hat kürzlich ein neues Vorasyl eröffnet, das in allem den modernen Anforderungen entspricht; er besitzt außerdem ein größeres Mädchenschutzheim in Essen und ein Erholungsheim, die ,,Engels-burg" bei Werden a. d. Ruhr. Andere Kreis- und Stadtverbände haben eine systematische Wöchnerinnenfürsorge in ihren Bezirken eingerichtet und lassen dafür bei uns — dem Provinzialverband in Barmen — die geeigneten Kräfte ausbilden.

Die Kindergenesungsfürsorge ist das Spezialgebiet einer ganzen Reihe von Vereinen. Unser Rheinischer Provinzial-verband hat schon seit dem Jahre 1908 sozusagen regelmäßig während der großen Ferien erholungsbedürftige Schulkinder aufs Land gebracht und zu diesem Zweck eine engere Verbindung ländlicher Vereine mit städtischen Vereinen hergestellt. Es ist oft ein edler Wetteifer zwischen den einzelnen Vereinen bezw. Gemeinden in dem Bestreben gewesen, den hilfsbedürftigen

Kindern in christlicher Nächstenliebe sonder Lohn zu dienen. Als dann später die Organisation „Landaufenthalt für Stadtkinder", die ihren Sitz in Berlin hat, gebildet wurde, hat besonders die Rheinische Frauenhilfe in enger Gemeinschaft mit ihr gearbeitet und nicht nur Hunderten, sondern Tausenden von Kindern eine Erholungsstätte auf dem Lande, sei es in unserer Provinz selbst oder anderwärts — besonders in Bayern — verschafft.

Die Entwicklung der wirtschaftlichen Verhältnisse in unserem Vaterland veranlaßte auch uns auf dem Gebiet der Kinderfürsorge rechtzeitig uns darauf einzustellen, schwächliche und erholungsbedürftige Kinder in Heimen unterzubringen. So richteten wir 1923 allen Widerständen der damaligen Zeitverhältnisse trotzend, ein Kindererholungsheim in Lennep ein; das Haus entspricht wohl in allem den hygienischen und erzieherischen Anforderungen der Neuzeit; es hat 70 Betten und eine besondere Kleinkinderstation. Unsere Aerztin wohnt im Heim selbst. Im Luftkurort Stromberg bei Kreuznach haben wir seit August vor. Js. eine Kindergenesungsstätte für geschlossene (latente) innere Tuberkulose und Skrofulose; das Heim hat 35 Betten.

Ein kleines Schwesternerholungsheim in Ehlscheid bei Rengsdorf auf dem Westerwald will in seiner Bescheidenheit in der Gesundheitsfürsorge für unsere Schwestern mithelfen. In diesem Heim nehmen wir noch erholungsbedürftige Mitglieder unserer Frauenhilfsvereine auf; es ist Sommer und Winter geöffnet, gerade wie auch unsere Kindererholungsheime in Stromberg und Lennep.

Die Rheinische Frauenhülfe gliedert sich selbstverständlich als Fachabteilung in die große Rheinische Innere Mission ein und bearbeitet darin besonders das Gebiet der Kindergesundheitsfürsorge, der Haushaltungsschulen, der Nähschulen und der Erholungsfürsorge für kranke und schwache Mütter und Frauen.

In der Zentralstelle in Barmen arbeiten zur Zeit ein theologisch und wohlfahrtspflegerisch vorgebildeter Leiter, 4 staatlich geprüfte Wohlfahrtspflegerinnen und mehrere in der Kranken- und Säuglingspflege und in der allgemeinen Wohlfahrtspflege vorgebildete Schwestern.

Wenn wir uns am Schlusse fragen, was die Frauenhülfe in den 25 Jahren geleistet hat, so ist darauf kaum eine umfassende erschöpfende Antwort zu geben. Man kann eine Arbeit nicht ganz erfassen, die so wie die Arbeit der Frauenhülfe ist. Es liegt in ihr soviel Persönliches; sie gestaltet immer wieder neu die Art, wie sie ihre Aufgaben bewältigt. Wir haben viele Tausende von Mitgliedern; diese alle vereint bringen in jedem Jahr eine gewaltige Summe Mittel auf, die der Linderung der Not dient. Es geht von unserem Verbande viel Liebesarbeit aus, zu vielen Menschen, die in irgend einer Not Leibes und der Seele sind; er wirkt durch die Sammlung und regelmäßige Versammlung von Frauen auf das innere Leben weiter Frauenkreise in unserer evangelischen Kirche; er hat im Laufe der Jahre viele Kräfte geweckt, sie geschult und an die Arbeit gebracht. Uns ist das Beste in unserer Arbeit das, worüber man nicht berichten kann: der Dienst von Person zu Person. Wir sehen es in unserer Frauenhülfe als unseren Ruhm an, unsere ganze Seele gerade in dieser Zeit in alle Wohlfahrtspflegearbeit hineinzulegen. Der Opfergeist unserer Vorfahren auf diesem Gebiete hat uns die großen Erfolge gebracht, deren wir uns heute in der Inneren Mission rühmen dürfen. Wir wollen nicht als ein Geschlecht von Zwergen nur über den Gräbern der Vorzeit kriechen und klagen, sondern alle Kraft, die in uns wohnt, daran setzen, um in selbstlosem Schaffen und ungeteilter Hingabe die größten wohlfahrtspflegerischen Erfolge zum Segen unseres Volkes herauszuholen . . .

Wenn die Frauenhülfe heute die größte Frauenorganisation Deutschlands geworden ist und wohl auch die geschlossenste Frauenorganisation, weil sie einig im Geist des Glaubens und Dienens, einig ist in dem Willen, ihren Dienst in der Nachfolge des großen göttlichen Lehrmeisters zu tun, dann ist das nicht Menschenwerk, sondern Segen von Gott.

Ich bin am Schlusse meines Vortrags. Ich weiß mich mit vielen Mitarbeiterinnen und Mitarbeitern im Rheinland verbunden, denen ich auf diesem Wege meinen dankbaren Gruß entbiete. Frauenhülfe hat keinen Selbstzweck. Frauenhülfe ist Dienst der Frau in der Gemeinde und damit Dienst am Volk. Unser Volk braucht solchen Dienst, zumal in unseren gegenwärtigen Zeitläufen. Wer ist frei zu solchem Dienst? Bereit sein ist alles.*)

*) Mitteilungen aus der Arbeit der Evangel. Frauenhülfe im Rheinland (E.V.), Nr. 23, Barmen, August 1926, S. 13ff.

Zeichen einer neuen Zeit?

Schaffen neue Verhältnisse den neuen Menschen? Um diese Frage wird auch in der Frauenhilfe gerungen. Immer deutlicher wird: Konzessionen an Idealismus und Bildung als einem umgedeuteten Christentum können nicht gemacht werden. Im September 1921, bei der Jahresversammlung des Hauptverbandes der Evangelischen Frauenhilfe und des Pommerschen Provinzialverbandes der Frauenhilfe in Stettin spricht Generalsuperintendent D. Zoellner dies deutlich aus: „Auch vom Hakenkreuz und dem reinen Ariertum kann die Erlösung nicht kommen." Schon jetzt kündigt sich der Beginn von Auseinandersetzungen an, die vor allem in den Jahren 1933 bis 1945 die Frauenhilfe in eine Zeit der Entscheidungen führen.

Hiernach behandelte Generalsuperintendent D. Zoellner, Münster, in weitausholenden und tiefgrabenden Ausführungen mit herzquickender Entschiedenheit das erste Thema: „Evangelische Frauenhülfe, eine gemeinschaftbildende Macht in Stadt und Land". Er wies zunächst die falschberühmten Mächte, die Gemeinschaft bilden wollen, es aber nicht vermögen, ab. So hat die soziale Revolution in ihrer Wirkung, die auf Gemeinschaftsbildung abzielte, völlig versagt; neue Verhältnisse schaffen nicht den neuen Menschen und reißen uns nicht den Todfeind der Gemeinschaft, die Selbstsucht, aus der Brust. Auch die Versuche, zur Gemeinschaft erziehen zu wollen, haben versagt. Die Ueberspannung des Erziehungsgedankens hat die Auswüchse der gegenwärtigen Jugendbewegung gezeigt, mit ihrem selbstherrlichen Sichdurchsetzenwollen. Auch so kommt keine Gemeinschaftsbildung zustande. Dazu muß es erst heißen: Ihr müsset von neuem geboren werden. Auch vom Hakenkreuz und dem reinen Ariertum kann die Erlösung nicht kommen. Wir können einen gemeinschaftbildenden Einfluß auf unser Volksleben auch nicht vom Idealismus, wie er sich in Goethe, Hegel, Kant, Schopenhauer, Schleiermacher, Rothe und seinem letzten Profeten Nietzsche darstellt, erhoffen; ebensowenig aber von einem idealistisch umgedeuteten Christentum einer Synthese zwischen Weimar und Wittenberg. Hierauf legte Redner ganz besonderen Nachdruck, daß es Zeit sei, alle derartige Konzessionen an Idealismus und Bildung restlos aufzugeben und Mut zum reinen, unverfälschten und unvermischten Evangelium zu haben. Ist dieser Geist Träger aller Frauenhülfearbeit, dann wird sich die Frauenhülfe als wirklich gemeinschaftbildende Macht im Volksleben erweisen: Die Gemeinschaft mit Gott ist der einige Grund aller Gemeinschaft, und die wahrhaft christliche Frau schafft in ihrer Familie und durch ihre Familie über die Familie hinaus als Haushalter Gottes im Gemeinde- und schließlich im Volksleben eine alle Klüfte der Gegenwart überbrückende Gemeinschaft.*)

In den zwanziger Jahren hat die Frauenhilfe einen überraschend hohen Zugang an neuen Mitgliedern, der nicht mehr aus der Verbindung von „Thron und Altar" zu erklären ist, vielmehr wohl damit, daß immer stärker die Bedeutung dieser Arbeit als aus der Gemeinde erwachsender Dienst von Frauen und für Frauen erfahren wird.

Unsere von der Memel bis zur Saar, von Oberschlesien bis Nordschleswig über die unnatürlichen neuen Ländergrenzen hinweg unser ganzes Nord- und Ost- und Westdeutschland umspannenden 18 Landes- und Provinzialverbände sammeln in ihren über 5 000 Vereinen gegenwärtig über 600 000 Mitglieder. Wie stark in manchen Gebieten die Mitgliederzahlen und Vereinszahlen in Aufwärtsbewegung sind, das möge das Beispiel des Schlesischen Verbandes belegen. 1926 zählte er in 350 Vereinen 25 000 Mitglieder, 1927 in 420 Vereinen 50 000 Mitglieder, 1928 in 460 Vereinen 62 000 Mitglieder. Kein einziger der Verbände hat von Rückgang zu berichten, wenn die Aufwärtsbewegung auch nicht überall so überraschend groß ist wie in Schlesien.**)

*) Ev. Preßverband für die Provinz Pommern E.V., Stettin, 7. September 1921.

**) Lic. Werdermann, Jahresbericht 1927/28, in: Der Bote für die deutsche Frauenwelt, Jg. 25, Nr. 43, 21. Oktober 1928, S. 523.

In dieser Zeit erleben wir ein unerhört schnelles Aufblühen der Frauenhilfe. In den letzten zwei Jahren ist sie in Schlesien von 25 000 auf 62 000 Mitglieder gewachsen. In der Hälfte der schlesischen Gemeinden bestehen Frauenhilfen. In zehn Jahren hat Schlesien, so Gott will, den westfälischen Verband eingeholt, und wir haben, wie dort, Frauenhilfen in allen Gemeinden.*)

Wir erkannten immer klarer, daß Frauenhilfen nicht in erster Linie dazu berufen seien, irgend ein Werk der Nächstenliebe oder Wohlfahrtspflege zu treiben, das andere Vereine auch tragen können und immer getragen haben, sondern daß es der Frauenhilfe Ziel, Aufgabe und göttlicher Beruf sein muß, Frauen zu einer Glaubensgemeinschaft oder Gesinnungsgemeinschaft oder Gebetsgemeinschaft oder, wie Hilbert sagt, zu einer Kerngemeinde zusammenzuschließen und sie dann zu schulen und zuzurüsten für den Dienst an und in der Gemeinde ...
Es hat viel Mühe und Zeit gekostet, bis die Frauenhilfen, und vor allem auch unsere Amtsbrüder in der Provinz, diese Glaubensgemeinschaft und Arbeitsgemeinschaft, aber zunächst und vor allem diese Glaubensgemeinschaft als Hauptziel und Wesen der Frauenhilfe erkannten ... Man dachte immer nur an Wohlfahrtspflege oder Wohltätigkeit oder Krankenpflege. Die Wohlfahrtspflege machte ja (zumal nach dem verlorenen Kriege) allüberall von sich reden, überall stand sie im Vordergrund des Interesses. Zur Krankenpflege und Wohltätigkeit aber bedürfe es, so sagte man, bei dem Vorhandensein nachbarlicher Hilfe keiner neuen Organisation ...
Es ist und bleibt unser unverrückbares Ziel, das wir bestimmt einmal erreichen werden, daß jede pommersche Kirchengemeinde eine evangelische Frauenhilfe hat, die sich darstellen soll als eine Zusammenfassung aller kirchlich gesinnter Frauen zu einer wirklichen Arbeitsgemeinschaft im Dienst des Herrn und im Dienst an der Gemeinde.**)

Von der vom 3. bis 8. Dezember 1928 tagenden ostpreußischen Provinzialsynode wird folgender Antrag einstimmig angenommen:

„Evangelische Frauenhilfe ist kirchlicher Frauendienst, in welchem sich Frauen aller Stände als lebendige Glieder ihrer Kirchengemeinde zur Pflege evangelischen Glaubens, der in der Liebe tätig ist, verbinden. Darum sollte evangelische Frauenhilfe notwendig in jede evangelische Kirchengemeinde gehören."*)

In den zwanziger Jahren beginnen heftige Diskussionen über die Frage nach dem Verhältnis von Kirche und Volksgemeinschaft, Kirche und völkischer Bewegung. Die Frauenhilfe weicht diesen Fragen nicht aus. Anfang der dreißiger Jahre nimmt sie die Auseinandersetzung in ihre Programme auf. So veranstalten der Gesamtverband der Evangelischen Frauenhilfe und der Hauptausschuß des Evangelisch-Kirchlichen Hilfsvereins vom 11. bis 14. März 1930 in Berlin einen akademischen Lehrgang unter dem Gesamtthema „Evangelische Kirche und deutsche Volksgemeinschaft". In einer Sitzung am 11. Februar 1931 in Berlin setzt sich der Hauptvorstand der Evangelischen Frauenhilfe ausführlich mit der völkischen Bewegung auseinander. Einleitend referieren Pfarrer Wilm, Potsdam, über „Biblisch-reformatorisches Christentum und völkisch-religiöse Bewegung" und Pfarrer Lic. Dr. Beckmann, Soest, über „Die Stellung der Frauenhilfe zur völkischen Bewegung".

*) Forell, Frauenhilfe und Volksmission, in: Der Bote für die deutsche Frauenwelt, 25. Jg., Nr. 35, 26. August 1928, S. 427.

**) Lic. Walter Schröder, Jahresbericht über die Arbeit der Pommerschen Frauenhilfe, erstattet auf der Jahrestagung der Pommerschen Frauenhilfe am 21. Juni 1928, in: Der Bote, für die deutsche Frauenwelt, 25. Jg., Nr. 37, 9. September 1928, S. 451.

*) Der Bote für die deutsche Frauenwelt, 25. Jg., Nr. 7, 12. Februar 1928, S. 79.

Die wirtschaftliche Situation in Deutschland veranlaßt die Vereinigung evangelischer Frauenverbände Deutschlands, zu der auch die Frauenhilfe gehört, zusammen mit anderen Spitzenverbänden im September 1931 zu folgendem Aufruf:

Schwerster wirtschaftlicher Druck, härteste menschliche Not lasten auf dem deutschen Volk. Die Arbeitslosigkeit wächst erschreckend an. Unzählige einzelne, die früher zur Linderung der Not ihrer Mitmenschen beitrugen, sind heute selbst hilfsbedürftig. Den Einrichtungen der Gesundheits- und Kinderfürsorge droht der Zusammenbruch.

Wir alle sehen mit größter Sorge dem kommenden Winter entgegen. Wer wird die Millionen von Hungernden und Frierenden, die Alten und Kranken versorgen? Wer hilft den Kindern? Wer hilft den Verlassenen und Hoffnungslosen? Wer wird die ratlos vor dem Leben stehenden Jugendlichen seelisch aufrechterhalten?

Die Maßnahmen von Staat und Gemeinde sind allein nicht imstande, der Not wirksam zu begegnen. Auch die Kraft der freien Wohlfahrtspflege reicht nicht aus, wenn ihr nicht neue Hilfskräfte in großer Zahl zur Seite treten.

Die unterzeichneten Verbände richten deshalb an alle deutschen Frauen den dringenden Ruf:

Versagt eure Mithilfe nicht! Die Nothilfe leistenden Organisationen warten darauf, daß ihr euch ihnen zur Verfügung stellt.

Jeder gebe und helfe nach seiner Kraft, nach seinem Vermögen! Auch die kleinste Gabe, der geringste Hilfsdienst ist heute unentbehrlich. Laßt uns wieder lernen, von Mensch zu Mensch einander beizustehen und einer des anderen Last mitzutragen!

Bund Deutscher Frauenvereine — Deutscher Akademikerinnen-Bund — Deutscher Evangelischer Frauenbund — Evangelische Frauenhilfe — Katholische Frauen-Berufsverbände — Katholischer Deutscher Frauenbund — Die Deutschen Frauenvereine vom Roten Kreuz — Verband der Katholischen Jungfrauen- und Mütter-Vereine — Vereinigung Evangelischer Frauen-Verbände Deutschlands — Arbeiterinnen-Sekretariat der Freien Gewerkschaften.*)

Immer wieder werden die Frauen aufgerufen, ihr Wahlrecht als Wahlpflicht zu verstehen. Wahlempfehlungen werden nicht gegeben.

Zu den Wahlen zum Preußischen Landtag am 24. April.

Am 24. April finden die Neuwahlen zum Preußischen Landtag statt. „Schon wieder wählen!" wird da manche Frau ausrufen. Eine gewisse Wahlmüdigkeit will sich einschleichen. Doch gerade diese Wahlen sind sehr wichtig.

Denn es ist nicht einerlei, was für Männer und Frauen in den neuen Landtag kommen. Davon hängt sehr viel für uns und unsere Kinder ab. Darum müssen wir unsere Stimmen solchen Parteien geben, von denen wir wissen, daß sie für die Rechte unserer deutschen christlichen Kultur eintreten, die christliche Kirche, die christliche Schule und die Güter einer deutschen christlichen Jugenderziehung fördern.

Wahlrecht bedeutet Wahlpflicht! — Es muß gerade uns christlichen Frauen Gewissenspflicht sein, am 24. April der Wahl nicht fernzubleiben.

Auf jede Stimme kommt es an, auch auf deine! Denn viele Wenig machen ein Viel. Wenn jede von uns denken würde: „Ach, auf meine eine Stimme kommt es nicht an", — wohin würden wir dann kommen? Dann würden die besten Parteien zu wenig Stimmen erhalten und hernach auch zu wenig „Mandate", Plätze im neuen Landtag, zu geringen Einfluß auf das Wohl unseres Volkes. Nein, daran wollen wir, du und ich, doch nicht schuld sein. Darum: keine Stimmenthaltung, sondern auf zur Wahl!

Welcher Partei du deine Stimme gibst, — das mußt du selbst in deinem Gewissen entscheiden. Wir können und wollen nicht sagen: wählt die oder die bestimmte Partei. Das muß jeder von uns mit sich selbst abmachen. (Zu kleinen Parteien seine Stimme zu geben, ist nicht ratsam, weil das leicht zum Verlorengehen von Stimmen führt. Und Zusammenfassung der Kräfte, nicht Zersplitterung tut not.)

Laßt uns unsere Pflicht am 24. April tun: Nicht zu Hause bleiben, sondern zur Wahl gehen!

*) Der Bote für die Rheinische Frauenhilfe, 28. Jg., Nr. 38, 20. September 1931, S. 452.

Laßt uns aber stets daran denken, daß unseres Volkes Wohlergehen zuletzt nicht von unserem Tun abhängt, sondern von Gottes Segen. Wichtiger als alles, was wir tun, ist, daß wir unsere Herzen hinwenden zu ihm, der Völker verderben lassen und erlösen kann. „Wo der Herr nicht das Haus baut, da arbeiten umsonst, die daran bauen." Das gilt nicht nur für das Leben des einzelnen, das gilt auch für das Leben unseres deutschen Volkes. Laßt uns Gott bitten, daß er sich unseres Volkes erbarme, daß unsere Kinder, unsere Jugend wieder als seine Kinder heranwachsen, daß die Gottlosigkeit in unserem Volke abnimmt und alle, die in Blindheit und Sünden verkettet sind, wieder den Weg zu ihm zurückfinden.

So gewiß an Gottes Segen alles gelegen ist, so gewiß will Gott aber auch, daß wir tun, was uns als Pflicht auferlegt ist. Gott hat uns als Deutsche geboren werden lassen, wir stehen als Deutsche mitten drin im deutschen Volk. Und ebenso wie Gott will, daß wir die Pflichten gegen unsere Familie erfüllen, zu der wir gehören, ebenso gewiß will er sicherlich auch, daß wir unsere Pflichten erfüllen gegenüber unserem Volk, der großen Familie, in die er uns hineingestellt hat.*)

Dem VII. Reichstag vom 6. November 1932 mit 584 Abgeordneten gehören 196 Nationalsozialisten an. Am 30. Januar 1933 ernennt Hindenburg Hitler zum Reichskanzler.

Mit einer Zeremonie in der Potsdamer Garnisonkirche am 21. März 1933 anläßlich der Eröffnung des neuen Reichstages gelingt es Hitler, das Vertrauen Hindenburgs und seiner Freunde zu gewinnen. Zwei Tage später wird dem Reichstag das sog. Ermächtigungsgesetz (Gesetz zur Behebung der Not von Volk und Reich) vorgelegt, das Hitler vom Reichstag und vom Reichspräsidenten unabhängig macht.

*) Der Bote für die Rheinische Frauenhilfe, 29. Jg., Nr. 17, 24. April 1932, S. 201.

Die Zeit
der Entscheidungen
(1933 - 1945)

**Die Evangelische Frauenhilfe
wird Reichsverband**

**Die Lösung von der
Reichskirche**

**Die Arbeitsgemeinschaft
der missionarischen und diakonischen Werke und Verbände
der Deutschen Evangelischen Kirche**

Behinderungen, Verbote, Auflösungen

Finanzielle Bedrängnisse

**Der „Frauendienst"
als Gegenbewegung zur Frauenhilfe**

Der Mütterdienst

Bibelarbeit

Die diakonische Arbeit

Der Mutterhausverband der Evangelischen Reichsfrauenhilfe

Die Evangelische Frauenhilfe
wird Reichsverband

Im Februar 1933 beschließt der Hauptvorstand, den bisherigen Gesamtverband der Evangelischen Frauenhilfe künftig als Reichsverband der Evangelischen Frauenhilfe zu bezeichnen.

Entsprechend der wachsenden Ausdehnung der Evangelischen Frauenhilfe, die schon seit geraumer Zeit über das Gebiet der preußischen Landeskirche hinausgeht, wurde auf der Februarsitzung des Hauptvorstandes in Potsdam beschlossen, den bisherigen Gesamtverband der Evangelischen Frauenhilfe fortan als „Reichsverband" zu bezeichnen. Innerhalb des Gebietes von 20 Landeskirchen ist die Evangelische Frauenhilfe organisiert, außer in Preußen in Anhalt, Braunschweig, Mecklenburg und Thüringen, ferner jenseits der gegenwärtigen deutschen Reichsgrenzen in Danzig, im Saar- und Memelgebiet, in Polnisch-Oberschlesien, im ehemaligen Posen-Westpreußen. Anschlußanträge liegen ferner vor aus Hamburg, Frankfurt a. M. und Rio Grande do Sul. Im großen und ganzen soll sich das Arbeitsgebiet der Evangelischen Frauenhilfe mit dem Gebiet des Deutschen Evangelischen Kirchenbundes decken, zu dem außer der Herrnhuter Brüderunität und dem Bund freier reformierter Gemeinden 28 Landeskirchen in Deutschland gehören. Außerdem sind bekanntlich an den Deutschen Evangelischen Kirchenbund angeschlossen die evangelischen Kirchen in Oesterreich und die Riograndenser Synode in Brasilien. In letzterer hat sich auch bereits ein Landesverband der Evangelischen Frauenhilfe gebildet, der, wie oben bereits mitgeteilt, sich an den Reichsverband der Evangelischen Frauenhilfe anschließt.

Wenn die Evangelische Frauenhilfe auf diese Weise zu einer Deutschen Evangelischen Frauenhilfe wird, so folgt sie damit der geschichtlichen Entwicklung, die auch bei den anderen kirchlichen Verbänden wie der weiblichen Jugend, den Jungmännerbünden und den sozialen Organisationen zu einer Reichsarbeitsgemeinschaft geführt hat. Das zehnjährige Bestehen des Deutschen Evangelischen Kirchenbundes hat gezeigt, daß die Art der Zusammenfassung der evangelischen Kirchen, die den einzelnen Gliedern ihre Eigenständigkeit läßt, am besten geeignet ist, die Kraft evangelischen Wesens zur Wirksamkeit zu bringen. So dürfen wir mit Freuden feststellen, daß mit der Organisation des Reichsverbandes der Evangelischen Frauenhilfe ein weiterer wesentlicher Schritt getan ist zur Zusammenfassung und damit zur Stärkung des deutschen Gesamtprotestantismus. Frauenarbeit, die bewußt evangelisch-kirchlich eingestellt auf dem Boden der Gemeinde wirksam werden will, soll im Reichsverband der Evangelischen Frauenhilfe ihre Heimat finden.

Bei dieser Gelegenheit sei darauf aufmerksam gemacht, daß nach wie vor die Evangelische Frauenhilfe eingegliedert bleibt in die „Vereinigung Evangelischer Frauenverbände Deutschlands", in der sich außer der Frauenhilfe die anderen kirchlichen Frauenverbände wie Evangelischer Reichsverband für die weibliche Jugend, Deutsch-Evangelischer Frauenbund, Gesamtverband Evangelischer Arbeiterinnenvereine, Verband Evangelischer Religionslehrerinnen u. ä. zu einer gemeinsamen kirchlichen Frauenfront zusammenfinden. Diese Vereinigung umfaßt schätzungsweise 2 000 000 Mitglieder.*)

Im Mai 1933 kann es so scheinen, als werde die Evangelische Frauenhilfe mit der Zielsetzung ihrer Arbeit von der Führung der Deutschen Evangelischen Kirche anerkannt: Der Reichsverband der Evangelischen Frauenhilfe wird zu der „kirchlichen Frauen-Gemeindeorganisation im Gesamtgebiet des Deutschen Evangelischen Kirchenbundes" erklärt.

*) Der Bote für die Rheinische Frauenhilfe, 30. Jg., Nr. 12, 19. März 1933, S. 136.

Deutscher
Evangelischer Kirchenausschuss
(Kirchenbundesamt)
K.A. I 1109 III

Berlin-Charlottenburg 2,
Marchstr. 2.
den 6. 5. 33

An die Evangelische
Reichs-Frauenhilfe
Potsdam

Auf den Antrag vom 24. April 1933 beehre ich mich
auf Grund der mit Herrn Landesbischof D. Marahrens und Studiendirektor D. Hesse gepflogenen Beratungen folgende Antwort
ergebenst zu übermitteln:

1) Die verantwortliche Führung der deutschen evangelischen Kirche anerkennt den Reichsverband der Evangelischen
Frauenhilfe-Potsdam als die kirchliche Frauen-Gemeindeorganisation im Gesamtgebiet des Deutschen Evangelischen Kirchenbundes.

2) Von dieser Anerkennung werden alle Landeskirchen
verständigt und um sachliche Förderung gebeten werden.

3) Die verantwortliche Führung der deutschen evangelischen Kirche wird alle Fragen und Aufgaben der kirchlichen
Frauengemeindearbeit in Verbindung mit dem Reichsgeschäftsführer, Pastor Lic. Hermenau, förderlich behandeln. Der Reichsgeschäftsführer wird seinerseits engste Verbindung mit der Führung der Kirche halten.

4) Die Abteilung Mütterdienst der Evangelischen Reichs-Frauenhilfe unter Fachleitung von Frau Schlossmann-Lönnies
wird unter Hinweis auf Nr. 3 als Mütterdienstwerk der deutschen
evangelischen Kirche anerkannt.

Ich begrüße es, daß die gepflogenen Verhandlungen zu
diesem erfreulichen Ergebnis geführt haben und wünsche, daß
die großen und verantwortlichen Aufgaben, die in der Gegenwart
an die Evangelische Reichs-Frauenhilfe herantreten, zum Wohle
der Kirche und des gesamten deutschen Volkes gesegnet sein
mögen.

Im Auftrage
gez. Hosemann*)

Hermenau erklärt dazu: „Bei der geplanten kirchlichen Neuordnung soll eine einzige geschlossene
kirchliche Frauenfront geschaffen werden, und zwar
im Rahmen und in der Organisation der Evangelischen Reichsfrauenhilfe... In Zukunft werden neben
der Evangelischen Frauenhilfe keine anderen kirchlichen Frauenorganisationen Daseinsberechtigung haben."*)

In diesen dem Selbstverständnis der Frauenhilfe widersprechenden Äußerungen ihres Reichsgeschäftsführers zeigt sich, in welche Richtung die Arbeit der
Frauenhilfe und aller evangelischer Frauenverbände
gelenkt werden soll. So ist es auch nicht verwunderlich, daß Hermenau im Juni 1933 von den staatlichen
Bevollmächtigten für Innere Mission zum kommissarischen Bevollmächtigten für alle Frauenverbände der
Evangelischen Kirche ernannt wird, ausgenommen
die Frauenstandesorganisationen. Im Sinne der Deutschen Christen soll eine den NS-Staat ohne Vorbehalte bejahende neue evangelische Frauenarbeit entstehen.

Die Deutschen Christen hatten in ihrem Programm die
Gleichschaltung der evangelischen Kirche mit dem Dritten Reich.
Sie sollte kein „Staat im Staat" sein, sondern die religiöse Funktion des Volkes werden... Die nationalsozialistische Staatsführung
ihrerseits verfolgte anfangs mit den Deutschen Christen, später
auch ohne sie, eine Kirchenpolitik, die darauf hinauskam, die
evangelische Kirche gleichzuschalten oder, wenn das nicht möglich sein sollte, sie auszuschalten. Die Eingriffe des Staates in
die evangelische Kirche waren somit im ersten Stadium mehr
dahin gerichtet, sie mit Hilfe der Deutschen Christen zu einem
willfährigen Bestandteil seiner politisch-weltanschaulichen Konzeption zu machen...**)

*) LKA Düsseldorf, KK. B XII 40
Bd. 3.

*) Hans Hermenau, Um die Einheit
der Kirchlichen Frauenfront, in: Der
Bote für die Rheinische Frauenhilfe,
30 Jg., Nr. 29, S. 343.

**) Joachim Beckmann, Die theologische Bedeutung des Kirchenkampfes, in: Im Kampf für die Kirche des Evangeliums. Eine Auswahl
von Reden und Aufsätzen aus drei
Jahrzehnten. Gütersloh 1961, S.
325.

Am 11. und 12. Dezember 1933 beraten Hauptausschuß und Mitgliederversammlung der Reichsfrauenhilfe über eine neue Satzung „nach dem Führerprinzip". Wie auch sonst in der Kirche soll die Ordnung der Frauenhilfe der Staatsordnung angeglichen werden, darum „Führerprinzip" in der Leitung.

Am 11. Dezember 1933 trat der Hauptausschuß der Evangelischen Frauenhilfe in Potsdam zusammen. Hauptgegenstand der Tagesordnung war die neue Satzung. Dieselbe wurde in mehrstündiger Sitzung eingehend durchberaten. Gegenüber der bisher geltenden Satzung bringt die neue Satzung folgende wesentliche Veränderungen: Künftig wird die Evangelische Frauenhilfe als „Evangelische Reichsfrauenhilfe" nur noch drei Organe haben, den Reichsführerrat, den Hauptausschuß und die Vertreterversammlung. Der Reichsführerrat wird bestehen aus der Führerin der Reichsfrauenhilfe, die auf Vorschlag des Hauptausschusses von der Reichsführerin des Evangelischen Frauenwerkes ernannt wird; aus der Reichsführerin des Frauenwerkes in der Deutschen Evangelischen Kirche, die vom Reichsbischof ernannt wird; aus dem Beauftragten der Deutschen Evangelischen Kirche; aus dem Geschäftsführer der Reichsfrauenhilfe, der vom Beauftragten der Deutschen Evangelischen Kirche im Einvernehmen mit dem Reichsführerrat ernannt wird; aus dem Schatzmeister, der in gleicher Weise ernannt wird; und aus 2 bis 3 Persönlichkeiten aus den Verbänden der Frauenhilfe, die von der Führerin der Reichsfrauenhilfe im Einvernehmen mit dem Beauftragten der Deutschen Evangelischen Kirche berufen werden. Der Führerrat berät alle Angelegenheiten der Reichsfrauenhilfe und leitet ihre Arbeit nach einheitlichen Gesichtspunkten. Er hat die Sitzungen des Hauptausschusses und die Vertreterversammlungen vorzubereiten.

Dem Hauptausschuß gehören an: die sämtlichen Mitglieder des Führerrates, die Führerinnen und Geschäftsführer der angeschlossenen Verbände; ein Vertreter des Centralausschusses; ein Vertreter des Burckhardthauses, und außerdem ist die Möglichkeit vorgesehen, einzelne Berufsarbeiter und Berufsarbeiterinnen hineinzunehmen.

Der Aufbau der Reichsfrauenhilfe auf Grund dieser Satzungen ist, wie man aus dem oben Dargelegten ersieht, im großen und ganzen nach dem Führerprinzip vorgenommen worden. Damit stellt sich die Reichsfrauenhilfe auch organisatorisch voll und ganz auf den Boden des neuen Deutschland. Daß dadurch ihre bisherige Aufgabe, ihr evangelisch-kirchliches Ziel, ihre Verantwortung für das weite Gebiet ihrer Arbeit nicht im geringsten verändert werden, beweist schon die eine Tatsache, daß der Paragraph, der über die Zwecke der Reichsfrauenhilfe spricht, unverändert aus der bisherigen in die neue Satzung übernommen worden ist. Hauptausschuß und Mitgliederversammlung waren sich gerade darin einig, daß in dem strafferen Einbau der Reichsfrauenhilfe in die neue Reichskirche nicht nur die Bedeutung, sondern vor allem die Wirksamkeit der Frauenhilfe stärker und fruchtbarer geltend gemacht werden kann als bisher.

Ferner wurde über die Stellung des Evangelischen Reichsmütterdienstes im Gesamtaufbau des Evangelischen Frauenwerkes und vor allem über sein Verhältnis zum Mütterdienst der Evangelischen Frauenhilfe eingehend beraten. Der Reichsmütterdienst, der im Frauenwerk der Evangelischen Kirche künftig als Gruppe IV seinen Platz haben wird, soll, wie auch die übrigen Gruppen, selbständig von einer hauptverantwortlichen Führerin geleitet werden. Hierfür ist Frau Lönnies vorgesehen, die den Mütterdienst im wesentlichen begründet und durchgeführt hat. Eine enge Verbindung dieser Gruppe IV mit den anderen Gruppen des Frauenwerkes und im besonderen mit der Frauenhilfe ist geschaffen worden. Um die eigene Mütterdienstarbeit in den einzelnen Verbänden zu sichern, wird die Gruppe IV keine selbständigen organisatorischen Einrichtungen und Werke schaffen, sondern die praktische Arbeit nur durch die Verbände durchführen. Sie hat also wesentlich anregende, sachlich beratende und fachlich führende, aber keine direkt organisatorische Aufgabe. Dem trägt ein Beschluß des Hauptausschusses ausdrücklich Rechnung, der besagt, daß der Reichsmütterdienst nicht direkt, sondern über die Landes- und Provinzialverbände mit den Mütterdiensten verhandeln solle und umgekehrt.

Die Mitgliederversammlung der Frauenhilfe, die nach der bisher noch geltenden Satzung über Satzungsänderungen zu beschließen hat, tagte im unmittelbaren Anschluß an die Sitzung des Hauptausschusses am 12. Dezember ebenfalls in Potsdam. Einleitend gab Generalsuperintendent D. Zoellner einen kurzen Bericht über die Ereignisse der letzten Monate in der Reichsfrauenhilfe. Er sprach noch einmal Herrn Pfarrer Lic. Hermenau, der sein Amt als Reichsgeschäftsführer niedergelegt hat, den herzlichsten Dank für seine geleistete Arbeit aus und wünschte ihm von Herzen für seine weitere Tätigkeit reichen Segen.

Die einzelnen Paragraphen der vom Hauptausschuß durchberatenen und teilweise nach den Wünschen einiger Landes- und Provinzialverbände veränderten Satzung wurden zur Verlesung gebracht und nach nochmaliger Beratung inhaltlich endgültig festgelegt und angenommen. Die zum Schluß vorgenommene Abstimmung über die neue Satzung im ganzen ergab einstimmige Annahme derselben. Ein kleiner Redaktionsausschuß wurde eingesetzt, um die formale Durcharbeitung und redaktionelle Endabfassung der Satzung vorzunehmen.

Auf Grund der neuen Satzung trat dann Generalsuperintendent D. Zoellner von seinem Amt als 2. Vorsitzender der Reichsfrauenhilfe zurück, und wurde von Herrn Pfarrer Klein, dem Beauftragten der Reichskirchenregierung, unter allgemeiner Zustimmung der Verbände zum Ehrenmitglied des Reichsführerrates ernannt. Pfarrer Klein dankte bei dieser Gelegenheit Herrn D. Zoellner in herzlichen Worten für sein langjähriges, aufopferndes und segensreiches Wirken in der Frauenhilfe, das im besonderen Maße zur äußeren und inneren Förderung des ganzen Werkes mit beigetragen habe. Auch Frau von Oppen, die bisherige Vorsitzende, trat in Ausführung eines bereits früher ausgesprochenen Entschlusses von dem Vorsitz der Reichsfrauenhilfe zurück. Ihr wurden von der stellvertretenden Vorsitzenden, Frau von Bismarck, und von der Reichsführerin des Evangelischen Frauenwerkes, Frau von Grone, herzlichste Worte des Dankes für ihre hingebende Arbeit gewidmet. Im Namen der Verbände richtete hierauf Frau Konsistorialrat Braem an Frau von Oppen und D. Zoellner einen besonderen Dank. Pfarrer Klein ernannte dann im Namen der Reichskirchenregierung zum Geschäftsführer der Reichsfrauenhilfe D. Jeep aus Berlin, den früheren Direktor des Centralausschusses der Inneren Mission, und zum Schatzmeister Direktor Kunze aus Bethel. Letzterer erklärte sich bereit, das Schatzmeisteramt zu übernehmen. D. Jeep teilte mit, daß er nicht

mehr frei über sich verfügen könne, da er von einer auswärtigen Kirchengemeinde zum Pfarrer gewählt sei. Eine etwaige Uebernahme dieser Stelle käme jedoch erst in einigen Monaten in Frage, so daß er sich vorläufig für das ihm mit soviel Vertrauen übertragene Amt gern zur Verfügung stelle.

Zum Schluß der Verhandlungen kam mehrfach und einmütig zum Ausdruck, daß die Aufstellung der neuen Satzung und die Neuordnung sowohl des gesamten evangelischen Frauenwerkes wie der Frauenhilfe den Willen der verantwortlichen Kreise in Kirche und evangelischer Frauenwelt deutlich zum Ausdruck bringe, innerhalb der neuen Reichskirche ihren Dienst zum Heil für Volk und Vaterland im Geiste Jesu Christi auch weiterhin mit hingebender Liebe und Treue tun zu wollen.*)

*) Frauenhilfe — Monatsblatt für Kirchliche Frauen-Gemeindearbeit, 34. Jg., 1934, S. 25ff.

Die Lösung von der Reichskirche

Im kirchengeschichtlichen Rückblick mag das Jahr 1933 vor allem als Beginn des „Kirchenkampfes" erscheinen, wobei unter Kirchenkampf meist die Auseinandersetzung der Kirchen, speziell der Evangelischen Kirche, mit dem NS-Regime verstanden wird. Doch so ist der „Kirchenkampf" nicht zu beschreiben.

Seine Vorgeschichte beginnt schon nach dem Ende des Ersten Weltkrieges. In der Evangelischen Kirche neigen viele zu einem aus der Niederlage von 1918 und ihren Folgen sich nährenden Nationalismus. Nicht mehr „Thron und Altar", sondern „das Nationale und die Kirche" werden als zusammengehörig empfunden. Nur so ist es möglich, daß schon vor 1933 nationalsozialistisch beeinflußte Gruppen („Deutsche Christen") in die Synoden einziehen. Über die Auseinandersetzungen mit dem NS-Staat hinaus ist der Kirchenkampf vor allem ein „entscheidender Abschnitt in dem umfassenden Prozeß einer kirchlichen Selbstkritik und Erneuerungsbewegung" (Ernst Wolf).

Auch die Frauenhilfe hat als Teil der Kirche nicht nur einen Abwehrkampf gegen die Gewaltmaßnahmen des NS-Staates zu bestehen. Sie hat vor allem zu prüfen, welches die Grundlagen ihrer Arbeit sind; sie hat sich erneut auf ihre Aufgabe zu besinnen (vgl. S. 119). Auch der Rheinischen Frauenhilfe bleiben schwere *innere* Auseinandersetzungen nicht erspart.

Am 6. September 1933 wird von der mehr als zwei Drittel aus Deutschen Christen sich zusammensetzenden Generalsynode der Evangelischen Kirche der altpreußischen Union zur Zerstörung der alten kirchlichen Ordnung ein „Kirchengesetz über die Errichtung des Landesbischofsamtes und von Bistümern" beschlossen und es werden folgende Bistümer errichtet: Brandenburg, Cammin, Berlin, Danzig, Königsberg, Breslau, Köln-Aachen, Münster, Magdeburg-Halberstadt, Merseburg-Naumburg. Wie reagieren die rheinischen Gemeinden?

> Pastoren und Presbyter mit ihren Gemeindegliedern schlossen sich mehr und mehr zu einer Kampfgemeinschaft zusammen, in der die Losung erging: „Ein Bistum Köln-Aachen? - Mit unserem Willen niemals!" Der Versuch des Bischofs Oberheid, die rheinischen Gemeinden und Pfarrer zu gewinnen, blieb ohne Erfolg... Oberheid verschwand mit der Berufung zum „Stabschef" des Reichsbischofs aus dem Rheinland. Seine Geschäfte übernahm der bisherige stellvertretende Landespfarrer D. Dr. Forsthoff als „Propst im Bezirk des Bistums Köln-Aachen". Er ging mit Kraft und Entschlossenheit daran, die rheinische Kirche nach den deutsch-christlichen Grundsätzen zu ordnen und zu leiten und sie dem Reichsbischof zu unterwerfen.[*]

Bald nach der Ernennung von D. Forsthoff am 1. April 1934, nämlich im Juli 1934, kommt es zu einer Auseinandersetzung zwischen ihm und der Rheinischen Frauenhilfe. Die Entwicklungen in der Deutschen Evangelischen Kirche veranlassen den Vorstand der Evangelischen Frauenhilfe im Rheinland in einer Entschließung vom 23. Juli 1934 seine Verbundenheit mit der Bekennenden Kirche zu bekunden.

[*] Joachim Beckmann, Der Kampf der Bekennenden Kirche im Rheinland um die presbyterial-synodale Kirchenordnung, in: Im Kampf für die Kirche des Evangeliums. Eine Auswahl von Reden und Aufsätzen aus drei Jahrzehnten. Gütersloh 1961, S. 278.

Auf diese Entschließung hin beschuldigt D. Forsthoff den Vorstand und hier besonders die Vorsitzende, Frau von Waldthausen, wie den Geschäftsführer, Pfarrer Wilhelm Kunze, die Frauenhilfe werde „unter Mißbrauch ihrer eigentlichen Zielsetzung kirchenpolitisches Machtinstrument", man versuche die örtlichen Gruppen zu „politischen Kampforganisationen" zu machen und die Gemeinden „zu verhetzen und zu zersetzen".

Der Bischof	Koblenz, den 31. Juli 1934.
des Evangelischen Bistums	
Köln-Aachen	

Nr 973.

Sehr verehrte gnädige Frau!

Soeben gelangt in meine Hände das von Ihnen unter dem 26. Juli ds. Js. an alle Ihrem Verband angeschlossenen Frauenhilfen gerichtete Schreiben, durch das Sie die Entschließung Ihres Vorstandes vom 23. ds. Mts. bekanntgeben.

Ich richte die Bitte an Sie, zu erwägen, was für eine Verwirrung in unsere Gemeinden hineingetragen wird, wenn selbst unsere Frauenvereine auf die von Ihnen beabsichtigte Weise in den kirchenpolitischen Kampf hineingeführt werden. Bisher waren unsere evangelischen Frauenvereine unter allen Vereinen diejenigen, die ihren schönen Liebesdienst in unseren Gemeinden taten unter bewußter Beschränkung auf das ihnen anvertraute Gebiet und unberührt in ihrer segensvollen Arbeit von den Wirren der Zeit. Es ist ein ganz unverantwortliches Unternehmen, diese Vereine jetzt zu kirchenpolitischen Kampforganisationen machen zu wollen. Das wird von erschütternder Wirkung in unseren Gemeinden sein, wenn es gelingt.

Als alter rheinischer Pfarrer kenne und schätze ich gerade die Arbeit unserer Frauenvereine zu sehr, als daß ich sie dieser Zersetzung sollte zutreiben und anheimfallen lassen. In unserem nat.-soz. Staat ist jedwede Disziplinlosigkeit und Zerstö-

rung der Volksgemeinschaft - und anders kann sich Ihre Entschließung in der Öffentlichkeit nicht auswirken - eine Unmöglichkeit geworden, und das Pflicht- und Verantwortungsbewußtsein, in dem ich an meiner Stelle stehe, gebietet mir, der in Ihrer Entschließung bekundeten Absicht mit den schärfsten Maßnahmen zu begegnen.

Als Grund Ihrer Entschließung geben Sie an, daß es gälte, die reformatorischen Bekenntnisse und die Grundlage der Heiligen Schrift unseren Frauenvereinen zu bewahren. Ich wäre Ihnen sehr verbunden, verehrte, gnädige Frau, wenn Sie mir angeben könnten, wo und durch wen im Bereich Ihres Verbandes Schrift und Bekenntnis in den Frauenvereinen angetastet werden. Ich darf Sie versichern, daß die gegenwärtige Kirchenleitung nicht gewillt ist, den Angriff auf Bibel und Bekenntnis von verantwortungsvoller Seite zu dulden - in bewußtem Gegensatz zu den hinter uns liegenden Zeiten, da Pfarrer, die sich zu den marxistischen Parteien bekannten, von der Kirchenleitung unangetastet in ihrem Amte bleiben konnten.

In dem Entwurf der neuen Kirchenordnung habe ich mich bemüht, die Arbeit der Frau, eben weil ich sie so hoch schätze, im Amt der Kirchwalter im Gemeindeleben zu verankern in der Absicht, der Frau in unseren Gemeinden die Gelegenheit und die Freudigkeit zu schaffen, auf dem ihr eigenen Gebiet am Aufbau und der verheißungsvollen Gestaltung des Gemeindelebens mitzuwirken.

Ich kann und werde nicht zusehen, daß die heute in der Kirche betriebene Verhetzung und Zersetzung, die alles bis auf den Grund aufzuwühlen bestrebt ist und längst den Boden sachlicher Auseinandersetzung verlassen hat, nun auch die Einrichtungen in unseren Gemeinden antastet, die geeignet sind, zur inneren Befriedung der Kirche beizutragen.

Deshalb richte ich die Bitte an Sie, sich und uns nicht der Dankbarkeit und Hochschätzung zu berauben, die wir Ihnen bisher für Ihr Interesse und Ihre opferbereite Teilnahme an der Frauenarbeit in unserer evangelischen Kirche darzubringen uns schuldig wußten.

In vorzüglicher Hochachtung
Heil Hitler!
gez. D. Dr. Forsthoff, Präses.*)

*) LKA Düsseldorf, KK. B XII 40
Beiakten I.

Sein an Frau von Waldthausen gerichtetes Schreiben gibt Forsthoff allen rheinischen Pfarrern in Abschrift bekannt und fügt hinzu:

Der Präses   Koblenz, den 2. August 1934
der Rheinischen Provinzialsynode   Regierungsstr. 6
Tgb. Nr. I 1665

An die Herren Pfarrer im Rheinland!

Die kirchenpolitische Entwicklung, die die evangelische Frauenhilfe im Rheinland in den letzten Wochen genommen hat, gibt mir Veranlassung, mich an Sie zu wenden und Ihnen ein Schreiben zur Kenntnis zu bringen, das ich gemäß der mir übertragenen kirchlichen Verantwortung an die Vorsitzende der Rheinischen Frauenhilfe, Frau v. Waldthausen, gerichtet habe. Aus diesem Schreiben erkennen Sie, daß mich die Sorge um die Einheit der Kirche und um die Reinheit der Sache der Frauenhilfe bewegt.

Unsere Frauenvereine und Frauenhilfen haben bisher in Stille und Demut, in Dienst- und Opferbereitschaft immer nur ein Ziel verfolgt, evangelische Gemeinde zu bauen. Sie haben gehandelt nach dem biblischen Grundsatz, daß der Glaube in der Liebe tätig sein muß. Wenn ihr rheinischer Vorstand jetzt das kirchenpolitische Handeln der sogenannten bekennenden Gemeinde sich zu eigen macht, so bedeutet dieser Schritt eine Umstellung auf ein falsches Gleise. Ich gehe dabei sicherlich nicht fehl in der Annahme, daß der Provinzialvorstand diesen Schritt getan hat ohne vorher die Vereinsvorstände oder die Mitglieder der Vereine gefragt zu haben. Auf diese Weise wird die Frauenhilfe hineingezerrt in einen Streit, der unsere Rheinische Kirche hindert, die Aufbauarbeit zu leisten, die schon längst auf den vollen Einsatz unser selbst, unserer Gemeinden und unserer kirchlichen Organisationen wartet. Sie wird unter Missbrauch ihrer eigentlichen Zielsetzung kirchenpolitisches Machtinstrument, während sie in der Art wahrhaft christlichen evangelischen Frauentums alles daran setzen sollte, Wunden, die geschlagen sind, zu heilen, den Kämpfern anstelle des Schwertes die Kelle in die Hand zu drücken und die, die entweder nicht zusammenkommen können, oder nicht zusammenkommen wollen, zusammenzuführen mit der Liebe, die alles glaubt, alles hofft und alles

duldet. Der Beschluß des Vorstandes steht einer aus der Besinnung auf die wirkliche Substanz der Kirche kommenden Einigung der kirchenpolitischen Gruppen geradezu als Hindernis im Wege. Und das zu einer Zeit, in der eine sehr ernst zu nehmende theologische Kritik bereits beginnt, das scheinbar bekenntnismäßige Anliegen der sogenannten bekennenden Gemeinde als Häresie darzutun. Die Liebe zur Sache der Frauenhilfe zwingt mich, den kirchenpolitischen Interessenten, die sich die Frauenhilfe des Rheinlandes hörig machen wollen, zuzurufen: Hände weg von einer Sache, die nach ihrem Wesen und nach ihrer Geschichte immer ein Boden gewesen ist, auf dem die Einheit der Kirche zum Ausdruck kommen und zur Tat werden konnte.

Von allen Amtsbrüdern, die gewillt sind, nicht in der Kirchenpolitik stecken zu bleiben, sondern zur Kirche selber durchzudringen, indem sie auf dem festen Grund des Glaubens stehend an dem Bau der evangelischen Gemeinde und der Deutschen Evangelischen Kirche mitzuarbeiten sich mühen, erwarte ich, daß sie gegen den erwähnten Beschluß des Vorstandes der Rheinischen Frauenhilfe Protest einlegen und, falls dieser Protest keine Anerkennung findet, zur Tat schreiten und sich lösen von einer Organisation, die ihren bisherigen bewährten Grundsätzen untreu geworden ist.

Die Rheinische Frauenhilfe steht am Scheidewege. Viele ihrer Freunde wünschen, daß sie zurückgerissen werde von einem Abgrund, in dem sie selber zu versinken droht. Dieser Wunsch ist auch der meine.

Mit brüderlichem Gruß
(gez.) D. Dr. Forsthoff
Präses*)

Das Sonntagsblatt der Deutschen Christen „Der Weckruf", Gau Rheinland, kommentiert am 2. September 1934: „Wir hoffen, daß die besonnenen Führerinnen und Pfarrer, die örtlich in unseren Gemeinden und in der Praxis der wirklichen Frauenhilfsarbeit stehen, Wege finden, um dieses wichtigste evangelische Frauenwerk vor der bei der Durchführung des Beschlusses unvermeidlichen Zerschlagung zu bewahren."

*) a.a.O.

An die Kirchenkanzlei der Deutschen Evangelischen Kirche in Berlin-Charlottenburg richtet Forsthoff in derselben Sache am 8. August 1934 folgendes Schreiben:

In seiner Sitzung am 23. Juli ds. Js. hat der rheinische Vorstand der Frauenhilfe einen Beschluß gefaßt, der trotz vorsichtiger Formulierung nichts anderes bedeutet, als daß die evangelische Frauenhilfe im Rheinland sich in die sogenannte Bekenntnisfront einordnet, das heißt, aus ihrer bisherigen kirchlichen Haltung heraus tritt und einen kirchenpolitischen Weg einschlägt. Sofort nachdem der erwähnte Beschluß hier bekannt geworden war, habe ich mich in einem persönlichen Anschreiben an die Vorsitzende, Frau v. Waldthausen in Essen, sowie an die rheinischen Pfarrer gewandt und in beiden Schriftstücken darauf hingewiesen, daß weder der Sache der Frauenhilfe noch der der Kirche gedient sei, wenn die Frauenhilfe in den kirchenpolitischen Kampf hinein gezerrt würde.

Der Vorstandsbeschluß der rheinischen Frauenhilfe, mein an Frau v. Waldthausen gerichteter Brief sowie das Rundschreiben, das ich den rheinischen Pfarrern übersandt habe, sind in den Anlagen beigefügt.

In weiten Kreisen der Pfarrerschaft, der Gemeinden und der Frauenvereine im Rheinland herrscht bereits eine starke Empörung über das eigenmächtige Vorgehen des Provinzialvorstandes. Diese Empörung kommt in einer Reihe von Protesten, die teilweise an den Provinzialvorstand, teilweise an das Konsistorium gerichtet sind, zum Ausdruck.

Unter keinen Umständen darf das unverantwortliche Treiben des Vorstandes der rheinischen Frauenhilfe unwidersprochen hingenommen werden. Der Widerstand des Rheinlandes, soweit es treu zur Reichskirche steht, wird sich aller Voraussicht nach weiter verstärken. Aber auch die Reichskirchenregierung bitte ich um ihre Hilfe, und zwar bitte ich die Reichskirchenregierung bei dem Direktor der evangelischen Reichsfrauenhilfe, Herrn D. Lohmann in Berlin, dahin vorstellig zu werden, daß der rheinische Vorstand seinen Beschluß zurückziehe. Eine provinzielle Frauenhilfe, die sich kirchenpolitische Bindungen auferlegt, kann ein lebendiges Glied am Organismus der gesamten Frauenhilfe und in den Zusammenhängen der reichskirchlichen Arbeit erst dann sein, wenn sie einen derartigen Schritt, wie den im Rheinland erfolgten, rückgängig macht und ihrerseits alles tut, die Einheit der Kirche zu fördern. Darüber hinaus stelle ich fest, daß der derzeitige Geschäftsführer der rheinischen Frauenhilfe, Pfarrer Kunze in M. Gladbach, in den bisherigen kirchenpolitischen Kämpfen sich als einer der radikalsten Gegner des gegenwärtigen Kirchenregimentes gezeigt hat und jedenfalls ein Mann ist, der planmäßig das Ziel verfolgt, die rheinische Frauenhilfe in ein kirchenpolitisches Machtinstrument zu verwandeln. Einem solchen Geschäftsführer kann das rheinische Kirchenregiment in keiner Weise Vertrauen schenken. M. E. müßte Pfarrer Kunze von Herrn D. Lohmann seines Amtes als Geschäftsführer enthoben werden.

Ich bin überzeugt, daß trotz der grundlos und nutzlos herbeigeführten kirchenpolitischen Äußerung des Vorstandes die rheinischen evangelischen Frauen, zumal diejenigen, die schon seit vielen Jahren im Dienst ihrer Gemeinden sich betätigt haben, auch in Zukunft treu zur Sache der Kirche stehen werden.*)

Der Aufruf an die rheinischen Pfarrer, „sich zu lösen von einer Organisation", die angeblich „ihren bisherigen bewährten Grundsätzen untreu geworden" sei, hat nicht den gewünschten Erfolg. Nur wenige Gruppen treten aus der Frauenhilfe aus, und von diesen schließen sich nur einige dem „Evangelischen Frauendienst" Hermenaus an.

Pfarrern, die den Beschluß des Vorstandes der Rheinschen Frauenhilfe mißbilligen, „sich auf den Boden der Bekennenden Gemeinde zu stellen", gelingt es nur selten, die Zustimmung von Kreisverbänden oder örtlichen Frauenhilfen zu diesem Beschluß zu verhindern.

Hier eine Anfrage an das Evangelische Konsistorium in Koblenz vom 22. August 1934:

*) a.a.O.

Betrifft:
Entschließung des Kreisverbandes der Ev. Frauenhilfe Hunsrück-Mosel, sich in Zustimmung zum Entschluß des Vorstandes auf den Boden der „Bekennenden Gemeinde" zu stellen.

Am Dienstag, den 21. August, fand in Simmern eine Vorständesitzung des Kreisverbandes Hunsrück-Mosel statt, auf der die einzelnen Frauenhilfen zu der bekannten Entschließung des Vorstandes der Frauenhilfe im Rheinland Stellung nehmen sollten. Die Vorsitzende verlas den Wortlaut einer Erklärung, nach der der Kreisverband Hunsrück-Mosel das Vorgehen des Vorstandes begrüßt und sich ebenfalls auf den Boden der „Bekennenden Gemeinde" stellt. Ein Appell an die vertretenen Vorsitzenden, doch ja nicht diesen Streit in unsere Frauenhilfen zu tragen, alle Hinweise auf die verheerenden Folgen dieser Stellungnahme für Gemeindeleben und Gesamtkirche waren vergeblich. Mit 25:8 Stimmen wurde die von der Vorsitzenden aufgesetzte Erklärung angenommen. Unterzeichneter gab daraufhin seinen Protest zu Protokoll mit dem Hinweis, daß er gegebenenfalls die Konsequenzen ziehen werde. Diesem Vorgehen schlossen sich die Herren Pfarrer [folgen drei Namen] an.

Diese Stellungnahme der Mehrheit der Hunsrücker Frauenhilfen und insbesondere der Vorsitzenden macht auf die Dauer eine weitere Zusammenarbeit mit dem Kreisverband unmöglich. Ich erlaube mir daher, diese Angelegenheit dem Evangelischen Konsistorium zu unterbreiten mit der Bitte um Anweisung, was unter diesen Umständen zu tun ist.

Heil Hitler!
Unterschrift
Pfarrer*)

Auch ein Bericht des Evangelischen Konsistoriums der Rheinprovinz vom 20. Oktober 1934 an das Sekretariat des Reichsbischofs der Deutschen Evangelischen Kirche in Berlin läßt erkennen, daß die Versuche, örtliche Frauenhilfen oder Kreisverbände vom Provinzialverband zu trennen, aufs Ganze gesehen ohne Erfolg geblieben sind. So ist auch die Drohung zu verstehen, „daß die verbandsmäßig organisierte Frauenhilfe hier im Rheinland lange genug eine in sich selbst genügsame Instanz neben der Kirche und wie zur Zeit gegen die Kirche gewesen ist".

Nach wie vor geht unsere Auffassung dahin, daß der s. Zt. vom Vorstand der Rheinischen Frauenhilfe gefaßte Beschluß, durch den die innere Verbundenheit mit der „Bekennenden Gemeinde" erklärt wird, nicht in dem eng begrenzten Arbeitsbereich eines Provinzialvorstandes stecken geblieben ist, sondern darüber hinaus in den Kreisverbänden und in den örtlichen Frauenvereinen sich ausgewirkt hat. Diese Auswirkung besteht einmal in der Erschütterung des Gefüges der Rheinischen Frauenhilfe selber, sofern eine ganze Reihe von Frauenvereinen sich dahin ausgesprochen hat, daß sie den Kurs des Provinzialvorstandes nicht billigte, vielmehr wenn keine Abhilfe geschaffen würde, sich genötigt sähe, das Band, das sie noch mit der Organisation der Frauenhilfe verbindet, zu lösen. Zum anderen hat die Entschließung des Rheinischen Provinzialvorstandes ihr gerüttelt Maß Schuld mit an der in den letzten Wochen hervorgetretenen Verschärfung des kirchenpolitischen Kampfes und an der Verhetzung von Gemeindegliedern, insbesondere Frauen, die sich bisher in eine gemeinsame Arbeit gestellt wußten. Es ist beobachtet worden, daß an der Versammlung der Bekenntnisfront in Düsseldorf am 14. Oktober, die aus ganz Westdeutschland besucht war, eine Reihe von Frauenhilfen und Frauenvereinen, teilweise unter Leitung der sie betreuenden Gemeindeschwestern, geschlossen teilgenommen hat. Auf solche Weise wird dem Frieden keineswegs gedient. Der Riss, der durch unsere Kirche hindurchgeht, ist durch das Vorgehen der Rheinischen Frauenhilfe mittelbar und unmittelbar vergrößert worden. Wenn behauptet wird, daß der Geschäftsführer der Rheinischen Frauenhilfe, Pfarrer Kunze in München-Gladbach, sich einer um der Sache willen gegebenen Zurückhaltung in kirchenpolitischen Dingen befleissige, so können wir diesem Urteil des Direktors Lohmann nicht zustimmen. Wir halten die Arbeit des Pfarrers Kunze, der hinter der vordersten Front mit Fanatismus seinen kirchenpolitischen Standpunkt

*) a.a.O.

in der Opposition vertritt, für mindestens so gefährlich wie die Entschließung selbst. Ja, wir sind der Überzeugung, daß er, als die Seele des kirchenpolitischen Widerstandes, soweit die Frauenhilfe in Frage kommt, und als der eigentliche Autor der Entschließung angesehen werden muß. Wenn er z. B. zu der kürzlich veranstalteten Tagung des Kreisverbandes Koblenz der Rheinischen Frauenhilfe als Redner ausschließlich Pfarrer und anderweitige Persönlichkeiten der Bekenntnisfront herangezogen hat, aber keine Deutschen Christen, so wirft schon diese Haltung ein bezeichnendes Licht auf die von ihm geübte Praxis.

Abhilfe kann nur geschaffen werden, indem die Rheinische Frauenhilfe ähnlich wie das Rheinische Männerwerk erklärt, jenseits aller kirchenpolitischen Auseinandersetzungen stehen und ihre Arbeit lediglich im Dienste unserer durch den kirchenpolitischen Kampf zerrissenen Gemeinden treiben zu wollen. Die Zurücknahme der Entschließung ist die Mindestforderung, an der wir nach wie vor festhalten. Darüber hinaus vertreten wir, auf das Grundsätzliche gesehen, den Standpunkt, daß die verbandsmäßig organisierte Frauenhilfe hier im Rheinland lange genug eine in sich selbst genügsame Instanz neben der Kirche und wie zur Zeit gegen die Kirche gewesen ist. Die Zeit rückt heran, wo man in unseren Gemeinden erkennen wird, daß der Dienst echter Evangelischer Frauenhilfe nicht von irgend welchen in unerreichbaren Regionen schwebenden Verbandsvorständen, sondern von der Gemeinde aus aufgebaut werden muß.

Im Auftrage:
(Unterschrift)*)

Es soll den DC-Führern noch deutlich werden, daß nicht nur die Vorstände der Frauenhilfe, sondern die örtlichen Frauenhilfen selbst ihren Widerstand gegen ein Kirchenregiment verstärken, das seine geistliche Vollmacht verloren hat und nur noch mit Parteimacht regiert.

Über die Frauenhilfe hinaus verstärkt sich der Widerstand in der gesamten evangelischen Frauenarbeit.

Schon im Sommer 1933 zeigt sich, daß an die Stelle der 1918 gegründeten „Vereinigung Evangelischer Frauenverbände Deutschlands", zu deren Gründungsmitgliedern die Evangelische Frauenhilfe gehörte, das „Frauenwerk der Deutschen Evangelischen Kirche" treten soll. Im April 1934 ist die Neuorganisation vollendet und die Verhandlungen mit den Staats- und Parteistellen sind zum Abschluß gebracht. Das Frauenwerk der Deutschen Evangelischen Kirche wird „mit allen seinen Mitgliedern und Arbeitsgruppen als selbständiges Organ der Kirche in das staatliche Deutsche Frauenwerk eingegliedert". Nicht dem Frauenwerk der Deutschen Evangelischen Kirche angeschlossene kirchliche Frauenvereine sind nicht „staatlich anerkannt und geschützt" und „können auch nicht mehr als kirchlich anerkannt gelten". So der Reichsbischof Ludwig Müller, der zudem betont: „Auf freundschaftliche Beziehungen zwischen dem Frauenwerk der Deutschen Evangelischen Kirche und der NS-Frauenschaft lege ich größten Wert."

Zur Reichsführerin des Frauenwerks der Deutschen Evangelischen Kirche wird Frau von Grone aus Westerbrak, Kreis Holzminden, berufen. Neben ihr wird am 5. Januar 1934 Pfarrer Klein aus Grafengehaig zum Beauftragten der Reichskirchenregierung für das Frauenwerk der Deutschen Evangelischen Kirche bestellt, um zu sichern, daß das Werk „in engster Zusammenarbeit mit der Reichskirchenregierung geleitet und geführt" wird. Dieses Vorhaben mißlingt. Unter der Leitung von Frau von Grone löst sich das Frauenwerk in Protest gegen die Kirchenpolitik der Deutschen Christen sehr bald von der Reichskirche und tritt ein in die „Arbeitsgemeinschaft missionarischer und diakonischer Verbände und Werke der Deutschen Evangelischen Kirche" (vgl. S. 77ff.).

---

*) a.a.O.

Darauf erklärt der Reichsbischof Frau von Grone für abgesetzt und beruft den aus der Geschäftsführung der Reichsfrauenhilfe inzwischen ausgeschiedenen Pfarrer Lic. Hermenau mit dem Auftrag, einen „Frauendienst" ins Leben zu rufen, der in enger Verbindung zur NS-Frauenschaft stehen soll.

An den Herrn Reichsbischof
Ludwig Müller
Berlin-Charlottenburg   Hannover, 19. Oktober 1934

Sehr geehrter Herr Reichsbischof!

Die Führung des Frauenwerkes der Deutschen Evangelischen Kirche und die Führung des Reichsverbandes der Frauenhilfe haben sich aus ihrer Verantwortung für die Arbeit der evangelischen Frauen Deutschlands in eingehender Beratung mit der gegenwärtigen Lage befaßt. Sie sind im Blick auf die Gesamtentwicklung und Erfahrungen, vor allem der letzten Monate, zu einer Stellungnahme gekommen, die die beiden Unterzeichneten im Auftrage der Führung Ihnen hierdurch zur Kenntnis zu bringen haben.

1.) Die Reichsführerin des Evangelischen Frauenwerkes hat, unterstützt sowohl durch den Führerrat des Frauenwerkes als auch den Führerrat der Frauenhilfe, seit mehr als einem Jahr sich bemüht, die Arbeit der ev. deutschen Frauen auf dem Gebiete des gemeindlichen und gesamtkirchlichen Lebens planmäßig zu ordnen und für den Dienst einer geeinten Deutschen Evangelischen Kirche einzusetzen. Sie ist sich dabei in Übereinstimmung mit allen in der Führung der evangelischen Frauenverbände stehenden Personen über die Notwendigkeit klar, den großen freiwilligen Dienst der evangelischen Frauenwelt, wie er in langen Jahren gewachsen ist, zu erhalten. Zugleich will sie durch eine Verbindung mit der Leitung der Kirche die Übereinstimmung des Einsatzes dieses freiwilligen Dienstes mit den Aufbaugedanken der Kirchenführung sichern. Dieser Arbeit ist es zu verdanken gewesen, daß die im Frauenwerk der Deutschen Evangelischen Kirche zusammengeschlossenen Verbände bei allen Verschiedenheiten der Einstellung ihrer Mitglieder zu den ernsten Aus-

einandersetzungen im kirchenpolitischen Kampf stets den Weg des Dienstes und des Friedens gegangen sind. Aus einem tiefen Verantwortungsbewußtsein gegen Volk und Kirche hat sich die Reichsführerin nach ernster Prüfung entschlossen, am 15. September gemeinsam mit verantwortlichen Führern großer freier kirchlicher Verbände der Sorge um die drohende Spaltung der Kirche Ausdruck zu geben und von Ihnen zu fordern, die Maßnahmen zu ergreifen, aus denen allein der wirkliche Friede der Kirche erwachsen kann. Daß diese Bitte an Sie zugleich dem Führer und Kanzler unseres Volkes zur Kenntnis gebracht wurde, lag für unsere Reichsführerin darin begründet, daß sie als Parteigenossin und Nationalsozialistin sich in ihrer Stellung als Führerin der evangelischen Frauen nicht nur der Kirche, sondern auch dem Führer und Kanzler unseres Volkes verantwortlich wußte. Mit tiefem Schmerz haben wir erlebt, daß der Reichsführerin, die Ihnen persönlich noch im September in einer Denkschrift ihre Mithilfe angeboten hat, keine andere Antwort zuging, als ein Telegramm, für welches ihr eine Bestätigung schriftlich überhaupt nicht gegeben worden ist. Dieses Telegramm besagte: „Ihr Amt als Reichsführerin ruht, baldige Besprechungen erforderlich." Unterschrift „Rei..." (verstümmelt). Nunmehr erfahren wir von dem Geschäftsführer der Reichsfrauenhilfe, Herrn Propst D. Lohmann, der zurzeit krankheitshalber beurlaubt ist, daß ihm von Herrn Vizepräsidenten Christiansen eine Mitteilung der vorläufigen Amtsenthebung unserer Reichsführerin zugegangen ist. Wir erfahren ferner, daß für den noch für wenige Tage in Urlaub befindlichen Propst D. Lohmann ohne irgendeine Fühlungnahme mit ihm oder uns Herr Oberkirchenrat Birnbaum zum Stellvertreter ernannt ist. Wir lehnen diese Maßnahmen der Reichskirchenregierung, auf deren rechtliche Verbindlichkeit wir heute nicht eingehen, ab. Die Arbeit unserer evangelischen Frauenverbände im Dienste der Kirche kann nur dann in Verbindung mit der Reichskirchenregierung getan werden, wenn einmal die Maßnahmen der Reichskirchenregierung uns gegenüber aus dem Vertrauen zu unserer Führung erwachsen, zum andern uns in unserm schweren Existenzkampfe wirklich fördern, und von einer Reichskirchenregierung ergehen, die in Anspruch nehmen darf, daß sie als Wort und Bekenntnis gebunden geistliche Führung ausübt.

2.) Die Erhaltung der kirchlichen Frauenarbeit in den Bestrebungen des Deutschen Frauenwerkes ist die ganz besondere Aufgabe der Reichsführerin gewesen. Wir alle haben ihr Gefolgschaft geleistet, als sie die Eingliederung des Evangelischen Frauenwerkes in das Deutsche Frauenwerk vollzog, mit der Vereinbarung, daß die Selbständigkeit unserer Arbeit und die Voraussetzung für die Anerkennung unserer evangelischen Bindung als Organ der Kirche erhalten bliebe. Frau Scholz-Klink hat bereits im Juli durch das Verbot von Neugründungen und die Mitgliedersperre eindeutig den Eingriff in die Selbständigkeit unserer kirchlichen Arbeit vollzogen und unsere Forderung auf Zurücknahme dieses Verbotes immer wieder abgelehnt mit der Begründung, daß die Reichskirchenregierung das nicht verlangt. Bestimmte Zusagen, daß die Vertreter der Reichskirchenregierung mit Frau Scholz-Klink verhandeln und eine Zurücknahme dieses Eingriffs verlangen würden, sind nicht erfüllt worden.

3.) Wir erhielten Kenntnis von einem Briefe, den Frau Lönnies am 17. Oktober unter der Firma „Mutter und Volk" Verlagsgesellschaft m.b.H. an die „Mütterdienstleiterinnen und Vertrauensfrauen des ev. Mütterdienstes im Berliner Frauenwerk der Deutschen Evangelischen Kirche" gerichtet hat und in dem sie „im Auftrag der Reichskirchenregierung" Mitteilungen macht. Damit tritt sie in der Öffentlichkeit als Beauftragte der Reichskirchenregierung auf und handelt über unsere Führung hinweg in Arbeiten hinein, die unserer Führung unterstehen. Frau Lönnies ist im Frühjahr d. Js. - wie dort bekannt sein muß - aus unserer Arbeit auf ihren Antrag ausgeschieden, weil Parteistellen die Zusammenarbeit mit uns ablehnten, so lange Frau Lönnies in unserm Namen redend und handelnd auftrat. Es ist ein unmöglicher Zustand, daß eine Persönlichkeit, die aus diesen Gründen bei uns ausscheiden mußte, jetzt im Auftrag der Reichskirchenregierung entscheidend in unsere Arbeit eingreifen kann.

4.) Die Maßnahmen der Reichskirchenregierung haben in den letzten Wochen das bewirkt, was in dem Schreiben der missionarischen und diakonischen Werke der Kirche am 15. September als Ausdruck ernstester Sorge gesagt worden ist. Die Einheit unserer Arbeit wird endgültig zerschlagen, wenn wir im gegenwärtigen Augenblick durch die Bindung an die Reichskirchenregierung in der Freiheit unseres Dienstes gehemmt werden. Noch halten wir, vielleicht als einzige kirchliche Organisation, in vertrauensvoller Zusammenarbeit die Verbindung der verschiedenen kirchenpolitischen Gruppen im Lande durch den Dienst unserer evangelischen Frauen fest. Das zerreißt endgültig, wenn wir in der berechtigten Verteidigung unseres kirchlichen Auftrages gegenüber den Maßnahmen und Plänen des Deutschen Frauenwerkes ohne sichtbaren Schutz der Kirche stehen. Wir können uns der Verantwortung, die Gott uns in unserm Dienst auferlegt, nicht entziehen, sondern wir müssen da, wo wir stehen, unbeirrt weiter arbeiten.

Aber Sie, Herr Reichsbischof, müssen wir in dieser ernsten Stunde es wissen lassen, daß es uns nur darum geht, daß die Voraussetzungen geschaffen werden, durch deren Erfüllung uns unser Dienst an Kirche und Volk möglich wird.

Heil Hitler!

| Frauenwerk der Deutschen Evangelischen Kirche: gez.: Lic. Meta Eyl. | Reichsverband der Evangelischen Frauenhilfe: gez.: D. von Bismarck.*) |

*) ADW Berlin, CA Nr. 401 III/3.

Dortmund, den 24. Oktober 1934

Erklärung des Engeren Vorstandes der Westfälischen Frauenhilfe.

Die Entwicklung der kirchlichen Lage in den letzten Wochen sowie einzelne Ereignisse und Entschließungen sowohl in unserer westfälischen Heimatkirche als auch in der Gesamtkirche haben den Engeren Vorstand in seiner heutigen Sitzung zu folgenden Erklärungen veranlaßt:

1. In den letzten Wochen sind planmäßig von deutschchristlicher Seite ohne jede Fühlungnahme mit der Leitung der Westfälischen Frauenhilfe Versammlungen und Besprechungen abgehalten worden, deren Folge die Schaffung eines Misstrauens gegen die Leitung der Westfälischen Frauenhilfe ist, und deren Forderung dahin geht, Frau Liebe-Harkort, die Führerin des Evangelischen Frauenwerkes, und den Bischof Adler in die Leitung der Frauenhilfe hineinzunehmen. Die Wahl dieser beiden Persönlichkeiten in den Engeren Vorstand könnte, wie Pfarrer Johanneswerth und Frau Gräfin Plettenberg-Heeren seinerzeit bei den Besprechungen auf dem Konsistorium in Münster erklärt haben, nur durch den Weiteren Vorstand erfolgen. Der Engere Vorstand muß jedoch eine solche Forderung grundsätzlich ablehnen, da deren Erfüllung eine Anerkennung des derzeitigen deutsch-christlichen Kirchenregimentes bedeutet.

2. Die Maßnahmen der Reichskirchenregierung sowohl gegenüber der Reichsführerin des Evangelischen Frauenwerkes, Frau von Grone, als auch gegenüber dem Reichsverband der Evangelischen Frauenhilfe haben die Führung beider Organisationen zu einer Stellungnahme veranlaßt, welche ihren Ausdruck in einer feierlichen, uns vorliegenden Erklärung an den Reichsbischof gefunden hat. Die Vorsitzenden und Geschäftsführer aller Landesverbände der Evangelischen Frauenhilfe haben einstimmig den Schritt ihrer Führung gebilligt und klar zum Ausdruck gebracht, daß „die Arbeit unserer evangelischen Frauenverbände nur dann in Verbindung mit der Reichskirchenregierung getan werden kann, wenn diese für sich in Anspruch nehmen darf, daß sie an Wort und Bekenntnis gebunden geistliche Führung ausübt".

3. Der Engere Vorstand erklärt daher:

A. Die Bindung an das derzeitige Kirchenregiment in Münster ist die Bindung an ein sich auf Macht und Gewalt stützendes „D.C.-Partei-Kirchenregiment". Wir lehnen es ab, eine solche Bindung einzugehen und fordern unsere evangelischen Frauenhilfen Westfalens auf, diesem unserem Schritt zuzustimmen und Weisungen für die Arbeit allein von uns entgegenzunehmen.

B. Wir halten die Treue allen denen, die sich mit uns verbunden wissen im Dienst am Bau der Kirche allein auf dem Grunde von Schrift und Bekenntnis, auf den sich die Bekenntnissynode der Deutschen Evangelischen Kirche gestellt hat.

C. Wir erkennen in Übereinstimmung mit der Reichsfrauenhilfe die Absetzung von Frau von Grone nicht an, stellen uns einmütig hinter sie als Reichsführerin des Frauenwerkes der Deutschen Evangelischen Kirche und geloben ihr Treue um Treue.*)

74

*) AFrW.

Es geht um die Frage, ob Bibel und Bekenntnis ein ruhendes Gut der Kirche sind, oder ob Bibel und Bekenntnis wirksam, fruchtbar werden und Kirche und Gemeinde gestalten. Was in Westfalen geschehen ist, ist ein Geschehen, ist vollzogenes und gehandeltes Bekenntnis. Hier stellt sich nicht theologisch, sondern leibhaftig durch Menschen dar, was Kirche ist.*)

In Brandenburg haben verschiedene DC-Pfarrer sich von ihrem Kreis- und Provinzialverband gelöst. Erfreulicherweise haben die Frauen hier standgehalten und treiben ihre Arbeit ohne diese Pfarrer fort in Verbundenheit mit dem Kreis- und Provinzialverband.**)

Die Frauenhilfe muß Kirche sein, werden, leben! Ihre äußere Gestalt kann sie nur finden und formen von der ihr gestellten Aufgabe her und von dem Weg, den sie in der Geschichte geführt worden ist. Nun fehlt es nicht an ahnungslosen Gemütern, die sagen: die Frauenhilfe stammt aus dem individualistischen Zeitalter, sie ist eine kirchliche Vereinsmeierei, die eigentlich nur im liberalen Staat ihre Berechtigung hat. Es ist heilsam, sich daran zu erinnern, daß man in den letzten Monaten des Jahres 1933 ähnliche Parolen... über die evangelische Jugendarbeit gehört hat. Von solcher Haltung her ist auch heute noch nicht die Forderung in Kirche und Welt verstummt, die Frauenhilfe solle aufgelöst werden. Wenn solche kritischen Stimmen laut werden, die zugleich das Dasein der Frauenhilfe selbst in Frage stellen, dann soll die Frauenhilfe sich nicht sofort verteidigen, sondern sie soll ernsthaft prüfen, was an dieser Kritik berechtigt ist. Es ist gewiß nicht alles Gold, was glänzt. Darum ist eine Überprüfung aller Arbeit der Frauenhilfe dringend notwendig... Und wir können dem Staat nicht dankbar genug sein, daß er... die Frauenhilfe nötigt, auch wenn sie nicht wollte, sich auf ihre eigentliche Aufgabe zu besinnen. Wer die Arbeit der Frauenhilfe nur als eine zu überwindende Vereinsmeierei ansieht, zeigt allerdings damit eindeutig, daß er durch Sachkenntnis in gar keiner Weise getrübt ist... Durch die Frauenhilfe hat die Frau unserer

Tage weithin Heimat gefunden in der Kirche. Ich wage sogar zu sagen, daß es Landes- und Provinzialkirchen in Deutschland gibt, deren eigenster Kern die Frauenhilfe ist. Die Frauenhilfe ist dienstbares Glied der Kirche, weil die Wortverkündigung das Zentrum ihrer Arbeit ist. Ich zweifle keinen Augenblick daran, wenn man die Frauenhilfe heute auflösen würde, dann fängt ihr Dienst morgen wieder an, weil sie sich ihren Auftrag nicht selbst gesucht und gegeben hat.*)

Es muß... die lebendige Spannung bestehen bleiben zwischen der echten Verkirchlichung vom lutherischen Amt her und der dienstbaren Betätigung aller freien Gemeindekräfte. Kritik und Angriff gegen die Arbeit der Frauenhilfe sollen uns eine ständige Mahnung sein, wie unauflöslich Frauenhilfe und Kirche zueinander gehören. Die Frauenhilfe ist ein gliedhafter Stand in der Kirche und ein Weg zum Gottesdienst der Kirche. Aber vielleicht darf man das angesichts des Inflationscharakters der kirchlichen Verkündigung in manchen Gemeinden heute nicht einmal laut sagen?**)

*) Adolf Brandmeyer, Protokoll der Hauptausschußsitzung der Evangelischen Frauenhilfe E.V. am 1. Februar 1935 in Potsdam.

**) Pastor Gorgas, Protokoll der Hauptausschußsitzung der Evangelischen Frauenhilfe E.V. am 1. Februar 1935 in Potsdam.

*) Adolf Brandmeyer, Die Aufgaben der Evangelischen Frauenhilfe in der Deutschen Evangelischen Kirche, in: Frauenhilfe — Monatsblatt für die kirchliche Frauen-Gemeindearbeit, 35. Jg., 1935, S. 9.

**) Adolf Brandmeyer, a.a.O., S. 10.

Evangelische Reichsfrauenhilfe

Vertraulich!
Als Handschrift gedruckt,
nur für ordentliche
Mitglieder der Frauenhilfen

Potsdam, den 9. April 1935
Mirbachstr. 1

Weisung an unsere Frauenhilfen.

Liebe Frauenhilfsschwestern!

Wir haben in unseren Frauenhilfen still und zuversichtlich unsere Arbeit getan. Es war immer unser ernstes Bemühen, durch treue Arbeit einen Beitrag zum Frieden und zur Einheit der Kirche zu leisten. Wir wissen, wieviel bange Fragen und zuversichtliche Hoffnungen Ihr habt für unsere liebe evangelische Kirche und für unser kämpfendes Volk. Was wird aus der Kirche? Dürfen wir als Frauenhilfe unseren Dienst ungehindert weiter tun? Die Führerin des Deutschen Frauenwerkes hat erklärt am 6. 4. 1934: „Da jede Kirchengemeinde zum Dienst an der Volksgemeinschaft besondere Aufgaben hat, bedarf sie kirchlich geschulter Frauen für diesen Dienst." Aber eine ernste Gefahr für diese unsere Arbeit droht durch die neuesten kirchlichen Ereignisse. Man will Euch lösen von Eurer Leitung im Kreis-, Provinzial- und Reichsverband. Ihr steht vor schwerer Entscheidung. Darum schreiben wir, weil wir Euch nicht allein lassen dürfen und können.

Rückschauend stellen wir fest:
Dankbar nehmen wir den neuen Anfang völkischen Lebens hin, den Gott uns erlaubt hat.
Darum stehen wir treu zu Führer und Volk.
Unsere Sehnsucht ist eine geschlossene Zusammenfassung des deutschen Protestantismus in einer deutschen evangelischen Reichskirche.
Aus unserer gesamtkirchlichen Haltung war es uns ein ernstes Anliegen, mit den Organen der Reichskirche und dem Herrn Reichsbischof zusammenzuarbeiten.
Schwer sind die Tage der Kirche geworden. Irrlehren und Gewalttaten der reichskirchlichen Organe haben Unheil und Not gebracht. Immer wieder haben wir bittend und warnend unsere Stimme vor dem Reichsbischof erhoben, zuletzt am 19. 10. 1934 mit anderen Verbänden. Aber wir haben kein Gehör gefunden.

Darum haben wir uns von den reichskirchlichen Organen gelöst.

Wir gehören seit dem 5. 11. 1934 zur Arbeitsgemeinschaft der missionarischen und diakonischen Werke und Verbände der Deutschen Evangelischen Kirche. Die Arbeitsgemeinschaft bejaht das entscheidende Anliegen der bekennenden Kirche, ohne daß sie ihr organisatorisch untersteht. Unsere Zugehörigkeit zur Arbeitsgemeinschaft macht deutlich, welche Haltung wir einnehmen. Die Selbständigkeit unseres Werkes besteht. Wir greifen in den äußeren kirchenpolitischen Kampf nicht ein, weil wir darin nicht das Entscheidende sehen. Aber wir dürfen und müssen mit all den Gliedern der Kirche zusammen leben und arbeiten, die unsere Kirche allein aus dem Evangelium erneuern wollen, weil sie nur so ihren Dienst an Volk und Staat ausrichten kann.

Nun hat der Herr Reichsbischof am 16. 2. 1935 Frau von Grone als Führerin des Kirchlichen Frauenwerkes abberufen. Durch die Ernennung von Herrn Pfarrer Lic. Hermenau für das Frauenwerk der Deutschen Evangelischen Kirche und durch die von ihm versuchten Maßnahmen wird unsere Arbeit täglich bedroht. Seine Angriffe und Vorwürfe gegen unser Werk lehnen wir ab. Alle Verbände stehen einig und geschlossen hinter Frau von Grone und dem Reichsverband.

Wir bitten und erwarten, daß Ihr fest zum Reichsverband steht.

Wir wissen, daß in allen Schwierigkeiten unsere Aufgabe bestehen bleibt:

Das Evangelium von Jesus Christus für deutsche Frauen und Mütter!

Darin besteht der Dienst der evangelischen Kirche an der deutschen Frauenwelt. Wir handeln nur als Glieder dieser Kirche. Wir sind unseres Weges gewiß. Wir wollen ihn mit Gottes Hilfe tapfer gehen.

Wir danken, daß unser Werk zeitlich und Gottes Werk ewig ist.

Wir danken, daß der Herr Seine Kirche baut unter uns.
In der Verbundenheit des Glaubens und Dienstes

Evangelische Reichsfrauenhilfe

D. von Bismarck   A. Brandmeyer, Pfarrer*)

Darum haben wir uns von den reichskirchlichen Organen gelöst.

*) ADW Berlin, CA Nr. 401 III/4.

Die Arbeitsgemeinschaft
der missionarischen und diakonischen Werke und Verbände
der Deutschen Evangelischen Kirche

Der am 5. November 1934 vollzogene Eintritt in die Arbeitsgemeinschaft der missionarischen und diakonischen Werke und Verbände der Deutschen Evangelischen Kirche wird für die Arbeit der Frauenhilfe und ihre Zusammenarbeit mit anderen Werken und Verbänden von großer Bedeutung.

Zu diesem kaum bekannten Kapitel in der Geschichte der Evangelischen Frauenhilfe nachstehend einige wichtige Dokumente.*)

An den   Berlin, den 15. September 1934
Führer und Reichskanzler
des Deutschen Volkes.

  Dem Führer und Kanzler des Deutschen Reiches überreichen die unterzeichneten Vertreter von Millionen evangelischer Volksgenossen, die in den missionarischen und diakonischen Werken der evangelischen Kirche zusammengeschlossen sind, hierbei ehrerbietigst Abschrift einer dem Herrn Reichsbischof überreichten Erklärung.
  Wir alle begrüßen die Zusammenfassung der Lebenskräfte des Protestantismus in einer einheitlichen Deutschen Evangelischen Kirche. Wir sehen, daß dieses Einigungswerk schwer bedroht ist. Bei der großen Bedeutung dieser Frage auch für die Einheit des Volkes nehmen wir uns die Freiheit, Ihnen, unserem Führer und Reichskanzler, von diesem Schritt Kenntnis zu geben.
       In Ehrerbietung!

Der Deutsche Evangelische Missionsrat
gez. Universitätsprofessor D. M. Schlunk
gez. Missionsdirektor D. Knak
D. Dr. Friedrich von Bodelschwingh
Evangelischer Reichsverband weiblicher Jugend
gez. Direktor D. Riethmüller
Der Führer der deutschen Diakonenschaft
gez. Johannes Wolff, Vorsteher des Stephan-Stiftes
Kaiserswerther Verband deutscher Diakonissenmutterhäuser
gez. D. Lauerer, Rektor der Diakonissenanstalt Neuendettelsau
D. W. Michaelis, Vorsitzender des deutschen Verbandes für Gemeinschaftspflege und Evangeliumsverkündigung (Gnadauer Verband)
Reichsverband Evangelischer Jungmännerbünde
gez. F. Humburg
gez. D. E. Stange
Die gemeindliche und gesamtkirchliche Frauenarbeit
Frauenwerk der Deutschen Evangelischen Kirche
gez. Agnes von Grone.

*) Fundstelle für alle S. 77-84 wiedergegebenen Texte: ADW Berlin, CA Nr. 2240. Soweit ersichtlich, sind diese Texte bisher bei der Erforschung der Geschichte des Kirchenkampfes unberücksichtigt geblieben.

Herrn
Reichsbischof Ludwig Müller,
Hochwürden
Berlin.   Berlin, den 15. September 1934

Sehr geehrter Herr Reichsbischof!

Die missionarischen und diakonischen Werke der Kirche haben zu jeder Zeit ihre Aufgabe darin erblickt, außerhalb aller innerkirchlichen Auseinandersetzungen ihren Dienst an Kirche und Volk zu tun. Viele Tausende berufliche und weit mehr als zwei Millionen ehrenamtliche Kräfte in den Gemeinden und in den Werken der Liebe stehen in diesem Dienst. Dieser Dienst hat über die Schranken der Länder und Stämme hinweg die Voraussetzungen für den Bau einer Deutschen Evangelischen Reichskirche geschaffen und sichtbar werden lassen, schon zu einer Zeit, als die organisierten Kirchen diesen Gedanken noch ablehnend gegenüberstanden. Und so begrüßen wir Vertreter der Äußeren und Inneren Mission und großer freier Verbände der Evangelischen Kirche die Schaffung einer Reichskirche mit einheitlicher Leitung.

Durch die Entwicklung des Kirchenstreites und die von Ihnen, Herr Reichsbischof, geduldeten Zwangsmaßnahmen, sehen wir den Einheitsgedanken auf das stärkste bedroht, und zugleich die in unseren Werken vorhandene Einheit des Dienstes an Kirche und Volk völlig in Frage gestellt. Dazu kommt, daß durch die Beschlüsse der letzten Nationalsynode und durch die von der Reichsleitung der Deutschen Christen in den Rahmen einer Tagung dieser kirchenpolitischen Gruppe gestellte Einführung des Herrn Reichsbischofs viele Millionen der mit unseren Werken verbundenen evangelischen Christen in schwere Gewissenskonflikte gebracht werden. Sie würden auch an der inneren Haltung unserer Werke und ihrer·Träger irre werden, wenn wir nicht in diesem Augenblick unsere schweren Sorgen um die Gestaltung der Dinge zum Ausdruck brächten. Um der Kirche und um unseres Volkes willen müssen wir die dringende Forderung aussprechen, daß die Gewaltmaßnahmen zurückgenommen und mit der Neuordnung der Deutschen Evangelischen Kirche solche Persönlichkeiten betraut werden, deren geistliche Führung vom Vertrauen des evangelischen Kirchenvolkes getragen wird.

Geschieht dies nicht, so werden wir in dem durch den Führer geeinten deutschen Volke eine gespaltene evangelische Kirche haben. Das würde nicht nur die Kirche der Reformation aufs ernsteste gefährden, sondern auch einen tiefen Schaden für unser ganzes deutsches Volk bedeuten.

Heil Hitler!*)

<u>Vertraulich!</u>   27. Oktober 1934

An die Teilnehmer der brüderlichen Zusammenkunft
theologischer Berufsarbeiter der Äußeren
und Inneren Mission.

Liebe Brüder!

Auf Grund des mir in Wernigerode erteilten Auftrages habe ich gemeinsam mit den Brüdern Braune, Thieme, Knak und Wagner erwogen, was in Richtung unserer gemeinsamen Gedanken weiter zu geschehen habe. Es schien uns nötig, zunächst mit den Vertretern der missionarischen und diakonischen Verbände zu sprechen, welche an der Erklärung vom 15. September ds. Js. beteiligt gewesen sind. Wir mußten mit ihnen gemeinsam zu den Fragen Stellung nehmen, welche sich aus der neuesten Entwicklung der kirchlichen Lage, insbesondere den Beschlüssen der Berliner Synode ergaben.

Diese Besprechung hat am 24. und 25. ds. Mts. in Hannover stattgefunden. Das Ergebnis war das Ihnen beifolgend zugehende Anschreiben an die uns nahestehenden Mitarbeiter und Mitarbeiterinnen der Äußeren und Inneren Mission. Wie Sie sehen, ist zunächst an einen geistlichen Zusammenschluß zur gegenseitigen Stärkung und Beratung gedacht. Welche Aufgaben der Arbeitsgemeinschaft darüber hinaus erwachsen, läßt sich heute noch nicht sagen.

Die Verbände werden das Rundschreiben ihren Mitgliedern unmittelbar zugehen lassen. So werden es manche Brüder des Wernigeroder Kreises auf diesem Wege erhalten. Ich möchte aber nicht unterlassen, es Ihnen unmittelbar zu senden, damit Sie

*) Es folgen die Unterschriften des an Hitler gerichteten vorstehenden Schreibens vom 15. September 1934.

sehen, daß das in Hannover Beschlossene Fortsetzung unserer gemeinsamen Arbeit ist. Diejenigen Brüder, die den Verbänden angehören, werden, soweit sie dazu bereit sind, deren Leitung ihre Zustimmung zugehen lassen. Die andern bitte ich, ihre Antwort mir zu senden. Wieweit diese Stellungnahme zunächst eine persönliche ist und wieweit die Vorstände und Werke dafür gewonnen werden können, wird der Entscheidung im einzelnen Falle zu überlassen sein.

In dankbarer, brüderlicher Verbundenheit
Ihr
gez.: F. v. Bodelschwingh.

Am 25. Oktober 1934.

Vertreter der Äußeren und Inneren Mission und großer freier Verbände der Deutschen Evangelischen Kirche haben aus Anlaß der Einführung des Herrn Reichsbischofs in schwerer Sorge um das Wesen und um die Einheit der Kirche unter dem 15. September zum ersten Mal gemeinsam ihre Forderungen dem Herrn Reichsbischof unterbreitet.

Ihre Stimme ist ungehört verhallt.

Dieser Umstand und die gegenwärtige Lage in der D.E.K. zwingen uns über den ersten Anlaß hinaus in ständige und feste brüderliche Gemeinschaft zu treten. Wir rufen deshalb zu einer Arbeitsgemeinschaft der missionarischen und diakonischen Werke in der Deutschen Evangelischen Kirche auf. Für diese Arbeitsgemeinschaft gelten die in der Anlage aufgestellten Richtlinien. Die Verbände, Anstalten oder Einzelpersonen, die sich mit uns auf dieser Grundlage vereinigen können, werden gebeten, dies dem Bruderrat (Anschrift: Pastor D. von Bodelschwingh, Bethel bei Bielefeld) mitzuteilen.

In der Verbundenheit des Glaubens an unsern Herrn Jesus Christus und des Dienstes in Seiner Kirche

Der Bruderrat (gez.) P. D. v. Bodelschwingh, Missionsdirektor D. Knak, P. Graf von Lüttichau.

Richtlinien für gemeinsames Handeln der missionarischen und diakonischen Verbände und Werke der Deutschen Evangelischen Kirche.

Es ist bei der gegenwärtigen Lage der Kirche geboten, daß die mit uns auf gleicher Glaubensgrundlage stehenden Verbände und Werke der Inneren und Äußeren Mission in feste Fühlung miteinander treten und, so oft es not tut, in Wort und Tat gemeinsam handeln.

Wir wollen darum ringen, daß wir den missionarischen und diakonischen Auftrag an unserm Volke und an der Völkerwelt inmitten des Kirchenstreites im Geist unseres Herrn mit ganzer Hingabe zum Segen für Kirche und Volk fortsetzen können.

Nachdem sich ein großer Teil des Kirchenvolkes in der Bekenntnissynode der Deutschen Evangelischen Kirche gesammelt hat, der zugleich die tragenden Kräfte unserer Werke umfaßt, ist uns die Richtung gewiesen, in der auch wir um die Erneuerung unserer Kirche aus Wort und Geist kämpfen müssen.

Unser Auftrag gilt aber auch weiterhin unterschiedslos allen. In selbständiger Verantwortung für die Erfüllung dieses Auftrages wollen wir allen, die sich unsern Dienst gefallen lassen, helfen, das lebendige Wort der Schrift zu hören und nicht vom Bekenntnis der Väter zu weichen.

Aus dieser Grundhaltung ergeben sich folgende Richtlinien:

1.) Die unterzeichneten Verbände und Einzelpersonen schließen sich zusammen zur „Arbeitsgemeinschaft der missionarischen und diakonischen Werke in der Deutschen Evangelischen Kirche".

2.) Zweck der Arbeitsgemeinschaft ist die Wahrung der lebensnotwendigen Grundlage und der ebenso lebensnotwendigen Freiheit der zu ihr gehörenden Verbände und Werke. Die Arbeitsgemeinschaft soll die zur Erfüllung ihres Zweckes notwendigen Maßnahmen treffen.

3.) Die Leitung der Arbeitsgemeinschaft wird zunächst einem aus drei Mitgliedern bestehenden Bruderrat übertragen. Es sind dieses die Brüder: P. von Bodelschwingh, Missionsdirektor D. Knak und P. Graf von Lüttichau.

4.) Der Bruderrat wird vor Entscheidungen hinsichtlich der Stellung der Arbeitsgemeinschaft innerhalb der D.E.K. - wenn möglich - die Mitglieder der Arbeitsgemeinschaft hören. In die inneren Verhältnisse und in die Selbständigkeit der Werke und Verbände greift die Arbeitsgemeinschaft nicht ein.

Vertraulich,
nicht zur Veröffentlichung bestimmt!   10. 11. 1934

Arbeitsgemeinschaft
der missionarischen und diakonischen Verbände
und Werke der Deutschen Evangelischen Kirche.

Im Namen des Bruderrates der Arbeitsgemeinschaft danken wir zunächst für die überraschend starke und freudige Zustimmung, die unser Vorschlag gefunden hat. Ein großer Teil der Verbände und Werke und viele einzelne Berufsarbeiter haben bereits ihren Anschluß erklärt, und der uns verbundene Kreis wächst täglich. Damit ist eine große Verantwortung auf uns gelegt. Wir bitten, sie uns durch geschwisterliche Fürbitte tragen zu helfen.
Über den Fortgang der Arbeit möchten wir heute folgendes berichten:

1.) Im Blick auf die kirchliche Lage und unsere Verantwortung für die missionarische Verkündigung und die diakonische Aufgabe hat der Bruderrat es für richtig gehalten, sich an dem inzwischen bekannt gewordenen gemeinsamen Schritt zu beteiligen, der den Herrn Reichsbischof zum Rücktritt von seinem Amt bewegen wollte. Die an ihn gerichteten Schreiben sind in der Luthardt'-schen Kirchenzeitung veröffentlicht. Von der uns gegebenen Antwort fügen wir eine Abschrift bei.

2.) Wegen der Neuordnung des C.A. für Innere Mission haben wir mit den Herren Pfarrer Themel und Schirmacher mündlich verhandelt. Um die Bahn für eine Neugestaltung freizumachen, hat sich Herr Pfarrer Themel entschlossen, das Amt des Präsidenten niederzulegen.

3.) Zu einer Besprechung über die Neuordnung der Inneren Mission haben wir die Geschäftsführer der Landes-, Provinzial- und Hauptfachverbände sowie des Führerrates des C.A. für Dienstag, den 13. November, nach Hannover eingeladen. Zur Fassung der notwendigen Beschlüsse soll eine Sitzung des Hauptausschusses so bald wie möglich folgen.

4.) Vertreter und Vertreterinnen der größeren Verbände, die bei der Gründung der Arbeitsgemeinschaft beteiligt waren, bilden einen Beirat der Arbeitsgemeinschaft. Über dessen endgültige Zusammensetzung soll beschlossen werden, wenn wir eine Übersicht über die zur Arbeitsgemeinschaft angemeldeten Mitglieder haben.

5.) Zu mannigfachen brieflichen Fragen und wiederholter Beratung im Bruderrat und Beirat haben die Sätze des Abschnittes III 3 der Dahlemer Botschaft der Bekenntnissynode geführt. Der dort erhobene Ruf zur Entscheidung wird von uns in vollem Ernst vernommen. Er stellt uns besonders auf dem Gebiet der Inneren Mission und des Evangelischen Frauenwerkes vor schwierige Fragen. Um ihre Lösung in wahrhaft geistlicher Weise wollen wir uns mit den uns verbundenen Brüdern und Schwestern bemühen. Hierin und in den anderen Entscheidungen, vor die wir miteinander gestellt sind, kann und will der Bruderrat nicht den Anspruch erheben, Führer zu sein. Wir möchten uns von jeder äußeren Nötigung freihalten und niemand ein Joch auferlegen. Nur ein organischer Zusammenhang des Glaubensgehorsams und der Gemeinschaft am Evangelium kann unseren Arbeitskreis zu einem lebendigen Glied an dem Leibe machen, dessen Haupt Christus ist. Wenn wir aber aus dieser Verbundenheit heraus im einzelnen Fall durch brüderlichen Rat dienen können, tun wir das gern.

Gott der Herr wolle uns helfen, mit Einfalt, Treue und Tapferkeit unsere Wege zu gehen, so daß unser Dienst etwas wird zum Preis Seines Namens und zum Aufbau einer in Wahrheit und Liebe geeinten Kirche!

Mit brüderlichem Gruß
gez.: F. v. Bodelschwingh.
gez.: Graf v. Lüttichau.
(D. Knak ist augenblicklich dienstlich verreist.)
N.S. Im Augenblick der Absendung dieses Schreibens erhalten wir von Pfarrer Themel telegraphische Nachricht, daß er die gestern offiziell mitgeteilte Bereitwilligkeit des Rücktritts zunächst wieder zurückziehe. D. O.

Berlin, 6. 11. 1934

Sehr geehrter Herr Reichsbischof!

Am 15. September haben bereits einige der missionarischen und diakonischen Verbände und Werke der Deutschen Evangelischen Kirche, die in unserer inzwischen wesentlich erweiterten und täglich wachsenden Arbeitsgemeinschaft zusammengeschlossen sind, Ihnen ein Wort ernster Sorge und dringender Bitte geschrieben. Es ist ungehört verhallt. Seitdem haben Verwirrung und Zerrissenheit in der Kirche weitere Fortschritte gemacht. Darunter leidet alle gesunde aufbauende Arbeit. Sie droht immer mehr gelähmt zu werden. Insbesondere gefährdet die Haltung der Reichskirchenregierung die Lage der Mission in den nichtdeutschen Ländern auf das schwerste.

Jetzt kann eine an die Wurzel gehende Lösung der Krise nicht länger aufgeschoben werden. Bei dieser Lösung handelt es sich in erster Linie um Ihre Person, Herr Reichsbischof. Es ist Ihnen nicht gelungen, das Vertrauen der Kreise in unserer Kirche zu gewinnen, die unsere Werke des Glaubens und der Liebe tragen. Es besteht auch keine Hoffnung, daß hierin eine Besserung eintreten wird. Eine Geschichte von anderthalb Jahren, die von einer Enttäuschung zur anderen führte, ist für den etwaigen Versuch eines neuen Anfangs eine zu schwere Belastung. Wir sind darum zu der schmerzlichen Gewißheit gekommen, daß eine Befriedung und Gesundung unserer Kirche nicht möglich ist, solange Sie das Amt des Reichsbischofs bekleiden. Unsere Verantwortung für die missionarische Verkündigung und die diakonische Aufgabe unserer Kirche verpflichtet uns, Ihnen das offen auszusprechen.

Nach den bisherigen Erfahrungen versprechen wir uns von Verhandlungen nichts mehr. Die Zeit drängt. Das Winterhilfswerk hat begonnen. Dabei wird auf die Mitarbeit unserer Verbände gerechnet. Wir stellen mit Freuden unsere Kraft zur Verfügung, sehen uns aber auf Schritt und Tritt gehemmt durch die Auswirkungen des jetzigen Kurses der Reichskirchenregierung. Auch aus diesem Grunde müssen wir dringend wünschen, daß die durch das Ausscheiden des Herrn Rechtswalters Jäger keineswegs behobene gefährliche Spannung so rasch wie möglich überwunden wird. Wir bitten Sie dringend, die Bahn dafür freizumachen. Wenn das für Sie ein persönliches Opfer erfordert, so dürfen wir erwarten, daß gegenüber allen anderen Rücksichten der Gedanke an die Lebensnotwendigkeiten der Kirche und an das Heil von Volk und Staat für Sie entscheidend sein wird.

Die Arbeitsgemeinschaft der missionarischen und diakonischen Verbände und Werke der Deutschen Evangelischen Kirche.

gez.: F. v. Bodelschwingh,
gez.: D. Knak,
gez.: Graf v. Lüttichau.

Der Reichsbischof

Berlin-Charlottenburg 2
Jebensstraße 3
C 1 Steinplatz 9128
den 7. November 1934

An die
Arbeitsgemeinschaft der missionarischen und diakonischen Verbände und Werke der Deutschen Evangelischen Kirche,
z. Hd. Herrn Pastor D. von Bodelschwingh
Bethel

Auf Ihre Eingabe vom 6. 11. erwidere ich, daß ich nach ernster innerer Prüfung Ihrem an mich gestellten Ansinnen, von meinem Amt als Reichsbischof zurückzutreten, nicht entsprechen kann.

Die zum Bischofstag versammelten Landesbischöfe und Bischöfe sind sich alle mit mir darin einig, daß mein Rücktritt nicht Frieden, sondern neue Unruhe bringen würde. Die Einsicht, daß in der gegenwärtigen kirchlichen Opposition starke Kräfte unter Verkennung des eigentlichen evangelischen Kirchenwesens sektenhafte Auffassungen zeigen, macht es mir unmöglich, zugunsten dieser Opposition mich von meinem Amte zu lösen.

Auch die Verantwortung vor der großen Zahl der Volksgenossen, die der Kirche entfremdet sind und denen die Kirche gerade ihren besonderen Dienst schuldig ist, zwingt mich, auf meinem Posten zu bleiben.

Ich werde alles daran setzen, alle aufbauwilligen Kräfte zu sammeln, damit in unserem Volk eine geeinigte Deutsche Evangelische Kirche werde. Heil Hitler!

gez. Ludwig Müller

Arbeitsgemeinschaft
der missionarischen u. diakonischen
Werke u. Verbände der Deutschen Ev. Kirche.

Bethel, Berlin, Kaiserswerth, den 12. Dezember 1934.

Rundschreiben Nr. 2

An die Mitglieder der Arbeitsgemeinschaft!

Weitesten Kreisen unserer deutschen Christenheit ist offenbar geworden, daß die bisherige Reichskirchenregierung außerstande ist, die durch Bekenntnisverletzungen und Rechtsbruch zerstörte Kirche wieder aufzubauen. Die in dieser Notlage herausgestellte vorläufige Leitung der Deutschen Evangelischen Kirche hat beiliegenden Aufruf*) erlassen.

Dazu erklären Bruderrat und Beirat der Arbeitsgemeinschaft folgendes:

Wir haben zu dieser neuen Führung das Vertrauen, daß sie ihren Dienst mit weitem Blick und fester Hand tun und allen denen den Weg zur Mitarbeit erschließen wird, die auf dem Bekenntnis unserer Väter die Kirche aus den Lebenskräften des Evangeliums bauen wollen.

Wir bitten die Mitglieder unserer Arbeitsgemeinschaft, mit ihrer Fürbitte hinter die vorläufige Kirchenleitung zu treten, und bitten alle unsere Mitglieder, zu tun, was sie können, damit das schwere Werk gelingt.

Mit herzlichen Segenswünschen für die Advents- und Weihnachtszeit!

gez. P. F. v. Bodelschwingh,
gez. D. Knak,
gez. P. Graf v. Lüttichau.

Arbeitsgemeinschaft
der missionarischen u. diakonischen
Werke u. Verbände in der Deutschen Evangelischen Kirche.

Berlin, Kaiserswerth, Bethel, den 12. Januar 1935.

Rundschreiben Nr. 3
Vertraulich!

An die Mitglieder der Arbeitsgemeinschaft.

Am Anfang des neuen Jahres grüßen wir die uns verbundenen Mitarbeiter und Mitarbeiterinnen. Herzlich danken wir Ihnen für jedes gute Wort der Ermunterung oder der Mahnung, das uns gesagt worden ist, für alles Mitraten und Mittragen, das wir in reichem Maße haben erfahren dürfen. Wir wünschen und bitten, daß die Arbeitsgemeinschaft auch fernerhin ihren bescheidenen Dienst in innerster Verbundenheit des Gehorsams und der Liebe tun möchte, geleitet durch Wort und Wille des lebendigen und zur Herrlichkeit erhöhten Christus.

Über die uns beschäftigenden Fragen berichten wir folgendes:

1. Am Schluß des Jahres 1934 gehörten zur Arbeitsgemeinschaft 25 große Verbände, 107 einzelne Organisationen und Werke und 81 Einzelmitglieder. Bei letzteren handelt es sich fast durchweg um Leiter von größeren Vereinen oder Werken der Inneren Mission, die sich zunächst nur für ihre Person anschließen konnten.

2. Die im Oktober 1933 hergestellte organisatorische Verbindung zwischen C.A. und Reichskirchenregierung ist gelöst worden. Am 18. Dezember 1934 wurde Bruder Frick-Bremen, Mitglied unseres Beirates, zum Präsidenten gewählt. Zugleich wurde unter Fortfall der bisherigen „Führerräte" der Vorstand des C.A. umgebildet. Es gehören ihm jetzt an außer dem Präsidenten, Direktor und Schatzmeister: v. Bodelschwingh-Bethel, Braune-Lobetal, Ministerialdirektor Conze-Berlin, Oberkirchenrat Greifenstein-München, Dr. Kämper-Berlin, Graf v. Lüttichau-Kaiserswerth, D. Ohl-Langenberg, Oberkirchenrat Wendelin-Dresden, Dr. Wenzel-Berlin, Ziegler-Karlsruhe. Sowohl der Präsident

*) Hier nicht abgedruckt.

wie die übrigen neugewählten Mitglieder sehen ihre Mitarbeit bei der Neugestaltung des C.A. als einen vorläufigen Dienst an. Sie sind bereit, ihn zu gegebener Zeit in andere Hände zu legen. Insbesondere würde eine Neuwahl erfolgen, sobald die in Vorbereitung befindlichen neuen Satzungen in Kraft treten. Der Verlauf der ersten Arbeitstagung des neuen Vorstandes, welche am 8. Januar stattfand, läßt hoffen, daß wir an dieser wichtigen Stelle Raum und Möglichkeit haben, die innersten Ziele weiter zu verfolgen, die bei unseren Zusammenkünften in Wernigerode und Hannover sichtbar geworden sind.

3. Seit Einsetzung der vorläufigen Kirchenleitung hat diese die Mitglieder des Bruderrates häufig zur vertrauensvollen Besprechung wichtiger Fragen in Anspruch genommen. Wir haben nach Kräften im Sinne einer Neuordnung und Befriedung der Evangelischen Kirche aus dem Geist der Wahrheit und der Liebe zu dienen gesucht. Näheres kann über diese Verhandlungen heute noch nicht gesagt werden. Zu Schritten in der Öffentlichkeit lag in der letzten Zeit kein Anlaß vor.

Am 12. Dezember v. J. haben wir namens der Arbeitsgemeinschaft an den Herrn Reichsminister des Innern aus Anlaß seiner Reden in Wiesbaden und Stuttgart ein Schreiben gerichtet. In der Annahme, daß ihm über die tragenden Kräfte im Kirchenkampf unzureichende Berichte gegeben seien, baten wir unter nachdrücklichem Hinweis auf den Ernst der Entscheidung ihm in persönlicher Aussprache darlegen zu dürfen, wie wir die gegenwärtige Lage der Kirche vom Gesichtspunkt der missionarischen und diakonischen Werke aus beurteilen. Der erbetene Empfang hat bisher noch nicht stattfinden können.

4. Soweit wir sehen, wird die Arbeitsgemeinschaft eine Aufgabe behalten, solange der Kampf um die Neugestaltung der Deutschen Evangelischen Kirche andauert. Der zur Erfüllung dieser Aufgabe nötige innere Zusammenhang läßt sich durch briefliche Mitteilungen allein nicht festhalten. Darum schlagen wir unseren Mitgliedern vor, daß wir uns erneut zu einem brüderlichen Zusammensein ähnlich wie in Wernigerode treffen. Wir haben für diese Tagung der Arbeitsgemeinschaft die Zeit vom 13. bis 15. März vorgesehen. Einladungen mit Ortsangabe und

Programm folgen in einigen Wochen. Wenn uns für die Gegenstände der Verhandlungen Wünsche ausgesprochen werden, sind wir dafür dankbar.

Der Gott aller Gnade wolle uns vollbereiten, stärken, kräftigen, gründen. Ihm sei Ehre in Ewigkeit!

In herzlicher Verbundenheit
gez. P. F. v. Bodelschwingh,
gez. D. Knak,
gez. P. Graf v. Lüttichau.

Arbeitsgemeinschaft
der missionarischen und diakonischen
Werke und Verbände in der
Deutschen Evangelischen Kirche.   Berlin, den 23. März 1935.

An den
Herrn Reichs- und Preußischen Minister
des Innern,
Berlin

Herr Reichsminister!
Die Botschaft der Bekenntnissynode der evangelischen Kirche der Altpreußischen Union an die Gemeinden hat den Staat veranlaßt, nahezu 500 evangelische Geistliche zu maßregeln. Diese Maßregelungen sind zwar zurückgenommen. Es ist aber kein Zweifel, daß diese ernste Krise in der evangelischen Kirche den Staat aufs neue mit schweren Erschütterungen bedroht. Aus tiefer Besorgnis um Volk und Staat hält sich deshalb in diesem ernsten Augenblick die Arbeitsgemeinschaft der missionarischen und diakonischen Werke und Verbände in der Deutschen Evangelischen Kirche für verpflichtet, ein Wort zur Lage zu sprechen.

Die Arbeitsgemeinschaft umfaßt die überwältigende Mehrheit der Werke der Äußeren und Inneren Mission mit ihren nach Tausenden zählenden Anstalten. In diesen Werken stehen hunderttausende beruflicher und freier Kräfte im Dienst am Volk. Sie werden getragen von der Fürbitte und den Opfern von Millionen evangelischer Volksgenossen, die mit uns der festen Überzeugung leben, gerade so dem Staat am besten zu dienen.

Die Arbeitsgemeinschaft ist keine kirchenpolitische Partei. Sie ist entstanden in der Abwehr gegen die Gefahren, die durch den Kirchenkampf und die unmögliche Kirchenführung des jetzigen Reichsbischofs unsere Werke und Verbände aufzuspalten und zu zerreißen drohte. Organisatorisch frei und unabhängig steht sie ihrer inneren Haltung nach völlig eindeutig auf seiten der bekennenden Kirche. Sie will die Werke der Äußeren und Inneren Mission unangetastet der neuen Kirche erhalten, die durch die vorläufige Leitung der D.E.K. unter Herrn Landesbischof D. Marahrens angebahnt wird.

Wir beklagen es auf das schmerzlichste, daß die Ansprache der Bekenntnissynode der evangelischen Kirche der Altpreußischen Union in irrtümlicher Deutung einzelner Worte dahin mißverstanden werden konnte, als sollte der Staat angegriffen werden. Mag Anlaß vorgelegen haben, diese oder jene Wendung oder den Zeitpunkt der Bekanntgabe an die Gemeinden zu bemängeln, wir wissen, daß die Synode aus tiefster Sorge um den Staat, also nicht gegen ihn, sondern für ihn, und in dem ernsten Bewußtsein letzter Verantwortlichkeit gesprochen und gehandelt hat. Die Arbeitsgemeinschaft teilt uneingeschränkt diese Sorge und kann sich der Mitverantwortlichkeit für die von der Synode ausgesprochenen Anliegen nicht entziehen. Als die berufene Hüterin des positiven Christentums, unter dem das lebendige Kirchenvolk niemals etwas anderes verstanden hat als die Verkündigung von dem für uns gestorbenen und auferstandenen Christus, muß die Kirche zu den brennenden Fragen der Zeit, die unser Volk in seinen Tiefen aufwühlen, ein klares und offenes Wort sagen. In dem gegenwärtigen Augenblick schweigen, wäre Ungehorsam gegen den Herrn der Kirche und Verleugnung seines Auftrags.

In wachsendem Maße wird die Volkseinheit gefährdet, wenn das evangelische Kirchenvolk erlebt, daß unter den Augen des Staates in zahllosen öffentlichen Versammlungen, in der Presse, in Arbeitsdienstlagern, in der Schulung der politischen Formationen, in N.S.Frauenschaft, H.J. und B.D.M. im Anschluß an Rosenbergs Buch vom Mythos des 20. Jahrhunderts das biblische Evangelium in schärfster Weise angegriffen und herabgesetzt wird, während der Kirche die Freiheit der Bezeugung des Evangeliums entzogen ist. Es ist nicht tragbar, daß Professor Hauer in großen öffentlichen Versammlungen für seine neuheidnischen Gedanken werben kann, während der evangelischen Kirche jede Benutzung gleicher öffentlicher Räume zur Verkündigung ihrer Botschaft und zur Abwehr des Neuheidentums verboten wird. Der vom Staat ungehinderte Angriff des Neuheidentums bedeutet aber nicht nur die Unterdrückung der Freiheit der evangelischen Kirche, sondern richtet sich gegen die Fundamente des Staates, macht unzählige treue Männer und Frauen und weite Kreise der heranwachsenden Jugend, die mit echter Begeisterung und Hingabe den Aufbruch der Nation erlebte, am Nationalsozialismus irre und bedroht die wahre Volksverbundenheit. Der geistige Kampf, in den wir eingetreten sind, darf nur mit geistigen Waffen und in voller Freiheit der Überzeugungen ausgefochten werden. Staatliche Maßregelungen, Rede- und Versammlungsverbot und andere Zwangsmaßnahmen schaffen „Märtyrer" und treiben unaufhaltsam die Auseinandersetzungen auf dem Gebiet des Geisteslebens und der Weltanschauung zu staatsgefährlichen Absonderungen.

Wir freuen uns alles dessen, was in deutscher Geschichte aus Blut und Boden erwachsen ist, und sehen in der Rasse ein Geschenk des Schöpfers, das wir ehren und lieben, und das uns hohe Verpflichtungen auferlegt. Wenn aber auch die Religion nur ein Produkt von Blut und Boden sein soll, werden die Quellen des Geistes geleugnet, die hoch über Zeit und Geschichte in einer andern Welt liegen. Das ist Rückfall in den Materialismus. Ein Staat, der diese Lehre sich zu eigen macht oder fördert, zerstört sich selbst. Wir können und wollen es darum nicht glauben, daß die verantwortlichen Männer der Regierung und der Bewegung bewußt die äußere und innere Zermürbung der christlichen Konfessionen wollen, die in diesen letzten und höchsten Anliegen vollkommen einig sind.

Wir bitten Sie, Herr Reichsminister, Ihren ganzen Einfluß dafür einzusetzen, daß die evangelische Kirche, vorab ihr bekenntnistreuer Teil, aus dem Zustand der Bedrückung befreit wird und seinen Dienst am Aufbau des Volkslebens aus den Kräften, die das Evangelium darreicht, mit uneingeschränkter Freudigkeit und im Vertrauen auf die Zusagen des Führers leisten kann.

Der Bruderrat der Arbeitsgemeinschaft
der missionarischen und diakonischen Werke und Verbände
in der Deutschen Evangelischen Kirche

Behinderungen, Verbote, Auflösungen

In einem Schreiben vom 13. Juni 1935 stellt die Reichsfrauenhilfe folgendes zur Rechtslage fest:

Die Rechtslage der Evangelischen Frauenhilfe.

I. Mancherlei Anfragen geben Veranlassung, aus eingeholten Rechtsgutachten folgendes mitzuteilen:

1. Es besteht kein Rechtsverhältnis zwischen Evangelischer Frauenhilfe und dem Herrn Reichsbischof.

2. Der Name „Evangelische Frauenhilfe" ist geschützt. Bei etwaigem Mißbrauch kann gemäß § 12 B.G.B. Klage auf Unterlassung erhoben werden. Für den Fall, daß Broschen der Evangelischen Frauenhilfe von dazu nicht befugten Organisationen oder Einzelpersonen getragen werden, kann von den Berechtigten wohl ebenfalls Klage auf Unterlassung erhoben werden.

3. Für die Entscheidung der Frage, ob Frauenhilfen sich vom Reichsverband bezw. vom Frauenwerk der D.E.K. trennen können, entscheiden die Satzungen der einzelnen Verbände. - Wenn ein Ortsverein erklärt, daß er fortan dem „Frauendienst" angehört, so ist eine solche Erklärung nur möglich, wenn Namensänderung satzungsgemäß beschlossen ist.

4. Wenn Pfarrer oder Vereinsvorstände und dergl. Beiträge oder sonstiges Vermögen der Frauenhilfen dem „Frauendienst" zuführen, ohne daß ein dahingehender Beschluß des Vereins vorliegt, so ist Untreue, strafbar gemäß § 266 St.G.B., begangen.

II. Zu solchen Feststellungen ist zu sagen:

1. Innerkirchliche Lebensfragen - und darum geht es auch in der uns aufgenötigten Auseinandersetzung - können formal-juristisch niemals entschieden werden.

2. Der Reichsverband als solcher wird z. Zt. den juristischen Weg nicht beschreiten.

3. Wir können ein restlos befriedigendes Rechtsgutachten für alle nicht mitteilen, weil in den Orts- und Provinzialvereinen die Satzungen verschieden sind.

4. Wo eine Ortsfrauenhilfe meint, den Weg der Klage beschreiten zu müssen, da nehme sie vorher die Verbindung mit dem Provinzial- und Reichsverband auf unter gleichzeitiger Einreichung aller notwendigen Unterlagen. Die Rechtslage kann nur weitergeklärt werden vom konkreten Einzelfall aus.

5. Die Entscheidung über den Fortgang unseres Dienstes fällt nicht auf dem Boden des Gesetzes.*)

Die Zusammenkünfte der Frauenhilfe werden immer schärfer beobachtet. Der nachstehende „Bericht" über eine Jahresversammlung kennzeichnet die innerkirchliche Situation.

Düsseldorf-Büderich, den 9. Mai 35.

An die
Gauleitung der „Deutschen Christen"
Oberhausen (Rhnld).

Wie Sie aus beiliegender Einladung ersehen, hat Herr Pfarrer *Meyer* die evgl. Frauenhilfe zu einer Jahresversammlung zum Mittwoch den 8. Mai 35 ins Evgl. Gemeindeheim eingeladen. Wir halten uns für verpflichtet, über diese Jahresversammlung folgendes zu berichten:

Die Versammlung wurde in Vertretung des erkrankten Pastor Meyer von dessen Sohn, Herrn Vikar Meyer geleitet, der vor einiger Zeit vom Konsistorium in Neuwied außer Verwendung gesetzt werden mußte, und der heute dortselbst einer bekennenden Gemeinde dient. Dieser Herr, der bekanntlich außerordentlich scharf gegen die D.C. eingestellt ist, begrüßte als Hauptredner Herrn Pfarrer Kunze aus Barmen, den Leiter der rheinischen Frauenhilfe. Er betonte in seiner Begrüßungsansprache, daß die Lage der Kirche sehr ernst sei, denn es handle sich heute um einen

*) ADW Berlin, CA Nr. 401 III/4.

Kampf gegen falsche Religion und Heidentum. Aus der Rede des Herrn Pfr. Kunze erwähnen wir nachstehendes: Der erste Teil stand unter dem Bibelwort Off. Joh. Kap. 22 Vers 18/19. Im Vordergrund stand der Gesichtspunkt der Verbreitung einer falschen Lehre, und jedermann dachte dabei an die D.C. Der Redner betonte: Die Begriffe von Kirche und Staat werden heute stark vermengt, Blut und Rasse gehören zum Volk und nicht zur Kirche, aber wir wollen beim reinen Evangelium bleiben. Unsere Frauenhilfe wird jetzt durch den Reichsbischof auch bedroht, der das Frauenwerk einführen will, und hierzu Herrn Pfr. Hermenau berufen hat. Der Redner stellte an die versammelten Frauen die Frage: Wollt Ihr Euch nun trennen oder weiter mit uns arbeiten? Wer ist Hermenau? Er trägt den Spaltpilz in unsere Reihen; er habe in einem Gedicht gesagt: Die Frau ist ein Lichtstrahl aus dem gütigen Vaterauge Gottes*). Diesen dichterischen Satz kritisierte er in abscheulicher Weise. Demgegenüber betonte der Redner: Wir halten uns an den Satz: Das Wort ward Fleisch und wir sahen Seine Herrlichkeit. Was Hermenau sagt, ist *Irrlehre*, und wenn dieser Irrlehrer sagt, die Frau habe etwas Christushaftes, so betone er dagegen, sie habe auch etwas Schlangenhaftes und die Sünde in die Welt gebracht. Und einen solchen Mann setze der Reichsbischof an die Spitze. Von Hermenau könne man sagen: Das Wollen habe ich wohl, aber mir fehlt das Vollbringen. Der offenbare Zweck war, den Pfarrer Hermenau lächerlich zu machen und als *Irrlehrer* hinzustellen. Der Redner wiederholte nochmals, wie man da zurecht kommen solle, wenn der Reichsbischof einen solchen Mann an die Spitze beruft.

Ohne jeden Übergang und ohne jede nähere Erklärung ging der Redner auf die heidnische Glaubensbewegung über, indem er von einer ihm kürzlich zugegangenen Schrift über das A.B.C. des Deutschen Heidentums sprach. Man habe die Absicht, Deutschland an die Spitze aller heidnischen Bewegungen zu bringen, und es bestünde die Möglichkeit, daß wir Russland bald gleich kämen. Wie ernst es bereits bestellt sei, bezeuge eine Schrift der Glaubensbewegung an die Jugend, mit der Aufforderung: Betet, doch betet nur zu euch selbst. - Unsere Kirche müsse ganz neu gebaut werden, und zwar dürfe man neben die alte Grundlage, Christus, nicht die neue von Blut und Boden setzen. Mit dem Rufe Hitlers: ,,Deutschland erwache!'' könne man wohl ein Volk emporreißen,

aber keine Kirche bauen, das muß Gott tun. Wenn wir unsern Katechismus besser gekannt hätten, wären wir nicht zu diesen Kirchenwirren gekommen.

Wir sind überzeugt, daß viele Frauen den Eindruck hatten, die D.C. wären die Urheber dieser Zustände. Das Schlußwort, das Herr Meyer jr. hielt, stand unter dem Wort: Meine Schafe hören meine Stimme. Der Redner sagte sichtlich erregt: Der gute Hirte ist allein Christus und kann keiner sein, der sich an die Spitze stellt. Ich stehe in einer Gemeinde, die ganz arm geworden ist, wir haben gar nichts mehr, auch keine Kirche, aber diese Gemeinde hört auf die Worte des guten Hirten. Wir stehen treu zur bekennenden Gemeinde.

Zu bemerken wäre noch folgende Bekanntgabe von Herrn Pfr. Kunze: Ich habe an sämtliche Frauenhilfen im Rheinland die Frage gerichtet, ob sie der alten Organisation treu bleiben oder der Neugründung des Reichsbischofs beitreten wollten. Von 350 Vereinen haben 328 bis jetzt mit ,,Ja'' geantwortet, was für mich ein Beweis ist, daß die kirchliche Lage überall richtig erkannt wird.

Die Jahresversammlung der Frauenhilfe in Oberkassel, die am gleichen Tage stattfand, wird in gleicher Weise verlaufen sein. Leider haben wir darüber keinen Bericht erhalten. Wir fragen uns: Wie ist es möglich, daß unsern Frauen solche Ausführungen geboten werden, wo doch sonst die kirchenpolitischen Versammlungen verboten sind. Hier ist die Zusammenkunft der Frauenhilfe offensichtlich dazu benutzt worden, die Teilnehmer bei Kaffee und Kuchen einmal gründlich irre zu leiten.

Mit deutsch evgl. Gruß
Heil Hitler!
(gez.) Schaefer.*)

In einer Sitzung des Führerrates der Evangelischen Reichsfrauenhilfe am 2. März 1934 in Potsdam wird berichtet über die außerordentlich starke Beunruhigung in den sächsischen Frauenhilfen, die durch die Anordnung der Gaustelle Magdeburg-Anhalt des Deutschen Frauenwerks bei einer Tagung am 20. Februar in Dessau ausgelöst worden ist. In einem

---

*) Seele der Frau, selber Lichtstrahl aus dem gütigen Vaterauge Gottes, / Seele der Frau, getrübt von den Schatten, die jeden Erdenweg kreuzen, / daß du uns wieder hell und rein wirst, weil nur aus deiner / göttlichen Klarheit die Wiedergeburt der Herzen kommen kann, / Seele der Frau, werde immer wieder, wie du von Ewigkeit warst, gottgebunden! / Aus der Gottgebundenheit / leuchtet die Freiheit des neuen Menschen, / durch die Gottgebundenheit / kommt alles Werk zum Ziel.
(Hans Hermenau, in: Vom Werk zum Ziel, Potsdam 1933.)
Vgl. S. 107f.

*) LKA Düsseldorf, KK. B XII 40
Beiakten I.

Rundschreiben der Gauleitung sind folgende Anordnungen an alle Ortsstellen der NS-Frauenschaft gegangen: Mütterschulungskurse dürfen von der Frauenhilfe nicht mehr durchgeführt werden, Neugründungen sind verboten, andere Dachverbände als der des Deutschen Frauenwerks sind für zwecklos erklärt, bestehende Stadtverbände sind aufzulösen usw.

Im Mai 1935 teilt die Staatspolizei der Pommerschen Frauenhilfe mit, sie müsse „aus Sicherheitsgründen" die Abhaltung einer in Swinemünde geplanten Tagung untersagen.

Der Bürgermeister als Ortspolizeibehörde in Wusterhausen a. d. Dosse teilt der dortigen Frauenhilfe mit, sie dürfe nicht in einem Gasthof tagen, da keine Kontrolle darüber geführt werden könne, ob nur Mitglieder an den Versammlungen teilnähmen. Die Geheime Staatspolizei des Regierungsbezirks Potsdam erteilt später auf Anfrage die Auskunft: Da es sich bei der Frauenhilfe um eine Organisation mit festem Mitgliederbestand handele und Versammlungen der Mitglieder nicht öffentlich seien, stehe den Zusammenkünften in einem Gasthof nichts im Wege.

In Bremen verlangt im September 1935 die NS-Frauenschaft Mitteilung über die Veränderung der Mitgliederzahlen.

Der Evangelische Mütterdienst der Frauenhilfe in Bremen schließt sich 1935 dem „Arbeitskreis Hausmusik" in Kassel-Wilhelmshöhe an, damit das Singen in den Mütterkreisen gestattet ist.

Anfang 1936 verlangt der politische Ortsgruppenleiter von Bergisch-Born von der Leiterin der dortigen Frauenhilfe in wiederholten Schreiben eine Liste der Mitglieder. Als die Herausgabe verweigert wird, beschlagnahmt ein Polizeibeamter die Mitgliederliste.

Am 4. November 1937 wird in Engelskirchen die Monatsversammlung der dortigen Frauenhilfe, die durch den Zwang der Verhältnisse und nach alter Gewohnheit im Nebenraum eines Kaffees abgehalten wird, von der Polizei aufgelöst.

Am 14. März 1938 läßt der Stützpunktleiter der Gemeinde Schweinschied den Gemeindepfarrer in Löllbach wissen: Auf Anordnung der Kreisleitung der NSDAP sind alle Versammlungen anmeldepflichtig. Da bei dem Stützpunktleiter keine Versammlungen angemeldet worden seien, habe der „Frauenabend" zu unterbleiben.

Eine von der Frauenhilfe Lötzbeuren für den 20. und 21. Juli 1939 geplante Fahrt nach Kaiserswerth wird von dem Amtsbürgermeister einen Tag vor Antritt der Fahrt verboten mit der unklaren Begründung, es gehe „über das kirchlich-religiöse Gebiet hinaus".

Am Bußtag 1939 werden in Altenkirchen (Westerwald) zwei in privaten Häusern vorgesehene Bibelstunden durch die Koblenzer Gestapo verboten. Auf Anfrage des Ortspfarrers läßt die Gestapo durch die Ortspolizeibehörde den mündlichen Bescheid erteilen: Gegen die Abhaltung von Bibelstunden in privaten Räumen liegen keine Bedenken vor, wenn ein kirchlicher Raum nicht vorhanden ist, wenn es sich um eine geschlossene Versammlung handelt und wenn Ruhe und Ordnung nicht gestört werden. Für jede Veranstaltung ist aber die Erlaubnis der Kreispolizeibehörde einzuholen.

Auch nicht der Frauenhilfe angeschlossene Gruppen werden in ihren Zusammenkünften behindert. 1940 kommen in Weierbach Frauen mangels anderer Möglichkeiten an Sonntagnachmittagen in Privathäusern zusammen. Von seiten der NSDAP wird unter Berufung auf das Verbot von religiösen Veranstaltungen in profanen Räumen damit gedroht, daß bei weiteren Zusammenkünften der Frauen in Privathäusern die Polizei einschreiten werde. Zuvor wurde eine Veranstaltung von der Gestapo verboten, weil anschließend Kaffee getrunken werden sollte. Damit sei der „religiöse Rahmen" überschritten.

Als ausführlichere Beispiele, unter welchen Schwierigkeiten Frauenhilfen sich an manchen Orten versammeln, mögen die Frauenhilfen Obervölklingen (Saar) und Andernach stehen.

Evangelische Kirchengemeinde   Völklingen, den 17. März 1937.
Völklingen
Tgb.-Nr. 723

An
den Provinzialkirchenausschuß,
Düsseldorf
durch den Kreiskirchenausschuß Saarbrücken
in Saarlautern.

Die evangelische Bevölkerung im Ortsteil Obervölklingen führt kirchlich ein sehr beengtes Leben. Sie besitzt zwar einen großen zentral gelegenen Kirchplatz, aber keine Kirche und keinerlei kirchliche Räume. Neben den 4 bis 6wöchentlichen Gottesdiensten im evangelischen Schulsaal am einen Ende des lang gestreckten Dorfes sind die Bibelstunden an den Frauenabenden in einem von der Kirchengemeinde dafür gemieteten Raum im Gasthaus Melchior am anderen Ende des Ortes die einzige Gelegenheit für eine geregelte kirchliche Verkündigung und Bibelarbeit. Sie werden daher seit Jahrzehnten Mittwochs abends mit vollkommener Regelmäßigkeit durchgeführt und stehen gegenwärtig im Zeichen der Passionszeit. Sie sind auch die einzige Gelegenheit, die Frage des christlichen Gemeinde- und Familienlebens und der Erziehung zu besprechen.

Am 9. März 1937 wurden sie für den Monat März, also den Ostermonat, durch eine mündliche Mitteilung eines Polizeibeamten an den Gasthofbesitzer und ein Mitglied des Frauenhilfs-Vorstandes verboten ohne Angabe von Gründen.

Das wäre, wenn man die beengten Verhältnisse in Obervölklingen mit einer größeren Kirchengemeinde vergleicht, gleichbedeutend mit der grundlosen Schließung eines Gemeindehauses oder einer Kirche durch mündliche Mitteilung an den Küster, d. h. aber: das Ende nicht nur jeder Freiheit der kirchlichen Verkündigung, sondern das Ende jeden Rechtszustandes zwischen Staatsbehörde und Kirchenbehörde überhaupt; es stellt einen reinen Willkürakt einer kirchenfeindlichen Polizeibehörde dar.
Wir stellen fest:

1. Einem an sich schon in größter Beengung lebenden Teil einer Kirchengemeinde wird die wichtigste Möglichkeit kirchlicher Versorgung entrissen.

2. Dies geschieht nicht auf dem geordneten Dienstweg einer ordentlichen, begründeten Mitteilung an die zuständige Behörde, sondern durch mündliche Verständigung beliebiger unverantwortlicher Personen.

Dasselbe Verfahren mit unwesentlicher Abwandlung wurde bereits anläßlich der Reformationsfeier unserer Kirchengemeinde am Reformationsfest 1936 im evangelischen Gemeindehaus Fürstenhausen und anläßlich des Jahresfestes der Frauenhilfe im Ortsteil Wehrden angewandt. Im letzteren Falle traf das Verbot telefonisch während der Feier ein, in dem Augenblick, als das Spiel „Der Reformator" von Otto Bruder beginnen sollte. Alle diese Veranstaltungen waren den geltenden Bestimmungen gemäß angemeldet.

Da dieses Verfahren von den Gepflogenheiten einer geordneten Verwaltung sich so weit entfernt und jeder Willkür nachgeordneter Organe so viel Freiheit läßt, daß, wenn es Regel oder auch nur vorübergehend in Geltung sein soll, jegliche Ordnung des kirchengemeindlichen Lebens unmöglich wird, legen wir hiermit dagegen Verwahrung ein.

Wir bitten um Untersuchung und Abhilfe.

gez. Unterschrift *)

*) a.a.O.

Der Kreiskirchenausschuß
Saarbrücken   Saarlautern, den 19. 3. 1937

An den
Provinzialkirchenausschuß
der Rheinprovinz
Düsseldorf

Sofort nach Bekanntwerden des umstehend geschilderten Verbotes setzte sich der Unterzeichnete am 9.3. mit dem Saarbrücker Polizeipräsidium Abt. I fernmündlich in Verbindung, um den Grund des Verbotes zu erfahren. Der betr. Dezernent erklärte, daß das Verbot in Verbindung mit der Geh. Staatspolizei herausgekommen sei und die Gründe dafür von ihm nicht angegeben werden können. Dem Hinweis, daß doch zum Beispiel die Frauenhilfe in Saarlautern sich unbehelligt regelmäßig versammeln könne, begegnete das Polizeipräsidium damit: es liege wohl eine andere Programmgestaltung vor. Ob das Verbot über den Monat hinaus aufrecht erhalten werden soll, entzieht sich der Kenntnis.

gez. Unterschrift*)

Der Polizeipräsident in Saarbrücken
        Geschäftszeichen u. Tag meines Schreibens
        I - 80 01 - 115/37.
        13. April 1937.

An die Evang. Frauenhilfe Obervölklingen,
z. H. der Frau A. Schmidt
Obervölklingen/Saar.

Betr. Veranstaltung von Frauenhilfsabenden.
Die für den 14., 21. und 28. April d. Js. im Gasthaus Melchior geplanten Frauenhilfsabende werden gemäß § 1 der Verordnung des Herrn Reichspräsidenten zum Schutze von Volk und Staat vom 28. 2. 1933 hiermit verboten. Zuwiderhandlungen werden nach § 4 der vorbezeichneten Verordnung strafrechtlich geahndet.
I. A.
gez. Unterschrift**)

Evangelische Kirchengemeinde   Völklingen, den 4. Juni 1937
Völklingen
Tgb.-Nr. 739.

An das
Evangelische Konsistorium
der Rheinprovinz
Düsseldorf
durch den Herrn Superintendenturverwalter in
Saarlautern.

Auf das Schreiben vom 3. 5. 37 — Nr. 4800 betr. Frauenbibelabende in Obervölklingen.

Wir müssen dem Evang. Konsistorium leider berichten, daß unsere Frauenbibelabende in Obervölklingen, wiewohl wir die Anmeldung nunmehr seitens des Presbyteriums vorgenommen haben, während früher die Anträge von dem Vorstand der Frauenhilfe erledigt wurden, wiederum verboten worden sind.
Wie wir erfahren, ist auch der von der Gemeinde Ludweiler für kommenden Sonntag am Warndtdenkmal geplante Feldgottesdienst verboten worden.
Wir halten diese Maßnahmen des Herrn Polizeipräsidenten in Saarbrücken für Eingriffe in das Verkündigungsrecht der Kirche, die sich mit der Stellung des Reiches und der Bewegung zu Christentum und Kirche kaum vereinbaren lassen. Denn mit der Beschränkung des Verkündigungsrechtes wird die Existenz der Kirche im entscheidenden Punkt bedroht.
Wir bitten das Evangelische Konsistorium, sich für die Aufhebung dieser Beschränkungen nochmals verwenden zu wollen.
Der Vorsitzende des Presbyteriums:
Alleweldt
Pfarrer*)

Nach einer vorausgegangenen ausführlichen Darlegung der Vorgänge in Obervölklingen in einem Schreiben vom 3. Mai 1937 richtet das Konsistorium in Düsseldorf am 21. Juni 1937 ein zweites Schreiben an den Polizeipräsidenten in Saarbrücken.

*) a.a.O.

**) a.a.O.

*) a.a.O.

Am 3. Mai 1937 (Nr. 4800) hatten wir an Sie die Bitte gerichtet, das Verbot der Bibelstunden in Obervölklingen aufzuheben. Soeben berichtet uns die Evangl. Kirchengemeinde Völklingen, daß die Bibelabende in Obervölklingen wiederum verboten seien. Indem wir uns gestatten, nochmals auf unsere eingehenden Darlegungen hinzuweisen, richten wir an Sie die dringende Bitte, fortan die von der Kirchengemeinde Völklingen in diesem Stadtteil veranstalteten Bibelstunden gestatten zu wollen. Nochmals weisen wir darauf hin, daß die Bibelstunden in Obervölklingen als gottesdienstliche Veranstaltungen der Gesamtgemeinde zu betrachten sind und deshalb staatlicherseits ebenso beurteilt und behandelt werden sollten wie Gottesdienste, die in Kirchen oder Kapellen stattfinden.*)

In den nächsten Tagen wird im Konsistorium in Düsseldorf bekannt, daß der Reichsminister für die kirchlichen Angelegenheiten ein Jahr zuvor erklärt hat, ,,Andachten und religiöse Vorträge'' der Frauenhilfe auch in nichtkirchlichen Gebäuden würden künftig nicht untersagt werden. Das Konsistorium wendet sich am 25. Juni 1937 noch einmal an den Polizeipräsidenten in Saarbrücken.

Im Nachgang zu unserm Schreiben vom 21. Juni 1937 - Nr. 7192 - gestatten wir uns, auf eine Erklärung des Herrn Reichs- und Preussischen Ministers für die kirchlichen Angelegenheiten hinzuweisen, die dem L.K.A. für die Evangl. Kirche der altpreussischen Union am 13. 5. 36 (G I - Nr. 3450) übersandt worden ist. Darin sagt der Herr Minister:

,,Ich habe dafür Sorge getragen, daß künftig bei geschlossenen Mitgliederversammlungen in nicht kirchlichen Gebäuden der Evangl. Frauenhilfe Andachten und religiöse Vorträge nicht untersagt werden.''

Unter Berufung auf diese ausdrückliche Erklärung des Herrn Ministers bitten wir noch einmal dringend darum, daß das Verbot der Bibelstunden in den von der Kirchengemeinde gemieteten Räumen zu Obervölklingen sofort aufgehoben wird.**)

Das entschiedene Eintreten des Konsistoriums für die Obervölklinger Frauenhilfe bewirkt — in diesem Falle — die Aufhebung des Verbots, wobei die Begründung des Polizeipräsidenten mehr als fadenscheinig ist.

Der Polizeipräsident in Saarbrücken
Saarbrücken, Schloßplatz 3-5

An das
Evangelische Konsistorium
der Rheinprovinz
Düsseldorf
Inselstraße 10

Geschäftszeichen und Tag meines Schreibens:
I 8001-1720/37-21. Juli 1937.

Geschäftszeichen und Tag Ihres Schreibens:
Bibelstunden in Obervölklingen.
Schreiben vom 3.5.37 Nr. 4800, vom 21.6.37 Nr. 7192 und vom 25.6.37 Nr. 7192.

Die Frauenhilfsabende bzw. Bibelstunden der evangelischen Kirchengemeinde Obervölklingen, die auch nach dortiger Auffassung als gottesdienstliche Veranstaltungen anzusehen sind, wurden untersagt, da sie in einem mit dem Wirtschaftsbetrieb im engsten Zusammenhang stehenden konzessionierten Nebenzimmer stattfinden sollten. Dieser Zustand konnte, abgesehen davon, daß er unwürdig war, polizeilich nicht geduldet werden. Der Wirt Melchior, der auch gleichzeitig Kirchenmeister ist, hat inzwischen einen anderen, nicht konzessionierten und auch nicht mit dem Schankbetrieb im Zusammenhang stehenden Raum mit eigenem Eingang für diese Zwecke zur Verfügung gestellt. Die zur Versagung der Veranstaltungen geführten Bedenken sind somit behoben.

Inzwischen wurde der evangelischen Kirchengemeinde die Genehmigung zur Abhaltung von Bibelstunden in dem genannten Raum bereits erteilt.

I. V. gez. Unterschrift*)

*) a.a.O.

**) a.a.O.

*) a.a.O.

Der Polizeipräsident in Saarbrücken

Schloßplatz 3-5

9082   Eingangs- und Bearbeitungsvermerk

An das
Evangelische Konsistorium
der Rheinprovinz

24 JUL. 1937

Am 28. Februar 1938 wendet sich die Evangelische Kirchengemeinde Andernach an das Konsistorium in Düsseldorf mit der Darstellung von Schwierigkeiten, die durch die dortige Polizeiverwaltung entstanden sind.

Der in unserer Stadtgemeinde bestehende evangelische, der Reichsfrauenhilfe angeschlossene Frauenverein wird neuerdings von Seiten der hiesigen Polizeiverwaltung gezwungen, seine monatlichen Versammlungen 14 Tage zuvor anzumelden und die polizeiliche Genehmigung dazu zu erbitten. Schon vor einigen Jahren wurde dasselbe von ihm gefordert, jedoch ist damals die Durchführung der betr. Anordnung unterblieben, nachdem der Verein nachgewiesen hatte, daß es sich bei seinen Veranstaltungen um die regelmäßigen monatlichen Zusammenkünfte für die Zwecke seiner kirchlichen Arbeit, insonderheit auch seine Bibelarbeit, und zwar um Zusammenkünfte nicht in öffentlichen Räumen, sondern auf kirchlichem Boden, nämlich in unserem Gemeindehause, handle. Zur Zeit erklärt die Polizeiverwaltung, die bloße Tatsache, daß das evangelische Gemeindehaus sich neben der Kirche befinde, sei unerheblich, und die Anmeldepflicht bestehe zu recht.*)

Mit dieser Darstellung wird zugleich um Belehrung über die Rechtslage gebeten: Wann sind kirchliche Veranstaltungen anmeldepflichtig? Kann die Tatsache, daß die Zusammenkünfte der Frauenhilfe gewohnheitsgemäß mit einem gemeinsamen Kaffeetrinken verbunden sind, ihren kirchlichen Charakter infrage stellen?

Da eine Antwort des Konsistoriums ausbleibt, wendet sich der Pfarrer der Gemeinde, Menn, am 12. Mai 1937 noch einmal an Düsseldorf.

Evangelische Kirchengemeinde   Andernach, den 12. 5. 1938
Andernach am Rhein

An das Evangelische Konsistorium
Düsseldorf

     Betr. polizeiliche Anmeldung kirchlicher
     Versammlungen.

     Am 28. 2. ds. Js. erbaten wir aus dringendem Anlaß eine Belehrung seitens des Evangelischen Konsistoriums über die Rechtslage in Betreff der Anmeldepflichtigkeit kirchlicher Versammlungen, insonderheit von Versammlungen, die auf kirchlichem Boden stattfinden. Wir hatten uns der Hoffnung hingegeben, von Seiten der kirchlichen Behörde in unserem Anliegen, die Freiheit jeder ordentlichen kirchlichen Betätigung gesichert zu wissen, verstanden und unterstützt zu werden. Bisher ist uns eine Auskunft nicht zuteil geworden.
     Mit vieler Mühe ist es seitdem möglich gewesen, die Genehmigung für die von uns aus der Überzeugung, daß es sich bei der Forderung der 14tägigen Anmeldung um einen rechtlich nicht begründbaren Übergriff der örtlichen Polizeiorgane handle, nicht angemeldeten Jahresversammlung unseres Frauenvereins im letzten Augenblick zu erlangen. Wir haben vor uns das sogenannte Kirchweihfest unserer Gemeinde, das wir Anfang Juli durch eine mit gemeinsamem Kaffeetrinken verbundene Feier in dem Hofe unseres Gemeindehauses zu feiern pflegen, und müssen damit rechnen, daß uns dieses Kaffeetrinken erneut polizeiliche Schwierigkeiten bereitet. Es muß uns deshalb auf das höchste erwünscht sein, über die Rechtslage in einer unsere Arbeit sichernden Weise belehrt zu werden. Wir erbitten diese Belehrung erneut.
                          Menn.*)

*) a.a.O.   *) a.a.O.

Hierauf erbittet das Konsistorium seinerseits in einem Schreiben vom 24. Mai 1938 an die Geheime Staatspolizeistelle bei dem Regierungspräsidenten in Koblenz Auskunft, ob eine Genehmigungspflicht besteht und gegebenenfalls, auf welchen Bestimmungen sie beruht. Die Antwort der Gestapo ist bezeichnend für die Willkür, mit der Partei- und Polizeistellen gegen Kirchengemeinden und Frauenhilfen vorgehen.

Geheime Staatspolizei   Koblenz a. Rh., den 2. Juni 1938
Staatspolizeileitstelle Koblenz   Im Vogelsang 1
Br. Nr. II B — 627/38

An das
Evangelische Konsistorium
der Rheinprovinz
in Düsseldorf
Inselstr. 10.

Betrifft: Anmeldung von Veranstaltungen und Versammlungen konfessioneller Verbände.
Vorgang: Dort. Schreiben vom 24. 5. 1938 — Nr. 4645 —

Die Anordnung der Polizeiverwaltung in Andernach betr. Anmeldung von Veranstaltungen und Versammlungen konfessioneller Verbände, beruht auf einer Rundverfügung des Landrats in Mayen aus dem Jahre 1935, die jedoch inzwischen aufgehoben worden ist. Ich habe den Bürgermeister in Andernach durch den Landrat in Mayen anweisen lassen, daß die Anmeldung von Veranstaltungen und Versammlungen konfessioneller Verbände nicht mehr gefordert wird.

In Vertretung: Beglaubigt:
gez. Dr. Albath.   Klein.
(L.S.)   Kanzleiangestellte. *)

1938 wird die Evangelische Frauenhilfe von Alt-Saarbrücken mit ihren Nebenorganisationen aufgelöst. Das Vermögen wird liquidiert, von der Auflösungsverfügung wird die Vorsitzende, Ida Obenauer, am 22. November von zwei Beamten der Geheimen Staatspolizei unterrichtet. Die Auflösungsverfügung wird nicht übergeben; sie ist lediglich zur Kenntnis zu nehmen. Wie ausdrücklich festgestellt, erfolgt die Auflösung auf Anordnung des Reichskirchenministers auf Grund des Gesetzes des Reichspräsidenten vom Jahre 1933 zum Schutz von Volk und Staat. Betroffen sind über 900 Frauen.*)

Der Superintendent von Saarbrücken berichtet am 10. Januar 1939 an das Evangelische Konsistorium der Rheinprovinz in Düsseldorf:

Betr. Zwischenbericht zur Verfügung vom 4. 1. 1939
Nr. 13427.

Bevor ich der Verfügung entsprechend mit dem Regierungsrat Dr. Buech Verbindung aufnam, habe ich am 7.1.1939 nachmittags Fräulein Obenauer, die Vorsitzende der Frauenhilfe in Alt-Saarbrücken, sowie des Saarverbandes der Frauenhilfen aufgesucht. Fräulein Obenauer ist eine feine christliche Persönlichkeit, von lauterstem Wollen; mit der Auflösung der Frauenhilfe Alt-Saarbrücken ist ein Teil ihrer Lebensarbeit dahin. Fräulein Obenauer hat bei Ankündigung der Auflösung seinerzeit lediglich als Grund vernommen: bei einer Zusammenkunft des Jungmütterkreises, der damals weder von ihr selbst, noch von der Vikarin Stracke, sondern von einer Vertreterin geleitet worden ist, sei die Bemerkung gemacht worden: schon zu Daniels Zeiten habe es Hitlerschulen gegeben. Andere Gründe wurden Fräulein Obenauer nicht eröffnet, auch nicht, als sie bei der Staatspolizei persönlich vorsprach, ebensowenig dem Pfarrer Wolff bei seiner Vorsprache bei der Staatspolizei. Am 16. 12. 1938 hatte Fräulein Obenauer dann an die oberste Instanz der Staatspolizei in Berlin eine Eingabe eingereicht mit der Bitte um Rückgängigmachung der Aufhebung; gerade am Vormittag des 7. 1. 1939 war ihr ein ab-

*) a.a.O.

*) LKA Düsseldorf, KK. B XII 40
Bd. 3.

Geheime Staatspolizei
Staatspolizeileitstelle Koblenz   Koblenz a. Rh., den 2. Juni 193
Im Vogelsang 1
Fernsprecher: Nr. 2291

Br. Nr. II B - 627/38

An
das Evangelische Konsistorium
der Rheinprovinz

Evang. Konsistorium
der Rheinprovinz
Eing. 1. JUN. 1938

lehnender Bescheid zugegangen, in dem auf ihre Ausführungen kein Bezug genommen war. Infolgedessen, und weil auch sonst nichts unversucht geblieben sei (der Geschäftsführer der Rheinischen Frauenhilfe, Pfarrer Kunze, war beim Reichskirchenministerium), verspricht Fräulein Obenauer sich von etwaigen anderen Schritten keinen Erfolg.

Gleichwohl und trotz der inzwischen von Berlin eingegangenen Ablehnung einer Zurücknahme der Auflösungsverfügung, bin ich am 9. ds. Mts. mit Herrn Regierungsrat Dr. Buech in persönliche Verbindung getreten. Dr. Buech war von der Auflösung der Frauenhilfe in Alt-Saarbrücken nichts bekannt, er stellte aber in Aussicht, sich über die Gründe der Auflösung erkundigen zu wollen und mir des weiteren Mitteilung zu machen. Ich werde dem Konsistorium zu gegebener Zeit darüber berichten.

Wie mir von anderer Seite nachträglich gesagt wurde, sind mit Pfarrer Kunze drei Frauen von Alt-Saarbrücken im Reichskirchenministerium gewesen: auch ihnen wurde nur der ,,Daniels''-Grund angegeben.

Bis auf weiteres dürfen mit Genehmigung der Staatspolizei die ehemaligen Mitglieder der Frauenhilfe Alt-Saarbrücken wöchentlich zu Bibel- und Katechismusstunden sich versammeln...*)

Aus einem Schreiben des Evangelischen Oberkirchenrates in Berlin an das Evangelische Konsistorium in Düsseldorf vom 20. März 1940 geht hervor, daß Bemühungen des Oberkirchenrates bei der Gestapo als ,,wenig aussichtsreich erscheinen. Wir haben in der letzten Zeit verschiedentlich Verbote von Gemeindegruppen der Evangelischen Frauenhilfe, bei denen es sich nicht einmal um politische Angelegenheiten handelte, nicht wieder rückgängig machen können.''

*) a.a.O.

Finanzielle Bedrängnisse

Durch neue Sammlungsgesetze werden frühere Möglichkeiten von Sammlungen genommen. 1936 wird deutlich, daß nur durch Sonderbeiträge der Frauenhilfsmitglieder die Arbeit in ihrem bisherigen Umfang erhalten oder gar verstärkt werden kann. In der Nr. 59 der „Mitteilungen aus der Arbeit der Ev. Frauenhilfe im Rheinland (E.V.)", März/April 1936, wird ein von Frau von Waldthausen und Pfarrer Wilhelm Kunze unterzeichneter Aufruf an die Mitglieder der Evangelischen Frauenhilfe im Rheinland veröffentlicht, zudem Hinweise von Pfarrer Kunze, wie der Sonderbeitrag erbracht werden könnte. Ein „Blaues Wunder" zeigt sich.

Aufruf!

An die Mitglieder unserer Frauenhilfen.
Liebe Frauen!

Wir grüßen Sie alle in der herzlichen Verbundenheit der Arbeit. Wir erleben die große Freude, daß unsere Arbeit vorwärtsgeht. Unsere Reichsfrauenhilfe umfaßt über eine Million evangelischer Frauen, davon im Rheinland allein über 100 000. Wohl haben wir im Umbruch der Zeit manche Aufgabe abgegeben, die nun von N.S.V. und N.S.F. für das Ganze des Volkes großzügig angefaßt wird. Aber gerade dabei haben wir uns auf den besonderen Auftrag neu besonnen, der uns in der Frauenhilfe vom Herrn der Kirche gegeben ist. Wir möchten alle Frauen in unseren rheinischen Gemeinden aufrufen und ausrüsten zum Dienst für die Gemeinde und Kirche. Gerade jetzt brauchen wir Mütter, die fest und klar auf das Evangelium von Jesus Christus gegründet sind. Bei dem Kampf der Schwarmgeister gegen Christus muß gerade die Frau und Mutter klare Augen und offene Ohren und betende Hände haben. Ja, bei dem Entscheidungskampf, ob unser Volk neu für Christus gewonnen wird, kommt viel auf die Mutter an, denn ihr ist die kommende Generation zunächst anvertraut. Wir spüren in unserer Arbeit den Ernst der Entscheidung, und wir wissen dankbar um viel Treue, und wir wissen, daß in manchen Frauenkreisen dem Worte Gottes eine „offene Tür" geschenkt ist.

Bei unserer wachsenden Arbeit fehlt es uns an Geld. Die früheren Möglichkeiten der Sammlung sind nicht mehr vorhanden. Wir brauchen aber gerade jetzt Geldmittel, um unsere Häuser und Anstalten als die Knotenpunkte für unsere Arbeit aufrechtzuerhalten und weiterzuführen. So erbitten wir von allen Mitgliedern einen Sonderbeitrag. Dazu senden wir an die Frauenhilfen kleine blaue Schachteln, in die man je nach seinen Kräften jede Woche zwei Pfennig, fünf Pfennig, zehn Pfennig, und an besonderen Festtagen auch einmal ein Silberstück hineinwirft, wenn man es hat. Wir wissen, daß viele unserer Frauenhilfsmitglieder schon Missionssammelbüchsen haben oder für Bethel und Kaiserswerth ihre Gaben geben. Wir wissen auch, mit welcher Anstrengung manche Frauenhilfen die Mittel zur Erhaltung einer Schwesternstation oder eines Kindergartens aufbringen. Aber wir glauben, daß die Liebe zur Sache der Frauenhilfe so groß ist, daß die meisten unserer Mitglieder gern ihr Scherflein beisteuern werden.

Bedenkt, wir müssen den deutschen Frauen die größte Botschaft bezeugen, die es gibt: das Evangelium von dem gekreuzigten und auferstandenen Herrn. Sollte da unter uns kein Geist des Opferns sein, wenn es um so große Aufgaben geht? So senden wir diesen Aufruf in der Zuversicht hinaus, daß er viel willige Herzen findet.

Frau M. von Waldthausen,
Vorsitzende.

Pfarrer Kunze,
Leiter.

Das „Blaue Wunder".

Wer die Ueberschrift liest, der denkt sicherlich, jetzt kommt eine mittelalterliche Legende oder irgendein Lied aus „Des Knaben Wunderhorn". In alten Zeiten suchten unsere Vorfahren nach der blauen Wunderblume, und bis in unsere Tage hinein spricht man von dem „Blauen Wunder", das man erleben soll. Nein, es geht nicht um eine alte Legende, es geht auch nicht um die blaue Wunderblume, aber es geht doch um das „Blaue Wunder". In diesen Tagen gehen an alle Frauenhilfen die kleinen blauen Schachteln. Viele, viele tausend sind hergestellt worden und warten darauf, daß mit ein wenig Liebe die Pfennige oder auch die Zehnpfennigstücke oder gar erst Silberstücke hineinkommen. Wir möchten, daß möglichst jedes Glied der Frauenhilfe solch eine kleine blaue Schachtel sein eigen nennt und darin einen Sonderbeitrag für unsere Arbeit sammelt. Die Haussammlungen werden z. Zt. nicht genehmigt, auch andere Formen der Sammeltätigkeit sind untersagt, aber diese Möglichkeit ist uns gegeben, daß wir unseren Mitgliedern solch eine Sammelschachtel für einen Sonderbeitrag geben. Es haben die Frauenhilfen viele Mitglieder gemeldet, die nicht zahlen können. Aber auch die können vielleicht wöchentlich ein Zweipfennigstück in die Schachtel tun. Die Schachteln sollen nach einem Jahr oder nach einem halben Jahr geöffnet werden, und die Beträge werden an den Kreisverband abgeführt und über den Kreisverband an den Provinzialverband geleitet. 10% des gesammelten Inhaltes sollen dann der Ortsfrauenhilfe für Müttererholung zugute kommen, die anderen 90% sollen sonderlich der Erhaltung unserer Arbeit in unseren Häusern dienen. Wir wissen, wieviele Aufgaben auch sonst auf unsere Mitglieder zukommen. Es hat wohl manche Frau schon eine Missionsbüchse daheim stehen, andere strengen alle ihre Kräfte an, um die Schwesternstation der Gemeinde aufrechtzuerhalten. Wir möchten ausdrücklich sagen, daß wir das wissen und verstehen, und doch glauben wir, ist soviel Liebe zur Sache in unseren Frauenhilfen vorhanden, daß die schmucken blauen Kästlein voll werden.

Was ist nun zu tun? Jede Frauenhilfe bestellt sofort bei der Geschäftsstelle in Barmen die Aufrufe und Kästchen für ihre Mitglieder. Es kann auch durch den Kreisverband geschehen. Das ist in Großstädten empfehlenswert, wo die Kästchen in der Geschäftsstelle des Kreisverbandes abgeholt werden können. Für räumlich ausgedehnte Kreisverbände empfiehlt sich die Einzelbestellung der Frauenhilfen unmittelbar in Barmen, weil es sich um sperrige Pakete handelt. Es wird dann den Kreisverbänden das nochmalige Packen erspart.

Die Kästchen werden kostenlos geliefert, über die Ausgabe der Kästchen ist eine Liste zu führen. Der Inhalt wird erstmalig nach einem halben Jahr an den Kreisverband abgeliefert und vom Kreisverband aus an den Provinzialverband. Ueber die erhaltenen Beträge wird in den „Mitteilungen" regelmäßig quittiert. Wer sein Kästchen vor einem halben Jahr gefüllt hat, kann es sofort abliefern. — Und nun ans Werk! Aus dem Kreisverband Essen liegt schon eine Bestellung auf 5000 Stück, aus dem Kreisverband Wetzlar auf 2000 Stück vor. Auch aus anderen Kreisverbänden haben schon einzelne Frauenhilfen die Kästchen bestellt. Handelt nach dem Spruch, der draufsteht:

„Hilf Deiner Frauenhilfe,
damit sie besser helfen kann!"

Und nun sind wir hier in Barmen wieder voll Erwartung. Wir haben die Hoffnung, daß die Kästchen uns in unseren Sorgen helfen werden. Ob wir etwas vom „Blauen Wunder" erleben?   K.

Die Rheinische Frauenhilfe erlebt ihr „Blaues Wunder", und wer die Frauenhilfe in eine finanzielle Sackgasse treiben wollte, auch. Die meisten Mitglieder geben zu ihrem regelmäßigen Beitrag auch den erbetenen Sonderbeitrag. Die Stärke organisierter gemeindlicher Frauenarbeit zeigt sich auch hier.

Aber es werden noch andere und schwer abzuwehrende finanzielle Druckmittel gegen die Frauenhilfe eingesetzt.

Schon im Februar 1935 waren die sogenannten *Finanzabteilungen* in der Evangelischen Kirche der altpreußischen Union gebildet worden, zunächst als kirchliche Einrichtungen, dann aber mit staatlicher Autorisierung. Gefolgt war das

Gesetz über die Vermögensverwaltung in den Evangelischen Landeskirchen vom 11. März 1935 (Auszug)

§ 1

(1) Der für die kirchlichen Angelegenheiten zuständige Minister bildet bei dem Evangelischen Oberkirchenrate, den Landeskirchenämtern bzw. -räten und bei den Evangelischen Konsistorien je eine Finanzabteilung, die aus Beamten der allgemeinen kirchlichen Verwaltung besteht.

(2) Die Finanzabteilung trifft ihre Entscheidung durch den Vorsitzenden nach vorangegangener Beratung.

§ 2

(1) Die Finanzabteilung setzt den Haushaltsplan und die Umlage für die Landeskirche bzw. Kirchenprovinz fest. Sie bestimmt die Art der Aufbringung der Umlage und überwacht die Verwendung der Haushaltsmittel. Sie übt die kirchliche Aufsicht über die Vermögens- und Kirchensteuerverwaltung der Kirchengemeinden und der kirchlichen Verbände aus. Sie ist befugt, falls infolge Weigerung oder aus anderen Gründen ein Beschluß der zuständigen kirchlichen Organe nicht zustande kommt, deren Rechte selbst auszuüben . . .

(2) Die Finanzabteilung kann im Rahmen der Befugnisse des Abs. 1 rechtsverbindliche Anordnungen erlassen. Anordnungen der Kirchenleitung, die mit finanzieller Auswirkung verbunden sind, bedürfen der Zustimmung der Finanzabteilung.

§ 3

(2) In Zweifelsfällen hat die Finanzabteilung die Entscheidung des für kirchliche Angelegenheiten zuständigen Ministers einzuholen.*)

Indem der Staat die Verwendung der kirchlichen finanziellen Mittel überwacht, nimmt er unmittelbar an den kirchlichen Auseinandersetzungen teil, um sie gewaltsam in seinem Sinne zu beenden. Die Rheinische Frauenhilfe bekommt dies mit besonderer Heftigkeit in den Jahren 1938 und 1939 zu spüren. Der auf die Frauenhilfe entfallende Anteil der in den Kirchengemeinden für ,,Frauenarbeit'' aufgebrachten Kollekte wird ihr nicht weitergegeben, sonstige kirchliche Mittel werden ihr gesperrt.

Auf Schreiben der Evangelischen Frauenhilfe im Rheinland vom 28. 2. 1939 und 25. 3. 1939 antwortet der Vorsitzende der Finanzabteilung beim Evangelischen Konsistorium der Rheinprovinz, Reichsamtsleiter Sohns, am 29. 3. 1939. Das Zurückhalten aller für die Frauenhilfsarbeit bestimmten finanziellen Mittel begründet Sohns folgendermaßen: Einmal sei die Leitung der Rheinischen Frauenhilfe bisher nicht bereit gewesen, eine Erklärung darüber abzugeben, daß sie ,,die strafbaren Sammlungen der Bekennenden Kirche ablehnt'' und vor allem stehe sie ,,nicht vorbehaltlos zum nationalsozialistischen Staat''. Herangezogen werden vor allem Äußerungen Frau von Waldthausens zur Ordnung eines Bittgottesdienstes.

Ich sehe mich zu meinem Bedauern ausserstande, Kollektenmittel oder öffentliche Mittel an Liebeswerke und Organisationen zur Auszahlung anzuweisen, so lange die betreffenden Stellen nicht Gewähr dafür bieten, dass sie in Zukunft durch strafbare Handlungen (Vergehen gegen das Sammlungsgesetz) aufgebrachte Mittel von keiner Seite entgegennehmen werden. Meine Gründe für dieses Vorgehen wollen Sie meinem Ihnen seitens der Inneren Mission zur Kenntnis gebrachten Schreiben vom 1. Februar d.Js. entnehmen.

Um gegebenenfalls die aus dem Etatsjahr 1938 bereitstehenden Mittel sicherzustellen, habe ich angeordnet, dass diese noch vor Ablauf des Etatsjahres buchmässig verausgabt und zugunsten der betreffenden Organisationen und Liebeswerke auf ein Verwahrgelderkonto vereinnahmt werden. Ich bin damit in der Lage, auch nach Ablauf des Etatsjahres 1938 die Beträge an solche Organisationen und Liebeswerke zur Auszahlung zu bringen, die nachträglich die zurzeit im Wege stehenden Bedenken ausgeräumt haben.

In Bezug auf die rheinische Frauenhilfe liegen indessen noch besondere Verhältnisse vor. Ich vermag vor allem nicht recht zu begreifen, warum die rheinische Frauenhilfe die Abgabe

*) Kirchliches Jahrbuch für die Evangelische Kirche in Deutschland, 1933-1944, 60.-71. Jg., hrsg. von Joachim Beckmann, Gütersloh 1948, S. 95f.

einer Erklärung in Bezug auf die strafbaren Sammlungen der BK ablehnt, während der Herr Geschäftsführer der Reichsfrauenhilfe eine entsprechende Erklärung *unaufgefordert* gegenüber dem Evangelischen Oberkirchenrat abgegeben hat. Darüber hinaus hege ich weitere ernste Bedenken, der rheinischen Frauenhilfe Kollektengelder auszahlen zu lassen, da m.E. dem der Inhalt des Schreibens des Herrn Reichsministers für die kirchlichen Angelegenheiten an den Herrn Präsidenten des Ev. Oberkirchenrats und Vorsitzenden der Finanzabteilung beim Ev. Oberkirchenrat vom 5. 10.1937 — GI 2498/37 — entgegensteht. In diesem Schreiben heisst es: ,,Ich muss erwarten, dass künftig in den amtlichen Kollektenplan nur noch solche Organisationen aufgenommen werden, deren Leitung vorbehaltlos zum nationalsozialistischen Staat steht. Auch aus den vorhandenen Kollektenmitteln dürfen nur solche Organisationen unterstützt werden.'' Ich hatte bei meiner persönlichen Rücksprache mit Frau von Waldthausen und Herrn Pfarrer Kunze Gelegenheit, die Auffassung der Leiterin der rheinischen Frauenhilfe, Frau v. Waldthausen, über die Bittgottesdienstordnung vom September 1938 kennenzulernen. Bei dieser Gelegenheit erklärte Frau v. Waldthausen ausdrücklich, und zwar mit allen Zeichen grosser Erregung, dass sie meinen Standpunkt, es handele sich bei dieser Bittgottesdienstordnung um ein Machwerk von volks- und staatsverräterischem Inhalt, unter keinen Umständen teile. Wie aus der Tagespresse allgemein bekannt ist, ist diese meine Auffassung auch die des zuständigen Herrn Reichsministers. Einer der für die Abfassung dieser Bittgottesdienstordnung Verantwortlichen ist inzwischen in erster Instanz mit Amtsenthebung bestraft worden. Weitere Verfahren laufen noch. Ich halte es für sehr bedenklich, der Leitung einer Organisation das *vorbehaltlose* Einstehen für den nationalsozialistischen Staat zuzubilligen, wenn sich eine führende Persönlichkeit in einer politisch so wichtigen Frage mit allen Anzeichen höchster Erregung auf einen der Auffassung des zuständigen Reichsministers entgegengesetzten Standpunkt stellt. Ich behalte mir vor, gegebenenfalls die letztere Frage durch den Herrn Reichsminister für die kirchlichen Angelegenheiten als der obersten Dienstaufsichtsbehörde der Finanzabteilungen bei den Landeskirchen selbst entscheiden zu lassen.

Heil Hitler!
gez. Sohns.*)

Frau von Waldthausen antwortet am 3. April 1939:

Ihr an die Evangelische Frauenhilfe im Rheinland E. V. in Wuppertal-Barmen gerichtetes Schreiben vom 29. März Nr. 2228 möchte ich, soweit es meine Person betrifft, wie folgt, beantworten:

Sie drücken sich dahin aus, dass ich ,,mit allen Zeichen grosser Erregung'' einen von Ihnen abweichenden Standpunkt bei der die Bittgottesdienstordnung vom September 1938 betreffenden Unterhaltung vertreten hätte.

Demgegenüber darf ich bemerken, dass ich lediglich in einer meinem Temperament entsprechenden Form mich geäussert habe, ohne mir bewusst zu sein, dass diese Form als Ausdruck ,,grosser Erregung'' aufgefasst werden könnte.

Zur Sache selbst möchte ich feststellen, dass ich eine Stellung zur Bittgottesdienstordnung selbst nicht genommen habe. Wohl habe ich aus der Kenntnis der Persönlichkeiten derer, die jene beanstandete Bittgottesdienstordnung verfasst haben, zum Ausdruck gebracht, dass ich diese Männer nicht für fähig hielte, volks- und staatsverräterische Handlungen zu begehen, und dass ich mich aus dieser Überzeugung heraus für verpflichtet hielte, für jene Männer persönlich einzutreten.

Zu dem übrigen Inhalt Ihres Schreibens wird der Vorstand der Frauenhilfe gesondert Stellung nehmen.

Heil Hitler!
Frau M. von Waldthausen.*)

Nunmehr läßt sich Reichsamtsleiter Sohns vom Reichsminister für die kirchlichen Angelegenheiten, Kerrl, bestätigen, daß die Evangelische Frauenhilfe im Rheinland unter einer Leitung steht, die nicht als ,,vorbehaltlos zum nationalsozialistischen Staat stehend'' zu betrachten ist.

Ich habe unter dem 29. März d. Js. das in Abschrift beiliegende Schreiben an den rheinischen Provinzialverband der evangelischen Frauenhilfe gerichtet und das im Original beiliegende Schreiben vom 3. April d. Js. von Frau von Waldthausen erhalten. Im vorletzten Absatz ihres Schreibens erklärt Frau

*) LKA Düsseldorf, KK. B XII 40
Beiakten I.

*) a.a.O.

v. Waldthausen, dass sie auf Grund der Kenntnis der Persönlichkeiten der Verfasser der Bittgottesdienstordnung vom September 1938 diese nicht für fähig halte, volks- und staatsverräterische Handlungen zu begehen.

Ich bitte ergebenst, Ihrerseits entscheiden zu wollen, ob nach dieser Stellungnahme der Frau v. Waldthausen zu den Verfassern der Bittgottesdienstordnung noch angenommen werden kann, dass die evangelische Frauenhilfe im Rheinland unter einer Leitung steht, die im Sinne ihres Erlasses vom 5. 10. 1937 — G I 2498/37 — als „vorbehaltlos zum nationalsozialistischen Staat stehend" zu betrachten ist.

Das Originalschreiben der Frau v. Waldthausen erbitte ich nach Erledigung zurück.

Heil Hitler!
gez. Sohns.*)

Der Reichsminister Berlin W8, den 25. April 1939
für die kirchlichen Angelegenheiten Leipziger Straße 3
I 21491/39 Telefon 11 66 51

Finanzabteilung beim Evangelischen
Konsistorium der Rheinprovinz.
in *Düsseldorf*

Auf das Schreiben vom 5. April 1939 —Nr. 3580 —.
— 1 Anlage —

Aufgrund der mir von Ihnen mitgeteilten Tatsachen stehe ich auf dem Standpunkt, daß die evangelische Frauenhilfe im Rheinland *nicht* unter einer Leitung steht, die im Sinne meines Erlasses vom 5. Oktober 1937 — G I 2498/37 — als „vorbehaltlos zum nationalsozialistischen Staat stehend" zu betrachten ist.

Das mir übersandte Original-Schreiben der Frau von Waldthausen vom 3. April 1939 ist wieder beigefügt.

In Vertretung
gez. Dr. Muhs**)

Der Evangelischen Frauenhilfe im Rheinland wird am 28. April 1939 von Reichsamtsleiter Sohns mitgeteilt:

Der Herr Reichsminister für die kirchlichen Angelegenheiten hat unter dem 25. d. Mts. — I 21491/39 — entschieden, dass die evangelische Frauenhilfe im Rheinland *nicht* unter einer Leitung steht, die im Sinne seines Erlasses vom 5. Oktober 1937 — G I 2498/37 — als „vorbehaltlos zum nationalsozialistischen Staat stehend" zu betrachten ist.

Auf Grund dieser Entscheidung des Herrn Reichsministers für die kirchlichen Angelegenheiten bin ich, so lange die evangelische Frauenhilfe im Rheinland unter der bisherigen Leitung steht, nicht in der Lage, Kollektenmittel oder andere kirchliche Mittel zur Auszahlung bringen zu lassen.*)

Muß die Rheinische Frauenhilfe unter diesem finanziellen Druck sich nicht entschließen, den von dem Vorsitzenden der Finanzabteilung schon in seinem Schreiben vom 29. März 1939 angedeuteten Weg zu gehen, nämlich „die zurzeit im Wege stehenden Bedenken" auszuräumen — im Klartext: an Stelle von Frau von Waldthausen und Pfarrer Kunze Personen zu berufen, die „vorbehaltlos zum nationalsozialistischen Staat stehen" und damit wieder „Kollektenmittel und andere kirchliche Mittel" zu erhalten? Sie entschließt sich nicht dazu. Auch so läßt sich die Frauenhilfe nicht von ihrer gewählten Leitung trennen, auch so läßt sie sich nicht „umfunktionieren". Angeblich „in unerreichbaren Regionen schwebende Verbandsvorstände" stehen nicht allein, sondern sind getragen vom Vertrauen und von der Fürbitte derer, die mit Ernst Christen, aber nicht „Deutsche Christen" sein wollen. Die Finanzabteilung erfährt dies auch durch Anfragen aus den Kirchenkreisen.

Der Reichsminiſter Berlin W 8, den 25. April 1939
ſie kirchlichen Angelegenheiten Leipziger Straße 3
I 21491/39 Tel. 11 66 51

Finanzabteilung beim Evangelischen
Konsistorium der Rheinprovinz.
in D ü s s e l d o r f
Auf das Schreiben vom 5. April 1939 - Nr. 3580 -.

*) a.a.O.

**) a.a.O.

*) a.a.O.

Kirchenkreis Köln Köln-Mülheim, den 11. 5. 39
Tagebuch Nr. 527
An die Finanzabteilung
b. Ev. Konsistorium
Düsseldorf

Zu meinem größten Bedauern habe ich erfahren, daß der Rheinischen Frauenhilfe die für sie aus den rheinischen Gemeinden und aus provinzialkirchlichen Mitteln bisher geflossenen Gelder bis auf weiteres nicht mehr erhalten soll.

Ich kenne aus einem langen Amtsleben die große Bedeutung und die von reichem Segen gekrönte Arbeit der Frauenhilfe im Rheinland. Ich weiß auch, daß bei einer Kollekte für die kirchliche Frauenarbeit unsere Gemeinden glauben, das einkommende Geld sei für die Frauenhilfe bestimmt. Ich wäre deshalb sehr dankbar, zu erfahren, ob aus der für den bevorstehenden Sonntag Rogate vorgeschriebenen Kirchenkollekte auch die Evangelische Frauenhilfe im Rheinland bedacht wird.

gez. Unterschrift*)

Der Superintendent Homberg (Niederrhein), am 11. Mai 1939
der Kreissynode Moers
zu Homberg (Niederrhein)
Tagebuch Nr. 10001

An den
Vorsitzenden der Finanzabteilung
beim Evangelischen Konsistorium
der Rheinprovinz,
Herrn Sohns,
Düsseldorf.

Betrifft Kirchenkollekten für die
evangelische Frauenhilfe.

Es ist den kirchlichen Kreisen der Provinz bekannt geworden, dass Sie der evangelischen Frauenhilfe im Rheinland wegen staatspolitischer Bedenken gegen ihre gegenwärtige Leitung die Auszahlung eines Anteils am Ertrage der Kirchenkollekte für kirchliche Frauenarbeit und sonstiger kirchlichen Mittel bis auf weiteres versagt haben. Da die Arbeit der evangelischen Frauenhilfe für das kirchliche Leben unserer Provinz von grösster Bedeutung ist, möchte ich darauf hinweisen, dass eine Klärung und Schlichtung dieser schwerwiegenden Angelegenheit um unserer Gemeinden willen und zur Vermeidung ernster Beunruhigung mir dringend notwendig erscheint.

Die Kirchenkollekte des kommenden Sonntags Rogate ist nach dem amtlichen Kollektenplan für die Frauenarbeit der rheinischen Kirche bestimmt. Unter solcher Frauenarbeit der rheinischen Kirche verstehen unsere Gemeindeglieder weithin eben die Arbeit der Frauenhilfe, zumal diese Kirchenkollekte in früheren Jahren bis 1937 ausdrücklich die Bezeichnung trug: „Für die Rheinische Frauenhilfe."

Vor allem erklärt sich dieses dadurch, dass der von Lic. Hermenau geleitete Frauendienst nur geringe Bedeutung hat. So gibt es z. B. in den 20 Gemeinden meiner Synode nach meiner Kenntnis nur einen einzigen Frauenkreis, der diesem Frauendienst angeschlossen ist. Nun ist es ein selbstverständlicher und zwingender Grundsatz aller Kollektenverwaltung, daß die als Opfergaben erbetenen Mittel nach dem Willen der Geber verwandt werden müssen. Was werden die Gemeindeglieder sagen, wenn sie erfahren, dass an der Kirchenkollekte für die Frauenarbeit der Rheinischen Kirche die Evangelische Frauenhilfe im Rheinland keinen Anteil hat, wenigstens vorläufig nicht? Was würden sie erst sagen, wenn es ihnen bekannt würde, dass der Anteil der Frauenhilfe an der gleichen Kollekte des Vorjahres, die am 8. Mai, also vor mehr als Jahresfrist, eingesammelt worden ist, noch nicht zur Auszahlung gekommen ist? Ich sehe hier eine Gefahr. Es könnte daraus eine schwere Vertrauenskrise entstehen. Eine baldige Behebung der um die Frauenhilfe entstandenen Schwierigkeiten würde zur Verhütung solcher unerwünschten Folgen wesentlich beitragen. So darf ich um der mir anvertrauten Gemeinden willen dringend bitten, zur Klärung und Schlichtung alles nur Mögliche zu tun.

gez. Denkhaus
Superintendent.*)

*) a.a.O. *) a.a.O.

Am 19. Mai 1939 werden die Superintendenten von der Finanzabteilung ersucht, die örtlichen Frauenvereine darauf aufmerksam zu machen, daß sie aus den für die „Frauenarbeit" bestimmten „provinzialkirchlichen und Kollektenmitteln" Arbeitszuschüsse erhalten können. In jedem Falle sind „eingehende Angaben über die örtliche Leitung der betreffenden Frauenvereine" zu machen, da in jedem Falle die Finanzabteilung entscheiden müsse, ob „politische Bedenken" gegen die Gewährung von kirchlichen Mitteln vorlägen.*) Reichsamtsleiter Sohns trifft die Entscheidung über die eingehenden Anträge persönlich und trägt diese Entscheidung auf den Anträgen ein. Es versteht sich von selbst, daß Selbstdarstellungen wie die folgende positiv bewertet werden:

Die kirchliche Frauenarbeit besteht in unserer Gemeinde seit 44 Jahren und ist immer die größte, zuverlässigste und schlagkräftigste Organisation in unserer Arbeitergemeinde gewesen.
Als die Frauenhilfe in den Kirchenstreit eingriff, haben wir unsern Verein aus dem Provinzialverband der Frauenhilfe herausgezogen und dem Frauendienst angeschlossen. Deshalb arbeitet unser Verein mit der NSV und der NSF in kameradschaftlicher Weise, die noch dadurch erleichtert wird, daß die Leiterin des Vereins, Frau Pfarrer V., Mitglied der NSDAP ist, während der Geschäftsführer des Vereins, nämlich der unterzeichnete Pfarrer, schon 1932 der Bewegung beitrat.**)

Im April 1940 beschließt der Geschäftsführende Ausschuß der Rheinischen Frauenhilfe, sich in der Kollektenfrage erneut an das Evangelische Konsistorium der Rheinprovinz zu wenden und zu beantragen, daß aus der neuen Kollekte für kirchliche Frauenarbeit ein entsprechender Anteil der Frauenhilfe überwiesen wird. Am 10. Mai 1940 schreibt Pfarrer Kunze dem Konsistorialpräsidenten Dr. Koch unter anderem:

Für den 19. Mai ist die Kollekte für die Frauenarbeit der Rheinischen Kirche angesetzt. Es kann keinem Zweifel unterliegen, dass der weitaus grösste Teil der kirchlichen Frauenarbeit in der Evangelischen Frauenhilfe mit ihren fast 700 Frauenhilfen zusammengefasst ist. Die Gemeindeglieder, die für diese Kollekte geben, geben sicherlich meist in dem Bewusstsein, dass sie der Arbeit der Evangelischen Frauenhilfe zugute kommt . . .*)

Nach einer Darstellung der umfassenden Arbeit der Rheinischen Frauenhilfe heißt es sodann:

Die Evangelische Frauenhilfe tut ihre ganze Arbeit in der Gebundenheit an das Wort Gottes und die Bekenntnisse unserer Kirche. Sie tut ihren Dienst allen Gemeinden, die sich ihren Dienst gefallen lassen, ohne Unterschied der kirchenpolitischen Einstellung, und hilft dadurch mit, dass alle die sich finden, denen es Inhalt ihres Gebetes und ihrer Arbeit ist, dass der Christus der Bibel unserem Deutschen Volke in seinem Existenzkampf als der „einige Trost im Leben und im Sterben" verkündigt wird. Wir bitten, für die oben kurz gezeichnete Arbeit den gebührenden Anteil der Kollekte vom 19. 5. überweisen zu wollen.**)

Acht Monate später trifft die Finanzabteilung eine erstaunliche Entscheidung:

An die
Evangelische Reichsfrauenhilfe
in Potsdam
Mirbachstraße 1   Düsseldorf, den 4. Januar 1941

Im Einvernehmen mit dem Herrn Vorsitzenden des Rheinischen Provinzial-Synodalrats und dem Kollektenausschuss haben wir bestimmt, dass der Evangelischen Reichsfrauenhilfe aus den Erträgen der in den Jahren 1939 und 1940 für die Frauenarbeit der Rheinischen Kirche abgehaltenen Kollekte die Beträge von 1000,— und 2000,— RM, zusammen = 3000,— RM zufliessen sollen, mit dem Anheimgeben, die Gelder für die Zwecke der Rheinischen Frauenhilfe zu verwenden. Die hiesige Konsistorialkasse hat Anweisung erhalten, den Betrag von 3000,— RM auf das dortige Postscheckkonto Berlin Nr. 308 80 zu überweisen.

gez. Unterschrift***)

*) a.a.O.

**) LKA Düsseldorf, KK. B XII 40
Slg 1939-1942.

*) AFrRh.

**) a.a.O.

***) LKA Düsseldorf, KK. B. XII 40
Beiakten I.

Ein kleiner Erfolg des Widerstandes wird sichtbar gegen das unrechtmäßige Zurückhalten für die Rheinische Frauenhilfe bestimmter Mittel. Zur selben Zeit ist zu erkennen, daß in den Kirchenprovinzen der altpreußischen Union, in denen die Kollekten für die Evangelische Frauenhilfe abgekündigt und ihr zugeführt wurden, weit höhere Ergebnisse zustande kommen: 10000 RM, 12000 RM, über 19000 RM. Viele Gemeindeglieder sind bereit, eine Arbeit auch unter Opfern zu fördern, wenn sie in der Gebundenheit an das Wort Gottes geschieht.

Der „Frauendienst" als Gegenbewegung zur Frauenhilfe

Der Reichsbischof.
S. I. 245

Berlin-Charlottenburg, den 25. 2. 1935
Jebenstraße 3

Zum Referenten der Deutschen Evangelischen Kirchenkanzlei für das Frauenwerk der Deutschen Evangelischen Kirche ist Pfarrer Lic. Hermenau berufen. Zugleich habe ich ihn beauftragt, die gesamte kirchliche Frauenarbeit auch in der Öffentlichkeit, insbesondere in den Beziehungen zu dem Deutschen Frauenwerk zu vertreten. Alle wichtigen Verhandlungen und Vereinbarungen sind im Einvernehmen mit ihm zu führen, damit die Einheitlichkeit und Geschlossenheit der evangelischen Frauenarbeit gewährleistet wird.

Den Vorständen der Evangelischen Frauenverbände bitte ich, von dem Inhalt dieses Erlasses Kenntnis zu geben.

gez. Ludwig Müller
(S.) Beglaubigt
gez. Fiebig.
Kanzleiobersekretär.

An die obersten kirchlichen Behörden und die evangelischen Konsistorien des Landes einschl. Danzig (ausschließl. der Stolberg.)*)

Der Referent und Bevollmächtigte
für das Frauenwerk der
Deutschen Evangelischen Kirche.

Berlin-Charlottenburg,
den 15. III. 1935.
Jebenstraße 3
In eiligen Fällen:
Potsdam, Burgstr. 33, Tel. 5720.

Rundschreiben Nr. 1.

Zur Klarstellung!

Das bisherige „Frauenwerk der Deutschen Evangelischen Kirche" unter Frau von Grone hat sich Anf. Nov. 1934 der „Arbeitsgemeinschaft der missionarischen und diakonischen Verbände" (Bodelschwingh, Knak, Lüttichau) angeschlossen. Diese „Arbeitsgemeinschaft" trat am 12. XII. 1934 hinter Marahrens-Koch. Damit steht automatisch jeder zum „Frauenwerk" gehörige Verband, jede Frauenhilfe und jedes Mitglied hinter Marahrens-Koch.

So gibt z. B. das kirchliche Frauenwerk Schlesiens im „Boten" vom 3. III. 35, S. 103 folgende Entschließung bekannt:

„Nachdem das Frauenwerk der Deutschen Evangelischen Kirche unter Führung von Frau von Grone sich der Arbeitsgemeinschaft der Missionarischen und diakonischen Verbände (Pfarrer von Bodelschwingh, Direktor Knak, Pastor Graf Lüttichau) angeschlossen und damit hinter die vorläufige Kirchen-Leitung Marahrens-Koch gestellt hat, erklären wir auch für Schlesien:

Das Evangelische Frauenwerk der Provinz Schlesien stellt sich hinter die vorläufige Kirchenleitung Marahrens-Koch in der Erkenntnis, daß hier der einzig mögliche Weg beschritten wird, unsere Kirche nach Bibel und Bekenntnis zu ordnen und zu bauen. Das Schlesische Frauenwerk tut seinen Dienst im Sinne der Briefe des Herrn Bischof D. Zänker vom 2. und 24. November 1934.

I. Dies bedeutet: 1. Daß die evangelischen Frauen Schlesiens hinter ihrer Reichsführerin Frau von Grone stehen;

*) ADW Berlin, CA Nr. 401 III/3.

2. daß die evangelischen Frauen sich entschlossen haben, wie ihre Reichsführerin in den kirchenpolitischen Wirren nun ganz klare Linien zu ziehen und sich hinter feste geistliche Führung zu stellen; 3. daß wir also in der Reichsführerin Gefolgschaft seit dem 5. November 1934 der missionarischen-diakonischen Arbeitsgemeinschaft Bodelschwingh, Knak, Lüttichau angeschlossen sind; 4. daß wir uns wie diese Männer von der Reichskirchenregierung (Müller), die unsere ganze evangelische Frauenarbeit im Stich gelassen und verleugnet hat, losgesagt und vertrauensvoll hinter die vorläufige Reichskirchenregierung Marahrens-Koch gestellt haben; 5. daß wir an diesem Platze uns auch in der Gefolgschaft unseres hochwürdigen Herren Bischof D. Zänker befinden, fest entschlossen, ihm die Treue zu halten; 6. daß wir das Ansinnen weit und entrüstet von uns weisen, das uns bereits von dem neuen Dezernenten für Frauenarbeit im Auftrag der bisherigen Kirchenregierung Müller gestellt wurde, uns aus diesen Bindungen zu lösen und einer neuen evangelischen Frauenarbeit neben der seit vierzig Jahren bestehenden beizutreten; 7. daß wir hier in Schlesien nichts besonderes tun, sondern lediglich das, wozu die anderen Provinzialverbände sich längst entschlossen haben, daß wir uns an diesem Platze mit einer Million evangelischer Frauenhilfsschwestern im ganzen Reich zusammenfinden.

II. Es bedeutet nicht eine Bindung des Einzelnen an eine kirchenpolitische Gruppe.

III. Was folgt daraus? Daß wie der Provinzialverband seine Reichsführer nicht im Stiche läßt, nun auch die Kreis- und Ortsverbände treu hinter der Führung des Provinzialverbandes ausharren und nicht durch ein Versagen der Gefolgschaft die Einheit sprengen.''

Der Schlesische Geschäftsführer, Pfarrer Lorenz, erklärte nach einem Bericht aus Hirschberg vom 11. 3. 35.:

Die Frauenhilfe dürfe nicht mehr kirchenpolitisch neutral bleiben. Es handele sich jetzt einfach um die Frage, ob in der Kirche noch Christus gelten solle, die Verkündigung des Gekreuzigten und Auferstandenen. Gegen diese Irreführung der Frauenhilfsleute erhebe ich im Namen der zur Reichskirche stehenden evangelischen Frauenverbände schärfsten Protest.

Der Westfälische Provinzialverband der Evangelischen Frauenhilfe ist dazu übergegangen, alle Frauenhilfen, Leiterinnen, Leiter, Vorstandsmitglieder usw. auszuschließen, bezw. abzusetzen, welche die kirchenpolitisch bestimmte Entschließung des weiteren Vorstandes der Westf. Frauenhilfe vom 26. 10. 34 nicht unterschrieben haben. Jahrzehntelang bewährte Leiterinnen und Leiter sind aus den Kreisverbandsvorständen ausgeschlossen oder sollen gezwungen werden ,,ihr Amt ruhen zu lassen''. Ganze Vorstände, die sich geweigert haben, die ,,Soester Erklärung'' zu unterschreiben, hat man für abgesetzt erklärt und in den betreffenden Pfarrbezirken neue ,,bekenntnisbestimmte'' Frauenhilfsmitglieder . . . [unleserlich], durch den alle geordnete Arbeit im alten Sinne und Geist unmöglich gemacht wird. Auf Frage der einzelnen Vorsitzenden und Leiter, weshalb man gegen sie vorgehe, hat man fast immer nur vorbringen können, sie ständen hinter der Reichskirche und seien daher in der Frauenhilfe untragbar, trotzdem die allermeisten alle Kirchenpolitik sorgfältig aus ihren Frauenhilfen herausgehalten und alle ausnahmslos erklärt haben, daß sie fest und treu auf dem Boden von Bibel und Bekenntnis stehen. In den einseitig bekenntnismäßig gestalteten Frauenhilfen haben die Frauen, die nicht zur Bekenntnisfront gehören, teilweise unerhörte Drangsalierungen zu erdulden, so daß sie an dem auch von ihnen geliebten und mitgetragenen Werk der Frauenhilfe augenblicklich nicht aktiv mitarbeiten können. Im übrigen habe ich festgestellt, daß in fast allen Ländern und Provinzen die meisten Mitglieder von ihrer Unterstellung unter Marahrens-Koch nichts wissen. Die Behauptung, das Frauenwerk der Deutschen Evangelischen Kirche stände geschlossen auf der ,,Bekenntnisseite'' ist nicht richtig. Es bedarf nur der Aufklärung, um große Teile der Evangelischen Frauenverbände auf den Boden der legalen Reichskirche zurückzuführen! Wir wollen eine kirchliche Frauenorganisation, die kirchenpolitisch wirklich neutral ist, weder zu den D.C. noch zur B.K. oder zur ,,Arbeitsgemeinschaft der missionarischen und diakonischen Verbände'' (gleich B.K.) gehört.

Das bisherige ,,Frauenwerk der Deutschen Evangelischen Kirche'' kommt infolge seiner Loslösung von der Reichskirchenregierung und seiner Unterstellung unter Marahrens-Koch für die Reichskirche solange nicht in Frage, als es bei dieser Stellungnahme verbleibt. Frau von Grone ist als Reichsführerin vom Herrn Reichsbischof abberufen! Alle diejenigen, die in vollkommener kirchenpolitischer Neutralität, aber im Gehorsam gegen die kirchliche und staatliche Obrigkeit (Röm. 13,1) in der echten Tradition der evangelischen Frauenhilfen ihren Dienst tun wollen, werden gebeten, sich durch eine entsprechende Erklärung dem Bevollmächtigten für den reichskirchlichen Frauendienst Lic. Hermenau zu unterstellen. Die Neuordnung der gesamten kirchlichen Frauenarbeit wird im Zuge des reichskirchlichen Aufbaus im Einvernehmen mit dem Deutschen Frauenwerk vollzogen.

Wer sich dem Reichskirchlichen Frauenwerk anschließt, genießt selbstverständlich den Schutz aller verantwortlichen Stellen in Kirche und Staat.

Allen Gerüchten und Verleumdungen gegenüber halten wir uns an Matth. 5, 11.

Alle Freunde grüße ich mit 1. Corinth. 1, 9.

Heil Hitler!

gez. Lic. Hermenau.*)

Frauenwerk der Deutschen Evangelischen Kirche.

Potsdam, den 16. April 35.

An die

Mirbachstr. 1.

Evangelischen Frauenwerke in den
Ländern und Provinzen,
der Vereinigung evgl. Frauenverbände
Deutschlands angeschlossenen Verbände
P.- und L.-Verbände der Evgl. Reichsfrauenhilfe.

In einer Feierstunde der Deutschen evangelischen Frau in der „Heiligengeistkirche" in Potsdam am 15. April 35. sprach der Reichsbischof. Das Leitblatt enthält folgende Sätze:

„Der Evangelische Frauendienst soll alle in der Nachfolge Christi dienstwilligen Frauen und Mütter in einer Glaubens- und Tatgemeinschaft zusammenfassen.

Werkraum ist die Gemeinde. Ziel ist die Erfüllung des Frauentums mit der Gotteskraft des Evangeliums, die Durchdringung aller Lebensordnungen (Ehe, Familie, Volk) mit Christi Geist, die christliche Kindererziehung in Schule und Haus, die geistliche Versorgung der Volksgenossen im In- und Ausland. Der Arbeitsweg wird gekennzeichnet durch Gemeinde- und Volksmission. Der Evangelische Frauendienst erfüllt seine Aufgabe durch Arbeitsgemeinschaften in Gemeinde, Kreis, Provinz, Land (Gau) und Reich.

Der Evangelische Frauendienst ist Organ der Kirche, d. h. der gesetzmäßigen Deutschen Evangelischen Kirche unter dem gesetzmäßigen Reichsbischof. Niemand kann in einer Frauenhilfe bleiben, die den Boden der legalen Kirche verlassen hat. Wo in der Gemeinde keine zur Reichskirche stehende Frauenhilfe besteht, verlange man Auskunft und Anweisung von der Geschäftsstelle des Frauendienstes der Deutschen Evangelischen Kirche, Potsdam, Burgstr. 33, Telefon 5720.

Zur Erklärung: Die Neuordnung der kirchlichen Frauenarbeit ist nötig, weil sich das bisherige evangelische Frauenwerk einschl. der Frauenhilfe von der Reichskirche losgesagt und auf die Seite der Bekenntnisfront gestellt hat."

Wir trauen unseren Verbänden eine eigene Beurteilung und Stellungnahme zu.

Heil Hitler!

Gerda Lucas. Brandmeyer, Pf.*)

*) ADW Berlin, CA Nr. 848 III/2.

*) ADW Berlin, CA Nr. 401 III/4.

Evangelische Reichsfrauenhilfe
R. 16/35.

Potsdam, den 2. Mai 1935.
Mirbachstr. 1.

An die
Landes- und Provinzialverbände der
Evangelischen Reichsfrauenhilfe.

An die
Verbände im Frauenwerk der
Deutschen Evangelischen Kirche

und an
die Frauenwerke der Länder
zur Kenntnis.

Die Rundschreiben von Herrn Pfarrer Lic. Hermenau und der Aufruf des Herrn Reichsbischofs im Gesetzblatt der Deutschen Evangelischen Kirche Nr. 15 nötigen zu folgenden Feststellungen:

1. Frauenhilfe und Reichskirche: Die Frauenhilfe hat als Glied des Frauenwerkes der D.E.K. lange Zeit mit der Reichskirchenregierung zusammengearbeitet in der Hoffnung auf eine rechtsgültige Ordnung, innere Befriedung und positive Aufbauarbeit der Reichskirche. Frau v. Grone ist zur Führerin des Frauenwerkes der Deutschen Evangelischen Kirche durch das Vertrauen der Verbände gewählt worden, und der Herr Reichsbischof hat das anerkannt. Frau von Grone ist ohne jede Fühlungnahme des Herrn Reichsbischofs mit dem Frauenwerk ohne Angabe von Gründen abberufen, nachdem bereits 4 Monate vorher das Frauenwerk seine Arbeitsbeziehungen zur Reichskirche gelöst hatte. Das Frauenwerk hat sich nicht anders verhalten als die „ausgegliederten" Landeskirchen und andere kirchliche Werke und Verbände. Die Reichsfrauenhilfe war der Reichskirche nie „unterstellt", braucht sich also von ihr auch nicht zu lösen. Angriffe auf Eigenart und Selbständigkeit der Frauenhilfe gehören nicht zum Aufgabenbereich eines kirchlichen Referenten.

Die Reichsfrauenhilfe ist dienstbar an Kirche und Volk. Sie ist mit ihrer dienenden Arbeit kirchenregimentlich nicht gebundenes freies Organ der Deutschen Evangelischen Kirche.

2. Frauenhilfe und Staat: Der in Rundschreiben Nr. 2 von Pfarrer Hermenau weitergegebene Brief, der der Frauenhilfe politische Reaktion vorwirft, bedarf keiner besonderen Antwort. Der Staat bedarf des Schutzes kirchenpolitischer Pastoren nicht. Jener unbegründete Vorwurf zerstört die Kirche. Die positive Stellung der Frauenhilfe zum Staat wird davon nicht berührt.

3. Frauenhilfe und Bekenntniskirche: Die Frauenhilfe „untersteht" nicht der Bekenntniskirche, weil geistliche Führung nicht Ansprüche stellt, sondern dienstbar wird. Freilich hat die Frauenhilfe zur Vorläufigen Kirchenleitung das Vertrauen, daß sie ihr Amt geistlich üben und alles zur wahren Befriedung und Einheit der Kirche tun wird. Die Reichsfrauenhilfe hat bei den Einzelgruppen keine Befragung vorgenommen, weil sie weder das Führerprinzip noch den Parlamentarismus als der kirchlichen Arbeit angemessen hält. Die Vertrauenshaltung der L.- und P.-Verbände und ihrer Gliederungen ist eindeutig. Die Leitung der Reichsfrauenhilfe hat ungeistlichen Zwang nicht ausgeübt. Erst durch die Rundschreiben von Pfr. Hermenau mit ihren Vorwürfen und Ansprüchen wird die Einheit der Frauenhilfsarbeit bedroht und gestört. Die Verantwortung dafür trägt nicht die Leitung der Reichsfrauenhilfe. Man kann die Behauptung, die Frauenhilfe hätte die bewährte Linie evangelischer Frauenarbeit verlassen, nur aufstellen, wenn man Haltung und Weg der Frauenhilfe nicht versteht.

4. Frauenhilfe und Arbeitsgemeinschaft: Hier verweisen wir zunächst auf die dem Rundschreiben Nr. 9/35 vom 11. März 35 beigefügte Abschrift eines Briefes von Herrn Direktor Kunze an einen Superintendenten in Pommern.

Der Eintritt in die Arbeitsgemeinschaft der missionarischen und diakonischen Werke und Verbände der Deutschen Evangelischen Kirche am 5. 11. 34 ist in den Frauenhilfen nicht als kirchenpolitischer Schritt beurteilt worden. Dafür zeugt die erhaltene Einheit der Frauenhilfsarbeit. Erst durch die neuen Maßnahmen des Herrn Reichsbischofs und des Pfarrers Hermenau wird kirchenpolitischer Zwang versucht.

Die Arbeitsgemeinschaft ist keine kirchenpolitische Gruppe, sondern sie bittet, mahnt und hilft, damit die Verwirrung der Kirche durch echtes Zeugnis und treuen Dienst überwunden wird. Durch die Zugehörigkeit zur Arbeitsgemeinschaft ist die Selbständigkeit der Frauenhilfsarbeit nur gefördert. Kirchenpolitische Ereignisse können die grundsätzliche Haltung der Reichsfrauenhilfe nicht beeinflussen.

5. Die Verbände im kirchlichen Frauenwerk: Bei der Einheit des Frauenwerkes bleibt die Mannigfaltigkeit der Verbände in sachlicher Gliederung bestehen. Die gemeinsame Aufgabe und Not schaltet jeden besonderen Anspruch eines Verbandes aus. Jeder dient an dem ihm durch die Geschichte, Erfahrung und konkreten Anliegen zugewiesenen Platz. Der Einmütigkeit der Verbände muß durch gemeinsame Beratung und gemeinsame Arbeit für Kirche und Gemeinde Ausdruck gegeben werden.

6. Praktisches: Die Evangelische Frauenhilfe (Gesamtverein) ist eingetragener Verein. In den Satzungen ist die Reichskirche nicht verankert.

Der „Frauendienst der Deutschen Evangelischen Kirche" hat mit der Frauenhilfe nichts zu tun. Er ist eine Neugründung. Im Gesetzblatt der Deutschen Evangelischen Kirche Nr. 15 handelt es sich nicht um ein Gesetz, auch nicht um eine Verordnung, sondern um einen Aufruf des Herrn Reichsbischofs. Die positive Zusammenarbeit der Frauenhilfe mit der staatlichen Frauenarbeit wird von den innerkirchlichen Vorgängen nicht berührt. a. für die Gemeinde. Es muß alles versucht werden, die Frauenhilfe in der Gemeinde geschlossen zu erhalten. Niemand ist auszuschließen. Spaltungen sind zu vermeiden, weil die Frauenhilfe oft Träger von Kindergärten, Diakonissenstationen u. a. ist. Wer sich dem „Frauendienst der Deutschen Evangelischen Kirche" einordnet, hat sich von der Frauenhilfe getrennt. Er kann in der Frauenhilfe kein Amt verwalten. Die Verantwortung für Absplitterungen tragen diejenigen, welche sich selbst von der Frauenhilfe trennen. Die Frauenhilfe tut alles, damit aus der Trennung kein offener Kampf wird, weil Frauenhilfe Dienst an der Gemeinde ist. b. in Kreis- und Provinzialverbänden. Bei allen Entscheidungen handele man den Satzungen gemäß. Aber die Beachtung der Satzungen darf die lebendige Gestaltung der Frauenhilfsarbeit

nicht hemmen. Wo Weisungen von der Reichsfrauenhilfe bis zu einer Ortsgruppe nicht durchdringen, bedarf sie der Betreuung durch die Frauenhilfe der Nachbargemeinde. Wo Frauenhilfen ihre Beiträge nicht abführen, weil sie sich dem reichskirchlichen Frauendienst einordnen, haben sie sich getrennt. Die L.- und P.-Verbände werden in freier Zusammenarbeit mit ihren kirchlichen Behörden stehen, wenn sie dabei im Reichsverband bleiben, und wenn die Kirchenbehörde eine Einmischung von Pfarrer Lic. Hermenau ablehnt. Für die Leitung der Verbände ist die Betreuung, Beratung und Unterweisung ihrer Untergliederungen Pflicht. Es bestehen keine Bedenken, dieses Anschreiben den ordentlichen Frauenhilfen, die es zur positiven Arbeit nötig haben, zuzuleiten.

gez. Brandmeyer, Pfarrer. *)

Nur für die Mitglieder
unsrer evgl. Frauenhilfe   Als Handschrift gedruckt!

**Pfarrer Hermenau als Wegbereiter
der Deutschen Glaubensbewegung.**

Wenn wir die Aussagen von Pfarrer Hermenau über das Wesen und die Aufgaben der Frau prüfen, wollen wir gewiß daran denken, daß er eine dichterische Ader hat. Aber auch seine poetischen Aussprüche müssen an der Heiligen Schrift gemessen werden. Er sagt einmal in „Predigtgedanken zum Muttertag 1933" (Bausteine zum evangelischen Muttertag, S. 4) vom Kantate-Sonntag 1933, der zugleich Muttertag war: „Da schüttelt sich dieser liebe helle Liedersonntag alle die zagen Gedanken aus seinem Lenzgelock und schickt seine lichtgläubigen Augen geradeswegs in Gottes Himmel hinein und tritt vor den Thron des gütigen Vaters: All unsere Sorgen werfen wir auf dich..." Gewiß kann man poetisch sagen, daß ein Sonntag uns eine Botschaft auszurichten hat, nämlich das Evangelium oder die Epistel des Sonntags. Aber wenn ein Sonntag „Lenzgelock" und „lichtgläubige Augen" hat und mit Gott redet, so macht uns solche Poesie in Predigtgedanken darauf aufmerksam, daß hier etwas nicht in Ordnung ist. Das

*) a.a.O.

gilt leider für die gesamten theologischen Aussagen von Pfarrer Hermenau. Ich will das jetzt nur an zwei Punkten aufweisen.

1. Er lehrt eine besondere Gottesnähe der Frau, die wider Schrift und Bekenntnis ist. Ich führe dafür folgende Zitate an: „Wer ist heute genau so wie zu allen Zeiten schöpfungsnah, damit gottnah? Das sind die Frauen, die in der Schöpfungsgabe von Muttertum und Mütterlichkeit von Gott in den innersten Kreis des Lebensheiligtums hineinbezogen sind." (Aufwärts vom 8. Oktober 1932), oder „Priesterliches Amt ist es, was den Frauen vom Himmel her anvertraut ist, und nur wahnsinnige Verblendung hat es je und je in der Geschichte versucht, die Frauen ihrer priesterlichen Würde zu entkleiden und ihre göttliche Seele in den Schmutz zu ziehen." (Rundfunkvortrag vom 18. Juni 1933, S. 4), oder „Seele der Frau, selber Lichtstrahl aus dem gütigen Vaterauge Gottes, ... Seele der Frau, werde immer wieder, wie du von Ewigkeit warst, gottgebunden!" (Vom Werk zum Ziel 1933, S. 15.)

„Uns Evangelischen ist ein Madonnenbild etwas unsagbar Großes. Nicht im Sinne der Heiligenverehrung und des Marienkultes. Aber im Geist des himmlischen Vaters und Schöpfers, der dieses einzigartige Verhältnis von Mutter und Kind geschaffen hat. Das ist recht verstanden ein evangelisch Heiligenbild: die Mutter mit dem Kind in ihren Armen" (Bausteine zum Evang. Muttertag 1933, S. 6).

Ich habe beim Vorlesen solcher Worte schon erlebt, daß Frauen sagten: „Das ist doch schön!" Darüber habe ich hier nicht zu reden. Aber das ist deutlich, daß hier eine andere Lehre von der Frau ist als in der Schrift und bei den Reformatoren. Hermenau sagt von den Frauen: „Reinheit und Wahrhaftigkeit sind die Grundmerkmale ihres unverfälschten Wesens. Dieses angeborene Empfinden löst sich auf religiösem Gebiet in dem Verlangen nach unbedingter Klarheit auf." (Frauenhilfe 1933, S. 274). Die Schrift dagegen lehrt Römer 3, 4: „Es bleibe vielmehr also, daß Gott sei wahrhaftig und alle Menschen Lügner."

Gilt es denn für die Frauen nicht mehr, was Luther zum zweiten Artikel sagt: „. . . . der mich verlorenen und verdammten Menschen erlöset hat"?, und was der Heidelberger Katechismus in Frage 5 lehrt: „Ich bin von Natur geneigt, Gott und meinen Nächsten zu hassen", und was die Heilige Schrift Römer 3, 23 sagt: „Denn es ist hier kein Unterschied, sie sind allzumal

Sünder und mangeln des Ruhms, den sie an Gott haben sollten".

Weiß Hermenau nicht, daß die Schrift mit großem Ernst jeder falschen Ueberhebung der Frau gegenüber sagt: „Das Weib ward verführt und hat die Uebertretung eingeführt"? (1. Tim. 2, 14). - Wer so von den Frauen redet, wie Hermenau, der weiß nichts vom Fall der Menschheit, der schmeichelt dem alten Menschen, der ruft sie nicht zu Gott, sondern von ihm weg. Das will sicher Pfarrer Hermenau nicht, aber das tut er.

2. Weil hier die Gottesnähe der Frau gelehrt wird, werden die Frauen zu Mittlerinnen. Gewiß leugnet Hermenau nicht, daß auch die Frau von Christus hören und von ihm erlöst werden muß, aber wie er das lehrt, ist bezeichnend. „Das uralt ewige Evangelium von der befreienden Kraft des Gottessohnes ist die unvergleichliche Quelle, aus der die deutsche Frau ihren Blutstrom erneuert." (Frau und Volk 1933, S. 7.) Man könnte fast auf jedes Wort dieses Satzes eingehen und zeigen, wie unbiblisch es ist. Nur das Wichtigste sei gesagt. Wo lehrt die Schrift, daß „der Blutstrom" durch das Evangelium erneuert werde? Luther sagt im Großen Katechismus ausdrücklich: „Durch die Taufe werden wir erstlich neu geboren, aber daneben, wie gesagt, ist und bleibt gleichwohl die alte Haut im Fleisch und Blut am Menschen." Hermenaus Satz zeigt ein merkwürdiges biologisches Mißverständnis der Erlösung und der Heiligung. Von da aus kommt es zu der falschen Bedeutung der Frauen: „Wo deutsche Frauenhände am Werk sind, wo deutsche Frauenseele zugleich sich dem Wirken und Walten Gottes erschließt, da kann es nicht dunkel bleiben, da löst das Licht eines neuen sonnigen Tages die Finsternis todgeweihter Notnacht ab." (Frau und Volk, S. 7). Wo sagt uns die Heilige Schrift so große Dinge von Menschen? Nein, sie sagt uns, daß Christus allein das Licht eines neuen Tages bringt und ruft, daß „ihr verkündigen sollt die Tugenden des, der euch berufen hat von der Finsternis zu seinem wunderbaren Licht." (1. Petr. 2, 9.) „Das, was man heute Frauenhilfe und - da ihre Kraft nur aus dem Evangelium kommen kann - Evangelische Frauenhilfe nennt, wächst über die Bedeutung einer Organisation hinaus und wird zu einer Ueberbrückung der Ratlosigkeit der Gegenwart, auch insofern, als in den Kreis der Genesung durch die Schaffenskraft der Frau und Mutter die deutsche Jugend und die deutsche Männerwelt mit einbegriffen wird." (Aufwärts, 8. Oktober 1932.) Gewiß

kann die Frau für den Mann eine Zeugin des Evangeliums sein, so steht es 1. Petri 3, 1-2, aber wer so redet wie hier, der macht sie zur Mittlerin der Genesung, das aber sind sie auch nicht durch die Kraft des Evangeliums. Noch gefährlicher ist das Wort: „Daß unser Blut nicht stocke und träge werde, laßt uns die Quellen christlichen Glaubens anschlagen, laßt uns unsere Wunden zu unseren Frauen tragen, die quellnah an Gott leben und uns in dem, was für den gesamten Wiederaufbau notwendig ist, verbinden mit den höchsten ewigen Kräften unseres Gottes." (Frau und Volk, S. 8.) Hermenau kennt also Frauen, die quellnah an Gott leben, und die dadurch uns mit den höchsten ewigen Kräften unseres Gottes verbinden. Es gibt nach der Schrift keine Menschen, die quellnah an Gott leben, und es gibt keinen, der uns mit Gott verbinden kann, als allein der einige Mittler Jesus Christus. Zu ihm wollen wir unsere Wunden tragen.

Am deutlichsten wird diese Lehre von der Mittlertätigkeit der Frauen in dem Gedicht „Vom Werk zum Ziel", S. 15, wo es heißt:

„Seele der Frau, getrübt von den Schatten, die jeden Erdenweg kreuzen,
daß du uns wieder hell und rein wirst, weil nur aus deiner göttlichen Klarheit die Wiedergeburt der Herzen kommen kann."

Das sind alles Gedanken, wie sie etwa in der Linie von Bergmann liegen („Erkenntnisgeist und Muttergeist" und „Nationalkirche"). Daß die Gedanken von Hermenau christlich verbrämt sind, macht sie umso gefährlicher. Daß er selbst ehrlich glaubt, damit das Evangelium zu sagen, ist erschütternd. Er muß sich fragen, ob ihn nicht das Urteil des Heidelberger Katechismus in Frage 30 trifft. „Glauben denn die auch an den einigen Seligmacher Jesum, die ihre Seligkeit und Heil bei Heiligen, bei sich selbst oder anderswo suchen? Nein, sondern sie verleugnen mit der Tat den einigen Seligmacher und Heiland Jesum, ob sie sich seiner gleich rühmen." Es wundert uns bei Hermenaus Aussagen nicht, daß sich in den Müttern nach seiner Lehre auch ein Tor zum Land der Ewigkeit auftut. „Das bringt der Muttersonntag fertig. Er lehrt uns in den Müttern an den Sieg des Lebens glauben. Das Wort Mutter ist wie jubelnder Glockenklang, es ist wie eine Ewigkeitsmelodie. Mutter, das ist immer neues Leben, das ist Zukunft.

Solange Mütter da sind, hat der Tod keine Gewalt, ihm zum Trotz bereiten sie seinem Widersacher, dem Leben, die Bahn." (Bausteine zum Muttertag 1933, S. 4.) Ich frage zu diesen Sätzen: Wo ist da die Botschaft vom Auferstandenen? Die Schrift lehrt uns, daß alles, was vom Weibe geboren ist, wieder zu Staub wird, daß in dieser Welt eben der Tod das letzte Wort hat. Daß uns die Mutter an den Sieg des Lebens glauben lehrt, das ist die Meinung der Deutschen Glaubensbewegung. Nach dem Evangelium lehrt uns allein Christus durch seine Auferstehung an das Leben glauben. Es ist eben für Hermenau das Erlebnis der Mutterschaft schon eine Ahnung des ewigen Lebens. „So erlebt die Welt immer wieder, daß sich das größte Heldentum in der opferfreudigen Seele der Mütter offenbart. Ob in Aermlichkeit oder mitten in irdischem Glanz, dies eine überstrahlt alles und verbindet alle: das Erlebnis der Mutterschaft und die göttliche Gabe der Mütterlichkeit. Da tut sich uns, wenn wir Augen haben zu sehen, ein goldenes Tor zum Land der Ewigkeit auf." (Bausteine 1933, S. 8) Noch stärker prägt sich das in den Versen aus, die auf derselben Seite stehen: „Mutter, du Wächterin still in der Nacht,
Mutter, wer hat dich so stark gemacht?
Mutter, du Kelch voll Leid,
Mutter, du Ewigkeit!"

Jede Mutter, die an Gottes Wort sich gebunden weiß, wird sich entsetzt von solchen Reden abwenden. Aber, weil Hermenau mitten zwischen allen solchen Worten und Gedanken vom Evangelium und vom Gekreuzigten und Auferstandenen redet, darum merken es viele nicht, darum ist ihm selbst nicht bewußt, welch eine Mischung biblischer Worte und heidnischer Gedanken hier vorliegt.

Wir wissen, daß Pfarrer Hermenau viele Jahre mit Hingabe für die Frauenhilfe gearbeitet hat. Wir können es nur mit Beschämung sagen, daß diese Lehre in Heften und Zeitschriften der Frauenhilfe gestanden hat, als Pfarrer Hermenau als Schriftleiter die Verfügung darüber hatte; ja, wir müssen es als Gericht ansehen, daß gerade Pfarrer Hermenau nun den Versuch macht, die Frauenhilfe zu zersplittern. Wir haben im Jahre 1933 ihn von manchen Seiten nachdrücklich auf seine falsche Lehre hingewiesen, und er ist nun seit dem Winter 1933 völlig aus der Frauenhilfsarbeit ausgeschieden.

Wenn wir jetzt in der Frauenhilfe von Schrift und Bekenntnis her um wirkliche Erneuerung der Kirche beten und ringen, dann müssen wir noch einmal sagen: wer so zu den Müttern unserer Kirche redet, der mag es so ernst meinen wie er will und mit aller Hingabe und mit lauterem Sinn arbeiten, der ruft sie nicht zum Evangelium, sondern vom Evangelium weg, denn er gaukelt ihnen von ihrer „göttlichen Seele" vor und verschweigt, daß sie arme verlorene Sünder sind, denn er preist sie als Mittlerinnen der Genesung und der Wiedergeburt und hat ihnen damit den Weg verschlossen zu dem, der als der einige Mittler und Heiland sie allein erretten kann; der hat damit das Evangelium der Schrift verlassen und hat in der Kirche in der Umrahmung biblischer Worte und Gedanken die Botschaft der Deutschen Glaubensbewegung aufgerichtet. In solcher Verwirrung gibt es nur ein Ziel: Hinein in die Schrift! Weg mit allen eigenen Gedanken und allen eigenen Meinungen! Laßt uns beten um den heiligen Geist, daß er uns „in alle Wahrheit leite".

W.-Barmen, Mai 1935   Pfarrer Wilhelm Kunze. *)

Wenn wir von der Arbeit in den letzten Monaten berichten, dann müssen wir auch von der Unruhe etwas sagen, die durch den Spaltungsversuch von Pfarrer Hermenau über uns gekommen ist. Dabei besteht eine doppelte Gefahr. Die eine ist, daß wir in eine kirchenpolitische Aufregung hineingeraten, daß wir von sensationellen Nachrichten hören wollen, und daß wir darüber die Besinnung auf das eine, was not tut, und die stille, treue Arbeit vergessen. Die andere Gefahr besteht in den meisten Frauenhilfen, in denen gar kein Kampf ist, und die gar nichts von dieser Aufregung irgendwie gespürt haben. Sie können nicht ermessen, was diejenigen Gemeinden durchleiden mußten, in denen etwa unseren Frauenhilfen das Gemeindehaus gesperrt wurde, und in denen sie gezwungen werden sollten, sich Pfarrer Hermenau zu unterstellen. Da ist die Gefahr, daß man ruhig in den Tag hinein lebt und die Schwestern vergißt. Gerade jetzt haben wir besondere Fürbitte nötig, gerade jetzt müssen wir füreinander eintreten. Dabei wollen wir auch derer nicht vergessen, die nun vorübergehend von uns getrennt sind. Es ist ja in unserer Rheinischen Frauenhilfe nur eine kleine Schar. Nach den Nachrichten, die wir aus den Kreisverbänden und Frauenhilfen bekommen haben, haben sich von unsern 704 Frauenhilfen nur etwa 32 für den Frauendienst von Pfarrer Hermenau erklärt. Wir haben in vielen Kreisverbänden und Frauenhilfen einen ausführlichen Bericht über die Lage im Einzelnen gegeben und sind überall da auch jetzt bereit, wo noch ein Bericht gewünscht wird. Das Wichtigste bleibt, daß wir mit festem Blick auf unser Ziel unsere Arbeit tun.*)

Am 3. März 1936 schreibt der Pfarrer der Schlesischen Frauenhilfe, Walther Lorenz, an den Reichskirchenausschuß zu Händen des Generalsuperintendenten D. Zoellner:

Als vor Jahresfrist das Frauenwerk der D.E.K. und damit auch sein Gros, die Reichsfrauenhilfe, von dem damaligen Reichskirchenregiment abzurücken sich gezwungen sah und den Anschluß an die „Arbeitsgemeinschaft der missionarischen und diakonischen Werke und Verbände" vollzog, wurde dieser Schritt als eine eng kirchenpolitische Maßnahme ausgedeutet. Durch eine ausgedehnte Propaganda, in der immer wieder von der „Unterstellung" unter die „Bekenntnisfront" die Rede war, gelang es, etwa 110 Frauenhilfen von insgesamt etwa 750 Frauenhilfen in Schlesien mit ungefähr 75 000 Mitgliedern, dazu zu bewegen, die Beziehungen zum Provinzialverband ruhen zu lassen und die Beitragszahlung einzustellen. Die Loslösung geschah allein durch Amtsbrüder, in keinem Falle auf Betreiben der Frauenhilfsmitglieder selbst, sehr oft sogar gegen deren ausdrücklichen Willen ohne jede Aufklärung, jedoch immer ohne Darstellung des wirklichen Tatbestandes . . .

Die abgesplitterten Frauenhilfen schlossen sich im Februar v. J. zur „Arbeitsgemeinschaft kirchenunpolitischer Frauenhilfen Schlesiens" zusammen, eine wohl nur schlesische Erscheinung, die in anderen Provinzen kaum eine Parallele gefunden haben dürfte. Von dem „Frauendienst" hörte man erst später in Schlesien. Die Überführung der einzelnen abgesonderten in jener „kirchenunpolitischen" Arbeitsgemeinschaft zusammengeschlossenen Frauenhilfen in den „Frauendienst" geschah keineswegs in

*) a.a.O.

*) Wilhelm Kunze, Arbeitsbericht zur Lage, in: Mitteilungen aus der Arbeit der Ev. Frauenhilfe im Rheinland (E.V.), Nr. 53, Wuppertal-Barmen, Juli 1935, S. 3.

allen Fällen. Zum eigentlichen „Frauendienst" sind heute etwa 70 Frauenhilfen zu zählen, während noch jetzt etwa 25 völlig „neutral" in der Luft hängen und als „Gemeindefrauenhilfen" bezeichnet werden, aber nicht dem „Frauendienst" zugehören, sondern zum Teil sogar zum Provinzialverband neigen mit der begründeten Aussicht, wieder einmal zu ihm zurückzukehren... Immerhin haben etwa 15 anfangs abgesplitterte Frauenhilfen wieder den Weg in die alte Arbeit gefunden.

In der letzten Zeit hat der „Frauendienst" erneut eine erhöhte Werbetätigkeit entfaltet... So wurde in Glogau neben der Frauenhilfe, die dort über 1600 Mitglieder stark ist, ein „Frauendienst" ins Leben gerufen mit 12 - zwölf - Mitgliedern, die auf etwa 20 inzwischen angewachsen sein sollen. Wo in solchen Fällen eine Notwendigkeit für Neugründungen liegen soll, bleibt unerfindlich. Hier wird man niemals von einer dringend erforderlichen positiven *kirchlichen* Arbeit, sondern nur von einem Herd der Unruhe und des Unfriedens sprechen können.

Am 13. August 1936 macht der Leiter der Reichsbewegung „Deutsche Christen", Studienrat Rehm, dem Reichskirchenausschuß davon Mitteilung, daß der Leiter des Evangelischen Frauendienstes, Pfarrer Lic. Hermenau, am 8. August 1936 seinen Austritt aus der Reichsbewegung „Deutsche Christen" mit folgender Begründung erklärt habe: „Meine Haltung ist die gleiche wie die der von Ihnen ausgeschlossenen Kameraden Dr. Schairer und Schneider, Stuttgart." Rehm bemerkt dazu, daß Dr. Schairer und Schneider auf dem Boden der Thüringer nationalkirchlichen Bewegung bzw. der Deutschkirche stünden und deshalb von ihm ausgeschlossen worden seien.

Der Evangelische Oberkirchenrat in Berlin-Charlottenburg ersucht am 18. September die Evangelischen Konsistorien um Bericht, „ob und welche Folgerungen der in der dortigen Kirchenprovinz etwa bestehende Provinzialverband des Evangelischen Frauendienstes aus diesem Schritt des Leiters des Evangelischen Frauendienstes gezogen hat".*) Das Düsseldorfer Konsistorium antwortet am 9. Dezember 1936:

Soviel wir unterrichtet sind, gibt es in der Rheinprovinz nur sehr wenige Vereine, die, als sie ihre Beziehungen zur Evangelischen Frauenhilfe lösten, sich dem von Hermenau geleiteten „Evangelischen Frauendienst" angeschlossen haben. Aus mehreren Gemeinden haben wir gehört, daß solche dem Frauendienst angeschlossenen Vereine sich nach dem Übertritt des Pfarrers Lic. Hermenau in die Thüringer Bewegung von dem Frauendienst wieder gelöst haben. Aus einem Gebiet des Oberrheins wurde die Frage an uns gerichtet, ob Vereine, die mit dem Frauendienst keinen Zusammenhang mehr pflegen wollen, sich unmittelbar dem Reichskirchenausschuß bzw. dem Provinzialkirchenausschuß unterstellen könnten. Der Provinzialkirchenausschuß für die Rheinprovinz hat jedoch erklärt, daß er einen solchen Weg nicht für gangbar halte. *)

Der Landesbeauftragte des „Frauendienstes Rheinland" behauptet in seinem Jahresbericht 1937, ohne das Saargebiet seien im Rheinland mehr als 25 000 Frauen in 180 Gruppen „erfaßt".

Gestalt und Arbeit des Frauendienstes im Rheinland im Jahre 1937.

1. Gliederung: Der Frauendienst Rheinland wird durch den unterzeichneten Landesbeauftragten geleitet. Er ist untergegliedert in Gaue, Kreise und örtliche Gruppen, die durch Gaubeauftragte, Leiterinnen der Kreise und der örtlichen Gruppen geführt werden. Es sind etwas mehr als 25 000 Frauen erfaßt (ohne Saargebiet) in etwa 180 Gruppen.

2. Besonderheit: Obschon der Frauendienst entstanden ist, als das deutsch-evangl. Frauenwerk sich indirekt der Bekenntnisfront anschloß, betrachtet er sich nicht als Gegenorganisation der Frauenhilfe und ähnlicher Verbände. Er ist vielmehr der Ansicht, daß lediglich dem Staate bezw. der NSDAP das Recht zur Bildung von Verbänden und straff zusammengefaßten Organisationen zusteht und daß es demgemäß nur eine Frauenorganisation - das deutsche Frauenwerk - zu geben hat.

---

*) LKA Düsseldorf, KK. B XII 40 Beiakten I.

*) a.a.O.

Der Frauendienst setzt daher in der Familie an. Die örtlichen Gruppen, die regelmäßig meist 8-14tägig zusammenkommen, sind nicht in Vereinen zusammengefaßt, sondern in lockerer Form. Die Gruppen treiben keine Wohlfahrtspflege, Müttererholung usw. Wo sie Näharbeiten leisten, geschieht es unter Führung der NSV bezw. NSF. Im allgemeinen aber arbeiten die im Frauendienst zusammengefaßten Frauen in den Nähstuben des Deutschen Frauenwerks bezw. in der NSV an der Betreuung der bedürftigen Volksgenossen mit. 90 % der Glieder des Frauendienstes FD gehören - teilweise in leitenden Stellungen - der Nat. soz. Frauenschaft oder dem Deutschen Frauenwerk an.

3. Tätigkeit: a) Aus dem Vorstehenden ergibt sich, daß die Tätigkeit des FD rein religiöser Art ist. Der Inhalt der Frauenstunden ist durch das heiße Bemühen gekennzeichnet, eine echte Begegnung von Nationalsozialismus und wahrem Christentum herbeizuführen. Wir glauben, daß diese beiden Größen wohl unterschieden aber nicht geschieden werden können. Nach vom Landesbeauftragten angeordneten Plänen wird die Fülle der Fragen durchgearbeitet.

Wo der Ortspfarrer es zuläßt, arbeitet der FD am Aufbau der Kirchengemeinde mit. (Vorbereitung der Gottesdienste, Durchführung der kirchlichen Feiern usw.)

Von besonderer Bedeutung ist für uns geworden, daß in steigendem Maße Mitglieder der Nat.soz. Frauenschaft in die FD-Stunden kommen, da die Frauenschaft sich nicht mit religiösen Fragen beschäftigen kann. Wir meinen, daß diese Tatsache gerade heute dem FD besondere Bedeutung gibt.

b) Wir sind froh, daß das Verhältnis zur Nat. soz. Frauenschaft sowohl örtlich wie überörtlich ein gutes ist und auf Vertrauen beruht. Die schwebenden Fragen sachlicher und persönlicher Art werden gemeinsam besprochen. Die Gauvertreterinnen des FD sind durch die Gaufrauenschaftsleiterinnen in den Gaustab des Deutschen Frauenwerks, die Kreise in den Kreisstab usw. berufen worden.

Gelegentlich wird dieses Verhältnis durch gemeinsame Veranstaltungen in der Weise betont, daß die Gaufrauenschaft und der betr. Gau des FD eine Veranstaltung auf denselben Tag sowie an den gleichen Ort legen und sich gegenseitig besuchen; so im September, wo 6000 Frauen des FD der Gaue Düsseldorf und Essen in Düsseldorf (Planetarium) und Duisburg-Meiderich (Hein-Hamacher-Hallen) zusammenkamen und anschließend Gäste des Deutschen Frauenwerks waren. (Redner: Reichsleiter Buch, die betr. Gaufrauenschaftsleiterinnen usw.)

Die Schulungsarbeit wird deshalb besonders betont, weil die örtliche Leitung größtenteils in der Hand einfacher Frauen liegt. Der Unterzeichnete hat im Jahre 1937 etwa 20 Gauarbeitsgemeinschaften gehalten, die in jedem Gau etwa sechswöchentlich stattfinden. Bei den meisten wurde Bibelarbeit getrieben, entweder durch grundsätzliche Betrachtungen z. B. „Die Bibel und deine Kinder", oder „Jesus und Juda", oder durch Betrachtung einzelner Stücke, z. B. Gleichnisse Jesu, die Auferstehung. Den Ausgangspunkt bildeten gewöhnlich die heutigen Angriffe gegen die Bibel (z. B. M. Ludendorff). Dabei lag uns daran, die Frauen, namentlich die Leiterinnen, auch mit den Ergebnissen der theologischen Arbeit an der Bibel vertraut zu machen, und der Wahrheit nicht aus dem Wege zu gehen. Viele von ihnen arbeiten z. Zt. unter Anleitung von Pfarrern die Veröffentlichungen von M. E. Winkel durch. Einen größeren Raum nehmen die Fragen der Mithilfe in den Gemeinden, der Feiergestaltung, des häuslichen Singens ein. Auch haben wir den Versuch unternommen, den Blick für die großen Zusammenhänge zu öffnen. Besprochen wurde die Weltkirchenkonferenz in Oxford. Pfarrer Staedel-Kronstadt sprach mehrfach über „Volksnot und Glaubenskampf in Siebenbürgen". Augenblicklich ist in Vorbereitung die Vortragsreise einer Kennerin Russlands Frau Becker-Frankfurt über: Land ohne Gott.

Diese Schulungen der Leiterinnen dauern gewöhnlich einen halben Tag. Zweimal haben dreitägige Arbeitsgemeinschaften stattgefunden (im Jägerhaus Düsseldorf-Eller und im Jugendheim des Landesjugendpfarramts Hünxe b. Wesel). Weitere mehrtägige Zusammenkünfte waren nicht möglich, da man uns die Heime nicht öffnete oder gemachte Zusagen zurückzog. Diese Arbeitsgemeinschaften, die, was Verpflegung und Unterkunft anging, unter harten Bedingungen standen, verpflichteten die Teilnehmerinnen zu anstrengender Mitarbeit von morgens 6 bis abends 10 Uhr. Zu den vorstehend genannten Aufgaben kamen die Besprechungen von Fragen, die der Zuordnung von „Nationalsozialismus und Christentum" dienen.

Mehrfach im Jahre trafen sich die örtlichen Gruppen oder ihre Vertreterinnen zu Kreisarbeitsgemeinschaften. Erwähnenswert sind zwei Treffen mit westfälischen Leiterinnen. Das Gewicht liegt auf den regelmäßigen Zusammenkünften der örtlichen Gruppen, die unbedingt religiöser und aufbauender Natur sein sollen, und auf der Bewährung der christlichen Frau in Familie, Gemeinde, Partei und Frauenschaft. Zum FD gehören sowohl Deutsche Christen als auch solche, die keiner Gruppe angehören, hier und da auch Frauen, die zur Bekenntnisfront neigen. Wir wollen an unserem Ort das Wort „christlich" durchpauken und das Verständnis für wahres und positives Christentum wecken.

4. Finanzielle Fragen: Der FD erhebt keine Beiträge, da er das Verbands- und Vereinssystem ablehnt. Die Landesstelle muß auf regelmäßige Abgaben der örtlichen Gruppen verzichten. Von den etwa 180 Gruppen können nur 34 einen kirchlichen Raum benützen. Die übrigen müssen in Wirtshaussälen und ähnlichen Räumen zusammenkommen. Das bedeutet, daß die finanziellen Kräfte mit der Aufbringung der Saalmieten erschöpft sind. Infolgedessen macht die Finanzierung der Arbeit große Schwierigkeiten. Sie war bisher nur durch persönliche Opfer möglich. Der Landesbeauftragte hat in 2 1/2 Jahren etwa 1000 RM. aus eigener Tasche zugelegt. Wir besitzen in der Landesstelle nicht einmal eine Schreibmaschine und sind auf andere Hilfe angewiesen. Der Unterzeichnete hat im Jahre 1937 mehr als 200 mal in Frauendiensten gesprochen und mußte dazu 6000 km fahren. Die Reisetätigkeit des Unterzeichneten, der Gau- und Kreisvertreterinnen sowie der helfenden Pfarrer ist darum groß und nötig, weil nicht mehr als 30 bis 40 Gruppen der Ortspfarrer zur Verfügung steht. In der Anlage sind die im Jahre 1937 entstandenen Kosten aufgeführt.

Solingen-Joche, den 10. Februar 38.
Der Landesbeauftragte des Frauendienstes Rheinland:
Lempfert
Pfarrer*)

In der Darstellung einer örtlichen Arbeit des „Evangelischen Frauendienstes" heißt es (10. Juni 1939):

Im Frauendienst sammeln sich Frauen und Mütter in der Gemeinde und arbeiten unter der Devise: „Unsere Aufgabe ist Deutschland - unsere Kraft ist Christus!". . .

Die kirchlich-politische Aufsicht in der Gemeinde hat der jeweilige D.C.-Gruppenleiter. Die geistliche Versorgung der jeweilige D.C.- oder auch neutrale Geistliche, der sich rückhaltlos zu der nationalsozialistischen Bewegung bekennt. Meine persönliche Stellung ist die eben gekennzeichnete. Bin Mitglied der N.S.-Frauenschaft.

Aus dem oben Geschilderten werden Sie ersehen, daß die Frauen aus unserem Kreise nur ein Ziel verfolgen: Dienst in der Gemeinde, wo sich nur Möglichkeiten bieten, damit fest verankert werde: *„Ein Volk, eine Kirche, ein Führer, ein Gott!"**)

In einer anderen Darstellung (21. Juli 1939):

Der hiesige Frauendienst besteht bereits seit mehreren Jahren und arbeitet unter dem Leitspruch „Deutschland ist unsere Aufgabe, Christus ist unsere Kraft" in einer wohl für das ganze Rheinland vorbildlichen engen Verbindung und Fühlungnahme mit der Frauenschaft und NSV Hand in Hand. Ich selbst als die Leiterin des Frauendienstes bin schon seit Jahren Parteimitglied und Zellenleiterin in der NSV, und eine ganze Reihe von Frauen im Frauendienst betätigen sich aktiv in der Frauenschaft und NSV, wozu wir immer wieder aufrufen.**)

*) LKA Düsseldorf, KK. B XII 40
Bd. 3.

*) LKA Düsseldorf, KK. B XII 40
Slg. 1939-1942.

**) a.a.O.

Der Mütterdienst

Seit 1929 entwickelt die Evangelische Frauenhilfe Arbeitsformen für einen planmäßigen Mütterdienst. Der Mütterdienst ist aufgegliedert in vier Arbeitsgebiete:
1. Müttererholungsfürsorge;
2. Mütterschulung
in geschlossenen, halboffenen und offenen Mütterschulen;
3. Mütterfreizeiten
als eine Verbindung von Müttererholung und Mütterschulung;
4. Jungmütterarbeit.

Vom Mütterdienst der Rheinischen Frauenhilfe

Wenn die Evangelische Frauenhilfe seit Jahren den Muttertag festlich begeht, so tut sie es im Bewußtsein einer heiligen Verantwortung. Sie weiß, daß die Zukunft eines Volkes in erster Linie in der Hand seiner Frauen und Mütter liegt. Die Mütter sind die Trägerinnen des Lebens, durch ihr Wirken in Haus und Familie helfen sie entscheidend am inneren Wiederaufbau unseres Volkes. Doch nur ein Frauengeschlecht, das äußerlich und innerlich stark und lebensmutig ist, wird diesen Dienst am Vaterland erfüllen können. Unter der Not der Jahre sind Tausende und Abertausende von deutschen Frauen müde und elend geworden an Leib und Seele. Sie haben vor allem die Auswirkungen der Erwerbslosigkeit und des Wohnungselendes zu tragen. Wie vielen unter ihnen ist es unmöglich gemacht, ihren Angehörigen ein gemütliches Heim zu bereiten, sie ordentlich zu kleiden und zu ernähren! Wie schwer sind andererseits die Erziehungsnöte, vor die viele Familien gestellt sind! Und all diese Nöte wirken sich um so mehr aus, als viele der Frauen, denen Gott eine Familie anvertraut hat, für diesen ihren Hausfrauen- und Mutterberuf vielfach gar nicht oder nur mangelhaft vorbereitet gewesen sind. Wenn schon rein äußerlich die Kenntnisse und Fähigkeiten zur Führung eines Haushaltes fehlen, wieviel weniger sind sie oft in der Lage, wahrhaft Mütter zu sein, ihre Häuser zu dem zu machen, was sie nach Gottes Willen sein sollen, Stätten der Geborgenheit und des Trostes, rechte christliche Familiengemeinschaften, deren wir in der Schwere und Verworrenheit unserer Tage besonders bedürfen.

Aus dieser Erkenntnis heraus hat der „Reichsverband der Evangelischen Frauenhilfe" vor einigen Jahren den „Mütterdienst" in sein Arbeitsprogramm aufgenommen. Zwar ist es der Frauenhilfe von jeher ein Anliegen gewesen, sich der Frauen und Mütter in ihren Nöten und Bedürfnissen anzunehmen; das Neue an der Sache ist lediglich die Planmäßigkeit, mit der sie gegenwärtig diesen Dienst tut.

Die Rheinische Frauenhilfe ist einer der ersten Provinzialverbände gewesen, der schon früh - 1908 - mit der *Müttererholungsfürsorge* in seiner Zentrale, dem Auguste-Victoria-Heim in Wuppertal-Barmen, begann. Jeden Sommer fanden dort zahlreiche Mütter Aufnahme, die körperlich und seelisch erholt in ihre Heimat zurückkehrten. Dieser Zweig des Mütterdienstes ist weiter gefördert worden, und die Parole „Ferien für unsere Mütter" findet gerade gegenwärtig immer stärkere Beachtung. Ja, wie soll eine Mutter, die vielleicht jahrein, jahraus einen kranken, elenden Körper mit sich schleppt, Mann und Kinder in der rechten Weise versorgen können, wie soll sie Mut und Freudigkeit zum Aufbau einer lebendigen Familiengemeinschaft haben! Können wir uns wundern, daß solche Familien verkümmern oder gar zerfallen! In Müttererholungsheimen des Provinzialverbandes sowohl als auch einiger Kreisverbände finden darum jährlich Hunderte von Frauen und Müttern - im Jahre 1932 waren es 1 000 in unserm Rheinischen Verband - Gesundheit und Stärkung. Immer wieder hören wir es, daß eine solche in einem Müttererholungsheim verbrachte Zeit unsern Müttern einen unvergeßlichen Eindruck macht, daß es ihnen wie ein Wunder erscheint, daß sie selbst nun einmal an nichts zu denken brauchen, für nichts zu sorgen brauchen. Gute Luft, viel Ruhe und Schlaf, kräftige Verpflegung, Frohsinn und Heiterkeit tun das Ihre, zu einer Gesundung der Frauen zu helfen. Neben aller äußeren Pflege finden jedoch die Mütter, die sonst immer nur für andere da sein müssen, nun einen Menschen, der sie mütterlich betreut, bei dem sie all ihren Jammer auspacken können, einen Menschen, bei dem sie Verstehen finden, Trost und Mut. Wie wünschen die Frauen, die einmal die Wohltat eines solchen Ferienaufenthaltes genießen durften, daß solche Tage wiederkehren mögen. Mit frohem Herzen und leuchtenden Augen scheiden sie aus dem Müttererholungsheim, das ihnen ein Stückchen Heimat geworden ist. Sie gehen mit Zuversicht in ihre Familien zurück in dem Bewußtsein, dem zermürbenden Kampf des Alltags nun wieder gewachsen zu sein. Und in ihrer Freude bleibt es ihnen ein herzliches Anliegen, recht vielen ihrer geplagten Mitschwestern zu ebensolchem Erleben zu verhelfen.

Unsere evangelischen *Mütterschulen* werden in drei verschiedenen Formen durchgeführt: der geschlossenen, der halboffenen und der offenen Mütterschule. Die offene Mütterschule erinnert zunächst an die schon länger üblichen Kurse in Kranken- und Säuglingspflege, Handarbeiten usw. Bei näherem Zusehen erkennen wir aber, daß die Lehrgänge, die die Rheinische Frauenhilfe seit etwa zwei Jahren veranstaltet, einen wesentlich anderen Charakter tragen und wohl als offene Mütterschulkurse anzusprechen sind, die sich von den beiden zuerst genannten Arten lediglich darin unterscheiden, daß keine eigenen Räume zur Verfügung stehen, in denen familienhaftes Zusammenleben der Teilnehmerinnen für Wochen oder Tage möglich ist. Solche offenen Mütterschulkurse hat der Provinzialverband der Rheinischen Frauenhilfe in größerer Zahl durchführen können; sie sind von zwei besonders für diesen Dienst berufenen Kräften, einer staatlich geprüften Kranken- und Säuglingspflegerin und einer Jugendleiterin, abgehalten worden. Der Unterricht erstreckte sich auf Kranken- und Säuglingspflege, auf die Besprechung von Fragen der Erziehung und der Pflege des Familienlebens, Basteln, Handfertigkeiten, Anfertigung von Spielzeug, Spielen, Singen usw. - Auch unsere Kreisverbände und Einzelfrauenhilfen richten ähnliche Lehrgänge ein, zu denen Ärzte, Pfarrer, Lehrerinnen, Jugendleiterinnen, Kindergärtnerinnen, Fürsorgerinnen, Schwestern und andere geeignete Frauen als Lehrkräfte herangezogen werden. Die Lehrgänge dauern etwa 2 bis 4 Wochen. Eine recht geleitete Mütterschule wird niemals eine „Lernschule" sein, sondern es handelt sich um eine Arbeitsgemeinschaft, in der Lehrende und Lernende sich zueinanderfinden in gegenseitigem Austausch. In der Mütterbildungsarbeit geht es nicht in erster Linie um die Vermittlung von Fachkenntnissen, sondern ihr Ziel ist Persönlichkeitsbildung; daß in jeder Frau und Mutter alle in ihr schlummernden Gaben und Kräfte zu möglichster Entfaltung gebracht werden, darauf kommt's an. Zu unserer großen Freude beteiligten sich bei diesen Lehrgängen Frauen und Mädchen aus allen Kreisen, so daß meist ein feiner Austausch hin- und hergeht. Wenn manche Gemeinden auch erst gebangt haben, ob sich diese Arbeit trotz der mancherlei Schwierigkeiten würde einrichten lassen, so sind wir freudig überrascht gewesen zu beobachten, welcher Beliebtheit sich diese Kurse erfreuen. Unmittelbar nach Abschluß eines Lehrganges traten einige Gemeinden schon mit der Bitte um Wiederholung dieser Veranstaltung an die Frauenhilfe heran. Aber auch die Teilnehmerinnen selbst beweisen durch ihren Lerneifer und ihr wachsendes Interesse, wie wertvoll und lieb ihnen diese Stunden sind. Sie äußern ihre Dankbarkeit, wenn sie beim Auseinandergehen sagen: „Wie schade, daß die schönen Tage schon vorbei sind", oder „wir sind wie ganz andere Menschen nach Hause gegangen" oder „wir wollten wohl immer gern ein schönes Familienleben haben, aber wir wußten nicht, wie man das macht". Mütterbildungsarbeit der Evangelischen Frauenhilfe! Wir wollen sie weiter ausbauen, und alle unsere Gemeinden sollten es sich angelegen sein lassen, durch Einrichtung von Lehrgängen ein Stück Aufbauarbeit zu leisten für Familie, Kirche und Volk.

Neben diesen nur vorübergehenden Veranstaltungen wird es sich in vielen Gemeinden empfehlen, eine Dauereinrichtung in Form von *Jungmütterkreisen* zu schaffen. In einer größeren Zahl sind solche Zusammenschlüsse schon vorhanden, und das Wachstum dieser Kreise spricht am besten für ihre Notwendigkeit. Mit großer Freude erscheinen unsere Frauen zu diesen Abenden, bei denen praktische Dinge gelernt und geübt werden. Wir nähen, flicken, stopfen, fertigen alle Arten von Handarbeiten an, besprechen uns über die Dinge einer sparsamen und geschickten Haushaltführung, und was es sonst sein mag. Neben der praktischen Betätigung kommt jedoch auch die Freude zu ihrem Recht. Wir finden uns zu fröhlichem Spiel und Gesang zusammen. In diesen Jungmütterkreisen bietet die Frauenhilfe den Teilnehmerinnen weiter geistige Anregung durch das Vorlesen schöner gehaltvoller

Bücher, in Vorträgen und Besprechungen. Wir setzen uns mit den Fragen auseinander, die für unsere Familien, für unser Volk von Bedeutung sind und nehmen als evangelische Christinnen Stellung dazu. So bringen wir mancherlei Anregung mit nach Hause. Damit aber ein wirklicher Segen aus diesem Zusammensein erwachse, schließen wir unsere Abende mit einem Gotteswort, das wie cine stärkende und bewahrende Kraft mit uns hineingeht in den Alltag.

Als letztes Gebiet des Mütterdienstes sei die Freizeitarbeit genannt. Unsere *Freizeiten* stellen eine *Verbindung von Müttererholung und Mütterschulung* dar und führen uns für mehrere Tage in einem Heim zusammen. Das familienhafte Miteinanderleben trägt dazu bei, schnell ein Band des Vertrauens unter den Teilnehmerinnen zu schlingen, eine Gemeinschaft zu schaffen, die auch über die Tage der Freizeit hinaus bleibt, und an die alle mit tiefer Freude zurückdenken. Solche Tage sollen der äußeren Entspannung, der inneren Erhebung und der Schulung dienen. Neben den Erholungs- und Schulungsfreizeiten legen wir besonderen Wert auf die Einrichtung von Mütterfreizeiten, die den Müttern die Schönheit und den Wert eines rechten christlichen Familienlebens vor Augen stellen wollen. Zur Erreichung dieses Zieles helfen uns Anschauung, Erleben und bewußte Schulung. Unsere Schulungsfreizeiten wollen uns den Blick öffnen für die Aufgaben, die uns als evangelische Frauen in den geistigen Strömungen der Gegenwart erwachsen. Sie möchten uns Einblick geben in das Wesen und das vielgestaltige Leben unserer evangelischen Kirche, uns ermuntern zur Mitarbeit am Aufbau eines lebendigen Gemeindelebens und uns das Rüstzeug geben, dessen wir in unserm Dienst, damit er wirklich fruchtbringend sich gestalte, so dringend bedürfen. Wenn die Frauenhilfe als Gesinnungs- und Arbeitsgemeinschaft evangelischer Frauen Mütterdienst leistet, so ist es eine Selbstverständlichkeit, daß sie ihre Aufgabe aus evangelischem Glaubensleben heraus anfaßt, daß ihr Dienst, um welches der vier Gebiete es sich auch handeln möge, sich niemals erschöpfen darf in äußeren Dingen, sondern daß er in demselben Geist getan werden muß wie ihre gesamte Arbeit, daß letztlich alles darauf ankommt, daß wir bereit und willens werden „von Gott her" zu leben, das Leben nach Gottes Gesetzen, nach Gottes Ordnungen, nach Gottes Wort zu führen.*)

Wenn 1932 von der NSDAP der Eindruck erweckt wird, diese Partei habe wie keine andere sich das Wohlergehen der Mütter im Sinne evangelisch verantworteter Müttererholung mit zum Ziele gesetzt (s. S. 50), so scheint eine Entschließung der Arbeitsgemeinschaft der Sozialversicherungsträger bald nach Beginn des NS-Staates, am 15. Juni 1933, dies zu bestätigen, — allerdings nur dann, wenn man die Entschließung unaufmerksam liest. Der „Müttergroschen" soll nunmehr für ein „allgemeines deutsches Mütterwerk" bestimmt sein. Die Mütterdienste der beiden Konfessionen haben sich „unter einer auf dem Boden der nationalen Revolution stehenden Spitze zu vereinigen", dann können ihre Belange „auf das wärmste unterstützt werden". Nicht ein neuer und besserer Anfang, sondern eher das Ende der kirchlichen Müttererholungsarbeit im NS-Staat zeichnet sich ab. Zu dieser Zeit bestehen 42 Müttererholungsheime des evangelischen Mütterdienstes der Frauenhilfe.

Müttererholungsfürsorge wird bald in das Hilfswerk „Mutter und Kind" einbezogen. In den Richtlinien heißt es: „Die Auswahl der erholungsbedürftigen Mütter hat nach ärztlichen, erbbiologischen und sozialen Gesichtspunkten zu erfolgen... In erster Linie sind erbbiologisch gesunde Mütter zu berücksichtigen", nicht zuletzt solche, „die sich während der Kampfzeit in den Dienst der Bewegung gestellt haben".

Trotz aller Behinderungen durch den NS-Staat nimmt die Müttererholungsfürsorge der Frauenhilfe, wenn auch eingeschränkt, ihren Fortgang. „Was will die Müttererholungsfürsorge der Frauenhilfe?

Sie will den Müttern aller Stände, die in schwierigen wirtschaftlichen Verhältnissen leben, zu einer Erholungszeit verhelfen.

Sie will der kinderreichen Mutter durch rechtzeitiges Ausspannen die Freude am Kinde, die Kräfte für die Kinder erhalten.

Sie will die krank gewesenen Mütter zur vollständigen Genesung führen.

*) Der Bote für die Rheinische Frauenhilfe, 30. Jg., Nr. 29, 16. Juli 1933, S. 347 und Nr. 30, 23. Juli 1933, S. 359.

Sie will all den Müttern, die heute im Kampf des Lebens zu erliegen drohen, neuen Mut, neue Freudigkeit, neues Verantwortungsbewußtsein, neue Kräfte geben.''

Die Frauenhilfe hält daran fest, daß ihr Dienst Hilfe für alle Frauen ist und daß dieser Dienst zu geschehen hat in der festen Bindung an das Evangelium.*)

Das Angebot gilt allen Müttern, vornehmlich jenen, um die sich kein anderer kümmert. Im NS-Staat sieht sich die Frauenhilfe genötigt, dies (1940) deutlich auszusprechen: ,,Nach wie vor gibt es die ,offene Müttererholung' in unseren evangelischen Heimen. Da die NSV nur einen ganz bestimmten Kreis von Müttern erreichen kann (arisch, erbgesund, kinderreich, bis zu 50 Jahren), bleibt uns noch genügend Arbeit..., vor allem an den Sterilisierten, Erbkranken, und den Müttern über 50 Jahren.''**)

In völliger Verkennung der Tatsachen und noch mehr in blindem Glauben an die Männer des neuen ,,völkischen Staates'' wird vom neu geschaffenen Reichs-Mütterdienst im Frauenwerk der Deutschen Evangelischen Kirche (nicht mehr Mütterdienst der Evangelischen Frauenhilfe!) dem Staat der Vorschlag gemacht, zur ,,Regelung der gesamten deutschen Mütterarbeit'' ein Reichsmütterhilfsamt zu gründen und einen Reichsmütterdienst.

Es handelt sich um eine planmäßige Entwicklung des männlichen und des weiblichen Prinzips bei aller Schutzarbeit für die Erhaltung der Erbsubstanz der mütterlichen Kräfte. Es handelt sich um die *staatspolitische* und *volkspolitische* Linie...
Man entwickle für das Reich unter der Schau des *männlichen* Staatsprinzips das *Reichsmütterhilfsamt.*
Hier mache man unter der Autorität der Staatsgewalt die große Bestandsaufnahme der erbbiologischen Substanz. Hierhin gehört die Anlegung der eugenischen Kartothek und alles, was damit zusammenhängt. Hierhin gehören die Verhandlungen mit den Erbgesundheitsgerichten, Sterilisationsfragen, Standesämtern, Rasseämtern, Familienämtern oder wie es endgültig heißen wird . . . ***)

Die notwendige Ergänzung zu einem solchen Reichsmütterhilfsamt männlicher Prägung ist der Reichsmütterdienst der deutschen Frauen und Mütter. Wenn wir nicht zu einer solchen organischen Ergänzung kommen, kommen wir nicht zur totalen Leistung. Die aber entspricht allein den Gesetzen des totalen Staates und dem Kulturauftrag des deutschen Volkes.

Wenn das Reichsmütterhilfsamt zuerst die Zentrale ist, wo in jeder Gemeinde die Staatsgesetzgebung in der Muttertumspflege zum Ausdruck kommt, so ist der Mütterdienst ganz und gar unter dem Gesichtspunkt der Frau, der mütterlichen Volksarbeit und der kirchlichen Volksseelsorge zu gestalten.*)

Wer Mütterschulung und Müttererholungsarbeit auseinanderreißt in der Leitung und in der Organisation, der hat noch nicht erfahren, wie innig diese Lebensgebiete zusammengehören . . . **)

Durch diese arteigene Gestaltung des männlichen Reichsmütterhilfsamtes und arteigenen fraulichen Reichsmütterdienstes wird jede Initiative und jede Erkenntnis des Verstandes und des Herzens am fruchtbarsten ausgewertet.
Dieser Organisationsvorschlag erscheint uns als ein Schulbeispiel für die pädagogischen Methoden eines völkischen Staates.***)

Die Schaffung des Reichsmütterhilfsamtes und ,,die letzte Stabilisierung'' des Reichsmütterdienstes wird als Sofortprogramm für das Frühjahr 1934 von Vertreterinnen des Reichs-Mütterdienstes im Frauenwerk der Deutschen Evangelischen Kirche gefordert!

*) Fritz Mybes, Müttererholung — ,,eine evangelische Aufgabe'', in: DER WEG — Evangelisches Sonntagsblatt für das Rheinland, 30. Jg., Nr. 4, 26. Januar 1975, S. VIII.

**) Fritz Mybes, a.a.O.

***) Mütter der Kirche sind Mütter des Staates, hrsg. vom Reichs-Mütterdienst im Frauenwerk der Deutschen Evangelischen Kirche von Klara Lönnies, Berlin o.J. [1934], S. 56.

*) a.a.O., S. 57.

**) a.a.O., S. 58.

***) a.a.O., S. 59.

In diesem Zusammenhang sei anhangweise erwähnt die alte und immer neue Frage der Frauenhilfe: Wie gewinnen wir junge Frauen und Mütter?

Gewinnung junger Mütter für die Frauenhilfe.

In den Frauenhilfen der Berliner Vororte ist die Beobachtung gemacht worden, daß jüngere Frauen nicht in erwünschter Weise den Weg in die Frauenhilfen finden. Herr Generalsuperintendent D. Haendler hat deshalb das nachstehende Schreiben an die Frauenhilfen seines Sprengels ausgehen lassen:

„Berlin C. 2, im Oktober 1928.

Gott der Herr hat den Frauenhilfsgedanken sichtbar gesegnet. Im Vorortsverband sind rund 150 Frauenhilfen zusammengeschlossen, deren Einfluß auf das Gemeindeleben sichtbar ist.

Mir ist nun berichtet worden, es bestehe die Gefahr, daß die jüngeren Frauen in den Gemeinden zuweilen nicht die Wichtigkeit der Frauenhilfsarbeit erkennen und so sich nicht mehr in gewünschtem Maße den Frauenhilfsvereinen anschließen. Und das in einer Zeit, in welcher die kirchlichen, sittlichen und sozialen Nöte und damit die Aufgaben der Evangelischen Frauenhilfen wachsen. Gerade jetzt ergibt sich die Notwendigkeit, daß unsere Frauenhilfen wie nach innen, so nach außen an Kraft und Einfluß zunehmen. Müßte doch eigentlich jede Frau der Gemeinde ihrer Frauenhilfe angehören.

An alle Mitglieder der Frauenhilfen meines Sprengels richte ich deshalb die herzliche Bitte, sie wollen auf das vermehrte Verständnis für Frauenhilfsarbeit in der jüngeren Frauenwelt und auf das Wachstum der Mitgliederzahl auch gerade aus dieser jüngeren Frauenwelt heraus ihr besonderes Augenmerk richten.

Wertvoll und wichtig erscheint es in diesem Zusammenhang, daß die Frauenhilfen die Verbindung mit den evangelischen Jungmädchen- und Jungfrauenvereinen suchen und pflegen. Das Ziel muß sein, in den älteren Mitgliedern dieser Vereine, mögen sie nun eine Ehe eingehen oder nicht, die Freudigkeit zu wecken, Mitglieder der Frauenhilfe zu werden, und das als eine von selbst sich ergebende Pflicht zu erachten.

Gott der Herr bekenne sich auch ferner zu unseren Frauenhilfen und ihrer Arbeit." -

Wir bringen das Schreiben des Herrn Generalsuperintendenten D. Haendler zum Abdruck, da es die ungemein wichtige Frage des Nachwuchses in unseren Vereinen berührt. Wenn auch die Mitgliederzahl in der Westfälischen Frauenhilfe von Jahr zu Jahr wächst, so haben wir doch den Eindruck, daß manche Vereine nicht genügend darauf bedacht sind, die jungen Frauen der Gemeinde für die Frauenhilfe zu gewinnen. Es ist schon die Befürchtung laut geworden, daß Vereine mit vielen älteren Mitgliedern ohne den nötigen Zuwachs durch jüngere über kurz oder lang mit ihrer Sterbewohlfahrtseinrichtung (Sterbekasse) in große Verlegenheit kommen könnten. Unsere Frauenhilfen dürfen nicht alt werden, sondern müssen sich immer wieder verjüngen. Auf allen zur Frauenhilfe gehörenden Frauen ruht die große Verantwortung, daß sie ihre jüngeren Schwestern einladen und in ihren Kreis einführen. Alter und Jugend gehört in der Frauenhilfe zusammen, damit eins vom andern lerne und eins dem andern helfe. Es handelt sich auch nicht bloß um das kraftvolle Weiterbestehen der Zweigvereine, unsere Frauenhilfe hat zudem eine wichtige Aufgabe gegenüber den jungen Frauen und Müttern zu erfüllen; die Frauenhilfe soll ihnen raten und helfen in den gerade in unserer Zeit so bedeutsamen Fragen des Mutterseins.

Als Mittel zur Gewinnung der jungen Mütter empfehle ich:

1. Besuch durch die Bezirksfrau und Einladung zu den festlichen Veranstaltungen.
2. Veranstaltung von Mütterabenden (Erziehungsfragen).
3. Vor Weihnachten Einrichtung von Abenden: Wie schaffe ich meinem Kind ein billiges Weihnachtsgeschenk? (Hinzuziehung einer Kindergartenlehrerin.) Wie beschäftige ich mein Kind? Wie feiere ich Advent in der Familie?
4. Unterweisung in Kranken-, Säuglings- und Kleinkinderpflege.

Unsere Vereine veranstalten allerorts die überaus schönen Alten-, Großväter- und Großmütterversammlungen, so möge man auch mal die sämtlichen jungen Mütter - ob Mitglied oder noch nicht Mitglied - zu einem Jungmütterabend einladen. Diese erste Versammlung, die einen Werbecharakter hat, muß fein ausgestaltet werden und alles: Lied, Wort, Gedicht u. a. m. muß sich drehen um das große Thema: Mutter und Kind. Wir schicken gern Material für solch eine Veranstaltung.   Joh.*)

*) Der Bote für die deutsche Frauenwelt, 25. Jg., Nr. 51, 16. Dezember 1928, S. 623.

Der Kreisverband Hagen der Westfälischen Frauenhilfe beginnt 1930 mit der Jungmütterarbeit. Bei einer Vorsitzendentagung im Jahre 1930, bei der die Vorsitzende der Gesamtfrauenhilfe und der Westfälischen Frauenhilfe anwesend sind, legt der Kreisverband ein Programm vor, nach dem er bereits gearbeitet hat.

Bei einer Veranstaltung des Stadtverbandes Hamborn führt Maria Natorp aus:

Ein neues Gebiet der Frauenhilfe sei die Jungmütterarbeit, die um so notwendiger sei, da unsere Frauenhilfen vielfach an „Vergreisung" litten und für Nachwuchs gesorgt werden müsse. Viele junge Frauen seien weder äußerlich noch innerlich in der Lage, der Frauenhilfe beizutreten. Man müsse aber versuchen, Jungmütterarbeit aufzunehmen.*)

*) Der Bote für die Rheinische Frauenhilfe, 30. Jg., Nr. 11, 12. März 1933, S. 127.

Bibelarbeit

Am Ende der zwanziger Jahre wächst in der Frauenhilfe die Erkenntnis, daß die Frauenhilfe es sich nicht genügen lassen kann, Überkommenes und Vorhandenes zu pflegen. Frauenhilfe ist auch missionarisches Handeln. Handelt Frauenhilfe missionarisch? Religiöses Bewußtsein ist in den Frauenhilfen vorhanden, aber es fehlt weithin die Kenntnis christlicher Grundwahrheiten. Ist in der „Kirche des Worts" das Wort, die Bibel, bekannt oder ist die Bibel ein zwar oft genanntes, aber in Wirklichkeit unbekanntes Buch? In einer Zeit schwerer weltanschaulicher Auseinandersetzungen gibt es offensichtlich keine ausreichende Kenntnis der Bibel als Grundlage des Glaubens. Grundlagenkenntnis muß vermittelt werden, wenn christlicher Glaube nicht sprachlos werden soll, weil er sich selbst nicht genügend versteht.

So beginnt in einigen Provinzialverbänden, besonders in Brandenburg, planmäßige Bibelarbeit in örtlichen Frauenhilfen. Zugleich werden Frauenhilfsleiterinnen in Rüstzeiten mit der neuen Form „Bibelarbeit" bekanntgemacht, Kurse für Methodik der Bibelarbeit für Leiterinnen und Pfarrer folgen. Von den ersten Anfängen an erscheint immer wieder *ein* Name: Maria Weigle.

Vom 20. bis 23. Februar 1928 findet im Heim der Brandenburgischen Frauenhilfe eine „Rüstzeit für Führerinnen in der Frauenhilfe" statt.

Den letzten Vormittag mit dem Thema: „Frauenhilfe und Bibel" werden viele als Höhepunkt der Tagung empfunden haben. Fräulein cand. theol. Weigle führte aus, daß eine gesegnete Frauenhilfsarbeit das Ziel haben muß, ihren Gliedern und damit unsern Häusern und Gemeinden die Bibel lieb und vertraut zu machen. Das ist die rechte Grundlage für alle Liebestätigkeit.

Ohne den ständigen Umgang mit Gottes Wort kann unser innerer Mensch nicht wachsen, kann keine Gemeinschaft und keine Glaubensfrucht entstehen. Und wenn wir anderen die Bibel liebmachen wollen, dann müssen wir selbst uns tiefer in sie hineinführen lassen. Und sie wird sich uns immer mehr in ihrem Reichtum und ihrer unerschöpflichen Fülle offenbaren. Bibelkurse für Leiterinnen wurden aus dem Kreise der Teilnehmerinnen dringend erbeten, damit es immer mehr verwirklicht wird: Keine Frauenhilfe ohne Bibelarbeit. Die Frauenhilfe erkennt es immer klarer, daß nur das Wort Gottes uns Grundlage und Richtung für unsere Arbeit geben kann.[*]

Im „Dritten Reich" wird die Notwendigkeit der Bibelarbeit noch deutlicher erkannt. Zudem zwingt der Staat die Frauenhilfe, indem er ihr manche Tätigkeit verbietet, sich auf das Unaufgebbare in ihrer Arbeit zu besinnen.
1933/34 wird die Bibelarbeit zum selbstverständlichen Bestandteil der Arbeit vieler Frauenhilfen. Dem Bedürfnis entspricht das Angebot an methodischen Hilfen.

[*] Margarete Schüßler, in: Der Bote für die deutsche Frauenwelt, 25. Jg., Nr. 14, 1. April 1928, S. 163.

Kreisverband Bonn.

Bibelfreizeit vom 26. bis 28. Oktober 1933.

Zu zwei Bibelfreizeiten, einer im „Haus in der Sonne" in Rheinbreitbach, einer anderen in Herchen an der Sieg, hatte der Kreisverband Bonn kürzlich eingeladen. Beide waren so gut besucht, daß der Kreisverband daran denkt, im Frühjahr drei weitere Freizeiten folgen zu lassen. Ich durfte an der ersten in Rheinbreitbach teilnehmen und möchte den Leserinnen des „Boten" ein wenig davon erzählen. Nicht davon, wie schön und harmonisch die Tage verlaufen sind, wie herzlich die Verbundenheit der 28 Teilnehmerinnen aus allen Ständen war, die sich so unglaublich schnell zusammenfanden im gemeinsamen Geist als Schwestern eines Bundes, der Frauenhilfe, und darum gar nicht fremd waren. Ich will auch nur kurz erwähnen, wie gut wir untergebracht waren im Heim und in Privathäusern evangelischer Familien, wie sehr uns die Heimschwester Emilie bei den gemeinsamen Mahlzeiten verwöhnt hat, auch das hat mancher geplagten Mutter wohlgetan.

Das Allerschönste waren doch die Stunden der Bibelarbeit, in denen uns Frau Vikarin Weigle sehr viel gegeben hat. Bibelstunden dieser Art hatte ich noch nicht mitgemacht. „Christus und die Frauen" war das Thema der Tage. Alle die Stellen, wo Jesus mit den Frauen zu tun hat, ließ uns Fräulein Weigle nennen, und nacheinander vertieften wir uns in die Geschichten, wie Jairi Töchterlein, die blutflüssige Frau, das kananäische Weib, die Ehebrecherin u. a. m. Nachdem eine der Teilnehmerinnen die Erzählung vorgelesen hatte, gab uns Fräulein Weigle einige Minuten Zeit, uns still hineinzudenken. Dann sollte jede das nennen, was ihr aufgefallen oder unverständlich sei, also fragen. Da saß man denn zuerst vor seiner Bibel, las die bekannte Geschichte, die einem von Kindheit an so vertraut ist, daß man sie wohl wörtlich hersagen könnte - was blieben denn da noch für Fragen? Das war doch alles so klar und einfach. Und doch, beim Nachdenken fand man auf einmal diesen oder jenen Ausspruch Jesu so sonderbar. Warum ließ er diese Frau so lange bitten, half jener Frau, die den Mund nicht aufzutun wagte, sondern ihn nur leise anrührte, gab hier eine so unverständlich harte Antwort und war dort so gütig und liebevoll? Es war ganz merkwürdig, wieviel da auf einmal zu fragen war, vorher war einem das doch nie aufgefallen! Man hatte geglaubt, in seiner Bibel so ziemlich zu Hause zu sein! Erst kamen die Fragen langsam und ängstlich, man blamiert sich nicht gern, allmählich aber verloren die Frauen ihre Scheu. Dann fing Fräulein Weigle an, die einzelnen Fragen zu beantworten, teils indem sie Gegenfragen stellte und uns so von selbst auf die Antwort brachte. Wie sie die einzelnen Berichte der Evangelien erläuterte, erklärend aus den Zusammenhängen, Vorhergegangenes oder Nachfolgendes dazu heranziehend, aus Gesetz und Sitte der Israeliten wie aus Geschichtlichem und Geographischem - da wurden die alten Geschichten ganz neu für uns, wir erlebten sie noch einmal mit. Ganz trostlos war doch vor Zeiten, auch noch in Israel, die Stellung der Frau, und wie ist sie durch unseren Herrn Christus so anders geworden! Welch großes Verständnis hatte er für die Seele der Frau, wie neigte er sich zu ihnen und half sorgen. Das war es wohl hauptsächlich, was wir als bleibenden Gewinn aus diesen Stunden mit in unseren Alltag nehmen durften, alle diese Geschichten sind auch für uns geschrieben. Jesus Christus derselbe, gestern, heute und in Ewigkeit! Auch wir dürfen mit unseren Nöten Leibes und der Seele immer wieder zu ihm kommen. Es ist ihm nichts zu klein oder gering. Was uns quält, ängstigt, beugt oder beschämt, in tiefem Erbarmen will er uns zurecht helfen.

Eine Freude war es, zu beobachten, wie die innerliche Teilnahme der Frauen wuchs. Wie eifrig suchten und blätterten abgearbeitete und müde Hände, die einmal ein paar Tage feiern durften, in ihrer Bibel. Man merkte, daß sie im Getriebe der täglichen Arbeit wenig Uebung darin hatten. Hier wurde es ihnen zum Erlebnis. Immer eifriger waren sie dabei, auch als auf Fräulein Weigles Wunsch kleinere Arbeitsgemeinschaften von 6 bis 8 Frauen gebildet wurden, die jedes Thema erst einmal unter sich besprachen. Diese Gruppen leiteten einzelne der anwesenden Frauen, die Fräulein Weigle geschult hatte. Da hatte man zum Fragen natürlich noch mehr Mut. Das Erarbeitete wurde dann nachher in der großen Runde noch gemeinsam durchgesprochen. Häufig kam es auch vor, daß die Rede auf praktische Fragen unseres Lebens kam. So z. B. wie Jesus die Kinder zu sich ruft, da war man unversehens bei der Taufe und Patenschaft. Viel gab es da zu fragen, wie man sich in bestimmten Fällen zu verhalten habe.

Mit größtem Ernst und Verantwortungsbewußtsein wurden auch solche Fragen beantwortet. Ganz sicher bin ich, daß nicht eine der älteren oder jüngeren Frauen leer nach Hause gegangen ist. - Mütterdienst, Arbeit an den Frauen und Müttern unserer Kirche und unseres Volkes. Gibt es wertvolleren Dienst als diesen, den Frauen den Weg zu weisen zu den Quellen der Kraft? Sie hineinzuführen in die Bibel, die mancher noch ein ganz verschlossenes Buch ist? Den Frauen und Müttern Jesus zu zeigen, der ja auch ihr Heiland ist, der sie lenken und führen will durch ihr ganzes Leben, durch Ehe und Mutterschaft, in Glück und Leid, wenn sie sich ihm anvertrauen wollen. Wahrlich, auch das ist rechter Mütterdienst der Frauenhilfe.

Zweck dieser Zeilen ist, allen Leserinnen des „Boten" Mut und Freudigkeit zu geben, wenn sich ihnen die Gelegenheit bietet, solch eine herrliche Freizeit mitzumachen. Vielleicht interessiert es, zu hören, daß die Mehlemer und Honnefer Teilnehmerinnen versuchen wollen, im kleinen Kreise die Bibelarbeit, so wie Fräulein Weigle sie uns gelehrt hat, beizubehalten.

Dora Emde, Honnef.*)

**Bibelbesprechabende in einer
Gemeinde des Berliner Nordens.**
Bericht einer Helferin.

Im Januar ließ die Leiterin einer Frauenhilfe des Berliner Nordens durch Frau Vikarin Weigle in ihrer Gemeinde drei Bibelabende halten, in denen Frau Vikarin Weigle mit ihrer Art, Bibelabende zu halten, einen größeren Kreis von Menschen vertraut machen und zeigen konnte, mit wieviel größerem Interesse und wieviel mehr Begeisterung die Frauen da mitmachten, als es in Gemeindebibelstunden der Fall sein kann. Wie wurden diese Abende gestaltet?

Eine große Anzahl Frauen hatte sich in der Aula eines Gymnasiums versammelt. Sie waren von der Pfarrfrau der Gemeinde durch Verteilen von Handzetteln in den Häusern geladen worden.

Das Thema des ersten Abends war: Markus 10, 13-16: Wie Jesus die Kinder segnet, mit dem bekannten Wort: „Lasset die Kindlein zu mir kommen und wehret ihnen nicht, denn solcher ist das Reich Gottes." Nach Eingangslied und Gebet las Frau Vikarin Weigle die Verse vor und sagte den Frauen dann, daß sie nun in Gruppen zu je 5 bis 15 Teilnehmerinnen eingeteilt werden würden und danach der Text unter Führung der Helferinnen, die Frau Vikarin Weigle in einer Morgenstunde vorher auf die Arbeit vorbereitet hatte, durchgesprochen werden sollte. Nach dieser Besprechung würden alle wieder zusammenkommen, und sie selbst würde dann ihnen allen noch ein Schlußwort sagen.

Wir Helferinnen bekamen jede eine Anzahl Frauen zugeteilt. Nachdem wir uns auf den vorhandenen Raum verteilt hatten..., - jede Gruppe möglichst weit entfernt von der anderen - lasen wir mit ihnen den Text noch einmal. Die Frauen lasen nach. Wir gaben ihnen ein paar Minuten Schweigezeit, damit sie sich auch ganz richtig über das Gelesene klar würden. Fragende Gesichter hatten die Frauen gemacht, als Frau Vikarin Weigle ihnen gesagt hatte, daß zu dem Text doch wohl manches zu fragen sei und daß das in den einzelnen Gruppen besprochen werden sollte. Nun sagten wohl manche von ihnen: „Also, fragen wollen Sie uns? Na, wir sind gute Christen. Denn fragen Sie man zu. Wir wollen Ihnen schon antworten." Da mußte man erst sagen,

*) Der Bote für die Rheinische Frauenhilfe, 30. Jg., Nr. 52, 24. Dezember 1933, S. 626.

wie das mit dem Fragen gemeint war, daß sie selbst alles fragen dürften, was ihnen etwa nicht verständlich wäre, und auch sagen dürften, was sie zu den vorgelesenen Worten dächten. Nach einer Zeit fing eine an (Markus 10, 13-16): Ja, dieser Spruch sei doch von der Taufe gemeint. Den Text kannten sie alle gut. Es kamen dann weitere Fragen: Weshalb wohl die Kinder gebracht wurden; wer sie wohl brachte; weshalb die Jünger unwillig wurden, weshalb Jesus ihnen wehrte usw. Wir sprachen dann ein paar Worte über die Stellung, die die Frauen zu Jesu Zeit hatten, versuchten, den Inhalt der Geschichte uns möglichst klar und lebendig werden zu lassen, vor allem auch dem Einwand zu begegnen, daß die „Unschuld" der Kinder der Grund zu Jesu Freundlichkeit gewesen sei. Schließlich verstanden es die Frauen, daß alles doch wohl in der Hilfsbedürftigkeit der Kinder und derer, die wie Kinder sind, seinen Grund habe, daß deshalb auch Erwachsene kommen dürften. Man muß sich eben alles schenken lassen. - Von daher hatten es die Frauen noch nicht gesehen und waren dankbar dafür. Zuletzt sprachen wir von der Taufe. - Danach sagte Frau Vikarin Weigle noch Weiterführendes, Vertiefendes, an Hand der Stelle Matthäus 18, 5 und 6; 10 bis 14, die die Frauen gemeinsam laut lasen. - Zum Schluß Gebet und Lied...

Am zweiten Abend derselbe Weg bei der Behandlung der Ehefragen, an Hand von Markus 10, 2-12. . . . Das war für uns, der Sache halber, entsprechend schwieriger. Hilfe war, daß wir hier nur hören wollten, was Jesus uns in diesen Worten zu sagen hat; wir wollten gerade bei diesem Thema nicht eigene Meinungen zu Wort kommen lassen, um so weniger, als ein großer Teil von uns Helferinnen nicht verheiratet ist. Wir wollten nur hören, nur uns führen lassen. - An diesem Abend waren sehr viel mehr Frauen da, die auch sehr viel mehr auftauten und von ihren eigenen Dingen vieles und Schmerzliches redeten. Bei der Schlußbesprechung half Frau Vikarin dann, indem sie den Frauen noch Erquickendes, Tröstliches mit auf den Weg gab.

Der dritte Abend hatte zum Thema: „Was sagt die Bibel denen, die sich verloren glauben?", an Hand der Zachäusgeschichte. Da waren die Frauen mächtig dabei, auch die, die an dem Abend zum erstenmal da waren und anderes, als ihnen geboten wurde, erwartet hatten. Blitzende Augen kriegten sie, fragten und antworteten untereinander - und machten mächtig mit und waren sehr traurig, daß die Abende nicht fortgesetzt werden sollten. (Das soll in der Gemeinde, in der wir waren, erst nächsten Winter geschehen.)

Mir scheint, daß dies ein feiner Weg zu wirklicher „Volksmission" ist; ein feiner Weg, den Menschen den so lange verlorenen Zugang zur Bibel wieder zu öffnen, sie wirklich zum Christentum zu führen. *)

Bibellehrgang
auf der „Engelsburg" bei Essen-Werden.

Von Rheinland, Westfalen, Hessen und Wiesbaden durften wir Gäste des Reichsverbandes sein, um auf der Engelsburg vier volle Tage streng methodische Bibelarbeit zu erleben. Wir kamen alle als einzelne aus den kleineren oder größeren Frauenhilfen im Westen mit dem brennenden Wunsch, Hilfe zu finden für die schwerste und bedeutsamste Aufgabe in unsern Frauenhilfen, für die Bibelarbeit. In jedem Herzen bangte die Frage: Wird mir Hilfe werden? oder ist es doch unerreichbar schwer für uns unstudierte Frauen? So trafen wir alle am Vorabend des Lehrganges auf der Engelsburg ein. Sie liegt auf steiler Bergeshöh, verborgen in stiller Waldeinsamkeit, abgeschieden von dem unruhigen Treiben der kleinen Stadt Werden. Ihre freundlichen Räume, mit abendlichem Licht erleuchtet, umschlossen nun unsern kleinen Kreis von 26 Frauen und Schwestern. Etwas fragend schauten wir zuerst uns an, aber doch froh und bereit zu gemeinsamem Lernen und Suchen. Hoffend schauten wir auf Frau Vikarin Weigle, siegessicher war keine und doch so bereit, ihr Wort und ihre Anleitung aufzunehmen. So ging es am nächsten Morgen an die Arbeit. Jeder erschien bewaffnet mit der Luther-Bibel, ein bis zwei anderen Uebersetzungen und Schreibzeug. Was würden wir aus dem Reichtum der Bibel herausgreifen und besprechen? Frau Vikarin Weigle ließ uns das Neue Testament und dort die Jesusgeschichten aufschlagen. Wir haben in den folgenden Tagen fünf davon besprochen. Wir mußten jetzt lernen, die Geschichten Wort für Wort zu lesen, alles zu fragen, was wir nicht verstehen konnten. Ueber wieviel für den Inhalt so wesentliche

*) Der Bote für die Rheinische Frauenhilfe, 31. Jg., Nr. 11, 18. März 1934, S. 124.

Ausdrücke und Worte hatten wir bisher hinweggelesen, wie oft hatten wir bisher unsere Gedanken phantasieren lassen, anstatt jedes Wort und jeden Zusammenhang wahrzunehmen, wie ihn die Jünger Jesu so wahrheitsgetreu und meisterhaft aufgeschrieben, damit das lebendige Bild Jesu durch die Unruhe und den Wechsel der Geschichte hindurchgerettet werden konnte für jeden, der nur mit offenem Herzen und klaren Augen lesen kann! Und aus dem äußeren Wortlaut folgte der innere Gedankengang, und wir wurden leise und bestimmt zum Ziel der Geschichte geführt. Staunend schauten wir den Reichtum der Bibel, daß jede Geschichte uns etwas Besonderes sagen will. Schuldbewußt bekamen wir rote Köpfe, wie oft hatten wir vorher aus solch schlichter Erzählung der Jünger alles herauslesen wollen, - was schließlich nur unsere eigenen Gedanken über den Bibeltext waren. „Nicht sich die Bibel dienstbar machen, sondern unter der Bibel stehen, nicht über der Bibel!" Dies Wort haben wir aber dann alle mit nach Hause genommen.

Gleichzeitig führte uns Herr Pastor Kunze, Barmen, in großen Zügen durch das Alte Testament: Gott, der Herr der Schöpfung, Gottes Fußspuren in der Geschichte, der Gott der Propheten. Erschrocken hörten wir, wie Gott gewaltig an dem jüdischen Volk gehandelt hat, meist unseren menschlichen Maßstäben entgegengesetzt. - Wir haben fleißig gearbeitet. Nur ein strahlender Nachmittag führte uns in die selten schönen Wälder und zu den lieblichen Rundblicken auf den Ruhrbergen. Dabei hatten wir einander soviel zu erzählen, auch manche praktische Erfahrungen wurden ausgetauscht.

Zuletzt hätten wir unsere Stunden verdoppeln mögen, so brannte unser Herz, mehr zu hören und mitzunehmen. Wir waren ja so tief dankbar für alles Empfangene. Welche Freude, als zum Schluß eine aus unserem Kreis aufstand und aus übervollem Herzen Frau Vikarin Weigle die Erfüllung irgendeines Wunsches zusicherte. Plötzlich kamen wir uns alle so reich vor, ihr eine kleine Freude machen zu können. Und schon vernahmen wir ihren großen Wunsch an einen jeden einzelnen von uns: Jeder möchte sogleich beim Heimkommen an die Arbeit gehen, in irgendeiner Form in dem gegebenen Kreis anfangen, Bibelarbeit zu tun. Nun sind wir alle verpflichtet, - wenn wir auch nur zuerst einen „Knüppeldamm" bauten, der hinführt über den Sumpf.*)

Bei der Übernahme der Leitung der Rheinischen Frauenhilfe schreibt Pfarrer Wilhelm Kunze:

Wir wollen bei allem, was wir tun und treiben, nie vergessen, was unsere innerste Aufgabe ist. Wir wissen, wie viele Frauen und Mütter unseres Volkes dem Leben unserer Kirche fern sind, wir wissen, wie groß die Gefahr ist, daß sie irgendeiner Ersatzreligion verfallen. Hier steht gewaltig die Aufgabe der inneren Wiedergewinnung und Vertiefung unserer Frauenwelt vor uns. Ist aber unsere Kirche dieser Aufgabe gewachsen? Ist nicht in ihr eine innere Haltlosigkeit und Wurzellosigkeit offenbar geworden, die uns tief erschüttert? Diese Krankheit kann nur geheilt werden vom lebendigen Wort Gottes her. Daß uns dafür die Ohren neu geöffnet werden, daß in unseren Gemeinden das alte Evangelium mit neuen Zungen bezeugt werde, daß unserer Kirche eine Erweckung zu neuem Leben geschenkt werde, darum wollen wir bitten, dafür wollen wir auch im geringsten Dienste mit nimmermüder Treue arbeiten.*)

Wir haben ja als großen Irrweg vor Augen, daß man Kirche zuerst als Organisation fertigstellen wollte, Es sollte der deutsche Dom gebaut und nachher mit Inhalt gefüllt werden. Wir können davon aber nur sprechen in der ständigen Prüfung, ob wir in unserer Arbeit nicht dieser Gefahr erliegen und als Wichtigstes immer die Organisation vor Augen haben. Gibt es nicht auch vieles, was nur „Vereinsbetrieb" ist? Das ist die andere Gefahr, daß wir in der Betriebsamkeit stecken bleiben. Gegenüber der Kirche, die mit ihrem Diensteifer Christus verherrlichen will, weist er selbst darauf hin, daß zuerst die Kirche sich von ihm Dienst tun lassen muß. Aller Dienst in der Kirche wächst allein aus dem Hören des Wortes Gottes. Wir leben alle immer wieder in dem Irrtum, wir müßten ihn mit unserem Dienst, mit unserer Hingabe beschenken, und darüber sehen wir nicht, daß er uns beschenken will mit seinem rettenden Wort. - Dies Wort hören, das ist das Eine, was not ist. (Lukas 10, 38-42.) Deswegen gilt es im Gottesdienst, in der Bibelstunde, in der Frauenhilfsstunde das Wort zu hören, deswegen ist die Bibellesetafel, das regelmäßige, treue und tägliche Lesen so wichtig. Alles muß sich dem unterordnen, alles von daher wachsen.**)

*) Der Bote für die Rheinische Frauenhilfe, 31. Jg., Nr. 13, 1. April 1934, S. 150.

*) Der Bote für die Rheinische Frauenhilfe, 31. Jg., Nr. 4, 28. Januar 1934, S. 43.

**) Wilhelm Kunze, Der Dienst der evangelischen Frau in der Kirche, in: Mitteilungen aus der Arbeit der Ev. Frauenhilfe im Rheinland (E.V.), Nr. 53, Wuppertal-Barmen, Juli 1935, S. 3f.

Von der Bibelarbeit in den Frauenhilfen.
Erfahrungen und Aufgaben.
Von Pastor Gorgas-Potsdam.

Es ist nicht in erster Linie der christliche Glaube und die Botschaft der Kirche, sondern es ist heute die deutsche Politik und der nationalsozialistische Staat, die ihre große Stunde haben. Das Organ für das Hören des Wortes Gottes ist weithin verschlossen und verkümmert. Durch schicksalhafte Entwicklung des letzten Jahres ist es zu einer Begegnung des deutschen Volkes, das, in seinem ganzen Gefüge erschüttert, um seine innere und äußere Existenz ringt und in einer grundstürzenden Wandlung begriffen ist, mit dem Evangelium nicht gekommen. Darum muß es Aufgabe der evangelischen Kirche sein, die ihr aufgetragene Botschaft dem deutschen Volk zu sagen, und zwar so zu sagen, daß das Volk die Botschaft hören und verstehen kann. Es gilt das Organ für das Hören des wahren Wortes Gottes wieder freizulegen und zur Entfaltung zu bringen.

Die Kirche hat sich immer mehr daran genügen lassen, das Uebernommene und Vorhandene zu pflegen. Sie war weithin Bewahrerin eines wertvollen Erbes. Und doch darf die pflegsame Haltung nie die allein beherrschende sein; die Kirche ist ja nie nur im Sein, sie ist auch immer im Werden. Unverdrossen hat sie um neuen Boden zu ringen und neue Aufgaben anzugreifen, die ihr in der gegenwärtigen Stunde gestellt sind. Die lebendige Kirche Christi ist stets beides zugleich: bewahrend und wagend.

Mit alledem ist die missionarische Haltung umschrieben, die die Gegenwart von der Kirche fordert. Das, was die Kirche in Bewegung bringt, ist ihre Sendung. Missionarisches Handeln der Kirche ist ein Handeln in ernstem und leidenschaftlichem Sendungsbewußtsein. Fehlt es daran, so wird in der Kirche Betrieb. Die Kirche hat in ihrem missionarischen Auftrag zu verkünden. Zu solchem missionarischen Handeln sind nicht nur die Pfarrer, sondern auch die Gemeinden aufgerufen.

Ein weiteres: die grundlegende Einsicht, die sich in dem neuen politischen Wollen durchgesetzt hat, ist die Erkenntnis von der tiefen Verwurzelung des Einzelnen in der Gemeinschaft. Der Einzelne lebt nur in und mit der Gemeinschaft. Darum läßt sich das Einzelschicksal auch niemals von dem Schicksal der Volksgemeinschaft trennen. Aus dieser Erkenntnis erklärt sich der starke Wille des Staates zum ständischen Aufbau. Die Kirche wird ihrerseits nie darauf verzichten dürfen, Seelsorge an einzelnen Menschen zu treiben. In ihrer Verkündigung wendet sie sich aber an die Gemeinschaft und spricht den Einzelnen in seiner ständischen Zugehörigkeit an. Sie baut im Volk die Gemeinde Jesu Christi. Die missionarische Arbeit der Kirche wird darum im Volk zu einer vielseitigen ständischen Gliederung der Gemeinden führen müssen. Der Stand der Jugend, der Stand der Männer, der Stand der Frauen wird in Erscheinung treten. Um letzteren handelt es sich in der Frauenhilfe.

Die Notwendigkeit der missionarischen Arbeit innerhalb der Frauenhilfe ergibt sich aus der Tatsache, daß zwar ein tiefes religiöses Bewußtsein in den Frauengruppen vorhanden ist, daß aber erfahrungsgemäß die Kenntnis der christlichen Grundwahrheiten weithin fehlt. Ueberall ist ein Sehnen vorhanden, daß letzte Lebensfragen beantwortet werden. Feste Bibelkenntnis ist jedoch weder für die Pflege christlichen Familienlebens noch für weltanschauliche Auseinandersetzungen in ausreichendem Maße vorhanden. Oft wird das wirkliche Verständnis der biblischen Zusammenhänge und Gedanken, sowie das Erfassen der biblischen Wahrheit durch eine falsche Auffassung vom Wesen der Heiligen Schrift erschwert. Durch Angriffe der Sekten u. a. sind unsere Frauen ganz besonders gefährdet, und wir sind verpflichtet, ihnen Maßstäbe zu einem richtigen Verständnis und zu einer richtigen Auffassung der Bibel in die Hand zu geben. Unsere Mitglieder brauchen in dieser schweren Zeit in besonderem Maße Einführung in die Schrift als Quelle ihrer Kraft. Wir haben es uns mit der missionarischen Arbeit als klares Ziel gesteckt, nicht nur Anleitung zum täglichen Lesen der Heiligen Schrift zu vermitteln, sondern durch bessere Kenntnis das Verständnis und die Aufnahmefähigkeit für Predigten und Bibelstunden zu fördern. Die junge deutsche Mutter soll aus innerstem Lebensbedürfnis heraus ihren Kindern wieder die biblischen Geschichten erzählen und damit die entscheidende Ergänzung des Religionsunterrichtes der Schule im häuslichen Kreise geben können.

Einem Einwand sei kurz begegnet: In vielen Fällen wird die Bibelstunde der Gemeinde, da sie meist eine große Anzahl unserer Frauen zu ihren Besuchern rechnen kann, diese Aufgabe bis zu einem gewissen Grade zu erfüllen suchen. Es wird immer unsere Pflicht bleiben, bei der besonderen Bibelarbeit in den Frauenhilfen darauf zu achten, daß die Gemeindebibelstunde keinesfalls benachteiligt wird, sondern daß im Gegenteil ein immer größerer Kreis von Frauen sich an ihr beteiligt.

Es besteht aber die Tatsache, daß in der Bibelstunde, die oft eine Art von Gottesdienst ist, die Frauen nicht unmittelbar zur Mitarbeit und zum Nachdenken herangezogen werden können. Sie haben oft nicht den Mut, in diesem Kreis mit ihren besonderen Fragen und Anliegen herauszukommen, ganz abgesehen davon, daß in manchen Gegenden die Bibelstunde in der Kirche stattfindet, in der wohl in den meisten Fällen überhaupt keine Bibelbesprechung zustande kommt. Ein notwendiger Teil der heute zu leistenden Schulungsarbeit kann durch die Gemeindebibelstunde allein nicht geleistet werden. In Erkenntnis einer solchen Notlage hat sich in aller Stille in einer Reihe von Provinzen, besonders ausgeprägt in Brandenburg, biblische Schulungsarbeit in den Frauenhilfsgemeinden entwickelt, durch deren Planmäßigkeit in spürbarem Segen missionarische Aufbauarbeit in unserer evangelischen Kirche geleistet wird.

Wenn eine der vorgeschulten Bibelschwestern den neuen Kreis einer Frauenhilfe vor sich hat, in dem sie 8-10 Tage arbeitet, so stellt sie nach den uns vorliegenden Berichten immer wieder die Frage: „Sie haben Hochachtung vor Ihrer Bibel, Sie kennen diese oder jene Stelle genau und wenn Sie in Not sind, so fällt Ihnen mancher Spruch ein, den Sie einmal gelernt haben; aber sich zurecht finden, eine Geschichte selber aufschlagen und den inneren Zusammenhang zwischen den Worten und Schriften zu finden, das können Sie nicht, und darum bleibt die Bibel so oft unberührt auf ihrem Platz liegen.'' Dann geht immer wieder eine traurige und zugleich erwartungsvolle Bewegung durch die Reihen, und man hat den Schlüssel zum Aufmerken in der Hand.

In den meisten Kursen wird mit der Besprechung des ersten Blattes der Bibel begonnen. Die Leiterin entwickelt, wie aus Gottes Hand alles, auch der Mensch gut hervorging, dann aber Untreue gegen den himmlischen Vater die Not verschuldet hat. Es wird dann gleich nach 1. Mose 3, 15 die Rettung durch Christus fest ins Auge gefaßt und versucht, von diesen beiden Grundwahr-

heiten aus den Heilsplan Gottes mit der Menschheit zu verstehen, der sich durch alle Schriften hindurchzieht. Neben dem Bemühen, innerlich tiefer zu schürfen, wird auch äußerlich Inhalt und Kernworte einzelner Bücher eingeprägt. An Hand eines aus diesen Stunden entstandenen Leitfadens ist den Frauen die Möglichkeit des Selbststudiums nach dem Kursus gegeben.

Die Vorarbeit im Alten Testament soll dazu dienen, das Verständnis für Christus und das Neue Testament zu wecken.

Nach unseren bisherigen Erfahrungen ist entscheidend, daß die Bibelarbeit in unseren Frauenhilfen planmäßig gestaltet wird. Darum erfolgt von der Provinzialführung aus die jährliche Entsendung der Bibelschwestern in die Frauengruppen der gleichen Gemeinden innerhalb eines Zeitraumes von zunächst vier Jahren.

Die Freude ist groß, wenn nach Jahresfrist ein Ort zum zweiten Male besucht wird und frohe, fragende Augen die Leiterin erwarten, wenn es heißt, daß nun das Neue Testament an die Reihe kommt. Es kann im einzelnen hier nicht entwickelt werden, nach welchem Plan die neutestamentliche Geschichte, ausgehend von der Zeit vor Christi Erscheinen, behandelt wird. Es kommt vor, daß zu einer einzelnen Besprechung zwei Stunden gebraucht werden, eine Stunde, um alle Fragen zusammenzutragen und eine weitere, um sie zu beantworten. Den Blick zu schärfen für alle inneren geschichtlichen Zusammenhänge, nach denen sich das Leben der Völker und der einzelnen Menschen abspielt, ist uns ebenso wichtig wie das Bemühen, dem Plan der Evangelisten im Leben Jesu zu folgen und nach der Besprechung von Jesu Leben, Sterben und Auferstehen die Entstehung der ersten Christengemeinden mitzuerleben und besonders den Dienst der Frauen beim Aufbau der Gemeinde ins Auge zu fassen.

Neben der entscheidenden Bibelbesprechung in den Abendstunden hält die Bibelschwester an vielen Orten nachmittags Kinderstunden. Von besonders schönen Erlebnissen in den Gemeinden wäre hier zu berichten. An einem Nachmittag der Woche werden die jungen Mütter besonders eingeladen zur Besprechung wichtiger Erziehungsfragen und zum Erlernen von Wiegen- und Kinderliedern. Ueberhaupt ist das Singen auch in den Abendstunden eine große Hilfe und Freude für die Teilnehmer. An jedem

Abend wird ein neues, frisches Lied aus unserem Neuen Gesangbuch mit heimgenommen.

Aus einem Frauenhilfskreis erzählen uns einige junge Mütter, die an einem Kursus teilgenommen hatten, sie seien das ganze Jahr hindurch, während die Bibelschwester nicht bei ihnen war, in jeder Woche zusammengekommen, um weiter in der Bibel zu lesen, Fragen für die Bibelstunden des Gemeindepfarrers vorzubringen und eine Reihe von Fragen für das Wiederkommen der Bibelschwester vorzubereiten. Seit sie an dem zweiten Kursus teilnehmen, helfen sie mit, daß auch in den Nachbarorten solche Gruppen entstehen, indem sie durch Besuch der dort sich bildenden Jungmütterstunden die betreffende Frauenhilfsvorsitzende wertvoll unterstützen. Auf einem Gut finden sich die erwachsenen jungen Mädchen zusammen und arbeiten das Matthäusevangelium nach Anweisung von Professor Schlatter durch. An manchen Orten erschienen geschlossen die NS-Frauenschaft und der BdM., und Frauenhilfsmitglieder wie Bibelschwester spürten dann gemeinsam, daß ohne den Halt und die Lebenskräfte der Heiligen Schrift die Erwartungen des Führers nicht erfüllt werden können. So wird die Vertiefung der biblischen Schulungsarbeit durch Gemeindebibelkreise und Jungmütterarbeit ermöglicht.

Ich breche ab. Die bisherigen Erfahrungen in der Bibelarbeit in unseren Frauenhilfen geben uns die freudige Gewißheit, daß wir hier auf ureigenstem Arbeitsgebiet der Evangelischen Frauenhilfe tätig sind. Dem deutschen Menschen soll das Evangelium als eine wirkliche frohe Botschaft verkündet werden, und der ganze Ernst der prophetischen Mahnung Luthers gilt auch unserer Frauenhilfe:

„Lieben Deutschen! Kauft, weil der Markt vor der Tür ist, sammelt ein, weil es scheint und gut Wetter ist, braucht Gottes Gnaden und Wort, weil es da ist! Wo wir sonst übertreten und sündigen, kann Gott wohl schonen und durch die Finger sehen. Daß wir aber Sein Wort verachten, dazu gehört Strafe, wird uns auch strafen und sollte es hundert Jahre anstehen" (Luther 1525).*)

Wenn Kinder fragen nach Grund und Inhalt evangelischen Glaubens, müssen Mütter antworten können.

Wie notwendig diese Arbeit ist, wird uns ja auf Schritt und Tritt deutlich, wenn wir die große Unklarheit sehen in bezug auf das, was der Inhalt unseres evangelischen Glaubens ist, wenn wir spüren, wie gering die Bibelkenntnis vor allem bei den jüngeren Frauen ist, wie groß aber auf der andern Seite das Verlangen, mehr zu wissen; ein Verlangen, das oft dadurch geweckt wird, daß die Mütter von ihren Kindern gefragt werden nach alle dem Neuen, was man ihnen sagt, und dann nicht antworten können. Und selbst wenn es Kreise geben sollte, wo die Kenntnis der Schrift noch besser ist, wo die Kinder noch nicht erfaßt sind von „allerlei Wind der Lehre", auch dann hätten wir die Pflicht, unseren Frauen und Müttern das Wort zu sagen durch Besprechung biblischer Fragen in schlichter Erfüllung des Gebotes unseres Herrn: „Gehet hin in alle Welt und lehret die Völker..." Es geht nicht an zu sagen, das geschieht ja ausreichend in Predigt und Bibelstunden. Es ist notwendig, die frohe Botschaft unmittelbar in das Leben der Frauen und Mütter hineinzusagen und mit ihnen darüber zu sprechen, damit wir sehen, ob das Gehörte auch verstanden worden ist. Und zwar so verstanden, daß die Frauen die Botschaft auch in aller Schlichtheit weitergeben können an Mann und Kind oder an ihre Mitschwestern in der Gemeinde bei ihren Hausbesuchen als Bezirksfrau oder wo es sich irgendwie ergeben mag, daß man von ihnen „Grund fordert der Hoffnung, die in ihnen ist". Man wende nicht ein, dazu seien die Frauen nicht reif. Wie kann man anders reif werden zu diesem Dienst als dadurch, daß man sich hineinführen läßt in Gottes Wort. Und diesen Dienst wollen wir in den Besprechungen biblischer Fragen leisten, - soweit Menschen das überhaupt können. - Wer gewagt hat, damit anzufangen, der hat erlebt, daß unter den Frauen viele waren, die ihr Herz weit auftaten. Daß andere wegbleiben, können wir nicht hindern, mag es auch weh tun. Ueberall da, wo Gottes Wort verkündigt wird, wird es Menschen geben, die weggehen. Wir haben kein Recht, unserem Herrn seinen Auftrag zurückzugeben um derer willen, die ihn nicht hören wollen. Nein, wo dieser Dienst an den Frauen nicht getan wird, da fehlt der Frauenhilfe oder dem Jungmütterkreis das Entscheidende.*)

*) Frauenhilfe — Monatsblatt für Kirchliche Frauen-Gemeindearbeit, 34. Jg., 1934, S. 203ff.

*) Vikarin J. Jonas, Besprechung biblischer Fragen in Frauenkreisen, in: Mitteilungen aus der Arbeit der Ev. Frauenhilfe im Rheinland (E.V.), Nr. 53, Wuppertal-Barmen, Juli 1935, S. 6.

Die biblischen Begriffe müssen uns wieder klar werden. Unsere Frauen müssen wieder wissen, was ist Sünde, Gnade, Erlösung, Glaube, Bekehrung, Wiedergeburt, Heiligung usw. Sie müssen die biblischen Ordnungen kennenlernen: Was sagt die Schrift von der Schöpfung der Welt, vom Sündenfall, von Mann und Weib und ihrer Stellung zueinander, von der Ehe, der Ehelosigkeit, von Eltern und Kindern, Alter und Jugend und ihrem Verhältnis zueinander. Was sagt sie von Volk und Staat, was sagt sie von Gemeinde und Kirche, vom Reiche Gottes und den Sakramenten. Was sagt sie der Mutter, die Antwort sucht auf die Frage: Wie weise ich mein Kind zu Gott? Was sagt sie vom Gebet usw. usw. Es ist eine überwältigende Fülle von Fragen, die sich da auftun und beantwortet werden wollen.*)

Immer wieder wird betont: Es gibt nicht *die* Form der Bibelarbeit. Das Wie hängt sehr stark zusammen mit dem Menschen, der diese Arbeit tun muß mit den Gaben, die Gott *ihm* gegeben hat. Jede Stunde soll ihr Ziel haben. Aber man kann von verschiedenen Seiten zu diesem Ziel führen.

Wir wollen in diesen Stunden keine Lebenskunde treiben in dem Sinne, daß wir „Rezepte'' geben, sondern wir wollen Hörende werden, die Gott in seinem Wort zu sich reden lassen und nun freilich reden lassen mitten hinein in unser Leben, in unsereren Lebenskreis. So soll es sein, wenn wir miteinander die Schrift lesen, daß jeder merkt, das geht mich an. Das freilich kann man nicht selbst machen. Wir können nur Handlangerdienste tun, Hindernisse aufzeigen, Wegweisen durch die Schrift auf den, der das allein tun kann. Und wir müssen doch das unsere dazu tun, daß unsere Stunden so sind, daß es nie langweilig ist. Darum soll auch die Form ruhig wechseln. Aber auf jeden Fall sollen wir darauf hinarbeiten, daß die Frauen mittun: durch selber Lesen, falls das möglich ist, ohne sie dadurch in Verlegenheit zu bringen und scheu zu machen, fragen lassen, auf Fragen anderer auch die Frauen einmal antworten lassen. Wir müssen ihnen einmal zu dem Mut verhelfen, sich auch einmal zu blamieren! Wichtig ist es vor allem auch, daß wir den Frauen helfen, sich Notizen zu machen, um das Erarbeitete festzuhalten. Das wird ihnen beson-

ders schwer und ist doch sehr wichtig, da sie nicht gewöhnt sind, geistige Arbeit zu tun, und sehr schnell wieder vergessen. Bei aller Freude an den Frauen, die mitarbeiten, darf man sich freilich nicht dazu verleiten lassen, die Frauen nun nach dem Grad ihrer sichtbaren Mitarbeit zu beurteilen. Oft ist das den Frauen unmöglich, so mitzuarbeiten, und das sind oft gerade die, die am besten hören. Und das ist das Entscheidende.*)

Nicht alles, was „Bibelarbeit'' genannt wird, ist wirklich Bibelarbeit, aber immer mehr Frauen kommen zum Lesen der Bibel und darüber zu einer neuen Art zu hören, zu reden und zu fragen. In der Rheinischen Frauenhilfe gibt Frieda Schindelin ab 1937 unermüdlich methodische Hilfen zum Bibelstudium.

Bibelarbeit melden 386 Frauenhilfen von den 503 Fragebogen, das sind mehr als 75%. Ich möchte freilich hier die Frage stellen, ob es dabei wirklich um Bibelarbeit geht. Vielleicht ist damit manchmal nur eine Andacht gemeint. Wir wissen wohl zu schätzen, was eine Andacht in der Frauenhilfe geben kann. Jedes Wort des lebendigen Gottes, das verkündigt wird, kann Menschenherzen aufwecken, rufen, und ihnen den ganzen Trost des Evangeliums schenken. Aber wir wissen auch, daß gerade das heute die Aufgabe ist, Menschen neu in die Bibel zu führen. Es hängt alles davon ab, ob es gelingt, Menschen wieder zum Lesen des Wortes Gottes zu führen. Das kann freilich nur der Heilige Geist tun, denn wir können es auch mit blinden Augen und tauben Ohren lesen. Aber ich möchte es immer wieder und darum auch an dieser Stelle sagen, wie wichtig die Bibelarbeit ist, d. h. das Gespräch im Frauenkreis, wo der Text die Menschen zum Reden bringt; bei dem wirklich die Fragen, auch die Anstöße gegenüber dem Text herauskommen, bei dem Antworten aus dem Text geschenkt werden, wie dem Menschen geholfen werden kann, das Wort des Lebens neu zu lernen und zu lieben. Sicherlich ist das Wachstum der Bibelarbeit auch darauf zurückzuführen, daß eine Reihe von Bezirksverbänden hauptamtlich Vikarinnen eingestellt hat, so Bonn, Düsseldorf, Essen, München-Gladbach, Köln, Saarverband und Wetzlar eine Pfarrgehilfin. Andere Bezirksverbände haben denselben Plan. Ich möchte auch hier darauf hinweisen, daß vom 1. Januar an der Provinzialverband Frau Vikarin Schin-

---

*) J. Jonas, a.a.O., S. 7.

*) J. Jonas, a.a.O., S. 7f.

delin eingestellt hat, um gerade den Verbänden zu dienen, die wegen der Kleinheit eine eigene Vikarin nicht einstellen können. Die Arbeit, die hier ganz in der Stille geschieht, ist vielleicht die wichtigste Arbeit. Unsere Frauenhilfe steht auf tönernen Füßen, wenn nicht das Wort Gottes mehr gehört, gelernt, gelesen, geglaubt wird. Dazu Handlangerdienst zu leisten, ist ihre sonderliche Aufgabe. Freilich ist solcher Dienst nicht nur Aufgabe der Vikarin, ich möchte das ausdrücklich feststellen. Nach den uns gemachten Meldungen wird bisher in den meisten Fällen durch die Pfarrer Bibelarbeit getrieben. Aus den Kreisen der Pfarrer ist verschiedentlich die Anfrage gerichtet worden, ob nicht für diese Aufgabe noch eine methodische Hilfe gegeben werden könnte. Ich möchte dabei auf die Bibelfreizeiten im Auguste-Victoria-Heim hinweisen, die dazu dienen. Auch Pfarrfrauen, Schwestern und Vorsitzende treiben diese Arbeit, und wir müssen Wert darauf legen, daß der Kreis derer, die diese Arbeit tun können, immer größer wird. Denn wir haben für die Zukunft, wenn nicht alle Zeichen trügen, wenig Hoffnung, daß dem Pfarrer für all diese Aufgaben die Zeit bleiben wird. Wie tief solche Bibelarbeit geht und welche Frucht sie trägt, können Menschenaugen nicht sehen, das wird erst die Ewigkeit offenbaren. Ein erfreuliches Zeichen ist, daß die Nachfrage nach der Bibellesetafel gestiegen ist. Während wir von der Bibellesetafel für 1937 ca. 7000 vertrieben haben, sind von der Bibellesetafel von 1938 in die Rheinische Frauenhilfe 10 800 verschickt worden.*)

Von seiten der Deutschen Christen fehlen nicht die — von manchen kaum durchschauten — Versuche, auch das Studium der Bibel als Mittel für „völkische" Zwecke zu benutzen. Bibelarbeit soll als „lebensnahe Evangeliumsverkündigung" Frauenhilfen „zu Bundesgenossen und Mitstreitern der heutigen Staatslenker" machen.

Eine Berufsarbeiterin der Inneren Mission, die viel in unseren Frauenhilfen tätig ist, schrieb mir vor einiger Zeit: „Mir scheint für unsere Frauenhilfen nichts so wichtig wie Bibelarbeit. Alle Aufbauarbeit in Staat, Volk, Kirche ohne die Bibel ist wie ein Schöpfen von Wasser in Sieben. Die übliche Gepflogenheit von Kaffee, dann Vorträgen, Darbietungen und hinterher von etwas Frommem halte ich für eminent zwecklos." Mit anderen Worten: Bestehen also unsere Versammlungen nur darin, daß ein schönes Buch gelesen, daß gesungen und Kaffee getrunken und dann eine kurze Andacht gehalten wird, so genügt das alles nicht, auch wenn es Wert in sich hat. Wir müssen in unseren Frauenhilfen herausarbeiten - meinetwegen konfirmandenstundenartig - an Hand von Bibel und Katechismus, was es ist um eine bewußt christliche Ehe, um eine bewußt christliche Erziehung unserer Kinder, um ein bewußt christliches Gemeindeleben, um eine bewußt christliche Führung des Lebens überhaupt in Haus, Familie, Volk und Kirche. Das andere: Lesen eines schönen Buches, gemeinsames Singen, Darbietung und Vortrag kann auch sein. Aber es muß nur peripherisch behandelt werden. Das Zweite ist das Wichtigste: Vertiefung in Gottes Wort. Vom Evangelium her muß mit unseren Frauen das ganze Leben durchdacht werden. Scheuen wir uns dabei nicht, die Kernfragen des Lebens wirklich anzupacken und mit unseren Frauen an Hand der Bibel um Klarheit zu ringen über die Ursachen der Entsittlichung, Entmütterlichung und Entweiblichung des letzten Jahrzehnts...Evangelium wird wohl auch sonst viel in unseren Frauenhilfen verkündet. Aber was wir heute in unseren Frauenhilfen nicht scheuen dürfen, ist eine Evangeliumsverkündigung, die hineintrifft in das Zentrum alles mütterlichen und fraulichen Lebens, welche die großen sittlichen Forderungen des Neuen Testaments in bezug auf die Kernfragen des Lebens in das Gewissen unserer Frauen hineinruft, welche ihren Seelen zugleich den Sünderheiland bringt, der uns in unserer menschlichen Schuldverstrickung nicht nur versteht, sondern der zugleich vergeben und heiligen kann. *Diese lebensnahe Evangeliumsverkündigung in unseren Frauenhilfen macht uns zu Bundesgenossen und Mitstreitern der heutigen Staatslenker* und dient dazu, die Aufgaben zu erfüllen, die uns in Beziehung nach innen gesetzt sind. Möchte solche Verkündigung überall wirklich heute geschehen!*)

*) Wilhelm Kunze, Aus dem Jahresbericht 1937, in: Mitteilungen aus der Arbeit der Ev. Frauenhilfe im Rheinland (E.V.), Nr. 66, April 1938, S. 7f.

*) Ernst Koch, Evangelische Frauenhilfe im heutigen Staat, Arbeitsbücherei der Frauenhilfe, hrsg. v. Lic. Hans Hermenau, Heft 29, Potsdam o.J., S. 9ff.

Die diakonische Arbeit

Frauenhilfe und Winterhilfswerk

Es kommen immer wieder von unseren Frauenhilfen Anfragen an uns, wie sie sich in der Zusammenarbeit im Winterhilfswerk verhalten sollen. Der Bericht über unsere Vorständekonferenz vom 16. Oktober in dieser Nummer der „Mitteilungen" wird sicherlich schon manche dieser Fragen beantworten. Im nachfolgenden geben wir Ihnen noch einige Absätze aus einem Rundschreiben wieder, das der Zentralausschuß für Innere Mission für November herausgegeben hat.

A) Aus der Vereinbarung zwischen dem Zentral-Ausschuß für Innere Mission und dem Reichsführer des Winterhilfswerkes: „Die für die Armenfürsorge in den Gemeinden bestehenden gemeindlichen Einrichtungen, wie z. B. Schwesternstationen, Gemeindevereine, Frauenhilfen und dergleichen ziehen ihre Beiträge in der bisher üblichen Form ein, um ihre Arbeit auch in diesem Winter durchführen zu können. Die Verteilung der Spenden erfolgt unter Mitwirkung des in dem Ausschuß befindlichen Vertreters der Kirche oder der Inneren Mission durch die Verteilungsstellen des W.H.W. Die oben genannten gemeindlichen Stellen übermitteln die Gaben des W.H.W. an die von ihnen betreuten Hilfsbedürftigen."

B) Mittelbeschaffung für die gemeindliche Armenpflege. „Die gemeindliche Armenpflege der Kirchengemeinden darf weiter ausgeübt werden. Hierzu gehört die Betreuung von Hilfsbedürftigen durch die Evangelischen Jugend- und Wohlfahrtsdienste, durch Gemeindepflegestationen, Gemeindehilfsvereine, Vereine zur Erhaltung von Kindergärten und Kinderschulen, durch die Evangelische Frauenhilfe und durch andere evangelische Frauenverbände. Zur Mittelbeschaffung dürfen freiwillige Spenden von Mitgliedern und Freunden, die bereits bisher in Beziehung zu der betreffenden Einrichtung gestanden haben und durch Tradition als Freundeskreis bezeichnet sind, entgegengenommen werden. Ebenso sind Mitgliederwerbungen erlaubt.

Zu der Form der Einziehung von Beiträgen gehört auch die Veranstaltung von Basaren, Verkäufe von Handarbeiten, Lebensmitteln und dergl. Die zum Verkauf gelangenden Gegenstände dürfen nicht durch Listensammlung von Haus zu Haus aufgebracht werden, sondern müssen freiwillige Spenden von den bisherigen Gebern sein."

C) Kirchliche Sammlungen. „Ohne jede Einschränkung sind weiterhin erlaubt alle Sammlungen, die im Zusammenhang mit einer kirchlichen Veranstaltung vorgenommen werden. Es ist hierbei gleichgültig, ob es sich um Geld, Naturalien- oder Sachspenden handelt."

D) Verteilung der Spenden. Um Doppelunterstützung zu vermeiden, soll die Verteilung von Spenden durch die Verteilung des W.H.W. geschehen. Das bedeutet nicht, daß alle gesammelten Spenden der Verteilungsstelle des W.H.W. ausgehändigt werden müssen. Um den gewünschten Zweck zu erreichen, wird es im allgemeinen genügen, dem W.H.W. ein Verzeichnis der Empfänger mit der Angabe der Spende einzureichen.*)

*) Mitteilungen aus der Arbeit der Ev. Frauenhilfe im Rheinland (E.V.), Nr. 52, Dezember 1933, S. 5f.

**Übersicht über die diakonische Arbeit der
Evangelischen Frauenhilfe
(Stand: Oktober 1935)**

Vorbemerkung

Die Evangelische Reichsfrauenhilfe umfaßt 30 Landes-
und Provinzialverbände mit insgesamt 9000 Ortsgruppen und über
1 000 000 Mitglieder. Umfassendes und lückenloses Zahlenmaterial
kann nicht gegeben werden. Wir haben uns an das vorhandene
Material gehalten und versuchen an einzelnen Beispielen die
Lage deutlich zu machen.

I. Einrichtungen der Kinderarbeit

a) Kindergärten und Horte
werden zum großen Teil von örtlichen Frauenhilfen getragen, wie
auch zusammen mit Kirchengemeinden unterhalten bzw. unterstützt. In Pommern unterhält die Frauenhilfe 10 Kindergärten,
in Frankfurt/Main 6, im Braunschweiger Land 8, in der Grenz-
mark Posen-Westpreußen 8, in der Provinz Sachsen ca. 30.
4 Kindergärten erhielten im letzten Jahr Beihilfen vom Provinzial-Verband.

In Hannover werden 5 Kindergärten allein von der
Frauenhilfe getragen, 10 weitere zusammen mit anderen Trägern
unterhalten.

Im Bereich des Berliner Verbandes werden 16 Kindergärten von der Frauenhilfe unterhalten, an weiteren 13 sind Frauenhilfen beteiligt. In der Mark Brandenburg werden 34 Kindergärten von der Frauenhilfe als Rechtsträger unterhalten, weitere
8 Kindergärten werden unterstützt.

Die Verbände der Frauenhilfen besitzen 7 eigene Säuglingsheime. Sie unterstützen 22 weitere Säuglingsheime sowie 21
Krippen für Säuglinge.

b) Kindererholungsfürsorge
Es bestehen insgesamt 12 Kindererholungsheime, dazu 2 Ferien-
lager, getragen von Verbänden der Frauenhilfe.
Der Berliner Verband der Frauenhilfe hat 1934 insgesamt 985
Kinder verschickt, 1935 bisher 650 Kinder.

II. Mütterarbeit

a) kirchliche Mütterarbeit
Nach der ersten, nicht lückenlosen Statistik bestehen, von Frauenhilfen getragen, insgesamt ca. 1800 ständige Mütterkreise, die etwa
insgesamt 80 - 90 000 Mütter erfassen. (In der Provinz Westfalen
allein 500 Jungmütterkreise.) Außerdem werden von einer sehr
großen Anzahl von Frauenhilfen dann und wann Mütterabende
veranstaltet, ohne daß ein fester Mütterkreis besteht, auf denen
alle Fragen, die evangelische Mütter besonders angehen, besprochen werden.

b) Müttererholungsfürsorge
Im Jahre 1934 sind von den Verbänden der Evangelischen Frauenhilfe 13 146 Frauen verschickt worden. 4/5 davon waren Mütter.
In erster Linie sind die 37 eigenen Müttererholungsheime mit
ca. 1 300 Plätzen benutzt worden. Die Kosten der Verschickung
sind zu etwa 50 % von den Frauenhilfen selbst getragen worden.
Für 1935 liegen Gesamtzahlen noch nicht vor.
Ein Beispiel: Bayern hat über 1 000 Mütter verschickt, Berlin
ca. 850 Mütter.

III. Gemeindepflegestationen

Eine große Anzahl von Gemeindepflegestationen
wird von Frauenhilfen getragen und mit unterhalten.
Die Frauenhilfe ist alleiniger Träger von 308 Gemeindepflegestationen. Sie ist außerdem an der Unterhaltung beteiligt bei
948 Gemeindepflegestationen. Die finanziellen Beihilfen belaufen
sich z. B. in der Provinz Hannover auf 1200 RM jährlich für
die Station.

Eine bestimmte Gruppe des Berliner Verbandes unterhält 16 Krankenpflegestationen mit insgesamt 108 Diakonissen.
(Jährliche Unkosten 148 000 RM, von dieser Summe werden etwa
100 000 RM freiwillig aufgebracht.) Zum Unterschied von den
Gemeindepflegestationen übernehmen diese Krankenpflegestationen die Pflege von Schwerkranken und langwierig Kranken.

IV. Weitere fürsorgerische Arbeit

a) Altersfürsorge
Die Frauenhilfe ist Träger von 14 Altersheimen, sie unterstützt
außerdem weitere 52 Altersheime. Im übrigen wird in den meisten
Frauenhilfen eine Betreuung bedürftiger und einsamer Alter,
auch Sozial- und Kleinrentner innerhalb der Kirchengemeinde
durchgeführt. (Alten-Abende, Alten-Vereine usw.)

b) Erziehungsfürsorge
Die Frauenhilfe ist Träger von 4 Mädchen-, Erziehungs- und Frauenheimen. Sie unterstützt weitere 33 Heime dieser Art.

c) Volksspeisungen
Innerhalb des Berliner Verbandes werden 5 Gemeindespeisungen von Frauenhilfen unterhalten, an weiteren 4 Gemeindespeisungen sind Frauenhilfen beteiligt.

d) Zusammenarbeit mit NSV und Reichsmütterdienst
Die Frauenhilfen sind rege an den Sammlungen der NSV, wie auch an den Muttertagssammlungen beteiligt. Sie arbeiten mit im WHW, geben auch gelegentlich Beihilfen. So haben die Ortsgruppen in der Pfalz im letzten Winter Geldleistungen von 4 500 RM, dazu Sachleistungen im Werte von 3 500 RM aufgebracht.

Die Zusammenarbeit mit dem Reichsmütterdienst (in der Mütterschulungsarbeit) ist zentral und örtlich durch besondere Vereinbarungen geregelt. Die Frauenhilfe hat 11 eingerichtete Mütterschulen und ca. 40 erfahrene Kräfte dem Reichsmütterdienst für seine Arbeit zur Verfügung gestellt. Noch jetzt werden 5 Mütterschulen für den Reichsmütterdienst unterhalten. In Pommern und Westfalen sind im Winter 1934/35 je 2 Wanderlehrerinnen für den Reichsmütterdienst getragen worden.

Außer der praktischen Mitarbeit und gelegentlichen Sachleistungen sind die Frauenhilfen auch an der Aufbringung der Kosten für die Mütterschulungsarbeit beteiligt. (In den einzelnen Gauen sehr verschieden geregelt.)

Die praktische Mitarbeit in Bayern ist so stark und rege, daß dadurch Ersparnisse für den Reichsmütterdienst entstehen, die mit jährlich 20 000 RM veranschlagt werden können.

V. Ausbildung
Die Evangelische Reichsfrauenhilfe besitzt einen eigenen Schwesternverband mit 763 Schwestern zur Zeit. Er gliedert sich in 7 Provinzial-Schwesternschaften, die zusammen 5 Heimathäuser für ihre Schwestern unterhalten und tragen.

Arbeitsfelder: Gemeindediakonie, Krankenhäuser, Kinderarbeit, Erziehungsfürsorge, Erholungsfürsorge, Hauspflege. Außerdem sind Frauenhilfen Träger von 7 Haushaltungsschulen.

gez. Magdalene Vedder.*)

Vielfältig sind die Aufgaben und die Arbeiten der örtlichen Frauenhilfen und durch Statistik nicht zu erfassen.

Nun ein Wort über die soziale Arbeit in den Gemeinden. Daß überall, wo sich nur die Möglichkeit ergibt, die Mitarbeit für das Winterhilfswerk geschieht, will ich nicht vergessen. Das muß auch so bleiben. Aber wieviel Aufgaben sind auch heute in der Kirchengemeinde zu erfüllen. So wird erzählt von der Ausstattung der Kirche, von der Arbeit an Alten, Kranken, Unterstützung der Konfirmanden. In manchen Gemeinden haben die Frauenhilfen Patenstellen für den Kindergarten, in vielen Gemeinden geben sie auch heute Zuschüsse für den Kindergarten und die Schwesternstation. 245 Frauenhilfen melden alle solche Aufgaben. Dabei ist die Schriftenmission nicht zu vergessen: Die Frauenhilfen besorgen das Blatt „Für alte Augen", „Frau und Mutter" und anderes zum Verteilen. Auch die Anstalten der Inneren Mission werden von den Frauenhilfen mit bedacht. Viele arbeiten für Kaiserswerth, Kreuznach, Bethel, Wolf an der Mosel, Godesheim, Volmarstein, Hephata usw. Hier ist ja ein reiches Feld der Tätigkeit für das Nähen und Stricken und alle die Handarbeiten, die von Frauenhänden angefertigt sind. Jahr für Jahr ist auch die Arbeit für die Rheinische Mission in unsern Frauenhilfen gewachsen. Hin und her werden die Bezirksverbände von Schwestern der Rheinischen Mission besucht, und es melden jetzt schon 174 Frauenhilfen eine Mitarbeit für die Mission. Es ist wichtig, daß so Beihilfen zusammenkommen für die Schwesternarbeit der Mission, aber vor allem, daß unsern Frauen überall der Missionsbefehl unseres Herrn immer neu vor die Seele gestellt wird. Auch heute, in einer Zeit, in der wir in unserm eigenen Volk den Kampf mit dem Heidentum kämpfen, gilt es, diesen Missionsbefehl ganz ernst zu nehmen. Es ist für unsere Frauen eine wunderbare Glaubensstärkung, wenn sie hören, wie die Entscheidung für oder gegen Christus durch die ganze Welt geht, und wenn sie teilnehmen an den Kämpfen, Sorgen und auch Siegen des Wortes Gottes in der ganzen Völkerwelt.

Der Ruf des Provinzialverbandes, sich der Gustav-Adolf-Arbeit anzunehmen, ist auch nicht ungehört verhallt. Es melden 99 Frauenhilfen, daß sie sich an dieser Arbeit beteiligen.*)

---

*) ADW Berlin, CA Nr. 401 III/4.

*) Wilhelm Kunze, Aus dem Jahresbericht 1937, in: Mitteilungen aus der Arbeit der Ev. Frauenhilfe im Rheinland (E.V.), Nr. 66, April 1938, S. 10f.

Zu all dem reichen Dienst, der hier angeführt ist, kann der Provinzialverband immer nur aufrufen, einladen, anregen. Dazu dienen vor allem die Vorstände-Konferenzen der Bezirksverbände, die wir nach Möglichkeit vom Provinzialverband aus regelmäßig besucht haben. Wichtig für das ganze Leben gerade der kleinen abgelegenen Frauenhilfen sind auch die großen Arbeitstagungen und Feste. Das hat der Hunsrück wieder auf seinem großen Fest mit 2500 Frauen im Zelt erfahren; das haben wir in Wetzlar gespürt, als der Dom die Frauenscharen nicht fassen konnte und die Hospitalkirche hinzugenommen werden mußte. Das ist aber auch den Frauenhilfen der Diaspora deutlich geworden, als wirklich aus der Zerstreuung wir uns im Grenzort Monschau zusammenfanden, und als der räumlich so große Koblenzer Bezirksverband in Bacharach feierte. Nun könnte ich anfangen von allen Festen zu erzählen, aber ich will ja nur andeuten, was an Gemeinschaft, Freudigkeit, Mut von solch einem Fest ausgehen kann und deshalb aufrufen, weiter auch solche großen Feste und Tagungen zu halten. Wichtiger noch sind freilich für die Arbeit die Freizeiten. Dem Provinzialverband liegt sehr an Freizeiten für Vorsitzende.

Wir haben im Jahr 1937 4 Freizeiten für Vorsitzende gehabt, und zwar für die Bezirksverbände Altenkirchen und Bonn in Herchen, Agger und Köln im Auguste-Victoria-Heim, Gladbach in Dalheim, Sobernheim, Kreuznach und Baumholder in Stromberg. Wir denken mit Freude gerade an diese Vorsitzenden-Freizeiten und werden sie Jahr für Jahr weiter durchführen. Eine Singe-Freizeit von Frau Meta Diestel mit Bibelarbeit im Auguste-Victoria-Heim war von 39 Teilnehmern besucht, im Herbst hatten wir eine Freizeit für Vikarinnen und solche, die in der Bibelarbeit der Bezirksverbände stehen. Es können hier nicht alle Freizeiten erwähnt werden, nur das sei gesagt, daß nach den Fragebogen insgesamt 1617 Mitglieder aus 194 Frauenhilfen an Freizeiten teilgenommen haben. Man kann all diese Zahlen unwichtig nennen. Sie können vor Gott leere Zahlen, null und nichtig sein, und doch, wenn jeder Vortrag, der gehalten wird, wenn jede Predigt, die geschieht, wenn jede Bibelarbeit, die getrieben wird, wenn jede Freizeit, die wir zusammen unter Gottes Wort haben, wirklich von Gott gesegnet würde, was müßte dann für ein Strom des Segens von der Rheinischen Frauenhilfe ausgehen!

Wir dürfen es wohl mit Dank gegen Gott bezeugen, daß auch unter uns sein Wort nicht leer zurückkommt, aber wir wollen nicht aufhören, ihn zu bitten, daß er all das, was geschieht und getan wird, noch ganz anders reinige, heilige, zum Werkzeug seines Wortes und Willens mache. Wir wollen im Angesicht der Zerstörung unserer Kirche mit ganz anderem Ernst unsere Arbeit ansehen und uns vor seinem Angesicht fragen, ob wir die große Möglichkeit dieser unserer Arbeit wirklich recht ausnutzen, ob wir alle unsere Arbeit bauen allein auf dem Grund, da Jesus Christus der Eckstein ist. Wir wollen ihn in anhaltendem Gebet bitten, daß er auch heute durch unsere Arbeit Frauen und Mütter rufe und rüste und zur klaren Entscheidung für ihn bringt und durch die Frauen und Mütter Kinder und Familien segne. Als Paulus in schwerer Kampfzeit in Korinth wirkte, in viel Krankheit und Schwachheit des Leibes und der Seele, da hat der Herr ihm eine wunderbare Verheißung geschenkt. Möchte diese Verheißung über aller Arbeit unserer Frauenhilfe in unserem Provinzialverband, in jedem Bezirksverband, in jeder Gemeinde stehen: ,,Fürchte dich nicht, rede und schweige nicht, und niemand soll sich unterstehen, dir zu schaden, denn ich habe ein großes Volk in dieser Stadt" (Ap. 18, 10).*)

*) Wilhelm Kunze, a.a.O., S. 11f.

Der Mutterhausverband
der Evangelischen Reichsfrauenhilfe

Aus „Im Dienst der Liebe" Juni 1937: „Schon im Jahre 1928 begann ein engerer Zusammenschluß der einzelnen Provinzialschwesternschaften, die inzwischen in Rheinland, Westfalen, Sachsen, Brandenburg, Ostpreußen, Schlesien und Pommern entstanden waren. Es fanden in Fortsetzung früherer Schwesterntage Gesamtschwesterntage statt und halbjährliche Zusammenkünfte der Vorsteher und Leitenden Schwestern. Je länger je mehr entstand der Wunsch zum festeren Zusammenschluß. Nach vielen Beratungen ist am 10. Mai 1937 in Erfurt der Zusammenschluß erfolgt und dafür der Name ‚Mutterhausverband der Evangelischen Reichsfrauenhilfe' gewählt worden." (Zuvor war der Gesamtschwesternverband schon Mitglied der „Diakoniegemeinschaft im Fachausschuß für das Schwesternwesen innerhalb der Reichsgemeinschaft für Wohlfahrtspflege".) Der Mutterhausverband gab sich eine Satzung, die sich — obwohl zum Zehlendorfer Verband gehörend — nach der Satzung des Kaiserswerther Verbandes richtete und wurde in das Vereinsregister mit Sitz Berlin eingetragen.

„Nach dieser Gründung war der Schwesterntag in Soest vom 28. bis 31. August 1937 der erste Schwesterntag, der auf Grund der neuen Satzung einberufen war. Zum Vorsitzenden des Mutterhausverbandes der Evangelischen Reichsfrauenhilfe wurde Pastor Bastert, Soest, gewählt." Aus dem Programm: Konferenz der Vorsteher; Konferenz der Leitenden Schwestern; Gemeinsame Beratungen der Vorsteher und Leitenden Schwestern; Gottesdienst in der St. Petrikirche mit anschließender Abendmahlsfeier: Pastor Brandmeyer, Potsdam; Vortrag: „Die Bedeutung des Schwesterndienstes für die Kirche in unserer Zeit", Schwester Paula Appel, Breslau; Besichtigung des Patroklidomes; Aussprache über wichtige Fragen der Schwesternschaft; Ausflug zur Möhnetalsperre. . .

1939 wurde die Schwesternschaft der Evangelischen Frauenhilfe im Rheinland ein eingetragener Verein (E.V.) mit eigenem Vermögen, um sich zu sichern, falls ein staatlicher Zugriff auf die Evangelische Frauenhilfe erfolgen sollte.*)

Ordnung für den Mutterhausverband
der Evangelischen Frauenhilfe in Deutschland.
(Im Auszug)

I. Die Grundlage des Mutterhausverbandes.

1) Der Mutterhausverband der Evangelischen Frauenhilfe in Deutschland, in dem die Mutterhäuser der Evangelischen Frauenhilfe in Ländern und Provinzen zusammengeschlossen sind, gründet sich auf das Evangelium von Jesus Christus.

2) Der Mutterhausverband erwartet, daß seine Schwestern im Dienst des gekreuzigten und auferstandenen Heilandes stehen und ihren Dienst aus Dankbarkeit für die Liebe dessen tun, der sein Leben für uns gelassen hat.

3) Die Mutterhäuser sind ihrem Wesen nach Stätten der Sammlung und Erziehung, der Erprobung und Bewährung. In ihm finden die Schwestern Rat und Halt. Dort haben sie ihre Heimat. Die Schwestern sind im Glauben und Dienst verbunden.

II. Die Gestaltung der einzelnen Mutterhäuser.

1) Die Mutterhäuser stehen in lebensvoller Verbindung mit den Evangelischen Frauenhilfen der Provinzen und Länder, aus deren Arbeit sie hervorgegangen sind. Sie stehen mit ihnen im Dienst an Kirche und Gemeinde.

2) Jedes Mutterhaus besitzt oder erstrebt die Rechtsfähigkeit und die Rechte einer milden Stiftung.

3) Jedes Mutterhaus hat einen Vorstand, in dem der jeweilige Provinzial- bezw. Landesvorstand vertreten sein muß. Dem Vorstand können Männer und Frauen angehören.

4) Die Leitung liegt in den Händen eines Pastors als Vorsteher und der leitenden Schwester (Oberin) als Vorsteherin. Die Leitung ist in ihrer Tätigkeit dem Vorstand, in dem sie Sitz und Stimme hat, verantwortlich. Ihre Dienstanweisung enthält die gemeinsamen Aufgaben und, soweit nötig, die gegenseitige Abgrenzung ihrer Arbeit nach biblischen Grundsätzen und geschicht-

---

*) Margareta Stahl, Die Frauenhilfs-Diakonieschwesternschaft im Rheinland — Stationen eines Weges, in: Mitteilungen der Evangelischen Frauenhilfe im Rheinland E.V., April 1971/20.

licher Entwicklung. Der Vorstand greift in die Leitung des Mutterhauses nicht unmittelbar ein. Zur Vertretung der Schwesternschaft besteht ein Schwesternrat, dessen Obliegenheiten durch die Ordnung der einzelnen Mutterhäuser geregelt werden.

III. Die Stellung der Schwestern zu ihrem Mutterhaus.

1) In das Mutterhaus können evangelische Mädchen und alleinstehende Frauen im Alter vom 18.-32. Lebensjahr aufgenommen werden. Voraussetzung ist christliche Gesinnung, ein unbescholtener Ruf, eine ausreichende Schulbildung und gute Gesundheit.

2) Nach ihrer Aufnahme in das Mutterhaus gehen die Schwestern durch mehrere Jahre der Zurüstung für den Schwesterndienst, in denen auch eine fachliche Ausbildung erfolgt. Nach dieser Zeit entscheidet die Leitung über die Aufnahme als Probeschwester. Nach mindestens fünfjähriger Zugehörigkeit zum Mutterhaus kann mit Zustimmung des Schwesternrates die Aufnahme als Verbandsschwester nach vorbereitender Rüstzeit erfolgen.

3) Die Schwestern werden vom Mutterhaus entsandt und in Krankheit und Alter versorgt. Sie erhalten kein Gehalt. Zur Bestreitung der persönlichen Ausgaben erhalten sie ein Taschen- und Kleidergeld. Sie nehmen in Ausübung ihres Berufes von Dritten keine persönlichen Geld- oder Wertgeschenke an. Das Mutterhaus sichert seinen Schwestern ausreichende Erholungs- und Freizeit zu. Die im Beruf erkrankten oder arbeitsunfähig gewordenen Schwestern werden vom Mutterhaus als dessen Töchter verpflegt und versorgt. Der Mutterhausverband der Evangelischen Frauenhilfe in Deutschland unterhält für die Mutterhäuser zur Sicherung für Krankheitsfälle und Arbeitsunfähigkeit ihrer Schwestern eine Krankenzuschußkasse und eine Pensionszuschußkasse.

4) Die Mutterhäuser schreiben ihren Schwestern eine einheitliche Tracht vor und verleihen ihnen Brosche, Haube und Überhaube, die Eigentum der Mutterhäuser bleiben.

IV. Das Verhältnis der Mutterhäuser zu den Vorständen der Außenplätze.

1) Die Aussendung von Schwestern erfolgt auf Grund von Verträgen, welche das Mutterhaus mit den Vorständen der Außenplätze abschließt. Das Mutterhaus sorgt in seinen Verträgen für angemessene Lebensverhältnisse. Die äußere Lage der Schwester soll auskömmlich, schlicht und einfach, aber nicht dürftig und ärmlich sein. Die Schwester untersteht auf ihrem jeweiligen Arbeitsfeld dem Schutz und der Aufsicht des Mutterhauses. Die in beruflicher Beziehung nötige Aufsicht des örtlichen Vorstandes über die Schwester hat ihre Schranken an der Dienstanweisung des Mutterhauses. Es können nur Leistungen gefordert werden, die der weiblichen Körperkraft und Eignung entsprechen.

V. Das Verhältnis der Mutterhäuser zueinander.

1) Die Mutterhäuser haben Gemeinschaft am Worte Gottes und Sakrament und pflegen ihre Gemeinschaft vor allem durch treue Fürbitte.

2) Es finden Arbeitstagungen der leitenden Schwestern und Vorsteher, Schwesterntage und Fachkonferenzen des Mutterhausverbandes der Evangelischen Frauenhilfe in Deutschland statt. Es erfolgt der Austausch der Mitteilungen.

3) a. Austausch von Schwestern innerhalb der Mutterhäuser ist möglich. *)

Auch die Schwesternschaften im Mutterhausverband der Frauenhilfe haben sich mit der nationalsozialistischen Ideologie auseinanderzusetzen. Als Beispiel stehe die rheinische Schwesternschaft.

Während der gemeinsamen Leitung von Pastor D. Kunze und Oberin Volkenborn erlebte die Schwesternschaft mancherlei Auswirkung des Nationalsozialismus: Gemeindepflegestationen gingen durch den Zugriff der NSV verloren, das Krankenhaus Kirchen/Sieg, das Erholungsheim Stromberg u. a.; 1938 wurde die Durchführung von Helferinnenlehrgängen verboten. Vor allem aber hatte sich die Schwesternschaft mit der nationalsozialistischen Ideologie auseinanderzusetzen. Klare Fronten wurden gesteckt. „Von vornherein blieben diejenigen fern, die den Weg einer der Bekennenden Kirche angehörenden Schwesternschaft nicht mitgehen wollten, andererseits lösten sich viele vor und nach der Einsegnung, um in die NSV zu gehen."

*) AFrRh.

Die Schwesterntage waren eine große Hilfe zur Bewältigung der Probleme und zur geistlichen Stärkung.

1936: „Bevor Pastor Kunze zu seinem Vortrag über die Lage der Kirche und der Frauenhilfe überging, sangen wir das Trutz- und Glaubenslied ‚Kommt her, des Königs Aufgebot'. Frau Oberin Volkenborn gab einen Überblick über den Stand der Schwesternschaft, über Veränderungen auf den Arbeitsgebieten usw. Sie wies auf Wert und Zweck der Diakoniegemeinschaft, die ein Zusammenschluß aller evangelischer Mutterhäuser ist, hin." Vortrag von H. Rambeau über: „Das Ringen des Christentums um die Seele des deutschen Volkes": „Wer sich unterfängt, das Christentum im deutschen Volk zu zerstören, zerstört das Volk mit."

1937: „Als Letztes brachte der Schwesterntag Bibelarbeit über das Alte Testament, die Pastor Kunze mit uns trieb. Er widerlegte auf Grund von Bibelstellen Angriffe, die das Alte Testament von vielen Seiten erfährt. Wir können das Alte Testament immer nur von Christus her lesen . . ."

1938: Vortrag von Fork über „Lebensrecht und Lebensart weiblicher Diakonie": „Weil Christus nicht eine Idee, nicht ein Mythos ist, sondern weil Christus eine lebendige Wirklichkeit ist, darum hat und behält die Diakonie ihr Lebensrecht, selbst dann noch, wenn man ihr den Lebensraum abspricht. — Je mehr nun aber die Weltanschauung den Anspruch erhebt, an Stelle der Religion zu treten, desto weniger wird eine Schwesternschaft daran vorübergehen können, für sich selbst und alle ihr zugehörenden Schwestern eine eindeutige religiöse Bindung zu vollziehen."*)

*) Margareta Stahl, a.a.O.

Die Zeit neuer Anfänge (seit 1945)

Die Frauenhilfe in der DDR

Die Frauenhilfe in der Bundesrepublik

Die Schwesternschaften der Frauenhilfe

Evangelische Frauenhilfe für die Auslandsdiaspora

Die Frauenhilfe in der DDR

Die Arbeit der Reichsfrauenhilfe schien zunächst 1945 zerschlagen . . . D. Wilhelm Brandt, der seit dem Heimgang von Pastor Brandmeyer von Bethel für die weitere Leitung beurlaubt worden war, wurde 1946 für den Aufbau der Theologischen Schule nach Bethel zurückgerufen. Die Leiterin der Bibelschule, Vikarin D. Maria Weigle, bekam vom Bayerischen Mütterdienst den Auftrag, in Nürnberg-Stein eine Bibelschule einzurichten. Frau Magdalene Vedder, die Leiterin der Abteilung Mütterdienst in der Reichsfrauenhilfe, übernahm die Verantwortung zur Weiterführung der Arbeit nach den gegebenen Möglichkeiten. Sie konnte in einem Hause der Inneren Mission mit Hilfe der Mitarbeiterinnen die Büroräume der Geschäftsstelle einrichten . . .*)

Die Fünfzig-Jahr-Feier der Evangelischen Reichsfrauenhilfe in Potsdam vom 11. bis 14. Juni 1949 steht noch im Zeichen unteilbarer Verantwortung der Frauenhilfsarbeit im geteilten Deutschland. Die Themen der Hauptvorträge lauten: „Von der Erneuerung der Frauenhilfe" (D. Brandt, Bethel) und „Der Weg der Reichsfrauenhilfe im Geschehen der Zeit" (Superintendent Stolte, Potsdam).

Warum hing man trotz der. . . Schwierigkeiten an dieser Gemeinsamkeit der Ost-West-Frauenhilfsarbeit? Der Segen dieser gemeinsamen Arbeit ist in den schweren Jahren unter der Naziregierung offenbar geworden. Der Vorsitzende des Rates der Evangelischen Kirche in Deutschland, Präses Scharf, hat das bei der 50-Jahr-Feier folgendermaßen gekennzeichnet:

„Das ist der Dienst der Frauenhilfe an der Gemeinde in Deutschland, daß sie zur Bildung einer neuen Form der Gemeinde geholfen hat. Sie hat das getan durch einen dreifachen Beitrag. Zum ersten hat sie ihre Arbeit an einem wesentlichen Stand der Gemeinde, den Frauen, getan in dem Bemühen, diese zum Verständnis und regelmäßigen Studium der Heiligen Schrift zu führen. Sie hat Christen Wege zum Wort gewiesen! Ihre Handreichungen zur Jahresaufgabe, die in Verbindung mit ihrer Arbeit entstandenen populären Auslegungen bestimmter biblischer Bücher, die ein hohes wissenschaftliches Niveau haben, haben die Schrift dem modernen Menschen weit über den Kreis ihrer Mitglieder hinaus neu erschlossen. Sie hat die Gemeinde gelehrt, sich an der Schrift zu prüfen, und dadurch vor allem hat sie die Gemeinde erneuert! Zum zweiten hat sie durch den übergreifenden Aufbau ihrer Organisationen die konfessionellen Grenzen der Landeskirchen durchstoßen. Sie hat nicht nur von einer zentralen Stelle gemeinsame Anregungen und Aufgaben genau so in lutherische Kirchen wie in unierte und reformierte in einem breiten Strom und in tausend kleinen — oft kaum bemerkten — Kanälen einfließen lassen; sie hat auch den wechselseitigen Austausch ausgelöst und gefördert. Was das bedeutet hat für das Wachstum eines gesamtkirchlichen Bewußtseins in Deutschland, läßt sich nicht ermessen. Zum dritten hat sie Gemeindeglieder mit und neben dem Pfarrer unmerklich dazu geführt, an der Gesamtgemeinde das Hirtenamt wahrzunehmen. Ihre Helferinnen waren die Seelsorger ihrer Bezirke in der Art, wie allein rechte Seelsorge möglich ist, nämlich in der ständigen Verbindung mit einem kleinen, übersichtlichen Kreis, im Trösten und Ermahnen und im Leiten mit dem Stabe des Wortes. Ihre Bibelarbeiterinnen beim Kreisverband oder der Provinzialleitung waren Träger des visitatorischen Dienstes, Frauen, unstudierte Frauen, geistliche Visitatoren von tiefer, nachhaltiger Wirkung! Die Frauenhilfe hat einen großen Dienst an der Gemeinde der evangelischen Kirche in Deutschland geleistet, einen notwendigen Dienst und einen Dienst, der einen sichtbaren Ertrag gebracht hat. Wir erbitten uns von Gott für sie und uns, daß sie in diesem Dienst fortfahre.''*)

138

*) Gerda Drewes, Entstehung und Entwicklung der Frauenhilfsarbeit, o.J. [1965], S. 10.

*) Gerda Drewes, a.a.O., S. 11f.

Auch die in kirchlichen Zeitschriften erscheinenden Artikel zum 50jährigen Bestehen der Reichsfrauenhilfe sprechen wie selbstverständlich von der „Einheit der Arbeit im gesamtdeutschen Gebiet", ja sogar von einer „Befestigung".

Frauen unter Gottes Ruf
Zum 50-jährigen Bestehen der Evangelischen Reichsfrauenhilfe

Als die Evangelische Reichsfrauenhilfe vor 50 Jahren gegründet wurde, da wurde ihr der Auftrag: „einzutreten und mitzuhelfen, daß wir unserem Volke die Segnungen des Evangeliums in stets reicherem Maße zuwenden und erhalten." Es war die Zeit des Aufkommens der Technik, des Anwachsens der Großstädte, der Massierung der Menschen, in deren Gefolge Entwurzelung und Entsittlichung standen. Es fehlte in den Städten an Predigtstätten, es fehlte an Kräften zur seelsorgerlichen Betreuung der Massen, an Diakonissen zur Versorgung der Kranken und Alten. Da wurden die Frauen aufgerufen, „in den Riß zu treten".

Die Frauenhilfe begann ihr Werk mit dem „Dienst der Liebe". Es wurden freiwillige Helferinnen für die Krankenpflege ausgebildet, von denen in wenigen Jahren über 1000 zur Verfügung standen. Sie bilden den Grundstock für die späteren Schwesternschaften. Die nach und nach entstehenden Landes- und Provinzialstellen richteten Siechenhäuser, Erholungsheime und Kinderheilstätten ein. Es entstanden Haushaltungsschulen für die heranwachsende weibliche Jugend und Nähabende für die jungverheirateten Frauen, um sie zu rüsten für ihr Amt als Frau und Mutter. Es wurde Armenpflege, Gefangenen- und Trinkerfürsorge geübt. „Wenn auch hier und da eine allgemeine Menschenliebe und soziales Helfenwollen auf diese Wege führte, so darf und muß man doch sagen: der Auftrag zum Dienst der Liebe hatte seinen Grund in der Barmherzigkeit Gottes, die mit hellem Schein vom Angesicht Jesu Christi in Frauenherzen leuchtete." Noch heute ist der Dienst der Liebe ein unaufgebbares Anliegen der Frauenhilfe. Nachdem uns in der Zeit von 1933—45 ein Stück unserer diakonischen Arbeit nach dem andern aus der Hand genommen war, gab es nach 1945 einen neuen gesegneten Anfang. Bahnhofsmission und Heimkehrerfürsorge fordern die Frauen der Gemeinde. Nähstuben müssen eingerichtet — zur Zeit bestehen rund 600 — und Speisungen durchgeführt werden. Nach wie vor werden Schwestern für den Dienst in Krankenhaus und Gemeinde zugerüstet. Bezirksfrauen und Helferinnen werden gebraucht, um die Arbeit des Pfarrers durch Hausbesuche zu unterstützen, um gefährdete Jugend mütterlich zu betreuen. Wir wollen in der diakonischen Arbeit stets den engen Zusammenhang mit den übrigen Arbeitsgebieten, vor allem mit der Bibelarbeit halten, denn nur, wenn das Tun im Hören auf das Wort geschieht, kann es recht gesegnet sein.

Im Jahre 1926 erschien erstmalig eine „Jahresaufgabe", weil immer deutlicher geworden war, daß die Frauengemeinde der „heilsamen Lehre" bedarf. Das Thema hieß: „Was können wir dazu tun, daß die Bibel uns und unserem Volke zum Lebensbuch wird?" Daran wird ersichtlich, daß Not und Aufgabe, die hier für die Frauen liegen, erkannt wurden. Die Arbeit an der Bibel wurde bald wichtigstes Aufgabengebiet, so daß im Jahre 1928 die Abteilung „Bibelarbeit" entstand, die nach kurzer Zeit eine eigene Bibelschule für zusätzliche Ausbildung von Bibelarbeiterinnen herausstellte. Eine ganze Reihe solcher Kräfte hat sich zum Dienst der Verkündigung unter den Frauen und Müttern rufen lassen. Sie reisen von Gemeinde zu Gemeinde, um die Frauen zur Arbeit an der Bibel, zum frohen Singen, wie zur Besprechung von Erziehungsfragen von der Schrift her zu sammeln. Auch in der katechetischen Arbeit sind eine Reihe von ihnen tätig. Nach einer längeren Pause, die durch die Verhältnisse gegeben war, haben wir vor kurzem wieder mit dieser Ausbildungsarbeit begonnen, denn die vorhandenen Kräfte reichen bei weitem nicht aus, und junger Nachwuchs ist dringend erforderlich. Die Gemeinden des Ostraums rufen nach solchen Bibelarbeiterinnen. In vielen Gemeinden ist die Aufgeschlossenheit unter den Frauen und Müttern groß. Andere Orte sind infolge des großen Pfarrermangels seelsorgerlich nicht ausreichend betreut oder sind wohl gar in geistlicher Beziehung dem Missionslande gleich geworden. Da ist es von größter Bedeutung, daß solche „Botinnen des Evangeliums" da sind, die — gerufen von dem Herrn Christus — ihren anstrengenden und verantwortungsvollen Dienst tun.

Von Anfang der Arbeit an wußte man sich den besonderen Anliegen und Nöten der Mütter verpflichtet. In Zeiten der Verelendung, wie etwa nach dem 1. Weltkrieg, galt ihnen die Fürsorge an erster Stelle. In einer besonderen Abteilung „Mütterdienst" wurden alle Bestrebungen von Müttererholung (42 Heime bestanden im Jahre 1935) und Mütterschulung (4000 Kurse wurden im Winter 1933/34 durchgeführt) zusammengefaßt. Reiche Aufgaben fielen diesem Arbeitsgebiet zu, das im Laufe der Jahre eine starke Vertiefung erfahren hat. Wieder stehen wie einst in der Blütezeit der Frauenhilfsarbeit, wenn auch in weit geringerer Anzahl, Müttererholungsheime in den Bergen, an der See, wie in gesunden ländlichen Gegenden bereit, um die müden und elenden Mütter zur Erholung an Leib und Seele aufzunehmen. Längst ist erkannt, daß zu der körperlichen Erfrischung die Hilfe durch das „Brot des Lebens" kommen muß, wenn entscheidend geholfen werden soll. Ein Ausbau dieser Arbeit wäre um der vielen entkräfteten Mütter willen dringend notwendig. Doch wie schwer ist es oft, eine Mutter für einige Wochen aus ihrer Familie herauszulösen! Und doch kehren sie in so reichem Maße gestärkt und gekräftigt aus den Heimen zurück, daß keine Mühe gescheut werden sollte, diese Verschickungen durchzuführen.

Die Mütter der Gemeinde werden zu besonderen Mütterkreisen und -abenden gesammelt, um ihre Fragen im Licht des Evangeliums zu besprechen und zu klären. Vor allem wird versucht, ihnen zu helfen, daß sie ihren Kindern von Gott und und Christus sagen können. Grundlage aller „Christenlehre" der Gemeinde sollte die häusliche Unterweisung sein. Was die Kinder im Elternhause von Gott und Christus hören, haftet fester als aller spätere Unterricht. Darum ist es der Frauenhilfe eine dringende Verpflichtung, mitzuhelfen, daß die jungen Mütter den Herrn Christus kennenlernen.

Die Arbeit der Frauenhilfe hat seit ihrem Bestehen eine doppelte Ausrichtung. Sie übernimmt es, die mit dem gottesdienstlichen Leben und der kirchlichen Sitte vertrauten Frauen zu stärken und zu festigen. Gleichzeitig aber weist ihr Auftrag sie an die Fernstehenden. Sie hat den werbenden Ruf der Kirche zu denen zu tragen, die am Rande stehen, die vom Gemeindeleben noch nicht erfaßt sind, damit auch sie unter den hellen Schein des Evangeliums kommen. Dieser volksmissionarische Dienst erfordert viel

Weisheit und Liebe, und immer erneut müssen wir unser Zurückbleiben hinter der großen Aufgabe bekennen.

Wenn wir gefragt werden, auf welche Weise die im Dienst stehenden Frauen zugerüstet werden, so müssen wir vor allem auf unsere Jahresaufgabe hinweisen. Sie gibt Grundlage und Ausrichtung für die Arbeit in jedem Jahr. Ein Lehrstück des Katechismus nach dem anderen oder auch besonders vordringliche seelsorgerliche Fragen werden im Zusammenhang mit entsprechenden Schriftabschnitten gemeinsam erarbeitet. Die Jahresaufgabe stellt Mitarbeiter, wie Frauen und Mütter überall unter die gleiche biblische Botschaft und hilft dadurch, in den gleichen Erkenntnissen und Erfahrungen des Glaubens zu wachsen. Sie trägt in starkem Maße zur Befestigung der Einheit der Arbeit im gesamtdeutschen Gebiet bei.

Wenn die Frauenhilfe für sich in Anspruch nimmt, daß sie einen Dienst tut im Auftrag des Herrn der Kirche, dann braucht sie nichts dringender, als immer wacher zu werden im Hören auf das Wort und den Willen dieses Herrn. Denn Er stellt die Aufgaben und gibt die Kräfte. Als Leitwort für unsere 50-Jahrfeier haben wir das Wort aus Klgl. 3 gewählt: „Die Güte des Herrn ist's, daß wir nicht gar aus sind; seine Barmherzigkeit hat noch kein Ende, sondern sie ist alle Morgen neu, und deine Treue ist groß". Ein Wort, das unsern tiefen Dank im Blick auf die Erfahrungen der jüngsten Vergangenheit zum Ausdruck bringt, das zugleich aber auch ein tröstliches Licht auf den Weg wirft, der vor uns liegt, den Gott der Herr allein kennt.*)

Zur selben Zeit wird aber die Gestaltung der Zusammenarbeit immer schwieriger, gerade im Blick auf eine gemeinsame Jahresaufgabe.

Die Verbände im Westen begannen mit dem Aufbau ihrer Arbeit, sie erkannten bald, daß es darauf ankam, die früheren diakonischen Arbeiten wieder aufzunehmen, während in den östlichen Landesverwaltungen der Aufbau nur langsam voranging, an diakonische Aufgaben auch nicht gedacht werden konnte. Konnte eine fruchtbare Zusammenarbeit im Blick auf die so verschiedenen Lebensbedingungen durchgeführt werden? Bestanden

*) Magdalene Vedder, Frauen unter Gottes Ruf, Zum 50jährigen Bestehen der Evangelischen Reichsfrauenhilfe, in: Potsdamer Kirche, Sonntagsblatt für evangelische Gemeinden in der Mark Brandenburg, Heft 23, 12. Juni 1949, S. 89f.

für die Frauen im Osten und Westen nicht ganz verschiedene Probleme, die man in der Arbeit erwägen mußte? Konnte unter diesen Umständen eine gemeinsame Jahresaufgabe die Frauenhilfen allerseits befriedigen? Sollte man sich nicht auf die Begegnung, den Austausch beschränken und auf die Erarbeitung einer Jahresaufgabe lieber verzichten, d.h. Ost und West getrennt marschieren?

Diese Fragen brachen auf der Frühjahrskonferenz 1950 in Bethel in ganzer Schärfe auf. Von der Potsdamer Zentrale hatte man Vorschläge für Themen mitgebracht, die auf einer Zusammenkunft mit den östlichen Verbänden aufgestellt worden waren. Man erwartete, daß sie von der Versammlung der westlichen Verbände akzeptiert würden, da sie wie in den Kriegsjahren ein Stück christlicher Lehre für die Frauenhilfen darboten. Die richtige Feststellung, daß man gegenwartsnäher in den Themen auf die Probleme der Frauen zugehen müsse, veranlaßte eine Gruppe, die Konferenz zu verlassen, um selbständig einen Jahresplan aufzustellen.*)

Neben der Frage nach der Möglichkeit einheitlicher Planung der Arbeit steht die Frage, ob eine organisatorische Einheit der Frauenhilfe (die sich seit 1949 nicht mehr „Reichsfrauenhilfe", sondern „Evangelische Frauenhilfe in Deutschland" nennt) noch möglich ist. Die Landesverbände der Frauenhilfe in der DDR beraten darüber, ob die Lage der Kirche in der DDR es erfordert, die Arbeit der Landesverbände den jeweiligen Landeskirchen und die Arbeit der Zentrale in Potsdam der Evangelischen Kirche in Deutschland zu unterstellen. Dies würde den Austritt aus dem E.V. „Evangelische Frauenhilfe in Deutschland" bedeuten.

Die Entscheidungen fallen in dieser Richtung. Am 11. Juni 1951 beschließen die dem Hauptvorstand der Evangelischen Frauenhilfe in Deutschland angehörenden Vertreter der Frauenhilfe aus dem Gebiet der DDR eine in Zusammenarbeit mit der Evangelischen Kirche in Deutschland entworfene „Vorläufige Ordnung für die Evangelische Frauenhilfe in Deutsch-land" — d. h. für die Frauenhilfe in der DDR — grundsätzlich anzunehmen. Am 25. Oktober 1951 beschließt der Rat der Evangelischen Kirche in Deutschland „nach Fühlungnahme mit der Konferenz der östlichen Kirchenleitungen und im Einvernehmen mit dem Hauptvorstand der Evangelischen Frauenhilfe" eine „Vorläufige Ordnung für die ,Frauenhilfe der Evangelischen Kirche in Deutschland' im Bereich der östlichen Gliedkirchen". Die Arbeit der Frauenhilfe in der DDR gestaltet sich bis heute nach dieser „Vorläufigen Ordnung".

2.) Die zukünftige äußere Gestaltung unseres Werkes.

Der in der Arbeitsausschußsitzung am 9. Juli bereits durchberatene Entwurf von Präs. Dr. Benn für eine „*Vorläufige Ordnung für die Frauenhilfe der Evangelischen Kirche in Deutschland im Bereich der östlichen Gliedkirchen*", der dem Rat der EKiD in seiner Sitzung am 17. Juli vorliegen wird, kommt zur Verlesung. Es wird der knappen Zeit wegen davon abgesehen, zu Einzelheiten Stellung zu nehmen, jedoch soll der Rat der EKiD gebeten werden, die Möglichkeit für einige Korrekturen zu geben. Es wird in Aussicht genommen, daß die Ostverbände nach der Genehmigung dieser „Vorläufigen Ordnung" durch den Rat der EKiD ihre Austrittserklärung aus der „Evangelischen Frauenhilfe in Deutschland" *E. V.* im eingeschriebenen Brief an Frau Krueger senden. Die Vertreter der Landeskirchlichen Frauenarbeit in Sachsen glauben aufgrund der Haltung ihrer Landeskirche zu der vorliegenden Ordnung ihre Zustimmung nicht geben zu können. Frau Marschner hat diese Stellungnahme bereits in der Arbeitsausschußsitzung am 9. Juli zum Ausdruck gebracht. Die Vertreter der Brandenburgischen Frauenhilfe geben ihre Zustimmung vorbehaltlich der Zustimmung ihres Vorstandes, an den sie gebunden sind.

Das Ergebnis der Aussprache wird wie folgt zusammengefaßt:

1. Zwischen der EKiD und der „Evang. Frauenhilfe in Deutschland" sind Verhandlungen über eine neue Regelung des Verhältnisses der „Evangelischen Frauenhilfe in Deutschland" zur

*) Gerda Drewes, a.a.O., S. 12f.

EKiD innerhalb des Gebietes der DDR geführt worden. In Erwartung dieser neuen Regelung geben die Vertreter der Frauenhilfsarbeit aus dem Gebiet der DDR ihre Absicht kund, aus dem Verein „Evangelische Frauenhilfe in Deutschland" E.V. auszutreten, sobald die neue Regelung erfolgt ist.

Von dieser Absicht nimmt der Hauptvorstand Kenntnis und erklärt, daß er sich den Notwendigkeiten, die hinter diesem Beschluß stehen, nicht entziehen kann. Er erklärt ferner, daß trotz der Aufhebung des organisatorischen Zusammenhangs die innere Verbundenheit in alter Weise bleiben soll. Welche Folgen diese Erklärung für die Regelung der Arbeit im Westen hat, ist noch nicht zu übersehen. Es wird aber erstrebt werden, der inneren Einheit auch organisatorisch wieder Ausdruck zu geben.

2. Die nachstehenden Vertreter im Hauptvorstand der „Evangelischen Frauenhilfe in Deutschland" im Gebiet der DDR
für Anhalt: Pfarrer Boes, Frau Grasshoff;
für Berlin: Frau von Gayl;
für Brandenburg: Frau von Winterfeld, Pfarrer Schröder;
für Provinz Sachsen: Frau Meyer, Fräulein Preiser;
für Mecklenburg: Frau Neitzel, Fräulein Dr. Rüter;
für Pommern: Frau Brück;
für Restschlesien: Frau Mikulski;
für Thüringen: Frau Fischer, Frau Brückner
beschließen, die in Zusammenarbeit mit der EKiD entworfene „Vorläufige Ordnung für die Evangelische Frauenhilfe in Deutschland" grundsätzlich anzunehmen. Hierzu soll der Rat der EKiD gebeten werden, allen Landesfrauenhilfen Gelegenheit zur weiteren Stellungnahme zu geben und die Zustimmung zu der „Vorläufigen Ordnung" von den Landesfrauenhilfen einzuholen.

3. Der Hauptvorstand überträgt für die Übergangszeit der Vorsitzenden, Frau Marie Krueger, und dem Vorsitzenden, Herrn D. Brandt, die Aufgabe, die Einheit der Gesamtarbeit zu wahren.

4. Der Hauptvorstand überträgt — falls und nachdem die beabsichtigte Neuregelung für das Gebiet der DDR zustandegekommen ist — alles Vermögen des eingetragenen Vereins „Evangelische Frauenhilfe in Deutschland", das sich innerhalb des Gebietes der DDR befindet, auf die EKiD, Kirchenkanzlei, Berliner Stelle, Berlin C 2, Bischofstr. 6/8.

Die vorstehenden vier Punkte kommen einzeln zur Abstimmung und werden von den zu 2. genannten Vertretern einstimmig angenommen.

Frau Meyer teilt mit, daß Propst Grüber in der Sitzung des Arbeitsausschusses die Bitte, einen „Sachverständigen der Frauenhilfe" in die Sitzung des Rates der EKiD am 17. Juli zu entsenden, freundlich aufgenommen hat. Nach kurzer Aussprache werden Frau Meyer und Superintendent Stolte hiermit vom Hauptvorstand beauftragt.*)

Nr. 147* **Vorläufige Ordnung für die „Frauenhilfe der Evangelischen Kirche in Deutschland" im Bereich der östlichen Gliedkirchen.**

Vom 25. Oktober 1951.

Der Rat der Evangelischen Kirche in Deutschland hat auf Grund von Art. 14 der Grundordnung nach Fühlungnahme mit der Konferenz der östlichen Kirchenleitungen und im Einvernehmen mit dem Hauptvorstand der Evangelischen Frauenhilfe folgende Ordnung beschlossen:

§ 1

(1) Die Arbeit der bisherigen „Evangelischen Frauenhilfe in Deutschland" wird der Evangelischen Kirche in Deutschland für den Bereich der östlichen Gliedkirchen als „Frauenhilfe der Evangelischen Kirche in Deutschland" zugeordnet. Ihr Sitz bleibt Potsdam. Art und Umfang ihrer Aufgaben bleiben unverändert.

(2) Die „Frauenhilfe der Evangelischen Kirche in Deutschland" (im folgenden kurz „Evangelische Frauenhilfe" genannt) führt ihre Arbeit, soweit sich nicht aus dieser Ordnung etwas anderes ergibt, selbständig durch.

(3) Rechtsträger der Evangelischen Frauenhilfe ist die Evangelische Kirche in Deutschland. Das Vermögen der Evangelischen Frauenhilfe wird als Sondervermögen der EKD ausschließ-

142

*) Aus der Niederschrift der Sitzung des Hauptvorstandes der Evangelischen Frauenhilfe in Deutschland vom 11. Juli 1951.

lich für Zwecke der Frauenhilfe durch deren Organe im Auftrag der Kirchenkanzlei, Berliner Stelle in Berlin C 2, Bischofstraße 6/8, verwaltet.

(4) Die Selbständigkeit der landeskirchlichen Frauenhilfen bzw. der in den Gliedkirchen bestehenden Werke für kirchliche Frauenarbeit wird von dieser Ordnung nicht berührt.

§ 2

(1) Organe der Evangelischen Frauenhilfe sind:
1. der Arbeitsausschuß,
2. der geschäftsführende Ausschuß.

(2) Die Leiterin der Frauenhilfe führt in beiden Organen den Vorsitz.

Ihr steht der leitende Pfarrer der Frauenhilfe zur Seite. Die laufenden Arbeiten erledigt die Geschäftsstelle.

§ 3

(1) Dem Arbeitsausschuß gehören an:
1. die Leiterinnen und Pfarrer oder Geschäftsführer (Geschäftsführerinnen) der landeskirchlichen Frauenhilfen (Frauenarbeit),
2. die Mitglieder des geschäftsführenden Ausschusses,
3. ein Mitglied, das von der Kirchenkanzlei der Evangelischen Kirche in Deutschland — Berliner Stelle — berufen wird.

(2) Der Arbeitsausschuß trägt die Gesamtverantwortung für die Arbeit der Evangelischen Frauenhilfe und stellt die Richtlinien für die Arbeit auf. Er hat insbesondere
1. die Mitglieder des geschäftsführenden Ausschusses zu wählen,
2. die Arbeitsberichte entgegenzunehmen und zu besprechen,
3. den Haushaltsplan aufzustellen,
4. die Jahresrechnung zu prüfen und dem Rechnungsführer Entlastung zu erteilen.

(3) Der Arbeitsausschuß soll zweimal im Jahre zusammentreten. Er ist beschlußfähig, wenn die Vorsitzende oder ihre Stellvertreterin anwesend und mindestens 5 landeskirchliche Frauenhilfen (Frauenarbeiten) vertreten sind. Er faßt seine Beschlüsse mit Stimmenmehrheit.

(4) Erstmalig wird der Arbeitsausschuß durch das in Abs. (1) Ziff. 3 genannte Mitglied einberufen und bis zur Wahl oder Bestätigung der Mitglieder des geschäftsführenden Ausschuß geleitet.

§ 4

(1) Dem geschäftsführenden Ausschuß gehören an:
1. die Leiterin der Evangelischen Frauenhilfe,
2. ihre Stellvertreterin,
3. der leitende Pfarrer der Evangelischen Frauenhilfe,
4. die Geschäftsführerin,
5. die Leiterin der Bibelschule,
6. vier Mitglieder aus der Arbeit der landeskirchlichen Frauenhilfen (Frauenarbeiten).

(2) Die zu wählenden Mitglieder des geschäftsführenden Ausschusses werden vom Arbeitsausschuß auf die Dauer von vier Jahren gewählt.

(3) Der geschäftsführende Ausschuß nimmt die Aufgaben des Arbeitsausschusses nach dessen Beschlüssen und Richtlinien zwischen den Tagungen des Arbeitsausschusses wahr. Er bereitet die Sitzungen des Arbeitsausschusses vor und überwacht die Durchführung seiner Beschlüsse. In unaufschiebbaren Angelegenheiten kann er ausnahmsweise auch solche Beschlüsse fassen, die dem Arbeitsausschuß nach § 3 Absatz 2 vorbehalten sind.

(4) Der geschäftsführende Ausschuß tritt nach Bedarf zusammen. Er ist beschlußfähig, wenn die Leiterin oder ihre Stellvertreterin und mindestens vier weitere Mitglieder, darunter zwei Vertreter der landeskirchlichen Frauenhilfen (Frauenarbeiten) anwesend sind. Er faßt seine Beschlüsse mit Stimmenmehrheit.

§ 5

(1) Die Leiterin der Evangelischen Frauenhilfe vertritt gemeinsam mit dem leitenden Pfarrer die Evangelische Frauenhilfe nach außen und trägt zusammen mit ihm die Verantwortung für die laufende Arbeit.

(2) Der leitende Pfarrer ist für die theologische Arbeit der Evangelische Frauenhilfe und die Zusammenfassung ihrer Arbeitszweige verantwortlich. Er und die Leiterin sollen mit den leitenden Verwaltungsstellen der Gliedkirchen in allen Fragen der kirchlichen Frauenarbeit enge Fühlung halten.

(3) Die Leiterin, ihre Stellvertreterin und der leitende Pfarrer werden vom Arbeitsausschuß gewählt. Ihre Wahl erfolgt im Einvernehmen mit der Kirchenkanzlei — Berliner Stelle.

§ 6

Die Geschäftsstelle hat die Beschlüsse der Organe der

Evangelischen Frauenhilfe durchzuführen, die laufenden Arbeiten zu erledigen, die Finanzen zu verwalten und die Inangriffnahme neuer Aufgaben vorzubereiten. Sie ist an die Beschlüsse der Organe gebunden, kann im Rahmen dieser Beschlüsse aber selbständig handeln.

§ 7

(1) Der Kirchenkanzlei — Berliner Stelle — ist jährlich ein Arbeitsbericht zu erstatten. Der Haushaltsplan und eine Übersicht über die Ergebnisse der Jahresrechnung sind ihr vorzulegen. Sie kann in die Vermögens- und Kassenverwaltung Einblick nehmen und Gesetzwidrigkeiten beanstanden. Vor Abschluß wichtiger Rechtsgeschäfte und vor Aufnahme neuer und umfangreicher Arbeitsgebiete ist ihr Gelegenheit zur Stellungnahme zu geben.

(2) Die Zustimmung der Kirchenkanzlei — Berliner Stelle — ist erforderlich:
1. für die Aufnahme von Anleihen, die nicht aus Mitteln des laufenden Rechnungsjahres erstattet werden können,
2. für den Abschluß von Dienstverträgen, in denen Ruhegehalt oder Hinterbliebenenversorgung zugesichert werden, oder in denen die Kündigungsfrist mehr als ein Vierteljahr beträgt.

(3) Der Erwerb, die Veräußerung und die dingliche Belastung von Grundbesitz sind den verfassungsmäßig zuständigen Organen der Evangelischen Kirche in Deutschland vorbehalten.

Berlin, den 25. Oktober 1951.

Der Rat der Evangelischen Kirche in Deutschland
D. Dr. Dibelius.*)

Das Werden zweier deutscher Staaten mit den daraus folgenden Konsequenzen für die Arbeit der Frauenhilfe wird von den meisten für die Arbeit Verantwortlichen realistisch gesehen. Nicht das Festhalten an der organisatorischen Einheit ist wichtig, sondern das Einander-Freigeben für den Dienst in Staaten mit unterschiedlichen gesellschaftlichen Strukturen. Dieses Freigeben bedeutet nicht: einander aufgeben.

Die gemeinsame Arbeit mit der Evangelische Frauenhilfe in Deutschland e.V. geschah nun in Form einer Arbeitsgemeinschaft. Die Leitung dieser Arbeitsgemeinschaft übernahm die Vorsitzende und der Vorsitzende der Zentrale in der Bundesrepublik, damals Frau Marie Krueger und Herr D. Brandt. Auf den Konferenzen wechselten sie sich ab in der Leitung mit dem nun auch gewählten Leiter und der Leiterin aus dem Kreis der „Landeskirchlichen Frauenhilfen", abgekürzt „Landesstellen".*)

Bei aller Unterschiedlichkeit der Gesellschaftsformen zeigt sich, daß die Grundaufgaben der Frauenhilfsarbeit in Ost und West sich nicht wesentlich voneinander unterscheiden. Es zeigt sich auch, daß die kritischen Fragen, die der Frauenhilfe gestellt werden, in der DDR wie in der Bundesrepublik (vgl. S. 150ff.) nahezu dieselben sind.

Mancher Pfarrer, manches Gemeindeglied hebt abwehrend die Hände: „Frauenhilfe — das ist doch überaltert und überholt! Sollte man schleunigst abbauen und durch zeitgemäßere Arbeitsformen ersetzen!" Man kann diese Meinung auch dezenter formulieren, wie es jüngst bei passender Gelegenheit ein Bischof tat: „Trägt die Arbeit der Frauenhilfe der verändertern Situation der heutigen Frau Rechnung, die in partnerschaftlichen Beziehungen steht und nicht mehr als einzelne Frau — ohne ihren Mann, ohne die Kinder, ohne ihren beruflichen Partner — gesehen werden will und verstanden werden kann?"

Was steht hinter dieser häufig anzutreffenden Abwehrhaltung gegenüber der Evangelischen Frauenhilfe? Tatsachen oder Vorurteile? Die Redaktion will das ergründen und beginnt — stellvertretend für alle Frager — mit ihrer Erkundung bei der Zentrale der Evangelischen Frauenhilfe in der DDR in Potsdam. Die — so meinten wir — muß es ja wissen! Drei Mitarbeiter der Zentrale stellten sich einem Gespräch: die Geschäftsführerin Hildegard Jaecks, Pastorin Hildegard Führ und Superintendent Rolf Stubbe, in seinem Nebenamt „Leitender Pfarrer".

*) Amtsblatt der Evangelischen Kirche in Deutschland, Jg. 1951, Heft 11, ausgegeben Hannover, 15. November 1951, S. 218f.

*) Gerda Drewes, a.a.O., S. 13.

PK: Als die Evangelische Frauenhilfe vor rund 72 Jahren gegründet wurde, mag das nötig und gut gewesen sein. Heute wird gefragt: Ist diese Institution nicht — wie so manche andere — überflüssig geworden? Wird sie nur noch von den Funktionären künstlich am Leben erhalten?

Stubbe: Das sind gleich zwei recht massive Fragen. Zur Institution nur soviel: Arbeitsstil und Struktur der Frauenhilfe decken sich nicht mit dem, was man unter „Institution" versteht. Ich kenne viele kirchliche Gremien, kaum eines ist so wenig institutionalisiert wie die Frauenhilfe.

Führ: Es hat in der Frauenhilfe nie so etwas wie eine Hierarchie der Funktionäre gegeben, ebensowenig übrigens ein „Ein-Frau-System". Die Landesstellen sind völlig selbständig, aber sie arbeiten seit langem untereinander und mit der Zentrale in einer festgefügten Gemeinschaft zusammen. Heutzutage nennt man das Teamarbeit. Was im Bund der Evangelischen Kirchen in der DDR angestrebt wird, das Zusammenwachsen in Zeugnis und Dienst, ist hier bereits vollzogen.

PK: Zentrale — Landesstellen? Das legt zumindest den Verdacht nahe, die Arbeit sei zentralistisch geordnet.

Jaecks: Die einzelnen Landesstellen sind für die Arbeit in ihrer Landeskirche voll verantwortlich. Die Zentrale hat — wie schon gesagt — keine Weisungsbefugnisse. Man könnte sie mit einem Computer vergleichen, der von den Landesstellen gefüttert wird, das eingefütterte Material sichtet, ordnet, speichert, auswertet und weitergibt.

PK: Gut, die Frauenhilfe ist keine Institution; zweifellos rechnet sie aber zu den „Werken" der Kirche. Und auch hier bleibt die Frage: Ist ein solches Werk speziell für die Frauen noch zeitgemäß und notwendig? Ich denke etwa an das Stichwort „Partnerschaft".

Stubbe: Die Tatsache, daß ich als Mann mit dazugehöre, daß die Landesstellen ihre Pastoren haben, zeigt doch wohl, daß wir bereits partnerschaftliche Zusammenarbeit praktizieren.

PK: Der „Leitende Pfarrer" und die Landespastoren könnten ganz gut auch Überbleibsel aus einer Zeit sein, in der man patriarchalisch und hierarchisch dachte, d. h. in der man sich an der Spitze eines kirchlichen Arbeitszweiges eben nur einen Mann und Pastor vorstellen konnte.

Jaecks: Ob das für die Vergangenheit zutrifft, kann ich nicht beurteilen. Aber bereits der Vorgänger von Superintendent Stubbe, der vor einigen Jahren verstorbene Superintendent Konrad Stolte, hat den Titel „Leitender Pfarrer" nur als einen nun einmal satzungsmäßig festgelegten Begriff hingenommen und ihn mit einem Inhalt gefüllt, der am besten mit „partnerschaftlicher Zusammenarbeit" gekennzeichnet ist. Zudem handelt es sich um ein Nebenamt, so daß schon aus Zeitgründen ein autoritäres Regiment schwer möglich wäre.

PK: Den Willen zu solch partnerschaftlicher Zusammenarbeit vorausgesetzt — warum dann überhaupt noch eine gesonderte Frauenarbeit?

Stubbe: Ohne moderne psychologische und soziologische Erkenntnisse zu übersehen, es gibt im Blick auf die Stellung der Frau in Kirche und Gesellschaft noch genug Probleme, die ungelöst sind. Der Nachholbedarf besteht ja offensichtlich auch im außerkirchlichen Bereich; der Prozeß der Bewußtseinsbildung bleibt teilweise noch hinter der Gesetzgebung und den theoretischen Einsichten zurück. Ganz davon abgesehen wird es immer spezifische Aufgaben und Probleme für die Frau geben. Dieser Erkenntnis tragen Einrichtungen wie etwa der Demokratische Frauenbund und Publikationen im „Verlag für die Frau" Rechnung.

PK: Sie würden also den Standpunkt vertreten, daß z. Z. eine kirchliche Frauenarbeit noch nötig sei, dabei aber die Möglichkeit offenlassen, daß eines Tages andere Formen der Arbeit an ihre Stelle treten könnten?

Führ: Es ist Arbeit da, die gemacht werden muß. Solange sie kein anderer macht, ist die Frauenhilfe nötig. Wenn ein anderer sie besser macht oder sie anders besser gemacht werden kann — wir halten nicht an einem überholten Status fest. Bis jetzt ist es aber so, daß die Frauenhilfe nun einmal — wie auch andere Werke — beweglicher ist als die Institution Kirche. Sie hat größere Freiheit zu experimentieren und in gutem Sinne avantgardistisch zu arbeiten. Die Erfahrung hat gezeigt, daß der viel schwerfälligere Apparat der kirchlichen Institution oft genug von solcher beweglicheren Arbeitsweise profitiert hat.

PK: Es ist mehrfach von Arbeit geredet worden. Sie sitzen mir zu Dritt gegenüber. Soviel ich weiß, gibt es in der Zentrale, dem Haus in der Behlertstraße, noch eine Hausmutter, zwei

Sekretärinnen, eine davon halbtags tätig, und eine Halbtags-Haushaltshilfe. Was machen Sie alle in der Zentrale?

Jaecks: Wir haben drei Aufgabenbereiche, für die diese Mitarbeiter gebraucht werden: Herausgabe von Schrifttum als Arbeitshilfe und -anregung, Lehrgangsarbeit und Koordinierung der Landesstellen.

PK: Was für Schrifttum ist das?

Jaecks: Als Arbeitsmaterial wären zu nennen: die regelmäßig erscheinenden Arbeitshilfen zu den Monatsthemen der Jahresaufgabe, der entsprechende Vorlesestoff dazu, Ordnung und Ansprache für den Weltgebetstag mit sonstigem Vorbereitungsmaterial; dann Anthologien zu bestimmten Problemkreisen, Postkarten zu besonderen Anlässen u. a. m.

PK: Also ein ganz ansehnliches Programm! Und die Lehrgangsarbeit?

Führ: Der Begriff Lehrgang klingt zu sehr nach Schule. Es handelt sich dabei um Angebote für Pfarrer, Frauenhilfsleiterinnen, Reisesekretärinnen der Frauenhilfe — kirchliche Mitarbeiter also, die Anregung und gegenseitigen Austausch suchen.

PK: Bleibt noch die Koordinierung?

Stubbe: Die Zentrale stellt den Kontakt zwischen den einzelnen Landesstellen her. Gemeinsam werden Arbeitsvorhaben besprochen, die Jahresaufgabe wird für zwei Jahre im voraus festgelegt, Themen werden ausgewählt und vorbereitet. Die Zusammenarbeit hat sich von der Sache her entwickelt und ist in keiner Weise institutionalisiert.

PK: Eine ganz andere Frage noch: Wer sich in der Gemeinde am Ort umsieht, stellt fest, daß diese Gemeinde weitgehend aus Frauen besteht. In den leitenden Gremien dagegen ist das Verhältnis umgekehrt; in Gemeindekirchenräten, Kreis- und Landessynoden, in der Bundessynode, in den Kirchenleitungen usw. überwiegen die Männer. Hat die Frauenhilfe jemals etwas dazu getan, dies Mißverhältnis zu beseitigen?

Führ: Zweifellos ist hier viel versäumt worden. Es fehlt an Frauen, die für Leitungsaufgaben Bereitschaft und Qualifikation mitbringen. Vielleicht müßten wir gerade im Blick auf dieses Mißverhältnis unsere Arbeit kritisch überprüfen. Es ist wenig dafür getan worden, daß Frauen die Zurüstung bekommen, die sie brauchen, um kirchenleitende Verantwortung wahrzunehmen. Wir

müssen in Zukunft mehr dazu tun, das Selbstbewußtsein der Frauen zu entwickeln und sie zu selbständiger Verantwortung bereit zu machen. Die Arbeit der Frauenhilfe ist zu oft introvertiert nur auf den Pfarrer bezogen gewesen und hat damit den Blick auf das Ganze der Gemeinde und Kirche verloren.

PK: Hier wären also neue Ansätze und Überlegungen nötig. — Im übrigen ist das wohl nicht nur eine Sorge der Frauen. Auch die Männer brauchen heute eine viel intensivere Zurüstung, um Leitungsaufgaben in der Kirche von morgen gewachsen zu sein. — Eine letzte Frage: Was hat die Frauenhilfe für den Bund Evangelischer Kirchen in der DDR einzubringen?

Stubbe: Im Rahmen der Arbeitsaufträge, die an die Kommissionen und Ausschüsse des Bundes vergeben werden, wird man auf den Erfahrungsbereich der Frauenarbeit nicht verzichten können. Man könnte an Beispielen zeigen, wie vielgestaltig die Mitarbeit aussehen könnte . . .

PK: . . . aber dazu reicht der uns zur Verfügung stehende Platz in der Zeitung nicht mehr. Vielleicht Fortsetzung ein andermal. — Aber auch nach diesem kurzen Gespräch meine ich: Die Einsichten und Aussichten, die sich darin andeuteten, sind für die Gesamtkirche wichtig und sollten in ihr zum Zuge kommen . . .*)

In einem Arbeitspapier sagt die Frauenhilfe in der DDR über ihr Selbstverständnis:

I. Die Arbeit der Evangelischen Frauenhilfe als Frauen- und Familienarbeit hat von jeher darin bestanden, das Evangelium in Wort und Tat in die jeweiligen gesellschaftlichen Strukturen zu übersetzen. Die Evangelische Frauenhilfe legt das Schwergewicht ihrer Arbeit heute in der DDR darauf, Laien in ihrer Verantwortung als mündige Christen in Familie, Kirche und Gesellschaft zu stärken und sie für die Bewältigung ihrer Lebensaufgaben und -probleme zuzurüsten. Sie versteht diese Arbeit als ihre missionarisch-diakonische Aufgabe innerhalb der Kirchen in der DDR.

*) Tatsachen oder Vorurteile, in: Potsdamer Kirche, Sonntagsblatt für evangelische Gemeinden in der Mark Brandenburg, Nr. 18, 2. Mai 1971.

II. Sie nimmt diese Aufgabe wahr in den Lebensbereichen der verheirateten und der alleinlebenden Frau.

1. Lebensbereich der verheirateten Frau:
a) in der vierfachen Rolle als Ehefrau, Hausfrau, Mutter und Berufstätige;
b) als Mutter mit Kleinkindern, schulpflichtigen und heranwachsenden Kindern;
c) in der dritten Lebensphase.
Weil diese Lebensbereiche der Frau und Mutter nicht isoliert gesehen werden dürfen, ist die kirchliche Frauenarbeit bestrebt, in Kooperation mit anderen kirchlichen Werken zu Eltern-, Ehe- und Familienarbeit zu kommen, und hält es für notwendig, gewisse Arbeitszweige zu koordinieren.

2. Lebensbereich der alleinlebenden Frau:
als unverheiratete Berufstätige; Geschiedene, Verwitwete; im Glauben allein Lebende; durch Beruf der Männer getrennt Lebende; ledige Mütter; einsame Alte.
Auch diese Arbeit erfordert Kooperation und Koordination.

III. Der Modus der Arbeit der Evangelischen Frauenhilfe besteht in

1. Information (Intention der biblischen Botschaft; Strukturen und Entwicklungstendenzen in Familie, Kirche und Gesellschaft; wissenschaftliche Erkenntnisse . . .)
2. Gespräch (Übersetzen der biblischen Botschaft in die jeweilige Situation; Austausch von Erfahrungen und Erkenntnissen; Auseinandersetzung mit verschiedenen Anschauungen; Klärung und Überprüfung eigener Positionen; Bereitschaft zum Verständnis der anderen . . .)
3. Einübung (persönliche Verantwortung des Glaubens in der jeweiligen Situation; Praktizieren christlicher Lebensstile; diakonische Einsätze . . .)

Mit alledem befindet sich die Evangelische Frauenhilfe in Übereinstimmung mit den Erkenntnissen auf ökumenischer Ebene. Verwiesen sei auf das Referat „Zusammenarbeit von Männern und Frauen in Kirche, Familie und Gesellschaft" beim Weltrat der Kirchen und den Weltbund des YWCA.*)

Hilfen zur Information, zum Gespräch und zur Einübung will die Zentrale in Potsdam vor allem mit ihren „Arbeitshilfen" geben. Dabei wird nicht nur an „feste Kreise" gedacht, sondern auch an eine „funktionale" und offene Gruppenarbeit.

Unsere vorgelegte „Jahresaufgabe" (1973) mit dem Thema „Ermutigungen" will wie stets nichts anderes sein als Impuls, Angebot, Anregung zur Entdeckung eigener Aufgaben in der Gemeinde . . .

In der Anordnung des vorgeschlagenen Stoffes sind wir diesmal einen anderen Weg gegangen als bisher . . . Jedes Heft enthält die gleiche Menge an Stoffangebot wie früher . . . , nur nicht von vornherein auf bestimmte Sparten wie Mütterarbeit, Frauenhilfe, Berufstätigenarbeit u. ä. festgelegt. Die Gemeindegruppen sind heute oft sehr verschiedenartig zusammengesetzt gegenüber den herkömmlichen festen Kreisen: Sie können oder wollen nicht nur als Kreis um des Kreises willen zusammenkommen; sie wollen aber — in einem offenen Gruppenbezug — um bestimmter gemeinsamer Probleme und Aufgaben willen, gewissermaßen „auf Zeit" zusammenkommen (z. B. Ehepaar- und Elternarbeit). Dieser Entwicklungsprozeß ist nicht unbiblisch; denn im Neuen Testament gliedert sich die Gemeinde „funktional", d. h. nach ihren Gaben und Aufgaben, die quer durch Geschlechter, Stände und Lebensalter gehen können. Solcher „funktionalen" und offenen Gruppenarbeit möchte unsere Arbeitshilfe — zur eigenen Auswahl in der Gemeinde — mehr Verwendungsmöglichkeiten bieten. Außerdem möchten die vorgeschlagenen Themen auch anregen, über die gesprächsmäßig klärende Arbeit hinaus, vielleicht hier und da neue (zeitbegrenzte!) Funktions- bzw. Aktionsgruppen zu bilden, z. B. im ökumenischen oder diakonischen Aufgabengebiet, als „Dienstgruppe" für einen Familiensonntag in der Gemeinde oder ein Elternseminar, für Gemeindeabende, für Qualifizierungsrüsten in Richtung „Christenlehre für Erwachsene", „Christenlehre für Großmütter" oder anderes. Hierfür läßt sich der angebotene Stoff unter der sachschematischen Aufgliederung der Quartalshefte auch in anderer Zusammenstellung auswählen. Oder aber: die Abende mit den vorgeschlagenen Themen bilden einen so starken Anstoß

*) Maschinenschrift.

für eine in der Gemeinde vorhandene dringende Aufgabe, daß diese von einer hierzu sich bildenden Spontan-Gruppe aufgegriffen wird.*)

Anläßlich des 75jährigen Bestehens der Frauenhilfsarbeit im Jahre 1974 wird auch in der DDR diese Arbeit kritisch gewürdigt.

Beispielhafter Dienst

Zur Feier des 75jährigen Bestehens der Evangelischen Frauenhilfe fand im Rahmen der turnusmäßigen Frühjahrskonferenz der Zentrale der Evangelischen Frauenhilfe am 4. Februar in Berlin ein Empfang statt. Vertreter des Bundes der Evangelischen Kirchen, der Evangelischen Kirche der Union, der Vereinigten Evangelisch-Lutherischen Kirche, des Diakonischen Werkes Innere Mission und Hilfswerk und anderer kirchlicher Dienste in der DDR waren dazu erschienen. Die Gäste wurden von der Vorsitzenden des Arbeitsausschusses der Evangelischen Frauenhilfe in der DDR, Elisabeth Frahm (Schwerin), begrüßt.

Im Namen des Bundes der Evangelischen Kirche in Berlin-Brandenburg sprach Bischof D. Albrecht Schönherr und wies dabei auf den beispielhaften Dienst der Frauenhilfe für Kirche und Gemeinde hin. Die Frauenhilfe sei die erste große Laienbewegung in der Kirche gewesen. Sie habe sich bewußt die Aufgabe gestellt, zum gelebten Zeugnis von Jesus Christus zuzurüsten in einer Zeit, da solches Zeugnis bereits nicht mehr selbstverständlich gewesen sei. Für die Kirche sei dieser Dienst besonders fruchtbar, weil die Frauenhilfe nicht in Vereinsform, sondern stets gemeindegebunden gearbeitet habe. . . Es gebe keine andere Gruppe, die so inmitten der Gemeinde stehe und zugleich die Aufgaben des Tages erkenne und aufnehme.

Beispielsweise habe sie, über die herkömmlichen Strukturen der Gemeindekreise hinausgehend, frühzeitig auf den Schwerpunkt Familie in der Gemeindearbeit aufmerksam gemacht und sich lange vor der offiziellen Kirche ihm gewidmet.

Die diakonische Arbeit in den Gemeinden, die ökumenische Ausrichtung etwa im Weltgebetstag der Frauen, die Arbeit mit

der Bibel und das über den engeren Kreis der Frauenhilfe hinauswirkende publizistische Schaffen der Frauenhilfe wurde in weiteren Grußworten hervorgehoben.*)

Evangelische Frauenhilfe mitten in der Gemeinde

Die Bedeutung des Dienstes der Evangelischen Frauenhilfe für Gemeinden und Kirchen wurde auf einem Empfang gewürdigt, der am 4. Februar in Berlin stattfand. Die Leitung der Evangelischen Frauenhilfe in der DDR hatte aus Anlaß des 75jährigen Bestehens der Frauenhilfe-Arbeit dazu eingeladen. Neben den Teilnehmerinnen der Frühjahrskonferenz der Zentrale der Evangelischen Frauenhilfe waren Vertreter des Bundes der Evangelischen Kirchen, der Evangelischen Kirche der Union, der Vereinigten Evangelisch-Lutherischen Kirche, des Werkes Innere Mission und Hilfswerk und anderer kirchlicher Dienste in der DDR erschienen. Die Gäste wurden von den Mitgliedern der Leitung Pastorin Hildegard Führ, Superintendent Rolf Stubbe, Geschäftsführerin Hildegard Jaecks und Elisabeth Frahm willkommen geheißen.

Der Vorsitzende der Konferenz der Kirchenleitungen, Bischof D. Schönherr, der die Grüße und Segenswünsche des Kirchenbundes und der Kirche von Berlin-Brandenburg überbrachte, hob hervor, daß die Frauenhilfe die erste große Laienbewegung in der Kirche gewesen sei und sich bewußt die Aufgabe gestellt habe, zum gelebten Zeugnis von Jesus Christus zuzurüsten in einer Zeit, da man bereits nach solchem Zeugnis fragen mußte. Diesen Auftrag habe sie auch unter veränderten Bedingungen bis heute durchgehalten. Für die Kirche sei dieser Dienst besonders fruchtbar, weil die Frauenhilfe nicht in Vereinsform, sondern stets gemeindegebunden gearbeitet und ihren Wirkungskreis in der und für die Gemeinde gesehen habe. Beispiel und Hilfe für die Gemeinden sei es ferner gewesen, daß die Frauenhilfe immer wieder habe lernen und neu anfangen können und nicht beim ersten Schritt stehengeblieben sei. Stets habe sie die jeweils aktuelle Thematik für ihre Arbeit erspürt und sich beweglich im Hinblick auf die anzusprechenden Personengruppen gezeigt. Es gebe keine andere Gruppe, die so inmitten der Gemeinde stehe und zugleich die Aufgaben des Tages erkenne und aufnehme.**)

*) Einführung in die Jahresaufgabe 1973, in: Arbeitshilfe der Zentrale der Evangelischen Frauenhilfe, 1/1973, Berlin 1972, S. 6f.

*) Potsdamer Kirche, Sonntagsblatt für evangelische Gemeinden in der Mark Brandenburg, Nr. 13, 31. März 1974.

**) Mecklenburgische Kirchenzeitung, 29. Jg., Nr. 8, 24. Februar 1974.

Die Frauenhilfe in der Bundesrepublik

Potsdam — von den ersten Anfängen der Frauenhilfe an Zentrale der Arbeit — kann nach 1945 diese Funktion nicht mehr erfüllen. Nach anfänglichen Versuchen, von Potsdam aus die Arbeit weiter zu leiten, wird erkennbar, daß für die westlichen Besatzungszonen ein eigener Mittelpunkt der Arbeit geschaffen werden muß. Dies wird um so dringender, als sich 1949 die Westmächte zur Bildung eines Teildeutschlands entschließen, zur Schaffung der Bundesrepublik.

So kam es, daß auch für den Westen ein Mittelpunkt geschaffen werden mußte, der für die Begegnung und die gemeinsame Arbeit aller Verbände zuständig war. Die damalige Vorsitzende, Frau von Bismarck, bemühte sich vergeblich um einen Pfarrer für den Aufbau der Arbeit. Vikarin Drewes bekam den Auftrag, eine vorläufige Geschäftsstelle in Bacharach im Haus Cramer einzurichten. Sie kannte aus der Zeit ihres Lehrvikariats und danach durch regelmäßige Zusammenarbeit den Dienst der Potsdamer Zentrale. Die wichtigste und von allen Verbänden bejahte Aufgabe sollte die Durchführung der Jahresaufgabe sein, der dauernde Kontakt mit der Zentrale in Potsdam und den östlichen Landesverbänden. Am 13. bis 14. Oktober 1949 konnte zu einer Vorstandssitzung in Bad Harzburg eingeladen werden. Dort wurde mit den Vertretern der Potsdamer Zentrale als neue Vorsitzende Frau Marie Krueger und als Vorsitzender der ehemalige leitende Pfarrer D. Wilhelm Brandt gewählt.

Dort kam es auch zu dem Beschluß, den Namen Reichsfrauenhilfe den Verhältnissen im gespaltenen Deutschland entsprechend zu ändern in „Evangelische Frauenhilfe in Deutschland e.V.". Die Zentrale der Frauenhilfe im Westen siedelte ins Martin-Luther-Haus nach Münster (Westfalen) über.*)

Die speziellen Aufgaben der Evangelischen Frauenhilfe in Deutschland e. V. wurden am 24. Januar 1955 in Satzungen neu aufgestellt. Darin heißt es über den Zweck des Verbandes:

§ 2: Der Verein verfolgt ausschließlich und unmittelbar kirchliche, gemeinnützige und mildtätige Zwecke im Sinne der Gemeinnützigkeitsverordnung (GVO) vom 24. 12. 1953.

Er sucht seinen Zweck zu erreichen insbesondere durch:
a) Förderung seiner Mitglieder (§ 4) bei Erfüllung ihrer in den einzelnen Landesteilen gegebenen Aufgaben.
b) Veranstaltungen von Lehrgängen, Rüstzeiten, Freizeiten und Versammlungen, um die evangelische Frau und Mutter für ihre Aufgaben in Familie, Beruf, Nachbarschaft und Gemeinde zu stärken und in ihr Willen und Freudigkeit zur Mitarbeit zu wecken und ihr den Blick für die notwendige Anteilnahme im öffentlichen Leben zu weiten.
c) Vertretung (Stellvertretung) der evangelischen Frau als einer Mitarbeiterin im kirchlichen Raum (Ortsgemeinde, Kreissynode, Landessynode und in den kirchlichen Verbänden) und als einer Mitarbeiterin auf dem Gebiete der Wohlfahrtspflege bei der Gesetzgebung, in der Öffentlichkeit und gegenüber den Behörden.
d) Pflege der Verbindung mit anderen evangelischen Frauenverbänden und durch eine Arbeitsgemeinschaft mit der Frauenhilfe im östlichen Bereich der Evangelischen Kirche in Deutschland, ferner durch Pflege der Verbindung mit den Frauenhilfen im Ausland.
e) Literarische Arbeit.
f) Schaffung von Erholungsheimen und anderen Anstalten der Wohlfahrtspflege für Frauen und Mädchen, die in besonderem Maße bedürftigen oder minderbemittelten Personen dienen.

Die Geschäftsführung war der damaligen Vikarin Gerda Drewes übertragen worden: Ihr trat 1956 Vikarin Hildegard Glaue zur Seite. Die Mittel zur Erhaltung und Führung der Arbeit gab der Vertrieb des Schrifttums, insbesondere der „Bote für die evangelische Frau" . . .*)

*) Gerda Drewes, Entstehung und Entwicklung der Frauenhilfsarbeit, o.J. [1965], S. 12.

*) Gerda Drewes, a.a.O., S. 14.

Am 12. Mai 1971 wird eine neue Satzung der Evangelischen Frauenhilfe in Deutschland beschlossen, die an die Stelle der Satzung vom 19. September 1966 tritt. In § 2 wird der Zweck des Vereins wie folgt bestimmt:

(1) Zweck des Vereins ist es, evangelische Frauen bei der Erfüllung ihrer Aufgaben in Familie, Beruf, Kirche und Gesellschaft zu unterstützen und Bereitschaft zu Verantwortung zu wecken. Diese Aufgaben haben ihren Grund in dem biblischen Zeugnis von der Liebe Gottes in Jesus Christus.

Im Hören auf dieses Zeugnis sucht der Verein seinen Zweck zu erreichen insbesondere durch
a) Förderung seiner Mitglieder bei der Erfüllung ihrer speziellen Aufgaben;
b) Veranstaltung von Lehrgängen, Freizeiten und Tagungen;
c) Förderung der Mitarbeit evangelischer Frauen in den Kirchengemeinden und in den Leitungs-Gremien der Kirche;
d) Förderung der Mitarbeit evangelischer Frauen im Bereich der Diakonie;
e) Verbindung mit anderen evangelischen Frauenverbänden in der Bundesrepublik Deutschland, den Frauenhilfen in der DDR und Kontakte zu anderen Verbänden im In- und Ausland;
f) Förderung der Mitarbeit der evangelischen Frauen in öffentlichen Gremien;
g) Herausgabe eines Monatsblattes, von Arbeitshilfen und anderen für die Förderung der Gesamtarbeit geeigneten Schriften;
h) Angebot von Möglichkeiten zur Information und Kommunikation seiner Mitglieder untereinander, besonders im Blick auf Einrichtungen sozialer Hilfe;
i) Schaffung von Erholungsheimen und anderen Anstalten der Wohlfahrtspflege, die in besonderem Maße bedürftigen und minderbemittelten Personen dienen.

(2) Die Mitglieder-Versammlung kann mit einfacher Stimmenmehrheit die Aufnahme auch anderer als der genannten Aufgaben beschließen, soweit es sich dabei um steuerbegünstigte Zwecke im Sinne der Gemeinnützigkeitsverordnung handelt (§ 3, Absatz 1) und sie den in § 2 (1) genannten Zielen des Vereins entsprechen.

Die „naturständisch" gegliederte und vereinsmäßig organisierte Form der Gemeindearbeit findet in der Frauenhilfe auch nach dem Zweiten Weltkrieg ihre Fortsetzung. Aber es ist nicht eine Fortsetzung gewohnten Tuns. Der Wandel der Gesellschaftsstruktur wirft Fragen auf, die beantwortet werden müssen: Welche — früher bewährten — Arbeitsformen sind überholt? Welche Aufgaben kann und soll ein Kreisverband wahrnehmen, ein Landesverband, die Frauenhilfe in Deutschland? Bedarf es solcher übergemeindlicher Einrichtungen? Ja, ist nicht „Frauenarbeit" in der Kirche überhaupt überholt?

Im Erscheinungsbild unserer evangelischen Gemeinden stellen die Frauenhilfen zahlenmäßig und ihrer Leistung an Mitarbeit nach einen beachtlichen Faktor dar. Auch ihre Verbände in den Landeskirchen zeichnen sich durch finanzielle Selbständigkeit und weitreichende soziale Tätigkeit (wie Heime und Ausbildungsstätten) aus. Während man sich im Blick auf die kirchliche Männerarbeit des Eindrucks nicht erwehren kann, daß die Vorstellungen, Initiativen und Anregungen der Leitungsgremien dem weit voraus sind, was an tatsächlicher Aktivität in den gemeindlichen Männerkreisen vor sich geht, scheinen in der Frauenarbeit die örtlichen Kreise eine tragfähige Basis zu bilden für die überparochialen Zusammenschlüsse. Das hat seinen Grund nicht zuletzt in dem Erbe einer noch jungen Geschichte der Frauenhilfen. Hier hat die naturständisch gegliederte und vereinsmäßig organisierte Form der Gemeindearbeit sich über Jahrzehnte hin als ertragreich erwiesen. Insbesondere die Industrie- und Stadtgemeinden haben sich als geeigneter Boden für die Bildung von Frauenkreisen mit einer größeren Gruppe beitragzahlender und einer kleineren Schar an den Zusammenkünften teilnehmender Frauen herausgestellt. Dazu haben nicht nur geistliche, sondern in beträchtlichem Ausmaß soziologische Voraussetzungen beigetragen. Neben die Berufe, in denen die Frau von der Tätigkeit des Mannes mit beschlagnahmt wurde (auf dem Bauernhof, im Geschäfts- und Handwerkerhaushalt) traten zunehmend Berufe, die vom Mann allein versehen wurden, so daß für die Frauen die Hausarbeit übrigblieb. Damit stellte sich freie Zeit und das Bedürfnis nach außerhäuslicher Verantwortung und Tätigkeit ein. Noch war die berufstätige Frau eine Ausnahmeerscheinung. Wo sie sich fand, war die Kirche in ihren Diakonissen-Mutterhäusern einer der hauptsächlichen Arbeitgeber. Es ist das Verdienst der Pioniere in der kirchlichen Frauenarbeit, daß sie die soziologischen Gegebenheiten gesehen und genutzt haben. Jahrzehnte hindurch haben die Frauenhilfen einen kaum hoch genug einzuschätzenden Beitrag im Leben der Ortsgemeinden geleistet. Er erstreckt sich auf drei Gebiete: a) Die Zurüstung der Frauen auf ihren Beruf als Ehefrau und Mutter, soweit sie in den Zusammenkünften geleistet wurde; b) Das Angebot von Gemeinschaft und die Beheimatung im Gemeindeleben durch Übernahme von Aufgaben und Diensten (wie Bezirksfrauen oder Besuchsdienst); c) Die Annahme von sozialer, diakonischer und missionarischer Verantwortung (wie Fürsorge für uneheliche Mütter, für Alte, für die Missionsgesellschaften).

Der einschneidende derzeitige Wandel in der Gesellschaftsstruktur stellt an die kirchliche Frauenarbeit Anforderungen, die gesehen werden müssen. Er hat bereits seinen Niederschlag gefunden, nicht nur in rückläufigen Mitgliederzahlen, sondern in der organisatorischen Auffächerung der heutigen kirchlichen Frauenarbeit im ganzen (Arbeitsgemeinschaften für Mütterschulen, für Landfrauenfragen, für Berufstätige) und am Ort (Frauenhilfsstunde, Abendkreis, Mütterkreis, Eheseminar). Damit wird die doppelseitige Schwierigkeit sichtbar: auf der einen Seite die Gefahr, in früher bewährten, heute überholten Arbeitsformen steckenzubleiben; auf der anderen Seite die Aufsplitterung in eine Vielfalt neuer Arbeitsformen, zu deren Bewältigung durchtragende Substanz und vermehrte Initiative gefordert ist. Wird sie vorhanden sein oder zuwachsen? Da es den Anschein hat, als ob wir in aller kirchlichen Arbeit uns in einer Übergangsperiode vorfinden, wird es ankommen auf Exempel, die von gegenwärtigen Herausforderungen her konzipiert sind, das Vorhandene ein- und ausbauen und abtasten, wo sich zukunftsträchtige Möglichkeiten anzeigen.*)

Aus mancherlei Gründen ist es nötig, daß sich in der Kirche feste Gruppen bilden, aber sie müssen sich immer wieder aufsprengen lassen von der Kraft des Evangeliums, das nicht in *einer* Form aufgeht und das keine endgültigen Verfestigungen duldet. . .

Wir stehen vor der Aufgabe, die Kirche in die Zeit und in die Welt hinein zu öffnen, aber dabei zugleich tragfähige Formen zu finden, damit die Kirche bei dieser Öffnung sich nicht selbst verliert (Dietrich v. Oppen).

Mit alledem ist schon gesagt, daß es in der Gemeinde keine isolierte Frauenarbeit geben kann. Lebendige Gemeinde entsteht nur, wenn allen ihren Gliedern die Möglichkeit zu freier Entfaltung ihrer Gaben gegeben ist und wenn dann Männer wie Frauen die ihnen von Gott verliehenen Gnadengaben zusammenwirken lassen zu gemeinsamem Dienst. *Claus Eck* hat im Schweizer Konzept des Ökumenischen Rates mit Nachdruck erklärt: „Es gibt kein Problem, das von Männern allein besser gelöst wird." Es gibt wohl auch kein Problem, das von Frauen allein besser gelöst wird, — aber dies zu betonen, besteht zur Zeit kein Anlaß.

1948 nahm die erste Vollversammlung des Ökumenischen Rates der Kirchen in Amsterdam u. a. den Bericht des Komitees für „Leben und Arbeit der Frauen in der Kirche" entgegen. Die ersten Sätze dieses Berichtes lauten: „Die Kirche, als der Leib Christi, besteht aus Männern und Frauen, erschaffen als verantwortliche Menschen, um miteinander Gott zu verherrlichen und seinen Willen zu tun. Diese Wahrheit, theoretisch angenommen, bleibt im praktischen Leben zu oft unbeachtet. In vielen Ländern und Kirchen ist es deutlich, daß eine volle Zusammenarbeit von Männern und Frauen im Dienste Christi durch die Kirche noch nicht erreicht wurde. Die Kirche als Ganzes, besonders in der gegenwärtigen Zeit des Wechsels und der Spannungen, braucht jedoch den Beitrag all ihrer Mitglieder, um ihre Aufgaben erfüllen zu können." 1961, bei der Weltkirchenkonferenz in Neu Delhi, stellte das „Referat für die Zusammenarbeit von Mann und Frau in Kirche, Familie und Gesellschaft" „den bemerkenswerten Fortschritt" fest, „den die Gliedkirchen des Ökumenischen Rates der Kirchen und die ökumenische Bewegung in der Zusammenarbeit von Mann und Frau gemacht haben". In dem Bericht des Ausschusses heißt es dann aber weiter: „Wir müssen Gott dafür

*) Alex Funke, Wie plant man die Arbeit der Frauenhilfe?, in: Monatschrift für Pastoraltheologie, Heft 1/1965.

dankbar sein, möchten aber auch betonen, daß die Zustimmung zum Grundsatz der Zusammenarbeit nicht genügt; man muß die Aufmerksamkeit jetzt auf die praktische Anwendung lenken, sowohl im Bezug auf strukturelle Veränderungen als auch auf die Vertiefung des geistlichen Lebens."

Die Zustimmung zum Grundsatz der Zusammenarbeit von Mann und Frau in Kirche, Familie und Gesellschaft genügt nicht. Wir wissen, daß auch in der Evangelischen Kirche in Deutschland die theoretische Bejahung oft noch nicht passen will zur Wirklichkeit der Praxis. Es bedarf wohl auch noch der Beseitigung mancher Vorurteile, die einer wirklichen Begegnung und Zusammenarbeit im Wege stehen. Nur so wird sich der Weg öffnen für Begegnung, Gemeinschaft und neue gemeinsame Einsichten. Wo anders aber hat die Kirche Realität, wenn nicht in den konkreten Beziehungen, die zwischen an Christus glaubenden Menschen an einem bestimmten Ort bestehen. Hier wird die Kirche zu einer Tatsache und bleibt nicht Idee.

Visser't Hooft hat einmal auf ein Gedicht hingewiesen, das Chesterton geschrieben hat, um einen bestimmten Typus humanitärer Haltung zu karikieren:
O how I love humanity
with love so pure and pringlish.
But how I hate the horrid French
who never will be English.
Visser't Hooft übertrug dies im Blick auf sein Thema
,,Die Una Sancta und die Ortsgemeinde'' folgendermaßen:
Die Kirche in der weiten Welt
entzückt mich in den Himmel.
Die Kirche, zu der ich gehör',
ist ein langweil'ger Klüngel.
Christus wendet sich dem einzelnen zu, aber will ihn nicht in ein Verhältnis zu sich bringen, das ohne Verbindung zu den andern ist. Christus will auch keine voneinander isolierte, selbstgenügsame Gruppen.*)

Man begegnet bei Gemeindepfarrern nicht selten dem überparochialen Zusammenschlüssen gegenüber dem Ressentiment: hier handele es sich um von den Zeitverhältnissen erzwungene Übel, denen man nur im Maße des unbedingt Nötigen nachgeben dürfte. Die bedrohte Eigenständigkeit der parochialen Lebenszellen der Kirche müsse verteidigt werden. Dieses — oft unausgesprochene oder gar uneingestandene — Ressentiment gehört zu den gefährlichen retrospektiven Hinderungen des derzeitigen kirchlichen Lebens. Ihm muß nachdrücklich widerstanden werden. Gerade wem an der ,,überschaubaren Gemeinde'' (H. Schnell) liegt, der wird um ihrer selbst willen mit Nachdruck sich dafür einsetzen müssen, daß überparochiale Koordinierung ihr den Lebensraum überhaupt erst frei macht. Nur die konkrete Gestalt solcher überparochialen Zusammenarbeit wird von den Zeitverhältnissen geprägt; sie ist aber von Hause aus nichts anderes als der organisatorische Ausdruck für das geheimnisvolle Ineinander von Gemeinde und Kirche, wie das Neue Testament ihn darstellt. Wer beim Sprechen des dritten Artikels im Gottesdienst nachdenkt, wird gar nicht anders können, als sich nach überparochialen Kontakten umzusehen. Täte er es nicht, widerspräche er seinem eigenen Bekenntnis. Den Gemeindegliedern ist dies durchweg verständlich. Das Argumentieren mit einem ideologisierten Parochialprinzip ist eine klerikale Krankheit. Überparochiale Kooperation bietet Erleichterungen an, vermittelt Erfahrungen, stellt materielle und personelle Hilfen zur Verfügung und hält auf diese Weise ein gegenseitiges Geben und Nehmen in Gang . . .

Die Frauenhilfe kennt seit langem den *Kreisverband,* der an dieser Stelle eine wichtige Funktion hat. Sie wird häufig allzu passiv wahrgenommen . . . Sie bedarf der eigenständigen Initiative. Der Kreisverband muß die Aufgaben bedenken, vorplanen und durchtragen, die sinnvollerweise überparochial angepackt werden, und er muß zugleich die gemeindliche Frauenarbeit anregen. Dazu gehört:

a) Eine *monatliche Zusammenkunft* von je einem oder zwei leitenden *Mitarbeitern* aus allen Frauenhilfen zur Erarbeitung des Monatsthemas, zum Bericht für durchgeführte Vorhaben an einzelnen Orten und zur Aussprache über aufgetretene Schwierigkeiten. Wenn die Teilnehmerinnen angeregt und bereichert heimkehren, wird dieser monatliche Schulungstag im Kreisverband sich

*) Fritz Mybes, in: Gemeindeveranstaltungen 11,1 (Frauenveranstaltungen), hrsg. v. F.M., Stuttgart 1968, Zur Einführung, S. 12ff.

befruchtend auswirken. Die Leiterin dieser Zusammenkünfte versieht die nicht leichte, aber sehr wichtige Funktion einer „Superintendentin" des Kreisverbandes. Möglicherweise ist dazu die Vorsitzende nicht allemal die geeignete Person. Dann sollte die Freiheit bestehen, jemand anderes mit dieser Aufgabe zu betrauen, beispielsweise eine geeignete Pfarrfrau, Gemeindehelferin, Vikarin oder Lehrerin.

b) Einmal im Jahr ein (eventuell regional aufgegliedertes) *Treffen der Bezirksfrauen* zum Erfahrungsaustausch von Gemeinde zu Gemeinde.

c) Die *Beratung bei überörtlichen Angelegenheiten,* wie zum Beispiel Erholungskuren, Müttergenesungswerk oder Finanzbeihilfen.

d) Die *Vorplanung* und gegebenenfalls Trägerschaft bei *überparochialen Einrichtungen,* wie etwa einer Mütterschule, einem Seminar oder einem verbandseigenen Freizeitheim.

Weitere überparochiale Aufgaben sind: die Beteiligung an kommunalen Aufgaben; Heime (etwa für uneheliche Mütter); Fachschulen für diakonische und missionarische Frauenberufe; die Kooperation mit Diakonissen-Mutterhäusern und Gemeindehelferinnen-Seminaren; die Ausbildung und Vermittlung von Haushaltspflegerinnen; die Absprache und gegebenenfalls Zusammenarbeit mit anderen landeskirchlichen Arbeitszweigen; die Verbreitung von gedrucktem Arbeitsmaterial bis hin zu den Zeitschriften und Blättern in der evangelischen Frauenarbeit; das Bedenken der Fragen nach der Stellung der Frau in Gesellschaft und Staat und das Geltendmachen evangelischer Gesichtspunkte bis hin zur Gesetzgebung. In all dem kann eine konzentriert tätige Leitung fördern und Eigeninitiative wecken.*)

„Frauenhilfe verwirklicht sich im Dienst am Ganzen — an der Kirche und an der Gesellschaft." Zu diesem Ergebnis kam der Präses der Evangelischen Kirche in Westfalen, D. Hans Thimme, vor der Mitgliederversammlung 1972 der Evangelischen Frauenhilfe im Rheinland, die erstmalig in der Kongreßhalle der saarländischen Landeshauptstadt Saarbrücken stattfand und an der über 1 200 Frauen aus dem gesamten Gebiet der Evangelischen Kirche im Rheinland teilnahmen. Thimme, der das Hauptreferat

der Versammlung über das **Thema** „Kirche und Frauenhilfe" hielt, zeigte anhand von neun Thesen auf, daß Leben und Gestalt der Kirche von zwei Strukturelementen bestimmt werden: einerseits das parochialsynodale Grundprinzip als die jeweilige örtliche Sammlung, andererseits das funktionale Gliederungsprinzip, in das sich auch die Frauenhilfe einordne. Nach Thimmes Ansicht ist es für die Volkskirche von entscheidender Bedeutung, daß sich in ihr „kleine und große Lebenseinheiten von verpflichteter Gemeinschaft" lebendig erhalten. Dieses Gliederungsprinzip ist, so der westfälische Präses, „unaufgebbar für Kirche und Gesellschaft — wer die Kirche als ganzes bejaht, muß sich ihrer Gruppen freuen; wem es um den Leib geht, der muß auch den Mikrokosmos der Zelle pflegen". Insofern sei die Organisationsform der Frauenhilfe durchaus zeitgemäß und theologisch legitim. Das Vereinsprinzip der Frauenhilfe brauche nicht geändert zu werden, solange es in diesem Prinzip die nötige Beweglichkeit gebe . . . *)

Naturständische Frauenarbeit müßte es in der Kirche also nicht naturnotwendig geben. Sie könnte eines Tages überholt sein, und man sollte sich also nicht zu sehr darauf verlassen, daß die Gemeinden immer auf ihre dienstbereiten Frauen werden zurückgreifen können. Das war um die Jahrhundertwende in erstaunlichem Maße der Fall. Die Frau hatte damals als Hausfrau ein reiches Arbeitsfeld in der Familie, aber sie verfügte im bürgerlichen Milieu auch über Hilfskräfte, und das karitative Engagement gehörte zu ihrem Selbstverständnis. Als unverheiratete Frau verfügte sie über mehr Fähigkeiten, als der vorgeschriebene Rahmen für ein Mädchen aus guter Familie zu entfalten erlaubte. Die geistig wache Frau sah in den wachsenden Großstädten die immer größer werdende Zahl von Frauen und Kindern, die noch mehr als die Männer Opfer der Industrialisierung waren. Die Sorge vor Atheismus und Sozialismus wurde bei ihnen überlagert von der Bereitschaft, denen beizustehen, die „im Elend" lebten. Frauen erkannten Mißstände und griffen sie auf, weil eben sie die Hände dazu frei hatten, mehr als andere. Von ihrer Initiative und Phantasie lebt bis heute etwas in der Frauenhilfe wie in der evangelischen Frauenarbeit insgesamt.

*) Alex Funke, a.a.O.,

*) Wolfgang F. Rahner, Frauenhilfe „jugendfrisch und unmittelbar aktuell", in: Mitteilungen der Evangelischen Frauenhilfe im Rheinland E.V., Oktober 1972/23.

Ihre Arbeit ist darum oft so schwer zu umreißen und sichtbar zu machen, weil sie in viele Richtungen geht, karitativ, diakonisch, seelsorgerlich. Aktive Frauen konnten und können der Mittelpunkt aktiver Gruppen werden, die auf dem Boden der Gemeinde Aufgaben aufgreifen, die vor den Füßen liegen. Sie begannen anfangs hilfreich der Gemeindeschwester zuzuarbeiten — bis heute bestehen fruchtbare Verbindungen zwischen Frauenhilfe und Diakonissen-Mutterhäusern. Die Frauen haben Kinderhorte, Säuglingsheime, Müttergenesungsheime ins Leben gerufen und Frauen, die der Kirche ferner standen, ins Gemeindehaus eingeladen. Sie haben Mütter im Nähen unterwiesen sowie Krankenpflege und Nachbarschaftshilfe organisiert. Sie haben für ihre und andere Gemeindezwecke gesammelt und sind dabei unermüdlich treppauf, treppab gelaufen. Sie haben im Dienste der Gemeinde Blätter ausgetragen und Besuche gemacht. Sie haben dafür aus der Bibel immer neue Ausrichtung und Besinnung gewonnen und haben dabei ihren eigenen Stil der Bibelauslegung entwickelt. Sie haben sich auch manche biblische Einsicht selbst erarbeitet.

Die Zahl der Gemeindegruppen der Frauenhilfe beträgt 25 000. Sie sammeln sich in ihrem Verein, verteilen die Aufgaben unter sich, bezahlen ihre Beiträge, haben ihre gemeinsame Informationsschrift, den „Boten"; sie freuen sich an dem Gefühl der Geborgenheit im kirchlichen Raum und mühen sich doch gewissenhaft, nicht an den Fragen, die die Zeit ihnen stellt, vorbeizugehen. Ihre Zeitschrift „Zum Weitergeben" gibt Hilfestellung für ihre Bemühungen um Information und Weiterbildung.

Ihr Vorteil ist auch ihr Nachteil: Sie sind bei all dem weitgehend auf sich selbst gestellt. Frauen geben Anregungen für Frauen, aber Frauen lernen so auch miteinander arbeiten. Gemeindliche Frauengruppen gehören zu den fruchtbarsten Feldern, auf denen die Methoden der Gruppenarbeit und Gruppenpädagogik angewandt und erlernt werden.

Dennoch kommt oft von außen die Frage an sie heran: Seid ihr denn immer noch da? Es gehört auch mancher junge Pastor zu diesen Fragestellern von außen. Aber ihre eigentliche Umwelt, die Gemeinde, die sie geformt hat und in Dienst nimmt, läßt sie eben gewähren. Man ist froh, daß sie einen Teil der zuverlässigsten Gottesdienstbesucher stellen. Wenn man nach außen hin als Gemeinde werbend etwas darstellen will, dann läßt man sie

freilich mehr im Hintergrund, sie stiften dann den Kuchen für die Kaffeetafel — und im übrigen ist mancher Pastor froh, daß er an ihnen eine Gruppe hat, die ihn nicht mit unbequemen Fragen quält. Die Frauen dienen in ihrer Gemeinde, selten kommt man auf die Idee, daß sie manchen Dienst qualifizierter und moderner tun könnten, wenn man ihnen Chancen zur Fortbildung böte. Ihren Kirchenvorständen, Synoden und Kirchenverwaltungen ist es recht, wenn sie so bleiben, wie sie sind.

Aber sie bleiben doch nicht, wie sie sind . . . *)

Zur Diskussion

An das Landeskirchenamt
Sehr geehrte Herren!

In unserem Mütterkreis haben wir uns intensiv mit der Frage beschäftigt, wie das kirchliche Leben auch angesichts notwendiger finanzieller Einschränkungen verstärkt werden kann. Wir sind uns darüber klar geworden, daß nur die ehrenamtliche Mitarbeit die vielen Lücken wird schließen können, die durch drastische Einsparungsmaßnahmen entstehen werden. Schon jetzt arbeiten zahlreiche Frauen in unserer Gemeinde aktiv mit im Besuchsdienst, im Kindergarten, Kindergottesdienst und in der Jungscharbeit, ja, sogar in der Krankenpflege und im Presbyterium. Wir erwarten keinen Dank, erst recht keine Bezahlung; aber ein bißchen Anerkennung täte uns ganz gut. Diese Anerkennung könnte darin zum Ausdruck kommen, daß wir für die Dienste, die wir gerne bereit sind zu tun, auch entsprechend ausgebildet oder wenigstens durch Fortbildungsseminare zugerüstet und begleitet werden. Dafür geschieht so gut wie nichts. In der Predigt hören wir oft, ein Christ müsse zur aktiven Betätigung seines Glaubens bereit sein. Das wird nicht nur, aber sicher auch und vielleicht sogar vorwiegend im Raum der Kirchengemeinde zu geschehen haben. Aber was tut die Kirche, um solche Forderungen zu verwirklichen?

Ein solcher Aufruf müßte begleitet werden von entsprechenden Fortbildungsangeboten. Hierin sehen wir die Hauptaufgabe kirchlicher Erwachsenenbildung. Gerade wenn das Geld knapp

154

*) Gertrud Osterloh, Wenn Frauen sich um Frauen kümmern, in: Deutsches Allgemeines Sonntagsblatt, Nr. 40, 6. Oktober 1974.

**) Presbyter-Handbuch für die Evangelische Kirche im Rheinland 1975, Gladbeck 1975, S. 91.

wird, ja, weil das Geld knapp wird, bitten wir Sie, durch Weiterbildungsangebote unsere Bereitschaft zur ehrenamtlichen Mitarbeit zu unterstützen.

Im Auftrag des Mütterkreises der Gemeinde . . . B.K.**)

„Frauenhilfe" ist immer wieder definiert worden als „Hilfe von Frauen für Frauen". In der Praxis wird dies oft so verstanden, daß eine Gruppe von Frauen bereit ist, Hilfe zu leisten außerhalb der Gruppe, und daß dies neben Nachbarschaftshilfe und Besuchsdienst Sammeln und Austeilen von Gaben und Opfern bedeute. Eine solche Gruppe kann für diese und jene Dienste „eingesetzt" werden.

Doch recht verstandene Frauenhilfe ist anders, ist mehr. Wie der Gemeinde als ganzer ist ihr nicht nur aufgetragen, da und dort helfend einzuspringen; aufgetragen ist der Gemeinde und damit auch ihr, Not in ihren Ursachen zu erkennen und von solcher Erkenntnis her zu planen und zu handeln. Anders gesagt: Für ein sinnvolles Helfen müssen die Voraussetzungen immer neu geschaffen werden. Hilfe für andere kann zunächst heißen: Hilfe füreinander.

Die regelmäßigen Zusammenkünfte der Frauenhilfe haben die große Chance, daß in ihnen solche Hilfe füreinander gegeben wird. Frauen können in Gemeinschaft mit anderen Frauen in notwendigen Variationen über das Grundthema reden: Wie lebe ich als Christ? Und das eben nicht nur gelegentlich, sondern kontinuierlich in immer neuem Sich-Begegnen, Sich-Befragen, Miteinander-Lernen. Noch vor wenigen Jahrzehnten konnte man mit dem in einer Ausbildung erworbenen Wissen etwa dreißig Jahre lang auskommen. Heute reicht ein solches Kapital im Durchschnitt für fünf Jahre. Auch für den Christen gibt es keine „abgeschlossene Bildung", von der er ein Leben lang zehren kann; auch für ihn gibt es nur eine „lebenslange Bildung". Daran ist bei der Planung der Arbeit der Frauenhilfe zu denken.

Zu bedenken ist auch dies: Das Evangelium wird nicht nur verkündigt in Predigt, Andacht und einer bestimmten Form der Bibelarbeit, sondern überall da, wo ein Verstehen der biblischen Botschaft ermöglicht wird, wo Hindernisse zum Glauben beseitigt werden — soweit Menschen dies vermögen —, wo von Weltanschauungen, Ideologien und Ersatzreligionen umgebene Menschen von der in Christus geschenkten Freiheit erfahren.

Frauenhilfsstunden sollten deshalb von drei Elementen geprägt sein:
1. Intensive Bibelarbeit,
2. Gespräch über Lebensfragen,
3. Gemeinschaft untereinander.

Intensive Bibelarbeit.

Intensive Bibelarbeit ist unabdingbar. Wo sie ersetzt wird durch eine Andacht über Losung oder Lehrtext des Tages, womöglich auf dem Weg vom Pfarrhaus zum Gemeindehaus meditiert, liegt frevelhaftes Versagen des Pastors vor. Es ist zu erreichen, daß jede Teilnehmerin den aufgeschlagenen Text in der mitgebrachten oder zur Verfügung gestellten Bibel vor Augen hat. Auch hier ist ein nach gruppenpädagogischen oder katechetischen Regeln gelenktes Gespräch dem Monolog vorzuziehen. Nicht eine erschöpfende Auslegung, sondern der Einblick in den Text, der die Freude an Entdeckungen in den biblischen Sätzen wachruft, ist anzustreben. Wenn es gelingt, die Bibelarbeit interessant zu gestalten, kann sie unbedenklich einen weiten Zeitraum einnehmen. Eine lectio continua [fortlaufende Lesung] kann hilfreich sein — etwa so, daß jede Frau die Bibellesetafel hat und in der Zusammenkunft ein Text der Woche besprochen wird, so daß sich eigenes Bibellesen und die Bibelarbeit unter Anleitung gegenseitig verzahnen. An dieser Stelle wird in erster Linie die Mitarbeit des Pastors vonnöten sein. Gelegentlich sollte eine Exegese des Predigttextes vom kommenden Sonntag gegeben werden, bis hin zur Herausstellung des Skopus und der Frage: wie müßte das Erkannte in der Predigt gesagt werden?*)

*) Alex Funke, a.a.O.,

Wir schlagen miteinander die Bibel auf. Gottes Weg mit Abraham beschäftigt uns. Heute lesen wir 1. Mose 15, Vers 1:

„Nach diesen Geschichten begab sich's, daß zu Abram geschah das Wort des Herrn . . .‘‘

Wir fragen miteinander nach diesem Geschehen des Wortes des Herrn. Gibt es so etwas heute noch? Bei uns? In unserer Gemeinde? In unserem Leben? Was meint das Wort „geschah‘‘? Bei Abram jedenfalls war es so, daß das trostvolle Wort Gottes, das jetzt zu ihm kommt, ihn nicht fröhlich macht, sondern ihn allen Gram seines Herzens ausströmen läßt vor Gott. Was ist geschehen? —

Ein bekümmerter, fragender Mensch ist in die Zwiesprache mit Gott eingetreten. —

Dazu lesen wir in unseren Kreisen von jungen und alten Frauen die Bibel, um im gemeinsamen Gespräch den Weg zu bahnen für die Zwiesprache unseres Herzens mit Gott. In solchem Gespräch über und unter dem biblischen Wort (wir nennen es Bibelarbeit) suchen wir Gottes Weg zu erkennen, den Weg mit seinem Volk und mit unserem Volk, den Weg mit seinen Auserwählten und mit uns.

In der Zeit des Kirchenkampfes ist uns dieses gemeinsame Forschen in der Schrift zu einer großen Hilfe geworden. Damals lernten viele zum erstenmal „Bibelarbeit‘‘ schätzen und lieben, wie sie aus dem Hören in neuer Weise zur Mitarbeit rief. Einige sind über dem schwierigen Anfang in dieser ungewohnten Arbeit leider müde geworden und zur alten Form der Andacht zurückgekehrt. Diejenigen unserer Kreise, die sich nicht haben erschrecken lassen, sind über diese Arbeit von Herzen froh geworden und wissen davon zu sagen, wie das Wort der Schrift für sie Leben gewonnen hat; wie darüber hinaus diese Beschäftigung mit der Bibel Gemeinschaft geschaffen und den Zusammenkünften ein bestimmtes, gutes Gepräge gegeben hat.

Weil wir möchten, daß in unserer Frauenarbeit, in der die praktischen Aufgaben zusehends wachsen, das Bibelwort die lebendige Mitte bleibe, ja immer mehr werde, bitten wir alle, die es noch nicht getan haben, in der Bibelarbeit das gemeinsame Lesen und Hören, Forschen und Fragen zu üben, damit wir wach werden für Gottes Wort an uns.*)

Welchen „Stellenwert‘‘ hat nun die Bibelarbeit heute innerhalb der Arbeit der Evangelischen Frauenhilfe? Man könnte sagen: Sie ist nicht ein Faktor unter mehreren anderen, sondern sie bildet nach wie vor den tragenden Grund unserer Arbeit. Auch bei der Beschäftigung mit der Bibel spielt allerdings das Moment der „Bildung‘‘ eine Rolle. Neben persönlicher Stärkung und Bereicherung sucht man nach solider theologischer Information. Man fragt nach Zusammenhängen. Man stellt sich neuen Erkenntnissen und scheut kritische Fragen nicht. In einer Verlautbarung über Fragen religiöser Erwachsenenbildung heißt es: „Sie (die religiöse Erwachsenenbildung) erstrebt ein vom Evangelium bestimmtes und daher in ausgeprägtem Sinn kritisches Denken, sie vermittelt theologische Grundlagen und Maßstäbe, sie erklärt Glaubens- und Lebensfragen, und sie gibt christliche Anstöße zur Welt- und Lebensgestaltung.‘‘ Diese Worte der Evangelischen Arbeitsgemeinschaft für Erwachsenenbildung gelten auch für unsere Arbeit. Sich selbst erkennen, die Welt verstehen, zum sinnvollen Handeln kommen — so wurde ja „Gebildetsein‘‘ definiert —, dies ist für den Christen nicht ohne die Beschäftigung mit der Bibel zu erreichen. Dabei werden wir einmal von einem Text ausgehen und versuchen, Verbindungslinien zum Heute zu ziehen. Ein anderes Mal werden wir von der Wirklichkeit, von der Welt, in der wir leben, ausgehen, und unsere Fragen an die Bibel herantragen. Daß Antworten oft sehr viel mühsamer zu bekommen sind, als man früher meinte, daß eigenes Nachdenken nicht ausgeklammert bleibt, das wird uns heute beim Umgang mit der Schrift sehr bald deutlich. Es kann nicht ausbleiben, daß Menschen dadurch nicht nur gestärkt, sonder auch verunsichert werden. Neue Erkenntnisse stellen die alten in Frage. Sicher kann beim Gespräch über biblische Texte manche Angst, die das einzelne Gemeindeglied heute überkommen wird, besser vermindert oder behoben werden, als es durch die Predigt geschehen kann. Und sicher soll und kann hier auch ein Stück Partnerschaft erfahren und realisiert werden — Partnerschaft zwischen Theologen und Laien, zwischen Leiterin und Gruppe —, wenn jede einzelne Frau merkt, daß keiner heute alles weiß und kann und hat, daß wir alle Fragende und Suchende sind. Aber: Gemeinsames Fragen und Suchen ermutigt und belebt und erhält wach.*)

*) Frieda Schindelin, Ein Wort zur Bibelarbeit, in: Evangelische Frauenhilfe im Rheinland 1901/1956, Festschrift anläßlich der Einweihung des Hauses der Frauenhilfe am 30. Mai 1956, hrsg. v. Theo Boehle, S. 26f.

*) Waltraut Rabes, Frauenhilfe als evangelische Erwachsenenbildung, in: Mitteilungen der Evangelischen Frauenhilfe im Rheinland E.V., April 1970/18.

Das Gespräch über Lebensfragen.

Das Gespräch über Lebensfragen meldet sich voraussichtlich unter der Hand bereits bei der Bibelarbeit an. Aus seinem Umgang mit Gemeindegliedern wird jeder wachsame Pfarrer um eine Fülle von weiteren Themen wissen. Das ausführliche Referat mit anschließender Aussprache ist nur in Ausnahmefällen die geeignete Form zur Behandlung solcher Lebensfragen. Abwechslung tut not: das Kurzreferat, womöglich nur eine geschickt formulierte Frage (Was tun wir, wenn unser Kind zum ersten Mal bei einer Lüge ertappt wird?); die von den Schwalbachern empfohlene „Methode 66" (je sechs sprechen für sechs Minuten über eine Frage und je ein Sprecher berichtet aus den Gruppen) führen hin zum offenen Gespräch. Dias, ein Kurzfilm, eine Schallplatte oder Tonband sind oft brauchbare Hilfsmittel. Eine Bildserie aus dem „Sonntagsspiegel" oder ein Abschnitt aus dem landeskirchlichen Sonntagsblatt fordern gelegentlich das Gespräch heraus. Das Forum oder Podium kann eine gute moderne Form sein. Hierzu lassen sich Mitarbeiter finden: Lehrer der verschiedenen Schularten, Kommunalpolitiker, Fürsorgerinnen, Heimleiter, der Arzt, der Buchhändler, der Journalist und andere. Man wird darauf achten müssen, dem Niveau des Durchschnitts der Teilnehmerinnen einigermaßen zu entsprechen. Wo das Gespräch gesucht wird und viele das Wort nehmen, wird dieser Sorge wie von selbst standgehalten. Die Angst vor dem Wort Schulung ist angesichts der vorfindlichen Lage in unseren Gemeinden unberechtigt. Viel eher besteht Anlaß zu der Befürchtung, daß der weithin übliche Stil von monologischer Ausfüllung zweistündiger Zusammenkünfte nur für einen schmalen Kreis von Frauen attraktiv ist. Wir bieten selten zu viel oder zu Anspruchsvolles, eher zu wenig. Beanspruchende Information über den Glauben und das Leben aus Glauben ist eine Aufgabe, die — koste es, was es wolle — nicht versäumt werden darf.*)

Man könnte einwenden, daß jeder heute diese Hilfe braucht: das klärende Gespräch, die gezielte Information, die Anleitung zum Gewinnen eines eigenen Standpunktes, zum Abbau von Vorurteilen, zum Verstehen der eigenen Person und der Welt in ihren großen und kleinen Bezügen. Tatsächlich braucht der Mann dies alles auch, und es ist sinnvoll, wenn zu gemeinsamen Seminaren, Elternschulen, Gesprächskreisen junger Ehepaare eingeladen wird. Gerade junge Ehepaare nehmen tatsächlich lieber gemeinsam an solchen Veranstaltungen teil, wenn nur irgend die Möglichkeit dazu besteht.

Mannigfache praktische Erfahrungen, aber auch grundsätzliche Überlegungen lassen uns jedoch im gegenwärtigen Moment eine eigenständige kirchliche Frauenarbeit — und diese muß unserer Meinung nach überwiegend Bildungsarbeit sein — geboten erscheinen, vielleicht muß man hinzufügen: noch.

Durch Elternschulen und Ehepaarkreise wird der große Kreis von alleinstehenden Frauen, von unverheirateten, verwitweten und geschiedenen, nicht erreicht. Gerade sie haben aber den geistigen Austausch und das Gespräch besonders nötig. Aber auch manche verheiratete Frau bevorzugt den Besuch einer Frauenveranstaltung, sei es, daß der eigene Ehemann an den Fragen, die sie bewegen, nicht interessiert ist, daß er einer anderen Konfession angehört, oder daß er beruflich zu sehr beansprucht ist, um an einer Gemeindeveranstaltung teilnehmen zu können.

Die rasche Entwicklung von einer ständischen zur partnerschaftlichen Gesellschaftsordnung mutet den Menschen unserer Zeit viel zu an Umdenken, an neuer Einstellung, an neuem Verhalten. Weitgehend herrscht auf diesem Gebiet noch Unsicherheit. Partnerschaft heißt ja nicht, daß Unterschiede aufgehoben werden. Jeder Partner hat seine Besonderheit und muß sie kennen und bejahen, sowohl die eigene als auch die des anderen. Erst dann kann es zu einem guten Zusammenspiel kommen. „Wer einmal ordentlichen Klavierunterricht hatte, erinnert sich noch genau, wie bei polyphonen Stücken erst jede Hand für sich eingeübt werden mußte, wenn die Stimmen beim Zusammenspiel nicht ins Stocken oder Stümpern kommen oder die jeweils schwächere Hand von der anderen hoffnungslos ‚überspielt' werden sollte. So muß die Frau auch erst ihren ‚Part' sicher beherrschen und immer wieder einmal für sich ‚einüben', wenn die Polyphonie

*) Alex Funke, a.a.O.,

im Wechsel- und Zusammenspiel der Partnerschaft geraten soll.'' (Marianne Dirks) Dies sind Beobachtungen, die offenbar für beide Seiten, die der Frau und die des Mannes, gelten. So heißt es in den „Überlegungen zur Männerarbeit in der modernen Gesellschaft": „Daher können getrennte Zusammenkünfte von Männern und Frauen ‚Spielräume' und ‚Gesprächsfelder' bieten, die dazu helfen, aus der Verunsicherung herauszukommen und partnerschaftliches Verhalten in Familie, Kirche und Gesellschaft vorzubereiten.''*)

Wir reden nicht mehr gern vom „eigentlichen", „naturgegebenen" Wesen der Frau — darum bezieht sich eine der kritischen Anfragen an alle Frauenarbeit auf ihren naturständischen Charakter. Mann und Frau wachsen aus ihren angeblich naturgegebenen Rollenstereotypen heraus und stehen vor einer neuen Aufgabenverteilung in der Gesellschaft. Wenn Frauenarbeit trotzdem geblieben ist, dann möchte dies weniger mit ihrer Natur als mit ganz bestimmten Umwelteinflüssen zusammenhängen, denen Frauen gerade in einer kirchlich bestimmten Umwelt ausgesetzt sind.

Jahrhundertelang wurde das männliche Überlegenheitsgefühl vor allem kirchlich gepflegt und mit biblischen Aussagen untermauert. Und als man lernte, die biblischen Aussagen auf ihren eigentlichen Sinn hin zu befragen, da war die langgehegte männliche Überlegenheit ihrer selbst so sicher geworden, daß sie sich nicht einmal durch neu verstandene biblische Aussagen mehr beirren ließ. Frauen haben in der Kirche mühsamer als anderswo lernen müssen, ihre Sache selbst zu vertreten. Darum verlangen sie immer noch nach Übungsräumen, wo man erst lernen kann, die eigene Situation klar zu sehen, präzise zu formulieren und unbeirrt in gemischten Gremien zu vertreten.**)

Gemeinschaft untereinander.

Gemeinschaft untereinander ist um so echter, je weniger sie organisiert wird, sondern sich natürlich ergibt. Das offene Gespräch trägt dazu mehr bei als Kaffeetrinken. Die Aufnahme Hinzugekommener, das Gedenken an Geburtstage oder an Krankheit, Gelegenheit zum Lachen, die Sitzordnung, die Abwechslung im Ablauf, die verhindert, daß ein Schema die Überraschung abwürgt, daß und wie möglichst jeder ermuntert wird zu eigenen Beiträgen (und sei es das Vorschlagen eines Liedverses oder Themas), gelegentliche Feste haben prägende Wirkung. Ihre Mitte findet die koinonia [Gemeinschaft] in der Fürbitte. Sie darf in den Zusammenkünften kein Anhängsel sein. Auch hier lohnt sich eine Bemühung um variable Formen, wobei zu ermöglichen ist, daß viele an der Gestaltung beteiligt sind, sei es denn durch die Benennung von Gebetsanliegen.*)

In der Versammlung am Mittwoch [24. Mai 1916] behandelte Konsistorialrat Richter die Frage: Was hat uns der Krieg gebracht und gelehrt für die Pflege des Gemeinschaftsgedankens in unseren Vereinen? Auch seine Gedanken wurden in einer Entschließung zusammengefaßt:

,,Der Krieg hat uns gelehrt, daß es in noch viel weiterem Umfange als bisher möglich ist, die Mitglieder der Frauenhülfe regelmäßig in Versammlungen zu vereinigen, in denen nicht nur gearbeitet wird, sondern in denen die Herzen durch Gottes Wort, Lied und Gebet, auch durch gegenseitige Aussprache stärkende Gemeinschaft finden. Erhebende Versammlungen der größeren Verbände und regelmäßige mit Treue gepflegte Versammlungen hat der Krieg gebracht. Wir halten diese Versammlungen für die Pflege des Gemeinschaftsgedankens, für die Pflege des rechten Geistes und Sinnes für ganz besonders wichtig und haben den Wunsch, daß der Segen des Krieges in dieser Beziehung uns auch für die Zeit des Friedens bewahrt bleibe. Wir bitten daher den Hauptvorstand, unseren Vereinen es ernstlich ans Herz zu legen, dem Bedürfnis der Mitglieder nach Gemeinschaft entgegenzukommen und sie zu sammeln zu innerer Glaubens-, Gebets- und Liebesgemeinschaft in regelmäßigen gut geleiteten und mit rechtem christlichen Geist erfüllten Versammlungen.''**)

---

*) Waltraut Rabes, a.a.O.

**) Gertrud Osterloh, a.a.O.

*) Alex Funke, a.a.O.

**) Kirchliches Jahrbuch für die evangelischen Landeskirchen Deutschlands 1917. Ein Hilfsbuch für die Kirchenkunde der Gegenwart. Hrsg. J. Schneider, Gütersloh 1917, S. 377f.

Süddeutsche Zeitung:

Warum gelingt es der Kirche — und anderen Institutionen übrigens auch — so schwer, zu einem sinnvollen Engagement zu bewegen?

Landesbischof Claß:

Es fehlt durchweg an der Basisorientierung. Wir sind zu kompliziert und sind nicht dort zu Hause, wo der schlichte kleine Mann sein Dasein lebt. Ich glaube, die Zeit des Einfachen und Elementaren ist wiedergekommen. Wir müssen versuchen, unsere Basis zu erreichen.

Süddeutsche Zeitung:

Will die Basis vielleicht in Ruhe gelassen werden? Ist sie mit Angeboten übersättigt?

Landesbischof Claß:

Ich glaube, daß sich heute im Protestantismus eine Umkehr der Expansion ereignet. Die kleine Gruppe oder Zelle ist gefragt, wo der Mensch Mensch sein kann, wo er von anderen in einer kleinen Gemeinschaft angenommen ist. Das sind die Kraftzentren für die nächste Zukunft.*)

1974 umfaßt die Frauenhilfe in der Bundesrepublik mehr als 500 000 Mitglieder in mehr als 6 000 Gruppen. „Denkbereit und tätig Christ zu sein", — so kann das Ziel der Arbeit beschrieben werden.

Wovon leben diese 500 000 eigentlich weiter? Jedenfalls nicht von der Sorge derer, die fürchten, es könnten eines Tages zu viele von ihnen fortbleiben.

Sie werden auch nicht zusammengehalten durch eine kräftige Vereinsorganisation mit starker Zentrale. Ihre Bundeszentrale hat so wenige Funktionäre, wie man es in der heutigen Zeit gar nicht für möglich hält. Auf ihrer mittleren landeskirchlichen Organisationsebene sind sie stärker, stark genug, um Impulse für die Arbeit der Gruppen auszusenden und Rückmeldungen auszuwerten, um Initiativen zusammenzufassen. Vorwiegend leben die 25 000 Gruppen aus ihrem Bedürfnis nach Gemeindesein — es ist das Verlangen nach Geborgensein und Kontakt und zu-

gleich die immer neu aufbrechende Bereitschaft, miteinander das zu tun, was für einen Christen heute zu tun sinnvoll ist: die Bibel lesen und verstehen; Nöten begegnen, die im Lebensumkreis erfahren werden, sich zusammentun, weil man es allein nicht schafft; sich miteinander Hilfe holen für die Bewältigung der Konflikte in der Familie und, in den letzten Jahren immer stärker: miteinander lernen, daß die Welt nur eine ist und daß Christen mit anderen Christen in der fernen Welt verbunden sein können.

Wenn die Zeichen nicht trügen, wird ein Impuls zur Zeit immer stärker, auch dann, wenn viele Frauenhilfen ganz und gar kein Verhältnis zu einer öffentlichen Diskussion des Sexismus gewinnen können: Die Frage nach der rechten Zuordnung von Mann und Frau ist nirgends mehr zu übersehen. Und an ihr bricht nun doch die Notwendigkeit zur Kritik an der Gemeinde und Kirche auf. Sie gibt einen Ansatzpunkt für gesellschaftspolitisches Denken, weil so manche sichtbare Zeichen für die Notwendigkeit des Fragens und Nachdenkens erlebt wurden: die Vikarin, die doch eigentlich eine Pastorin gewesen wäre, wenn man ihr den Namen nicht verwehrt hätte; das Mißverhältnis zwischen der Anzahl von Frauen im Gottesdienst zu der Zahl der Frauen in den Synoden; die Begegnungen mit Christinnen aus anderen Erdteilen, die selbstverständlicher, als wir es gewohnt sind, mit Männern gemeinsam die gesellschaftlichen, kirchlichen und sozialen Probleme aufgreifen. Von solchen Erfahrungen geht ein gewisser Zwang aus, auch über Machtstrukturen und Politik in der Kirche nachzudenken.

Es hat lange gedauert, bis man wagte, mit solchen Fragen an die Bibel heranzutreten, und bis Frauen aus der Bibel heraus den Frauen ihren Weg zeigen konnten. Die Emanzipation hat es mit den kirchlichen Frauen schwer gehabt: Sie neigten von ihrer Herkunft und Umwelt her wenig dazu; sie mißtrauen dem Wort auch heute noch ein wenig. Es scheint etwas Fremdes daran zu haften. Aber es hat zu lange gedauert, bis christliche Männer sich dazu bekannten, daß die Frauenfrage keine Frage der Frauen allein ist, sondern eine Frage an alle Christen, nämlich ob sie sich redlich um das Verständnis des Neuen Testamentes mühen wollen, das sie vor die Aufforderung stellt: „Ihr seid alle einer in Christus Jesus."

*) Keine Weltflucht zur Insel der Seligen. SZ-Interview mit dem württembergischen Landesbischof Helmut Claß. In: Süddeutsche Zeitung Nr. 184, 11./12. August 1973.

Allein dies gemeinsame christliche Verständnis der Frauenfrage macht es möglich, daß Gemeindefrauen das Wort „Emanzipation" so gebrauchen, daß es die Bereitschaft ausdrückt, denkbereit und tätig Christ zu sein. Es ist ihnen ernst mit dem Wunsch, Frieden zu halten. Das bringt sogar manchmal die Gefahr eines faulen Friedens mit sich. Sie sind leicht verunsichert, wenn sie bewußt taktische Mittel einsetzen sollen, um ihre Ziele zu erreichen. Das liefert sie oft der besseren Taktik ihrer männlichen Partner aus. Aber diese leichte bleibende Scheu vor dem Wort „Emanzipation" hat auch eine Chance in sich: Man investiert nicht zu viel Energien in den Kampf um Positionen.*)

Anläßlich des 75jährigen Bestehens der Evangelischen Frauenhilfe in Deutschland stellen sich 1974 die Dienststelle in Münster sowie die Landes- und Stadtverbände selbst dar.

Evangelische Frauenhilfe in Deutschland e. V.
Münster/Westf., Bahnhofstraße 24.

Die Landesverbände in der Bundesrepublik sind die Mitglieder der Evangelischen Frauenhilfe in Deutschland. Schwerpunkte der Arbeit auf Bundesebene sind Vertretung in verschiedenen Gremien, Pflege von Kontakten zu anderen Verbänden des In- und Auslandes, Tagungsarbeit, Kooperationsaufgaben und das Schrifttum. Monatlich erscheint „*Der Bote* für die evangelische Frau". Vierteljährlich werden die Arbeitshilfen *Zum Weitergeben* mit der Beilage *Zum Vorlesen* herausgegeben. Alljährlich erscheint die *Weihnachtsgabe*. Gemeinsame Erfahrungen in Arbeitsgruppen bestimmen die Konzeption in den verschiedenen Aufgabenbereichen.*)

75 Jahre Frauenhilfe
Das bedeutet Rückblick und Ausschau — keine Tränen um vergangene Größe, keine Illusionen für die Zukunft. Wir wollen auf gute Traditionen bauen — ohne sie überzubewerten —, für die Zukunft planen, in der Gegenwart handeln aus Liebe zum Nächsten, die uns Jesus Christus aufgetragen hat.

Ein Blick auf „unseren Stammbaum" aus dem Jahre 1913 macht uns bewußt, daß wir starke Verbände verloren haben, erinnert uns aber auch an die vielen lebendigen Frauenhilfen der Kirchenprovinzen in der DDR und an die treuen Gruppen in der Auslandsdiaspora — vor allem in Brasilien. Die Selbstdarstellung der Landesverbände in der Bundesrepublik macht die Unterschiede in Organisation, Struktur und Aufgabenstellung deutlich, gibt aber zugleich Zeugnis von dem gemeinsamen Engagement der Frauenhilfe, Frauen zu befähigen, als Christen in Familie und Beruf, Kirche und Gesellschaft Verantwortung zu tragen und neben- oder ehrenamtlich Aufgaben zu übernehmen.

Ilse-Marie Bangert
Vorsitzende der Evangelischen Frauenhilfe in Deutschland e. V.**)

*) Gertrud Osterloh, a.a.O.

*) In: Evangelische Frauenhilfe 1899/1974, Faltblatt hrsg. von der Evangelischen Frauenhilfe in Deutschland, 1974.

**) a.a.O.

Braunschweig
Evangelische Frauenhilfe
Landesverband Braunschweig e.V., Braunschweig, Hohetorwall 1a.

Um 1910: Die ersten Braunschweiger Frauenhilfen gehören dem Evangelisch-Kirchlichen Hülfsverein, Sächsische Frauenhilfe Magdeburg, an. Ihre Aktivitäten: „Liebesdienste" in den Gemeinden; „Quartierhelferinnen" (= Bezirksfrauen); „Instruktionskurse"; Kindergärten; Hauspflege; Müttererholung u.a.m.

1915: 50 Frauenhilfen aus dem Herzogtum Braunschweig lösen sich von Sachsen zu einem eigenen Verein. Sie sammeln Waren (Hühner, Kleider, Babysachen) für Soldaten und Familien auch außerhalb ihrer Landesgrenzen; betreiben Meinungsbildung zu Tagesfragen.

Um 1930: Zahlreiche neue Vereine entstehen. Verhöre und Gegnerschaft entmutigen nicht. Öffentliche Sozialarbeit wird abgelöst durch interne Nachbarschaftshilfe. Bibelarbeit rückt in den Vordergrund.

Um 1945: Neugründungen und neue Aktivitäten. Bahnhofsmission; Übergangshilfen für durchziehende Flüchtlinge (Grenzlage); Gemeindeaufbau.

Um 1960: Frauenhilfe in nahezu allen Gemeinden mit verschiedenen Arbeitsschwerpunkten. Mütterkreise weiten ihre Arbeit aus. Aufnahme neuer Arbeitsformen.

Heute: 370 Frauenhilfen und ca. 70 Mütterkreise arbeiten in den Gemeinden. Vom Landesverband aus geschieht Bildungsarbeit durch Seminare, Tagungen (für Leiterinnen, für Mütter mit Kindern, für Arbeit mit älteren Menschen . . .); in der Müttererholung (Haus Daheim in Bad Harzburg); in der Hauspflegestation (z. Z. 52 Pflegehelferinnen, 9 Gemeindeschwestern).*)

Bremen
Landesverband der Evangelischen Frauenhilfe Bremen e.V., Bremen, Hohenlohestraße 9.

Gründung 1933 durch Zusammenschluß der Frauenvereine von 16 Gemeinden mit engem Kontakt zur Reichsfrauenhilfe Potsdam. Mütterkurse. Anfänge der Müttererholung: Aussendung älterer Frauen, die von der NSV nicht berücksichtigt werden. Bibelfreizeiten, Arbeitsgemeinschaft „Erzählen biblischer Geschichten". Fortführung der Kuren trotz kriegsbedingter Schwierigkeiten. Nach Kriegsende Kleider- und Hausratsammlungen. Einrichtung von Nähstuben. 1946 Aufbau des Nothelferdienstes, des Vorläufers der Hauspflege. Betreuung von Gefangenen, Heimkehrer- und Flüchtlingsfamilien. Mütterhilfe für Frauen, die mit dem § 218 in Konflikt zu kommen drohen. 1949 erstmals Einladung zum Weltgebetstag der Frauen. Neubeginn der Müttererholung in verschiedenen gemieteten Häusern. 1950 Angliederung an das Müttergenesungswerk. Ausbau der Nachbetreuung nach Beendigung der Kur.

Schwerpunkt der Arbeit heute: 1973 insgesamt 24 Kuren in den beiden eigenen Häusern, darunter Kuren für Mütter mit behinderten Kindern, Diätkuren und Kuren mit Bewegungstherapie. 6 Sonderkuren in anderen Häusern. 174 Kurtreffabende.
Vormittagsseminare mit Kinderbetreuung:
100 Veranstaltungen in 10 Gruppen Frühjahr, 106 Veranstaltungen in 10 Gruppen im Herbst.
Hauspflege: 211 Einsätze bei 75 Helferinnen.*)

---

*) Der Bote für die evangelische Frau, Oktober 1974, Beilage.

*) a.a.O.

Frankfurt/Main
Stadtverband der Evangelischen Frauenhilfe Frankfurt/Main e.V.,
Frankfurt/Main, Glauburgstraße 68.

In einer Zeit schwerer politischer Bedrohung der Kirche, im Februar 1933, schlossen sich die bereits bestehenden Frauenhilfen in Frankfurt am Main zu einem selbständigen Stadtverband zusammen. Auf der ersten Tagung im Oktober in der historischen Paulskirche zeigte das Thema „Frau und Bibel" schon deutlich, auf welchem Fundament die Arbeit der Frauenhilfe stehen sollte. Wesentliche Aufgaben für den Dienst in den Gemeinden waren Mütterschulung, Müttererholung, Lehrgänge, Kurse, Singkurse für Jungmütterkreise, Gründung einer Mütterschule. Schwerpunkt lag bereits damals auf der Bibelarbeit, intensiver Beschäftigung mit der Schrift auf Frauenrüsttagen, Monatsrüsten, übergemeindlichen Bibelfreizeiten. Aufgabe: Die durch die Kraft des Wortes empfangene Stärkung an die Frauen weiterzugeben. 1949 erster Weltgebetstag der Frauen in Frankfurt/Main. Heute haben sich die Aufgabengebiete zu ökumenischer Arbeit erweitert. Zu der Betreuung des Alten-Pflegeheims des Heiliggeist-Hospitals in Hohenwald/Taunus, des Frauengefängnisses, der Jugendbleibe kommen praktische Aufgaben für Lambarene, Bethel, Baseler Mission. Durch den Honkong-Laden im Vertrieb von kunstgewerblichen Arbeiten helfen wir Flüchtlingen, auch durch Patenschaften für behinderte Kinder dort. In der Erfüllung des auf der Generalsynode 1951 in Hamburg ausgesprochenen Gebotes sehen wir auch heute den Sinn unserer Arbeit: „Mitzuhelfen, daß Christi Liebe in Wort und Tat in allen Gemeinden und in der Welt auf allerlei Weise bezeugt wird."*)

Hamburg
Evangelische Frauenhilfe Hamburg e.V.,
Hamburg-Fuhlsbüttel, Woermannstieg 3.

Einige Frauenhilfsgruppen in den Hamburger Gemeinden fühlen sich mitverantwortlich für die evangelische Frauenarbeit der Hansestadt.**)

Hessen und Nassau
Evangelische Frauenhilfe in Hessen und Nassau e.V.,
Darmstadt, Zweifalltorweg 10.

Der Landesverband hat eine verzweigte Vorgeschichte. Ursprünglich waren Hessen und Nassau zwei getrennte Verbände, die sich 1953 aufgrund der Zugehörigkeit zu einer Landeskirche zusammenschlossen. Die Strukturen waren unterschiedlich. Im Wiesbadener Rathaus erfolgte 1900 die Gründung eines Verbandes für Nassau. Von dieser Spitze aus wurden dann die Gemeinden angeregt, Frauenvereine ins Leben zu rufen. In Hessen gibt es seit 1907 einen Verband Evangelisch-Kirchlicher Frauenvereine e.V. Erst in den 30er Jahren schloß sich dieser Verband der Frauenhilfe an. Evangelische Frauenarbeit in den Gemeinden wurde in Hessen aber schon sehr früh begonnen. Der älteste uns bekannte Frauenverein wurde 1883 in Arheilgen bei Darmstadt gegründet. Innerhalb der hessischen Frauenverbände gab es schon 1932 eine Arbeitsgemeinschaft Evangelischer Hausfrauen. In den Arbeitsbereich dieser Arbeitsgemeinschaft fielen alle das Gebiet der Hausfrauen berührenden Fragen „wie z. B. soziale Gesetzgebung und Versicherung — Berufsvorbildung und Ausbildung — Verantwortung der Hausfrau dem Wirtschaftsleben gegenüber — Herstellung verständnisvoller Beziehungen zwischen Stadt und Land — Berufsvertretung der evangelischen Hausfrau usw.".

Damals schon wurden Mütterschulkurse eingerichtet. 1928 kaufte der hessische Verband das Müttererholungsheim in Trautheim, in dem bis 1972 Müttergenesungskuren und viele Tagungen durchgeführt wurden. Die nassauische Frauenhilfe erwarb 1933 das Haus in Eppstein, das auch heute noch nach einem Umbau 1965 als Müttergenesungsheim dient.

Um auch älteren Frauen und Männern Erholungskuren zu ermöglichen, mietet der Landesverband seit 1960 kirchliche Häuser und Privatpensionen und bildet in jährlichen Kursen Frauen weiter, die die Kuren begleiten. Seit 1966 führt der Landesverband jährlich Feriengemeinschaften und Studienfahrten für alleinstehende Berufstätige und alle Interessierten durch.

In den 60er Jahren entstanden durch Privatinitiative unsere drei Familienbildungsstätten in Wiesbaden, Gießen und Friedberg/Bad Nauheim. Darüber hinaus entwickelte sich eine

*) a.a.O.

**) Evangelische Frauenhilfe 1899/1974, Faltblatt hrsg. von der Evangelischen Frauenhilfe in Deutschland, 1974.

dezentrale Familienbildungsarbeit mit einzelnen Kursen in Gemeinden rund um Frankfurt.

Der Landesverband hat z. Z. etwa 630 angeschlossene Frauenkreise. Zu 90 Prozent der Gemeinden in Hessen und Nassau bestehen Arbeitsbeziehungen in verschiedenen Formen. Die Weiterbildung der zahlreichen ehrenamtlichen Mitarbeiter geschieht auf Tagungen sowohl mit thematischen als auch gruppenpädagogischen Schwerpunkten.*)

Lippe
Lippischer Landesverband evangelischer Frauenhilfen, Detmold, Bruchstraße 2a.

Der Lippische Landesverband ist das jüngste und wohl auch kleinste Kind der Ev. Frauenhilfe in Deutschland. Zwar gab es schon einen „Kreisverband Lutherischer Frauenhilfen", wohl arbeiteten in vielen reformierten Gemeinden Frauenvereine, Missionskreise, Nähkreise u.a.m., aber ein systematischer Zusammenschluß entstand erst 1938. Initiatorin war die Frau des damaligen Superintendenten Prof. Neuser. Nach der Organisierung auf landeskirchlicher Ebene erfolgte der Anschluß an „Potsdam", die damalige Zentrale der „Reichsfrauenhilfe".

Seit 1945 durfte die Frauenhilfe wieder soziale Dienste tun.

Schon 1951 versuchte man in bescheidenem Rahmen „Müttergenesung". Die Arbeit wuchs: 1954 wurden 160 Frauen verschickt, 1973 erhielten 394 Mütter eine Kur. Ein Heim in Bad Eilsen steht zur Verfügung.

1956 wurde die erste Familienhelferinnenfreizeit durchgeführt, 1958 die erste Familienpflegerin eingestellt, 1974 arbeiten 6 hauptamtliche und 15 nebenamtliche Familienpflegerinnen.

Seit 1972 werden von zwei hauptamtlichen Berufsarbeiterinnen (Pfarrerin und Gemeindehelferin) 120 Frauenkreise, die altersmäßig sehr unterschiedlich sind, besucht, gefördert und angeregt. Dazu kommen Jahresfeste, 24 Nachbarschaftstreffen im Jahr, mehrere Wochenenden und Zurüstungen von Mitarbeiterinnen. In letzter Zeit wurde ein besonderes Teilziel der Arbeit ins Auge gefaßt: die Frauenkreise zu verselbständigen und die

Frauen zu ermutigen, partnerschaftliche Mitarbeiter ihrer Pfarrer zu werden. Dadurch sollen sie nicht von der Gemeinde gelöst, sondern zu besonderer Verantwortung innerhalb der Gemeinde ermutigt werden.*)

Oldenburg
Landesverband der Evangelischen Frauenhilfe e.V. Oldenburg, Oldenburg, Huntestraße 14.

Die Evangelisch-Lutherische Kirche in Oldenburg hat eine landeskirchliche Pfarrstelle für Frauenarbeit errichtet. Die Inhaberin dieser Stelle ist allen evangelischen Frauen in den 13 Kirchenkreisen mit 120 Gemeinden und mehr als 200 Pfarrstellen verpflichtet.

Sie arbeitet eng mit der Evangelischen Frauenhilfe zusammen. Hier gehen Frauenhilfe und Frauenarbeit nahtlos ineinander über, so daß die Vertreter und Vertreterinnen *aller* Frauengruppen und -kreise zu den regelmäßigen Arbeitsgemeinschaften auf Kreis- und Landesebene eingeladen werden und mitarbeiten.

Eine exakte Zählung der eingetragenen und durch Beitrag verpflichteten Frauenhilfsmitglieder ist schwer möglich, da viele, aus den Ostgebieten kommend, in den einzelnen Gruppen verstreut sind. Es gibt Gruppen, die sich mit dem Gedanken tragen, sich geschlossen der Frauenhilfe anzugliedern. Die älteste in Oldenburg bekannte Frauenhilfe ist die 1911 gegründete Gruppe in Cleverns-Sandel.

Als besondere soziale Leistung des Landesverbandes ist das Müttergenesungsheim in Bad Zwischenahn zu nennen, das 1968 gebaut wurde und 40 Plätze hat. In der Haus- und Familienpflege sind zur Zeit etwa 15 Pflegerinnen im Einsatz; die dringend notwendige Arbeit wird weiter ausgebaut. Die Evangelische Familienbildungsstätte übernimmt in Zusammenarbeit mit den anderen Verbänden und den Pfarrern der Gemeinden die Weiterbildung der Pflegerinnen.

Als „Lernziel" auf den Arbeitsgemeinschaften und Tagungen ist angestrebt: Selbständigkeit, Ich-Stärke, Kreativität, Exegese, biblische Besinnung und Verbundenheit zu anderen Gruppen und zur Kirche.**)

*) Der Bote für die evangelische Frau, Oktober 1974, Beilage.

*) a.a.O.

**) a.a.O.

Rheinland

Evangelische Frauenhilfe im Rheinland e.V.,
Bonn-Bad Godesberg, Antoniterstraße 22.*)

Westfalen

Evangelische Frauenhilfe in Westfalen e.V.,
Soest, Feldmühlenweg 15.

1800 Frauenhilfsgruppen mit über 200000 Mitgliedern, davon 17000 aktive Bezirksfrauen, in 40 Bezirks- und Stadtverbänden. 250 hauptamtliche Mitarbeiter — das ist der Westfälische Landesverband zahlenmäßig.

1906 Zusammenschluß von 57 evangelischen Frauenvereinen zum Provinzialverband Westfalen. Bereits 1907 Gründung einer eigenen Schwesternschaft und Ausbildung von Krankenpflege-Helferinnen. 1911 Bau einer Haushaltungsschule und Verwaltungszentrale in Soest, 1926 durch Schwesternheim erweitert. 1917 Gründung des Frauen- und Mädchenheimes Wengern bei Witten mit 180 Plätzen für Behinderte und Gefährdete, Säuglinge und Kleinkinder, mit Entbindungsstation. 1926 bis 1970 Ausbildung von Fürsorgerinnen (Sozialarbeiterinnen) in der Wohlfahrtsschule der Frauenhilfe, zuletzt in Bochum. Seit 1928 Mädchenbildung und Berufsvorbereitung in der Landfrauenschule, jetzt Frauenfachschule Gohfeld bei Bad Oeynhausen.

1929 drei eigene Heime zur Müttererholung, Anfänge schon im 1. Weltkrieg. Anwachsen dieser Arbeit bis auf acht eigene Heime. Heute fünf anerkannte Müttergenesungsheime und ein Rüstzeitenheim.

Im Nationalsozialismus trotz Behinderung und Verfolgung stetes Wachstum der Gruppen. Schwerpunkt: Sammlung und Gespräch um die Bibel. Wunder des Wiederaufbaus. 1950 Bau des Feierabendhauses der Schwestern und der Kapelle in Soest. 1955—1970 Pflegevorschule, seit 1959 Fachseminar für Familienpflege in Soest. 1965 Erweiterung der Mütterhilfe, einer flankierenden Maßnahme bei ungewollter Schwangerschaft. Seit 1970 Ausweitung der Mütterschulung zur Familienbildung. Immer mehr Angebote auch für Berufstätige.

Grundlage aller Bildungs- und Sozialarbeit: Von der Liebe Gottes leben und sie weitergeben.**)

Württemberg

Evangelische Frauenhilfe in Württemberg,
Stuttgart, Gymnasiumstraße 36.

In den ersten Tagen des Jahres 1919 ist von der nördlichsten Spitze unseres Landes der Ruf ins ganze Württemberger Land ergangen: Die Stunde verlangt, daß alle aufrichtigen evangelischen Christen sich fest zusammenschließen. So entstand der Evangelische Volksbund, der in den ersten Jahren auf etwa 300000 Mitglieder anwuchs, wovon die Hälfte etwa Frauen waren. Ihre Betreuung nahm die Frauenabteilung des Evangelischen Volksbundes in die Hand. Schon im Winter 1918/19 hatten Frauen Vorträge im Wahlkampf zum ersten Landtag gehalten, um die Frauen über die Pflichten zu orientieren, die sie durch das erhaltene Stimmrecht zu erfüllen hatten.

Nach dem Ersten Weltkrieg waren die Kräfte vieler Frauen erschöpft. Wo konnte eine Mutter sich erholen? So kam's zur ersten Gemeindefreizeit. In gastlichen Familien Ferientage verbringen zu dürfen, gab manche Anregung fürs eigene Familienleben. Stadtfrauen wurden im Sommer aufs Land eingeladen, während die Sommergäste aus der Stadt im Winter ihre ländlichen Gastgeber einluden.

Auch die Hausschwesternschaft entsprang diesen ersten Notjahren.

1929 wurde mit Wanderkursen über Fragen der Kindererziehung begonnen. Dies war der Beginn der Evangelischen Mütterschule. Ein Versuch, ab 1933 mit der NS-Frauenschaft zusammenzuarbeiten, war von kurzer Dauer. Mütterschulung und Müttererholung mußten aufgegeben werden. Im Dezember 1933 wurde durch Erlaß des Landesbischofs der Evangelische Gemeindedienst gebildet und in ihn der Evangelische Volksbund überführt. Die Frauenabteilung des Volksbundes wurde als Evangelische Frauenhilfe in Württemberg landeskirchliches Werk und schloß sich der Evangelischen Frauenhilfe in Deutschland an.

Die Arbeitsfelder der Evangelischen Frauenhilfe heute sind Nächstenhilfe, Landfrauenarbeit, Familien-Bildungsarbeit, Müttergenesung, Dorfhelferinnenarbeit, Befähigung von haupt- und ehrenamtlichen Mitarbeitern für Aufgaben in der Gemeinde.

*) Im Rahmen dieses Buches kann auf die Kurzdarstellung verzichtet werden. Siehe S. 165ff.

**) a.a.O.

Ulrich Fick schrieb über den Evangelischen Gemeindedienst und somit über die Evangelische Frauenhilfe: „Hier gehört das Experiment zum Arbeitsstil, und mit ihm selbstverständlich das Risiko des Fehlschlags, der besseren Einsicht und des neuen Ansatzes".*)

Die Arbeit der Evangelischen Frauenhilfe im Rheinland nach 1945 darf im Rahmen dieses Buches ausführlicher dargestellt werden.

Mit der Zerstörung des Auguste-Victoria-Heimes in Barmen in der Nacht vom 29. zum 30. Mai 1943 (vgl. S. 191f.) verliert die Rheinische Frauenhilfe die Zentrale ihrer Arbeit. In außerordentlich beengten Verhältnissen arbeiten die Mitarbeiter des Landesverbandes und die Frauenhilfsschwestern im „Mutterhaus" weiter. Der Krieg geht zu Ende. Die ersten Jahre danach sind hart, aber es ist doch möglich, an die „saure Arbeit des Neuanfangs und Wiederaufbaus" zu gehen.

Als ich noch Pfarrer der Frauenhilfe war, sagten einmal meine Kinder zu mir, Vater, du bist immer unterwegs. Das gilt nicht nur von denen, die Reisedienst haben, das gilt in anderer Weise von der ganzen Kirche und drum auch von der Frauenhilfe. Sie ist immer unterwegs, dem Ziele zu, und sie muß immer neue Wege suchen, um Menschen für das Evangelium zu gewinnen und zu mancherlei Dienst zu rüsten.

Als 1906 das Auguste-Victoria-Heim gebaut wurde, war es eine wichtige Station auf dem Wege. Es hat zunächst vor allem der Ausbildung von Dorfpflegerinnen gedient. Der damalige Leiter, Pfarrer Arnold, erster rheinischer Frauenhilfspfarrer, hat Jahr für Jahr in Kursen von drei Monaten junge Mädchen für die Landkrankenpflege ausgebildet. In den Dörfern gab es noch keine Gemeindeschwestern. Deshalb wurden Glieder der Gemeinden gerufen, in ehrenamtlichem Dienst Helferinnen zu werden.

Unterwegs zu neuen Zielen, das gilt von der Arbeit nach dem ersten Weltkrieg. In der Zeit des Wohlfahrtsstaates galt es, in der Kindererholung und der Müttererholung zu helfen. Das „Bergische Heim" in Lennep und „Haus Obentraut" in Stromberg sind zuerst als Kindererholungsstätten errichtet worden. Auch in Ehringshausen wurde unserm Krankenhaus eine Kindererholungsstation angegliedert. In Ehlscheid wurde das kleine „Haus Niederrhein" mit einer Scheune zusammen als Müttererholungsheim ausgebaut. Alle diese Aufgaben wurden unter

*) a.a.O.

Leitung von Pfarrer Dr. Schött angegriffen. Pfarrer Dr. Schött und seine Mitarbeiterinnen Fräulein Natorp und Fräulein von der Thüsen sind auch damals hin und her gereist, um über mancherlei Fragen des christlichen Lebens, der Familie, der Kindererziehung zu reden. Die Zurüstung von Bezirksfrauen zum Hausbesuch ist schon damals mit Ernst angefaßt worden. Unterwegs zu neuen Ufern, das gilt wahrlich von der Zeit, als nach 1933 nach und nach die praktische Hilfe verboten wurde. Viele glaubten, die Frauenhilfe würde aufgelöst. Es wurde uns auch zugemutet, sie in die NS-Frauenschaft zu überführen. Aber es zeigte sich, daß die Frauenhilfe dem Druck nicht nachgab. Diese Zeit führte zu einer völligen Umstellung der Arbeit. Die Sammlung unter Gottes Wort wurde nicht verboten. So wurden wir dazu geführt, uns auf das Zentrum unserer Arbeit zu besinnen. In den Mittelpunkt trat ganz neu die Heilige Schrift. In der Jahresarbeit wurden wir aufgerufen, ein Stück der Glaubenslehre neu zu durchdenken. Immer mehr Kreise sammelten sich zur Bibelarbeit. Schwierig war im Kriege unsere finanzielle Lage. Das „Blaue Wunder" wurde verboten. Das deutschchristliche Konsistorium verweigerte der Frauenhilfe die bis dahin gezahlte jährliche Beihilfe und die Kirchenkollekte.

1941 wurden unter dem Vorwand der Papierknappheit die meisten christlichen Blätter verboten. Die Mitteilungen aus der Rheinischen Frauenhilfe, der „Bote" und das Monatsblatt „Die Frauenhilfe", durften nicht mehr erscheinen. Wir mußten unser ganzes Arbeitsmaterial mit der Maschine abschreiben und weiterleiten. Zu den größeren Zusammenkünften, auch zu den Vorstandssitzungen in Barmen, kamen Staatspolizei-Beamte. Die Annahme einer großen Schenkung wurde uns vom Kirchenministerium nicht genehmigt.

In diesen Kämpfen hat sich gezeigt, wie wichtig es ist, wenn Frauen in eigener Verantwortung solche Arbeit der Kirche tragen.

Der schwerste Schlag war für uns der Verlust des Auguste-Victoria-Heims am 30. Mai 1943. Das große Haus, der Neubau von 1929 mit Geschäftsstelle und Pfarrwohnung, der Zwischenbau, alles wurde in einer grausigen Nacht durch Bomben zerstört. Sechs unserer lieben Alten sind dabei ums Leben gekommen. Die andern konnten sich durch die Flammen ins Freie retten.

Unauslöschlich hat sich das apokalyptische Bild der brennenden Stadt uns eingeprägt. Verloren wurde das ganze Inventar des Hauses, der Schwestern, der Pfarrfamilie, der Alten, verloren alle Akten und Urkunden.

„Weh dem, der keine Heimat hat!" Das haben wir nach dem Brand von Barmen erfahren. Mit der Geschäftsstelle fingen wir eine Woche nach der Zerstörung in Lennep an. Im September konnten wir in den Konfirmandensaal des Parrhauses in Godesberg einziehen, wo unsere Familie Unterkunft gefunden hatte. In Godesberg ist dann die Geschäftsstelle achtmal umgezogen. Die Schwestern waren mit der verwundeten Oberin nach Ehringshausen geflüchtet. Dann fand die Schwesternschaft vier Jahre lang in Meisenheim Unterkunft, bis sie nach Rolandseck kam. Das Haus in Rolandseck, Hotel Decker, mit seiner großen Unruhe, war freilich von Anfang an ein Behelfsheim und war wirklich nur eine Station unterwegs auf dem Pilgerweg. Doch hat uns in all der Zeit Gottes Güte getröstet. Wir haben von vielen Kreisen Hilfe erfahren.

1947 übernahm Pfarrer Lorenz, der langjährige Leiter der Schlesischen Frauenhilfe, unsere Rheinische Frauenhilfe. Die schlesische Schwesternschaft schloß sich uns an. Es gab eine saure Arbeit des Neuanfangs und Wiederaufbaus. Nach langen Verhandlungen gelang es, das „Haus Obentraut" in Stromberg wieder zurückzugewinnen. 1951 wurde es wieder eröffnet. Ein neues Heim für die Frauenhilfe fand sich noch nicht. Immer wieder scheiterten unsere Pläne. Wir waren unterwegs und sind unterwegs. Wir haben auf jeder Station des Weges von Gottes Gnade gelebt. Wir schauen auf den, der bei uns ist alle Tage und uns immer neue Aufgaben stellt.*)

Im April 1953 ist es soweit: In Bad Godesberg (Mehlem) kann ein Grundstück erworben werden für den Bau einer neuen Zentrale der Rheinischen Frauenhilfe. Am 13. April 1955 erfolgt die Grundsteinlegung, am 30. Mai 1956 wird das „Haus der Frauenhilfe" seiner Bestimmung übergeben.

166

*) Wilhelm Kunze, Immer unterwegs — Aus der Geschichte der Rheinischen Frauenhilfe, in: Evangelische Frauenhilfe im Rheinland, Festschrift anläßlich der Einweihung des Hauses der Frauenhilfe am 30. Mai 1956, hrsg. v. Theo Boehle, S. 7f.

Das Bauen ist eine feine Lust,
daß so viel kost't, habs nit gewußt!

Die Spannung zwischen diesen beiden Zeilen — fröhliches Planen und Bauen, Ernüchterung im Anblick der Kosten und Lasten — bewegte die vergangenen vier Jahre. Der zerstörte Mittelpunkt der Frauenhilfsarbeit im Rheinland, das Auguste-Victoria-Heim in Barmen, mußte in irgendeiner Form wieder erstehen. Das war allgemeine Meinung aller Betroffenen, aber auch aller derer, die um die Bedeutung der Frauenarbeit in der Kirche wissen. Nach dem Kriege hatte sich das Aufgabengebiet stetig vergrößert. Das Müttergenesungswerk zum Beispiel war aus kleinen Anfängen zu einem hervorragenden diakonischen und missionarischen Dienst an jährlich etwa 2000 Müttern angewachsen. Ohne eigene Räume konnte die wichtige Zurüstung der verschiedensten Frauengruppen nur dann und wann in fremden Häusern durchgeführt werden. Neue Aufgaben kamen auf die Frauenhilfe zu. Die Anstellung eines zweiten Pfarrers und einer zweiten Vikarin wurden notwendig.

So beschloß der Vorstand, in Bad Godesberg ein geeignetes Grundstück anzukaufen. Gründe für den Wechsel von Barmen nach Godesberg: geographisch günstige Lage, gute Verkehrsverhältnisse und größere Nähe zu den Kreisverbänden des Oberrheins. Nach mehreren vergeblichen Versuchen kam es im April 1953 zum Kauf eines Grundstücks von rund 16000 qm in der Antoniterstraße, die die Godesberger Ortsteile Mehlem und Lannesdorf miteinander verbindet. Auf Grund eines vielbesprochenen Raumprogramms und nachdem ein erster Finanzierungsplan die Verteilung und Aufbringung der Kosten übersehen ließ, entschied sich der Vorstand im Rahmen eines beschränkten Wettbewerbs für den Entwurf des Architekten Dipl.-Ing. Otto Gercke aus Stolberg, dem auch die Bauausführung übertragen wurde. Im Zusammenhang mit einer Vorstandssitzung kam es dann am 13. April 1955 zur Grundsteinlegung. Die Freude an dieser Feier war groß. Die Ansprachen und Grußworte aller Gäste, insbesondere des Vertreters der Kirchenleitung, Oberkirchenrat Boué, bewegten sich um das Schriftwort, das den Grundstein ziert, 1. Petr. 2, 5 und 6. . .

Ende Mai 1955 kam in die sonst stille, fast verwunschene Antoniterstraße Leben. Fahrzeuge mit Geräten rollten an, ein Bagger füllte die Lastwagen mit Erde, die pausenlos abgefahren wurde. Die Erdschichtungen und viele Bohrungen ergaben, daß das Gebäude, das jetzt etwa 2 km vom Rhein entfernt liegt, in der Tat doch genau am Ufer des Rheins liegt, allerdings an dem Ufer das der Strom vor etwa 100000 Jahren gehabt hat. Schönstes Wetter, gute Organisation der Baufirmen und der Planung und nicht zuletzt die Freude und Mitbeteiligung aller Handwerker an einem Großbau, der ausschließlich diakonischen Zwecken dienen sollte, förderten das Werk so, daß das Richtfest wider Erwarten am 4. Oktober 1955 angesetzt werden konnte. Ohne Unfall — Gott sei es gedankt — war ein Stockwerk nach dem andern entstanden, waren die vielen Handgriffe getan worden, war schließlich das Gebälk aufgerichtet, dessen First nun die Krone zierte. Bei guten Reden, fröhlichen Liedern, Essen und Trinken verging dieser festliche Tag. Andere Handwerker kamen hinzu. Bald war das Riesendach gedeckt. Nun begann der weit schwierigere Innenausbau und allmählich auch die Vorplanung für die Verteilung der Dienste im fertigen Hause. Es sollten ja nicht nur tote Steine zusammengefügt werden. Vielmehr sollte das Haus, getreu dem Schriftwort auf dem Grundstein, lebendige Menschen aufnehmen, die um den Tempel Gottes wissen und die von dieser geistgewirkten Lebendigkeit an andere weitergeben wollen.

Bis Ende Januar 1956 konnte ohne Schwierigkeiten weitergearbeitet werden. Dann kam der ungewöhnlich starke Frost, der über zwei Monate andauern sollte und brachte neue, zeitraubende Hindernisse. Trotz allem wurde der Plan, den Bau am 30. Mai 1956, dem 13. Jahrestag der Zerstörung des alten Hauses in Barmen, einzuweihen, nicht aufgegeben, wenn auch sehr bald klar war, daß außer den Gemeinschaftsräumen und der Verwaltung die übrigen Gebäudeteile zu diesem Zeitpunkt noch nicht beziehbar sein würden. Welche Fülle von Beratungen fiel nun an! Wieviel laufende Meter Formulare mußten ausgefüllt werden, um an die Geldmittel heranzukommen! Welche Ängste wurden darum ausgestanden, ob Wasser, Licht und Kanalisation am Tage der Einweihung funktionierten! Unbeschreiblich der Tag des Umzugs der

Verwaltung in die neuen Räume: strömender Regen; vor dem Eingang 3 verschiedene Leitungsgräben; dazu unentwegte Lieferanten, die die bestellten Möbel, Einrichtungsgegenstände und Waren durchaus abgeben wollten. Unvergeßlich das Freudengeschrei, als am Vorabend des 30. Mai um 20.30 Uhr die provisorische Beleuchtung durch ordnungsmäßig zugeleiteten Strom abgelöst wurde. Was für eine große Freude, als der Tag der Einweihung nach wochenlangem Regen mit schönem Wetter aufkam, als die ersten Gäste eintrafen und als schließlich die neue Glocke die Schlüsselübergabe einläutete. In einer gut geordneten Feierstunde wurde das „Haus der Frauenhilfe" durch den Präses der Evangelischen Kirche im Rheinland, D. Held, seiner Bestimmung übergeben. Nach dem Begrüßungsvortrag der 1. Vorsitzenden, Frau Emmi Welter, sprachen Vertreter der Behörden und der kirchlichen Werke und Verbände. Alle Redner und Rednerinnen fanden neben der Bewunderung und Freude für das schöne Haus gute Worte für die Arbeit und für die Menschen, die in ihm wohnen und wirken sollen. Der Instrumental- und Singkreis der Gemeinde Mehlem gab der Feier einen fröhlichen Rahmen und begleitete die gemeinsamen Gesänge. Nach der Besichtigung des Hauses trafen sich Vorstand und Hausgemeinde zum ersten Gottesdienst in der Hauskapelle, in dem der neue Pfarrer der Frauenhilfe, Theo Boehle, durch Präses D. Held in sein Amt eingeführt wurde. Ein festliches Abendessen im großen Saal, unterbrochen durch herzliche Grußworte und Überreichung von Gaben und Spenden für die Inneneinrichtung des Hauses, beschloß den großen Tag. Trotz aller Mühen war das Bauen doch „eine feine Lust". Welche Möglichkeiten der Entfaltung in der Arbeit sind nun eröffnet! Wir sind der Hoffnung, daß der Herr der Kirche, so wie er in diesen schweren Jahren seine Durchhilfe hat spüren lassen, das diakonische Werk evangelischer Frauen im Rheinland weiter segnen wird — wenn sie an Ihm bleiben.*)

Mit der Errichtung des Hauses der Frauenhilfe in Bad Godesberg steht die Rheinische Frauenhilfe an einem Markstein ihres Weges. Da wollen wir stille werden im Dank für Gottes gnädige Führung, in der Besinnung auf unsern Ursprung und im Erkennen der neuen Aufgaben, die uns aufgetragen sind.

Als vor 55 Jahren die Evangelische Frauenhilfe im Rheinland gegründet wurde, lag ein ungewisser Weg vor ihr. Heute dürfen wir bekennen, daß Gott das kleine Samenkorn hat aufgehen und zu einem großen Werk hat wachsen lassen. Er hat unsere Frauenhilfe in vielen Gefahren behütet und den bescheidenen Dienst ihrer Glieder reich gesegnet. So sind wir von Herzen dankbar und fröhlich.

Wenn wir uns darauf besinnen wollen, was unser Anfang und Auftrag gewesen ist, so können wir es nicht besser tun, als mit einem Wort des heimgegangenen Leiters der Reichsfrauenhilfe, Pastor Brandmeyer: „Den Auftrag zur Frauenhilfsarbeit gibt allein der Herr der Kirche. Weil Frauen aus dem Alltag ihres Lebens nach dem letzten Heil gefragt haben, weil sie Herzen und Hände hergegeben haben zum Dienst unter dem Herrn Christus, darum besteht das Werk Evangelischer Frauenhilfe. Und solange der Herr Christus sein Evangelium durch Deutschlands Städte und Dörfer laufen und verkünden läßt, solange sich Frauen und Mütter bereit finden, dieses Evangelium zu glauben und weiterzutragen in ihr Volk, solange wird Hilfe an und durch Frauen in der Kirche da sein."

Hilfe an und durch Frauen in der Kirche, das ist in unserer Rheinischen Frauenhilfe Wirklichkeit geworden.

Diesem Ziel soll auch unsere Festschrift „Lebendige Steine" dienen. Diese Überschrift „Lebendige Steine" ist Aufruf und Verpflichtung zugleich und knüpft an das Wort der Grundsteinlegung 1. Petr. 2, 5 und 6 an, weil es unser Gebetswunsch ist, daß dieses Wort bei uns wahr werde. Gott der Herr wolle es uns schenken, daß in unseren Frauenhilfen im Lande sein Geist lebendige Jüngerinnen Jesu Christi schafft, daß in allen unsern Häusern die Liebe Christi regiere und daß in unserem neuen Haus in Bad Godesberg Ströme des Glaubens und der Liebe zusammenfließen!

Diese Schrift, die in Wort und Bild von unserem Tun und Wollen Zeugnis ablegt und Freudigkeit und Vertrauen zum Dienst in der Frauenhilfe vertiefen will, senden wir ins Land und

*) Erich Kramp in: Evangelische Frauenhilfe im Rheinland 1901/1956, Festschrift anläßlich der Einweihung des Hauses der Frauenhilfe am 30. Mai 1956, hrsg. v. Theo Boehle, S. 9ff.

geben sie allen, die unsere Frauenhilfe liebhaben, mit dem Ruf in die Hand:

„Und auch ihr, als die lebendigen Steine, bauet euch zum geistlichen Hause und zum heiligen Priestertum, zu opfern geistliche Opfer, die Gott angenehm sind durch Jesum Christum."
Lasset uns dem Ruf folgen!

Emmi Welter
Vorsitzende der Evangelischen
Frauenhilfe im Rheinland*)

Das „Haus der Frauenhilfe" — in der Mitte des Gebietes der Rheinischen Kirche gelegen — erweist sich mit seiner Tagungsstätte als zentraler Ort evangelischer Erwachsenenbildung für Frauen.

Auch „Ehrenamtliche" brauchen ein Stück Ausbildung. Eine gewisse Vorbereitung für die verschiedenen Dienste wird immer auf der Ebene der Gemeinde zu erfolgen haben, innerhalb derer der Dienst geschieht. Für manche Aufgabe kann aber auch ein Lehrgang, eine Tagung, ein Gesprächskreis auf übergemeindlicher Ebene eine gute Hilfe sein. Man beurteilt die eigene Tätigkeit aus einem gewissen Abstand nüchterner. Man lernt durch die Erfahrungen anderer. Man erkennt neue Aufgaben. Man setzt die Schwerpunkte anders.

Durch die Lehrgänge und Studientagungen des Landesverbandes und durch die Mithilfe seiner Mitarbeiter in Kreisverbänden und örtlichen Frauenkreisen sollen Frauen befähigt werden, ihr Ehrenamt als Leiterin einer Frauengruppe oder als Bezirksfrau richtig auszuüben.

Bei den Studientagungen steht ein bestimmtes aktuelles Thema im Vordergrund. Bei den Lehrgängen kommen besonders viele Arbeitsfragen zur Sprache. Es überwiegt das Moment der Ausbildung gegenüber dem der Bildung. Aber bekanntlich sind diese Grenzen ja fließend.

Fließend werden auch die Grenzen zwischen Form und Inhalt, zwischen Methode und Thema bei den gruppenpädagogischen Lehrgängen. Es geht vorwiegend um das Erlernen bestimmter Methoden, aber man stellt trotzdem fest: Noch nie hat man so gründlich über Arbeitsfragen nachgedacht wie während der Tage, in denen man sich in Gesprächsführung übte.

Wie von selbst öffnen sich bei manchen dieser Tagungen auch noch andere Grenzen. Es nahmen Frauen aus Braunschweig und Westfalen, aus Lippe und dem süddeutschen Raum teil. Ehemänner wurden mitgebracht. Es kamen auch Männer ohne ihre Frauen. Jugend nahm teil. Leiterinnen und Mitglieder aus anderen evangelischen Frauenverbänden benutzten das Angebot des Landesverbandes. Sogar die Grenzen der Konfession wurden überschritten: Es wurde bei einem großen Treffen altkatholischer

*) In: Evangelische Frauenhilfe im Rheinland 1901/1956, S. 4.

Frauen mitgearbeitet, und Leiterinnen von altkatholischen Frauengruppen lernten Frauenarbeit bei uns kennen und wollen auch in Zukunft an Lehrgängen teilnehmen . . .

Es hat einmal jemand gesagt: „Ehrenamtliche Kräfte sind die Stützen der Demokratie. Man kann den Gesundheitszustand einer Gesellschaft an der Zahl und Qualität der Mitbürger messen, die aus Gewissensgründen und eigener Überzeugung im Interesse des Gemeinwohls handeln." Man könnte den Satz abwandeln. Ehrenamtliche Kräfte sind auch die Stützen der Kirche. An ihrer Zahl und Qualität kann man die Lebendigkeit der Gemeinde erkennen. Diese Kräfte zu finden, zu fördern, zu ermutigen und ihren Dienst für viele andere fruchtbar zu machen, ist nach wie vor eine der wichtigsten Aufgaben kirchlicher Frauenarbeit.*)

Als besondere Form der Erwachsenenbildung bietet der Landesverband der Rheinischen Frauenhilfe „Bildungsurlaube für nicht erwerbstätige Frauen mit Kindern" an.

Für die Frauenhilfe ist „Bildungsurlaub" nichts absolut Neues. Man kann von einer neuen Interpretation alter Aufgaben reden. Evangelische Frauenarbeit leitet unter anderem ihre Existenzberechtigung von der Tatsache her, daß Frauen einen besonderen Nachholbedarf an Information, Bildung und Anerkennung — auch in der Kirche — haben . . .

In manchen Landesverbänden der Evangelischen Frauenhilfe in Deutschland wurden seit Jahren sogenannte „Studientage" oder „Tage der Erholung und Besinnung" für Mütter mit Kindern angeboten und durchgeführt. In der Rheinischen Frauenhilfe geschah dies unter der Verantwortung von Pastorin Waltraut Rabes. In die Tat wurde so die Erkenntnis umgesetzt, daß eine verantwortungsbewußte Mutter in der ständigen Bemühung leben muß, sich selbst und die Umwelt zu verstehen und diesem Verständnis gemäß zu handeln . . .

Wie wird während einer solchen Bildungswoche gearbeitet? Wie wird Wissen vermittelt? Grundsätzlich ist zu sagen, daß Bildungsurlaub ein spezieller Zweig der Erwachsenenbildung ist. Auch hier steht das Lernen des Erwachsenen im Mittelpunkt. Dabei muß die Erfahrungswelt der jungen Frau in Bezug zum Lerninhalt stehen. Information ist heute ein Schlüsselwort. Wer gut, wer richtig informiert ist, kann sich sicherer orientieren, kann sicherer handeln, besser mitreden und entscheiden. Aber die vielen widersprüchlichen Informationen scheinen oft das Gegenteil zu bewirken. Wie gelingt es uns, den Alltag durchsichtiger und die Umwelt verständlicher zu machen?

Eine Möglichkeit, die wir bewußt in unsere Bildungstagungen einbauen, ist die kleine Gesprächsgruppe (4-12 Personen). Wenn wir uns deutlich machen, daß jede Gruppeninteraktion drei Faktoren enthält:

1. Das Ich, die Persönlichkeit des einzelnen mit der jeweiligen eigenen Erfahrungswelt,
2. das Wir — die Gruppe (Beziehungen zueinander können sich hemmend, aber im gleichen Maße auch fördernd auf den Lerninhalt auswirken),
3. das Thema,
so wird deutlich, daß hier ein Übungsfeld gegeben ist, um neue Lerninhalte zu begreifen, zu hören, in Bezug zur eigenen Erfahrung zu stellen und neu zu formulieren. Hören, aufnehmen, zur Kenntnis nehmen, ist nur eine Phase im Lernprozeß und oft nicht der erste Schritt. Dieser Prozeß beginnt während eines Bildungsurlaubes vielleicht dann, wenn ein Mensch stutzt, unsicher wird, eine Frage stellt oder widerspricht. Wir versuchen Mut zum Fragen zu machen . . .

Drei große Themenkomplexe, die natürlich wieder untereinander zusammenhängen und Querverbindungen aufzeigen, haben sich in unseren Bildungsurlauben als besonders wichtig herauskristallisiert:

1. Das Selbstverständnis der Frau, die Persönlichkeitsbildung und Kreativität;
2. Erziehungsziele/Erziehungsstile;
3. Durchschaubarmachen politischer Zusammenhänge und Möglichkeiten eigenen politischen Handelns.
Da sich der Personenkreis in diesen Bildungsurlauben aus uns

170

*) Waltraut Rabes, Frauenhilfe als evangelische Erwachsenenbildung, in: Mitteilungen der Evangelischen Frauenhilfe im Rheinland E.V., April 1970/18.

unbekannten Teilnehmerinnen zusammensetzt, die noch dazu aus verschiedenen Orten anreisen, versuchen wir die Bedürfnisse und Erwartungen durch immer neue Fragen zu erfahren. Auf die Frage „Was erwarten Sie von diesen Tagen?" wird am häufigsten geantwortet: Entspannung, Erfahrungsaustausch, Festigung der Persönlichkeit, mehr Sicherheit, Selbstsicher-Werden in der Gemeinschaft, Entwicklungsförderung der Kinder, Wiedererlernen des Gesprächs, Information, Anregungen und Weiterbildung.

Die berufliche Vorbildung der Teilnehmerinnen ist sehr verschieden: Volksschule, Mittlere Reife, Abitur. Dem entspricht auch der Beruf vor der Heirat: Haushalt, Friseuse, Laborantin, Verkäuferin, Schwesternhelferin, Einzelhandelskaufmann, Sekretärin, medizinisch-technische Assistentin, Lehrerin, Architektin, Juristin.

Jede Tagung wird mit den Teilnehmerinnen gemeinsam ausgewertet. Dadurch werden wir gezwungen, unsere eigenen Vorstellungen zu kontrollieren und oft auch zu korrigieren. Auf die Frage: „Was fanden Sie für sich persönlich hilfreich und was war Ihnen eine neue Erfahrung?" kamen in erster Linie folgende Antworten: Kreativität und Persönlichkeitsbildung, Vertraut-Werden mit Arbeitstechniken, das gemeinsame Erarbeiten eines Themas, Themen über Kindererziehung, Durchsichtigmachen politischer Zusammenhänge, Literatur für die Familie und für die Kinder.

Das einleitende Aussprechen der Teilnehmer und ein Vertrauen förderndes Klima ist auch hier entscheidend für den Verlauf einer Tagung. Insbesondere, da sich das Lerntempo nach der Vorbildung, Herkunft und den Lebenserfahrungen der Lernenden richtet. In den ersten Gruppengesprächen bekommen wir eine Ahnung, welche Fähigkeiten der einzelne mitbringt. Auch scheinbare Passivität eines Gesprächsteilnehmers schließt nicht aus, daß hier aktiv mitgedacht wird. Wenn wir als Partner miteinander sprechen und umgehen, schwindet oft die Angst und Schüchternheit. Der Lehrende ist bei dieser Arbeitsweise auch immer der Lernende. Hierdurch wird schon deutlich, daß die Leitung und die Referenten von ihrer Persönlichkeit und Fähigkeit her imstande sein sollten, mit Erwachsenen zu lernen, und daß sie mit den Methoden der Gruppenpädagogik und Gruppendynamik vertraut sein sollten.

Bildungsurlaub will Hilfen zum bewußten Leben geben. Er ist nicht „Ferien vom Ich", sondern eher ein Stück „Ferien vom Es", von den Sachzwängen, denen eine Mutter sich täglich stellen muß; eine Woche Aufgeschlossenheit und die Möglichkeit Neues zu hören und zu verarbeiten . . .

Wenn kirchliche Erwachsenenbildung als theologische Grundlage die befreiende Kraft des Evangeliums hat — und das setze ich voraus —, was bedeutet dann diese Kenntnis innerhalb dieses speziellen Zweiges kirchlicher Bildungsarbeit? . . .

Die befreiende Kraft des Evangeliums könnte sich hier als Befreiung von starren und festen Ansichten, als Befreiung von Denk- und Handelsschematas, von Wohlverhaltensweisen, von anerzogenen Moralbegriffen auswirken, aber auch vor Ichbezogenheit bewahren.

Das Miteinander-Arbeiten bringt oft eine Verunsicherung des einzelnen Teilnehmers mit sich. Unterdrückte Konflikte werden sichtbar, die wir einfühlsam zur Kenntnis nehmen und manchmal auch besprechen sollten. Bei aller notwendigen Verunsicherung dürfen wir nicht die Möglichkeit zum Leben nehmen. Der einzelne muß auch bei unseren Bildungsbemühungen ernstgenommen werden. Der Mensch ist als einzelner von Gott ernst genommen. Daher sollte ihm auch als einzelnem geholfen werden, sein Leben zu gestalten. Nach einer psychologischen Erkenntnis kann der Mensch nur leben, wenn er sich von einem anderen akzeptiert weiß. Weil Gott durch Christus den Menschen akzeptiert, ihn bejaht als den, der er ist, sich mit ihm solidarisiert, darum gilt es in unseren Bildungsurlauben auch, die Annahme des anderen einzuüben.*)

*) Anemone Sprick, Bildungsurlaub für Mütter, in: Mitteilungen der Evangelischen Frauenhilfe im Rheinland E.V., Oktober 1973/25.

Die schon 1919 von Ed. Freiherr von der Goltz mit Nachdruck erhobene Forderung nach Mitarbeit von Frauen in den Leitungsgremien der Kirche (vgl. S. 46), setzt sich nur schwer durch. 1929 wird z.B. für Ostpreußen erklärt: „Grundsätzlich haben die Gemeinden von der Wahl weiblicher Mitglieder abgesehen." Dazu wird bemerkt: 1. „In kirchliche Körperschaften werden keine Frauen gewählt, weil es noch Männer gibt." 2. „Wir haben einhellig von der Wahl weiblicher Mitglieder abgesehen, da die Frau ins Haus gehört und in die Liebestätigkeit, aber nicht in die Kirchenleitung." 3. Hinweis auf 1. Korinther 14, 34f. („ . . . lasset die Frauen schweigen in der Gemeinde.") und Sirach 26,17 („Ein Weib, das schweigen kann, das ist eine Gabe Gottes.").*)

Anders die Entwicklung in der Rheinprovinz. Auch hier ist der prozentuale Anteil der Frauen an der Gemeinde- und Kirchenleitung (Synoden) gering, aber um die Mitte der zwanziger Jahre schließen sich die „weiblichen Mitglieder der kirchlichen Körperschaften im Rheinland" zusammen, vor allem um sich für ihre Aufgaben weiterzubilden, aber auch, um andere Frauen zu ermutigen, in der Ausübung ihres kirchlichen aktiven und passiven Wahlrechts Verantwortung zu übernehmen.

Diese Bemühungen finden ihre Fortsetzung in den von der Rheinischen Frauenhilfe angebotenen Lehrgängen für Presbyterinnen und in der Beteiligung bei den Vorbereitungen der Presbyterwahlen.

Rheinprovinz: Nach einer Statistik aus dem Jahre 1927 waren 4 Frauen in der Provinzialsynode, 12 in den Kreissynoden, 79 in den Presbyterien, 777 in den Gemeindevertretungen, insgesamt 872 Frauen.

Im Rheinland haben sich die weiblichen Mitglieder der kirchlichen Körperschaften in der „*Vereinigung Evangelischer Gemeindevertreterinnen im Rheinland*" zusammengeschlossen.

Diese Vereinigung hat den Zweck, „alle weiblichen Mitglieder der kirchlichen Körperschaften im Rheinland zusammenzufassen und zwar ohne Unterschied ihrer kirchenpolitischen Einstellung, um sie für ihre besonderen Aufgaben im kirchlichen Leben zu schulen, ihr Verantwortungsgefühl im Hinblick auf das kirchliche Frauenwahlrecht zu vertiefen und ihre oft schwierige Stellung zu stärken". Die Vereinigung sucht ihre Ziele durch regelmäßige Mitteilungen an die Mitglieder, durch Errichtung von synodalen Arbeitsgemeinschaften und durch Veranstaltung von Tagungen zu erreichen.

1. Vorsitzende: Frau Emmi Welter, Aachen, Arndstr. 15.*)

Zur Presbyterwahl 1972

Sammeln: ja — Verantwortung tragen: nein

Frauen sind in fast allen öffentlichen Gremien viel zu wenig vertreten. Man hört es und klagt darüber allerorten. Die Kirche macht da keine Ausnahme. Nach den letzten Wahlen sind in den Presbyterien der rheinischen Gemeinden nur 1 216 Frauen, das sind 14,4% der Gesamtzahl von 8 464 Presbytern. Aber liegt das nicht vielleicht an den Frauen selbst? Haben wir etwa Angst, diese Verantwortung zu übernehmen? Frauen sind in allen Gemeinden gern gesehene Helfer, wenn es um Sammeln von Geldern geht. Sie hätten sicher auch gute Gedanken einzubringen, wenn es um das Ausgeben von Geldern geht. Sind Bauangelegenheiten wirklich nur Männersache? Wollen die Frauen nicht beteiligt sein, wenn in ihrer Gemeinde ein neuer Pfarrer gewählt wird? Sind sie nicht „zuständig", wenn es um den Gemeindeaufbau geht? Dieses und vieles andere wird in dem Leitungsgremium einer Gemeinde, dem Presbyterium, entschieden.

Die Presbyterwahlen 1972 stehen vor der Tür. Viele Gemeinden suchen Menschen, die bereit sind, mitzuarbeiten und mitzuentscheiden. Die Frauen sollten nicht abseits stehen.

Die Evangelische Frauenhilfe im Rheinland möchte deshalb ihren Kreisverbänden und örtlichen Frauenhilfen Mut machen, sich dafür einzusetzen, daß auch Frauen in die Presbyterien gewählt werden.

*) In: Handbuch für evangelische Frauen. Herausgegeben im Auftrag der Vereinigung Evangelischer Frauenverbände Deutschlands von Nora Hartwich, 1929, S. 217.

*) a.a.O., S. 218.

Wir bitten die örtlichen Frauenhilfen:

Besprechen Sie in Ihrem Kreis die Aufgaben des Presbyteriums, lassen Sie sich von Presbytern darüber unterrichten. Halten Sie Umschau nach geeigneten Frauen in Ihrer Gemeinde — auch über den Kreis unserer Mitglieder hinaus. Sprechen Sie sie an, schlagen Sie sie vor, geben Sie ihnen Ihre Stimme bei der Wahl.

Wir bitten die Kreisverbände:

Geben Sie Gelegenheit, daß interessierte Frauen sich über die Aufgaben eines Presbyteriums informieren können. Ein Informationsnachmittag, an dem einige „gestandene" Presbyterinnen und Presbyter berichten, kann viel Unsicherheit und Scheu vor der unbekannten Aufgabe nehmen.

Wir bitten die über 21 Jahre alten weiblichen Gemeindeglieder:

Informieren Sie sich, stellen Sie sich zur Wahl, fühlen Sie sich verantwortlich!

Wir bitten die bisherigen und zukünftigen Presbyterinnen und Presbyter:

Sehen Sie in den Frauen der Frauenhilfen Gemeindeglieder, die mithelfen wollen, daß Gemeinde Christi in unserer Welt gelebt wird; halten Sie mit ihnen Verbindung, arbeiten Sie mit ihnen zusammen.

„Kirche sind wir alle" lautete vor Jahren ein Arbeitsthema unserer Frauenhilfen.

Vergessen Sie das nicht bei der Presbyterwahl 1972!

Evangelische Frauenhilfe im Rheinland*)

Die Zahl der in die Presbyterien der Rheinischen Kirche gewählten Frauen erhöht sich von 1954 bis 1972 beträchtlich:
1954 = 155 (2,7 %), 1956 = 247 (4,0 %), 1960 = 570 (8,0 %), 1964 = 849 (10,7 %), 1968 = 1 216 (14,4 %), 1972 = 2 304 (23,7 %).

*) Flugblatt zur Presbyterwahl 1972, AFrRh.

Seit 1908 gehört die Müttererholung zu den wichtigen Aufgaben der Rheinischen Frauenhilfe (vgl. S 49ff). Nach dem Zweiten Weltkrieg erhebt sich die Frage, wie diese Arbeit wieder aufgenommen und fortgesetzt werden kann. Die Schwierigkeiten scheinen übermächtig zu sein.

Da kommt 1949 die Landtagsabgeordnete Elly Heuss-Knapp nach Stein bei Nürnberg, lernt dort evangelische Müttererholung persönlich kennen und macht einen neuen Anfang der an manchen Orten geschehenden Arbeit durch die Gründung eines gemeinsamen Müttergenesungswerkes in der Rechtsform einer Stiftung, — wahrscheinlich ohne darum zu wissen, daß schon in den zwanziger Jahren die Idee eines „Mutter-Fonds" entstanden war.

Vor acht Jahren grübelten eine Reihe von Männern und Frauen in Schweden darüber nach, wie man wohl der Frau, dieser sich täglich von neuem Opfernden, seinen Dank zeigen könnte, und man gründete den „*Tag der Mutter*". Das ganze Volk griff diesen im Grunde ja so naheliegenden Gedanken mit Begeisterung auf . . .

Als man diesen nachahmenswerten Tag erstmalig in Schweden feierte, kam *Thora Holm* in Stockholm auf eine beherzigenswerte Idee, die ihr der Wunsch, ihre vortreffliche Mutter zu ehren, eingab. Sie stiftete zu Ehren dieser — sehr kinderreichen — Mutter den ersten „*Mutter-Fonds*". Ein Fonds, der dazu dienen sollte, das Andenken an die Stamm-Mutter wachzuhalten und zu seiner Zeit irgendeinem ihrer Nachkommen den Weg ins Leben hinaus zu ebnen. Thora Holms Geschwister und Geschwister-Kinder griffen den Gedanken mit Verständnis auf, und der zahlreichen Familie wird dieser Fonds wie eine, wenn auch erst vielleicht in fernen Tagen notwendige, rettende Hand sein. Ein schöner und praktischer Gedanke, der das Andenken an diese Mutter nicht sterben lassen wird.

Thora Holms Idee wirkte jedoch auch noch nach anderer Richtung hin. Man sammelte allenthalben im Geschwisterkreise auch zu Ehren der *lebenden, schaffenden Mutter*. Man brachte eine seinen Verhältnissen entsprechende Summe auf, um der Mutter irgendeine Annehmlichkeit zu schaffen, ihr eine Erholungsreise zu gewähren, ihr irgendeinen Wunsch zu erfüllen, oder man übergibt ihr auch die gesammelte Geldspende am „Tage der Mutter" zur freien Verfügung.

Ich frage: Kann sich dieser schöne Feiertag nicht auch bei uns einbürgern? Wer, wenn nicht die *deutsche Mutter,* verdient diese Ehrung mehr? Wo wäre eine Stiftung wie der „Mutter-Fonds" angebrachter als hier?

Um einen solchen Tag aber einzuführen, bedarf es der Hilfe edler, einsichtiger, getreuer, dankbarer Kinder.*)

Nach dem Zusammenbruch des „Dritten Reiches" versuchen Frauenverbände die Müttererholung neu aufzubauen. Für die Kinder gibt es sogar Hilfe aus dem Ausland, aber wer kümmert sich um die Mütter? Wieder fehlen die finanziellen Mittel.

Da kommt 1949 die Landtagsabgeordnete Elly Heuss-Knapp zu einem Vortrag nach Stein bei Nürnberg. Dort, in einem der Häuser des Bayerischen Mütterdienstes, lernt sie evangelische Müttererholung persönlich kennen. Müttererholung, das bedeutet nun: Wiederherstellen der Gesundheit von Frauen, die durch den Krieg und seine Folgen an den Rand von Erschöpfung und Verzweiflung gedrängt worden sind. Elly Heuss-Knapp erkennt bald, daß die verschiedenen Bemühungen der Frauenverbände zu einem gemeinsamen Werk zusammengefaßt werden müssen, um damit der Sache die notwendige Beachtung und Unterstützung in der Öffentlichkeit zu geben. Schon am 31. Januar 1950 kann sie in einer Rundfunkansprache die Gründung eines deutschen Müttergenesungswerkes bekanntgeben.

„Immerhin leben auch heute bei uns in Bunkern oder Kellern noch Kinder genug. Man schickt sie dann in Erholung; sie kommen gut ernährt und oft neu eingekleidet zurück, aber sie finden dann in der Familie vielleicht die Mutter ebenso überlastet, überarbeitet, manchmal schlecht gelaunt und reizbar wie zuvor.

Darin liegt auch eine der großen Schwierigkeiten im Heimkehrerproblem. Da haben sich die Männer jahrelang gefreut, nach Hause zu kommen, und die Frauen haben sich nach ihren Männern gesehnt. Aber die Heimkehrer dachten an eine junge, fröhliche, gute Kameradin, und nun finden sie oft eine abgehärmte, müde, sehr selbständig gewordene und in mancher Beziehung schwierige und reizbare Frau vor. Schon deshalb ist jetzt der Moment gekommen, wo man den Müttern helfen muß." Mit diesen Sätzen weist Elly Heuss-Knapp auf die Lage der Mütter und damit der Familien in der Bundesrepublik hin und sagt weiter:

„Wir wollen nicht zuviel von dieser Not sprechen . . . , ich möchte heute hier auf ein Mittel der Abhilfe zu sprechen kommen, das noch gar nicht bekannt genug ist und daß wir fest entschlossen sind, den Menschen ins Gewissen zu rücken. Das ist das Müttergenesungswerk. Es gibt sehr gut eingerichtete Heime, in denen die Mütter für einige Wochen . . . Aufnahme finden und

*) Lotte Mittendorf-Wolff, Der Tag der Mutter, in: Der Bote für die deutsche Frauenwelt, 25. Jg., Nr. 20, 13. Mai 1928, S. 239.

wirklich wiederhergestellt an Leib und Seele in die Familien zurückkehren . . . Diese Mütterheime existieren. Sie sind zuerst von den kirchlichen Frauenverbänden der beiden Konfessionen geschaffen worden und dann auch von den Frauengruppen der anderen großen Wohlfahrtsverbände . . . aufgenommen worden.

Ich habe in dieser Sache nur das eine Verdienst, daß es mir sehr schnell geglückt ist, die verschiedenen Frauenverbände zusammenzubringen, so daß wir heute nicht nur von einem bayerischen oder rheinisch-westfälischen Mütterdienst sprechen, sondern daß wir von einem deutschen Müttergenesungswerk sprechen können.''

Frau Heuss-Knapp verbindet mit der Bekanntgabe der Gründung des Müttergenesungswerkes die Bitte um Spenden. Zum Muttertag 1950 wird die erste öffentliche Sammlung für dieses neue Werk durchgeführt. Zudem setzt Elly Heuss-Knapp auch ihren Einfluß als Frau des Bundespräsidenten ein, um Krankenkassen, Rentenversicherungsträger und Sozialbehörden für die Sache der Müttergenesung und deren Finanzierung zu gewinnen.

Erschöpften und kranken Müttern kann durch körperliche Erholung allein nicht geholfen werden. Elly Heuss-Knapp sagte: ,,In den Müttererholungsheimen sollen die Mütter nicht nur ausschlafen können, satt werden und nicht arbeiten müssen, sondern mit dem erfüllt werden, was sie zu Hause wieder ausgeben müssen — Freude, Liebe und Geduld!''

Darum ist es der evangelischen Müttererholung in den fast sieben Jahrzehnten ihres Bestehens immer gegangen: daß Frauen durch das Evangelium erfahren, wie das Leben mit Freude, Liebe und Geduld erfüllt werden kann.

Die evangelische Müttererholung hat sich durch die Bedürfnisse und die Möglichkeiten der Zeit ständig gewandelt. Geblieben ist das selbstverständliche Angebot von Beratung und Begleitung, geblieben das Gespräch in der Gruppe. Geblieben ist im Gesamtwerk der Müttergenesung das Werk evangelischer Müttererholung als ein Teil kirchlichen Handelns. In den evangelischen Heimen wirken Arzt, Sozialarbeiter und Seelsorger zusammen. Dies ermöglicht, die Nähe von Heil und Heilung zu bedenken und zur Wirkung zu bringen. Dies ermöglicht mancher der Kirche fernstehenden Frau Ermutigung zum Glauben.*)

Im Januar 1971 wird eine ,,Evangelische Arbeitsgemeinschaft für Müttergenesung E.V.'' gegründet mit Sitz in Stein bei Nürnberg. Gründungsmitglieder sind: Evangelische Frauenhilfe im Rheinland E.V., Landesverband der Evangelischen Frauenhilfe Bremen E.V., Evangelische Frauenhilfe von Hessen und Nassau E.V., Frankfurter Verein Müttergenesungsheim Bad Salzhausen E.V., Heim und Werk des Frauenwerks der Evangelisch-Lutherischen Landeskirche Hannovers E.V., Verein Mütterheim der Evangelisch-kirchlichen Frauenarbeit der Pfalz E.V., Bayerischer Mütterdienst der Evangelisch-Lutherischen Kirche E.V., Evangelische Frauenhilfe in Westfalen E.V., Evangelischer Verein für Müttergenesungsheime in Württemberg E.V.

**Satzung
der Evangelischen Arbeitsgemeinschaft für Müttergenesung E.V.**

§ 2 Zweck des Vereins (im Auszug)

1. Der Verein ist ein Zusammenschluß evangelischer Frauenorganisationen, Frauenwerke und Vereine, die in der Müttergenesung eine besondere Aufgabe sehen und zu diesem Zweck Mütter-Genesungsheime gründen, leiten und unterhalten, die nach den Richtlinien der Elly-Heuss-Knapp-Stiftung Deutsches Mütter-Genesungswerk anerkannt sind.

2. Zweck des Vereins ist es, seine Mitglieder bei der Erfüllung ihrer Aufgaben für die Müttergenesung zu unterstützen, indem er

a) die Idee der Müttergenesung trägt, weiterentwickelt und für sie wirbt;

b) mit den anderen Trägergruppen des Mütter-Genesungswerkes zusammenarbeitet;

c) Verbindungen zu anderen Einrichtungen und Organisationen sozialer Hilfe unterhält;

d) Anregungen zur Förderung der Arbeit seiner Mitglieder gibt und hierfür gemeinsame Richtlinien erarbeitet;

e) Fortbildungslehrgänge durchführt;

*) Fritz Mybes, Müttererholung eine bleibende Aufgabe, in: DER WEG — Evangelisches Sonntagsblatt für das Rheinland, 30. Jahrgang, Nr. 5, 2. Februar 1975, S. VIII.

f) sich an der Beschaffung finanzieller Mittel beteiligt und die von der Elly-Heuss-Knapp-Stiftung Deutsches Mütter-Genesungswerk zur Verfügung gestellten Gelder an seine Mitglieder verteilt. *)

Heute stehen in den 146 Müttergenesungsheimen der fünf Trägerverbände — Evangelische Arbeitsgemeinschaft für Müttergenesung, Katholische Arbeitsgemeinschaft für Müttererholung, Deutsches Rotes Kreuz, Arbeiterwohlfahrt, Deutscher Paritätischer Wohlfahrtsverband — jährlich etwa 50000 Kurplätze zur Verfügung. Von 1950 bis 1974 waren ca. 1,7 Millionen Frauen in einer Müttergenesungskur.

Müttergenesungsheime zu bauen und zu unterhalten, Müttergenesungskuren mit qualifizierten Mitarbeitern durchzuführen, verlangt von den Trägern hohe finanzielle Aufwendungen. Im Bereich der Rheinischen Kirche mußten in den letzten Jahren Müttergenesungsheime aufgegeben werden in Rolandseck, Gebhardshain, Oberwiehl und Stromberg (Hunsrück). Geblieben sind die Heime in Altenkirchen, Bad Bertrich, Dalheim, Reichshof/Feld und Wiesbach (Saar).

Anerkannte Müttergenesungsheime im Bereich der Evangelischen Frauenhilfe im Rheinland

Altenkirchen „Westerwaldheim".
Plätze: 38.
Lage: 300 m ü. NN., großes, ebenes Gelände, waldreiche Umgebung.
Indikationen: Körperliche und nervöse Erschöpfung, Kreislaufstörungen, katarrhalische Erkrankungen der Atemwege, Rekonvaleszenz.
Kurmittel: Liege- und Terrainkuren, medizinische Bäder, Packungen, Massagen, Inhalationen, Rotlicht, Gymnastik; Wassertretbecken und Armbecken im Freien; Schonkost.
Besondere Programme: Gruppengespräche, Gymnastik, Werken.

Bad Bertrich „Elly-Heuss-Knapp-Heim" (Kurheim).
Plätze: 45.
Lage: Waldreiches Mittelgebirgsklima.
Indikationen: Magen-, Darm-, Leber-, Galle-, Stoffwechsel- (insbesondere Diabetes), Nierenerkrankungen und Arthrosen als Begleitkrankheit.
Gegenindikationen: Akut entzündliche Erkrankungen der Verdauungsorgane, blutende Magen- und Zwölffingerdarmgeschwüre, maligne Tumore.
Kurmittel: Trinkkuren (Glaubersalzquelle), Thermal- und Kohlesäurebäder, Fangopackungen, Massagen; Diät, Schonkost.
Besondere Programme: Gruppengespräche, Werken, Referate.

Dalheim „Haus Waldquelle".
Plätze: 28.
Lage: 54 m ü. NN., großer Park, waldreiche Umgebung.
Indikationen: Herz- und Kreislaufstörungen, Blutarmut, körperliche und nervöse Erschöpfung, Rekonvaleszenz, leichtere Störungen der Verdauungsorgane.
Gegenindikationen: Akuter Rheumatismus, Asthma.
Kurmittel: Liege- und Terrainkuren, medizinische Bäder, Fangopackungen, Massagen, Inhalationen, Kneippan-

*) AFrRh.

wendungen, Heißluft und Rotlicht, Gymnastik, Schwimmen möglich, Zuckerdiät, Schonkost, Reduktionskost.

Besondere Programme: Vortragsveranstaltungen, Gruppengespräche, Gymnastik, Sport, Werken.

Sonderkuren: Zur Gewichtsabnahme; für Mütter mit 3- bis 6jährigen Kindern; für diabetische Mütter; zur Übungsbehandlung mit aktivem Herz- und Kreislauftraining.

Reichshof/ Feld „Emmi-Welter-Heim".
Plätze: 44.
Lage: 320 m ü. NN., wiesen- und waldreiche Umgebung.
Indikationen: Körperliche und nervöse Erschöpfung, Rekonvaleszenz, Rheuma, Erkrankungen des Bewegungsapparates, Herz- und Kreislaufstörungen.
Gegenindikationen: Asthma.
Kurmittel: Liege- und Terrainkuren, Massagen, Kneippanwendungen, Hallen-Bewegungsbad; Zuckerdiät, Schonkost.
Besondere Programme: Gruppengespräche, Gymnastik, Werken.

Wiesbach/Saar „Landheim Wiesbach" (Kurheim).
Plätze: 40.
Lage: 240 m ü. NN., waldreiche Umgebung.
Indikationen: Körperliche und nervöse Erschöpfung, Rekonvaleszenz, Erkrankungen des Bewegungsapparates, Kreislaufstörungen.
Kurmittel: Kneippanwendungen, medizinische Bäder, Fangopackungen, Massagen, Unterwassermassage, Gymnastik (auch nach Dr. Read), Hallen-Bewegungsbad; Zuckerdiät, Schonkost, Reduktionskost.
Besondere Programme: Gruppengespräche, Referate, Gymnastik, Werken.
Sonderkuren: Für Landfrauen, Mütter mit geistig behinderten Kindern.

Die Belegung der Müttergenesungsheime erfolgt durch die Abteilung Müttergenesung im Landesverband der Evangelischen Frauenhilfe im Rheinland.

Zu den selbstverständlichen Diensten der Rheinischen Frauenhilfe gehört die Fürsorge für alte und kranke Menschen.

Zur Versorgung von alten Menschen stehen die Altenheime in Bonn - Bad Godesberg (im „Haus der Frauenhilfe") und in Lennep („Bergisches Heim") mit insgesamt 91 Plätzen zur Verfügung, zudem seit April 1975 in Verbindung mit dem „Bergischen Heim" ein Altenwohnheim mit 10 Wohnungen. Hinzu kommen mehrwöchige Erholungsangebote für ältere Menschen.

Für die Versorgung von Kranken stehen in Ehringshausen bei Wetzlar 100 Betten zur Verfügung.

IM NAMEN GOTTES, DES VATERS UND DES
SOHNES UND DES HEILIGEN GEISTES,

wurde heute, am 12. Juli im Jahre des Heils 1967, ein Erweiterungsbau des Kaiserin-Auguste-Victoria-Krankenhauses in Ehringshausen, Kreis Wetzlar, begonnen.

Die Entstehung des Kaiserin-Auguste-Victoria-Krankenhauses ist aufs engste verbunden mit der Entstehung und Arbeit der örtlichen Frauenhilfen im Kreise Wetzlar. Im Jahre 1922 wurde das Haus der Gesamtfrauenhilfe übertragen, im Jahre 1925 der Evangelischen Frauenhilfe im Rheinland. In den letzten vier Jahrzehnten haben im wesentlichen Schwestern aus der Schwesternschaft der Evangelischen Frauenhilfe im Rheinland die pflegerischen Dienste im Hause getan.

Das auf Betreiben von Pfarrer Wilhelm Nacke, Altenkirchen, und unter Mithilfe der letzten deutschen Kaiserin, Auguste Victoria, gebaute und am 1. September 1911 mit Mittelbau und Westflügel seiner Bestimmung übergebene Krankenhaus wurde bereits kurz nach seiner Eröffnung sowie in den Jahren 1928 und 1956 erweitert.

Um eine zeitgemäße medizinische und pflegerische Versorgung der Kranken zu erreichen, wurde auf Vorschlag des Kuratoriums des Krankenhauses vom Geschäftsführenden Ausschuß der Evangelischen Frauenhilfe im Rheinland 1966 ein neuer Erweiterungsbau beschlossen. Die Finanzierung des Baues wurde vor allem durch einen Zuschuß des Landes Hessen und eine Beihilfe des Landkreises Wetzlar gesichert.

In engster Zusammenarbeit mit dem Landkreis Wetzlar, vertreten durch Herrn Landrat Dr. Best, der den Überlegungen jede mögliche Unterstützung zuteil werden ließ, entstand folgende Planung:

Der neue Bauteil schließt an den Mittelpunkt des alten Hauses an. Er wird im Obergeschoß die chirurgische Bettenabteilung aufnehmen. Im Erdgeschoß werden die Untersuchungs- und Behandlungseinrichtungen, Ambulanz, Röntgendiagnostik und Operationsabteilung zusammengefaßt. Im Untergeschoß sind Labor, physikalische Therapie und Versorgungsräume geplant. Die Gebäudeflügel des vorhandenen Hauses nehmen in beiden Geschossen Pflegeabteilungen auf. Vor Beginn der Arbeiten für den Erweiterungsbau wurde die Krankenhausküche neu geordnet und eingerichtet. Über dem Küchentrakt wurde ein Wohnbereich für Schwestern und für Krankenhauspersonal geschaffen . . .*)

*) Aus der am Tag des Baubeginns, dem 12. Juli 1967, ausgefertigten Urkunde.

In dem 1956 seiner Bestimmung übergebenen „Haus der Frauenhilfe" findet auch eine „Pflegevorschule" mit Internat ihren Platz.

Die erste evangelische Pflegevorschule wurde im Jahre 1953 in Herford/Westfalen gegründet. Sie entstand auf dem Boden der Mutterhaus-Diakonie. Man hatte dort in Erfahrung gebracht, daß Volksschulabgängerinnen, nach ihren Berufswünschen gefragt, sehr oft äußerten: Ich möchte Menschen pflegen, ich möchte Kinder erziehen, ich möchte im Haushalt die vielbelastete Mutter für einige Zeit vertreten, damit sie auch einmal an einer Erholungskur teilnehmen kann. Der Verwirklichung solcher Wünsche stand entgegen, daß man — um eine Ausbildung für pflegerische, sozialpädagogische und gehobene hauswirtschaftliche Berufe antreten zu können — in der Regel das 18. oder 19. Lebensjahr vollendet haben muß. Die Zeit bis zu diesem Lebensalter wurde notgedrungen damit überbrückt, daß man zunächst einen anderen Beruf erlernte — und oft blieb man dann in diesem Beruf. In Herford entwickelte man daher im Blick auf diesen Personenkreis ein besonderes Angebot.*)

Auch die Pflegevorschule der Rheinischen Frauenhilfe will die Zeit zwischen dem Schulabgang und dem Beginn der Berufsausbildung überbrücken. Sie ist vor allem eine Einrichtung der Berufsfindung und dann erst einer Berufsvorbereitung für Volksschulabgängerinnen (heute: Hauptschulabgängerinnen). Sie vermittelt Bildung und gibt Gelegenheit, die Vielzahl der pflegerischen, sozialpädagogischen und der gehobenen hauswirtschaftlichen Berufe kennenzulernen. Bei praktischen Einsätzen soll die Schülerin die Eignung und Neigung für einen Beruf im Dienst am Nächsten erproben können. Am 1. April 1964 wird die Pflegevorschule vom nordrhein-westfälischen Ministerium für Unterricht und Kultus als zweijährige zur Fachoberschulreife führende Berufsfachschule anerkannt.

---

*) Albrecht Müller-Schöll, Evangelische Pflegevorschule — ein Angebot der Diakonie, in: Mitteilungen der Evangelischen Frauenhilfe im Rheinland E.V., Oktober 1968/15.

Bei der 5. Rheinischen Landessynode 1955 in Rengsdorf (Westerwald) bringt Superintendent Weiß, Mönchen-Gladbach, einen Initiativantrag betr. „Einführung eines ,Diakonischen Jahres'" ein.

Synode wolle beschließen:
Der Diakonieausschuß der Landessynode wird beauftragt, die Frage eines „Diakonischen Jahres", wie es in der bayerischen und württembergischen Kirche bereits vorhanden ist (vergl. die Anlagen) zu überprüfen, und das Material dem Diakonischen Arbeitsausschuß zu übergeben, damit dieser angesichts der ständig steigenden Schwesternnot das „Diakonische Jahr" für die weibliche Jugend auch im Raum der Rheinischen Kirche zur Durchführung bringe.

Die Synode beschließt zunächst, den Initiativantrag Weiß dem Ausschuß III für innere kirchliche Angelegenheiten zur Bearbeitung zu überweisen.*) Nach seinen Beratungen legt der Ausschuß III einen Antrag vor, der von Präses D. Heinrich Held ergänzt**) und in dieser Form von der Synode einstimmig zum Beschluß erhoben wird.

Die Kirche ist in unseren Tagen in besonderer Weise zum Dienst an den Hilflosen, den Kranken, Alten und Kindern gerufen. Die Zahl der Menschen, die sich zum Dienst in den bisherigen Arbeitsformen rufen ließen, ist gegenüber dem Umfang der Aufgaben zu gering. Diese veränderte Situation gebietet das Wagnis zu neuen Wegen. Beachtliche und beispielhafte Versuche sind in anderen Landeskirchen gemacht worden.
Darum ruft die Synode die weibliche Jugend der Evangelischen Kirche im Rheinland zu einem Diakonischen Jahr. Sie bittet die jungen Mädchen, ein Jahr ihres Lebens für den Dienst tätiger Liebe zu opfern, und ermahnt die Eltern, solche Bereitschaft zu fördern.
Sie beauftragt die Evangelische Frauenhilfe im Rheinland in Verbindung mit der Jugendkammer der Evangelischen Kirche im Rheinland [und den Diakonischen Werken, die auf dem

*) Verhandlungen der 5. Rheinischen Landessynode, Tagung vom 23. bis 25. Oktober 1955 zu Rengsdorf (Westerwald), Beschluß 28, statt Handschrift gedruckt, S. 141.

**) Ergänzung im Beschluß = [   ].

freiwilligen Frauendienst beruhen] mit der Vorbereitung und Durchführung des geplanten Diakonischen Jahres.*)

Eine von der Synodalen Emmi Welter vorgeschlagene planvolle Einbeziehung des Diakonischen Jahres in die Berufsausbildung der jungen Mädchen wird als „nicht beabsichtigt" abgelehnt. „Vielmehr solle, ganz abgesehen von seiner Berufsausbildung, jedes junge Mädchen eben ein Jahr seines Lebens für diesen diakonischen Dienst zur Verfügung stellen."**)

Die Ergebnisse einer im September 1969 abgeschlossenen Untersuchung zum Sozialverhalten der Jugendlichen zwischen 16 und 25 Jahren, wobei die freiwilligen sozialen Dienste der Evangelischen und Katholischen Kirche in Nordrhein-Westfalen besonders berücksichtigt werden,***) veranlassen zu neuen Überlegungen. Dabei kann von der Grundtatsache ausgegangen werden, daß die große Mehrheit der Jugendlichen spontan und aus innerem Antrieb bereit ist, sich mit der sozialen Umwelt auseinanderzusetzen und auch verändernd, helfend und heilend einzugreifen.

Das Projekt „intertat" ist im Laufe einer fast dreijährigen Planungsarbeit entwickelt worden. Trotzdem stellt es nichts grundsätzlich Neues dar. Vielmehr ist „intertat" entstanden aus Aktionen, die es längst gab, und seine Konzeption hat sich entwickelt auf Grund von vieljährigen Erfahrungen und Beobachtungen.

Die Frage, um die es geht, ist der freiwillige soziale Dienst der Jugend. Dabei engagieren sich Jugendliche mehr oder weniger verbindlich für bestimmte soziale Aufgaben. Je nach Dauer des Engagements unterscheiden wir, sehr pauschal gesprochen, zwischen lang- und kurzfristigen sozialen Diensten.

Langfristige Dienste sind solche, die vollzeitlich über einen Zeitraum von mehreren Monaten geleistet werden. Einer der bekanntesten ist das Diakonische Jahr, wie es in der Evangelischen Kirche heißt, und auf katholischer Seite das Jahr für den Nächsten. Diese Jahresdienste haben sich entwickelt in der zweiten Hälfte der fünfziger und Anfang der sechziger Jahre, zunächst sehr erfolgreich, später weniger.

Dennoch erwiesen sich die langfristigen Dienste als vielversprechend. Der Präsident des Diakonischen Werkes, Dr. Theodor Schober, nannte das Diakonische Jahr „eine der nicht zahlreichen geglückten Unternehmungen der Evangelischen Kirche in der Nachkriegszeit". Der Staat erließ 1964 ein Gesetz zur Förderung eines freiwilligen sozialen Jahres, das inzwischen auch von den Trägern der freien Wohlfahrt übernommen worden war. Dieses Gesetz gewährte den Jahreshelfern die gleichen Vergünstigungen, die Jugendliche in einer Berufsausbildung haben.

Kurzfristige Dienste entwickelten sich weniger spektakulär, aber sie setzten sich dennoch durch, ohne staatliche Förderung, ohne Heiligenschein. Gerade das macht sie interessant. Man findet sie in vielerlei Formen, die teils mehr, teils weniger verbindlich sind: Wochenendeinsätze in Heimen und Krankenhäusern, Mitarbeit bei der Stadtranderholung oder in Ferienlagern für Kinder, ökumenische Aufbaulager, Spiel- und Lernstubenarbeit bei Obdachlosen, Aktionen für Körperbehinderte, für die Kinder von Gastarbeitern u.v.a.m.

Die Jahresdienste sind überregional organisiert, die kurzfristigen auf Ortsebene. Entsprechend arbeiten die Jahresdienste zentral, meist auf Diözesan- oder landeskirchlicher Ebene, die kurzfristigen dagegen sind beweglicher. Sie verdanken sich bald der Initiative eines kirchlichen Jugendleiters, bald der einer phantasiebegabten Frau der Pfarrei, bald dem spontanen Impuls einer ganzen Schulklasse. Über die Jahresdienste gibt es Statistiken. Die kurzfristigen Dienste sind so vielfältig, daß sie keinen exakten, ja bisher nicht einmal einen ungefähren Überblick erlauben.

Dies soll nun anders werden. Wir haben begriffen, daß die lang- und die kurzfristigen sozialen Dienste gemeinsam gesehen und gemeinsam konzipiert werden müssen. Der enge Zusammenhang ergibt sich schon daraus, daß viele Jugendliche zu einem langfristigen Engagement angeregt werden, nachdem sie zunächst

*) Beschluß 75 am 27. Oktober 1955, a.a.O., S. 197.

**) a.a.O.

***) Sonneborn Markt + Media, Die differenzierte Generation. Untersuchung zum Sozialverhalten der Jugendlichen zwischen 16 und 25 Jahren unter besonderer Berücksichtigung der freiwilligen sozialen Dienste beider Kirchen in NRW, September 1969, Hektographie.

bei Wochenendeinsätzen erste Erfahrungen gemacht haben, und daß umgekehrt Jugendliche, die einen Jahresdienst hinter sich haben, sich später fast selbstverständlich nebenberuflich noch an irgendeiner Stelle für einen sozialen Dienst zur Verfügung stellen.

Ferner haben wir begriffen, daß es sinnlos ist, wenn beide Kirchen getrennte Aktionen veranstalten. Diese Erkenntnis hat sich bei den kurzfristigen Diensten auf andere Weise durchgesetzt als bei den langfristigen. Kurzfristig begann man vor Ort an vielen Stellen gemeinsam zu arbeiten. Das kam ganz von selbst, weil sich viele Jugendliche bei diesen Kurzeinsätzen kaum um die Konfession der Veranstalter kümmern. Bei den langfristigen Diensten verlief der Lernprozeß systematischer, aber er betrifft bis jetzt nur die gemeinsame Arbeit der Werbung . . .

Nach all diesem komme ich nun zur Konzeption von „intertat". Die Konzeption betrifft drei Ebenen: Die Jugend, die sozialen Verhältnisse und die Gesellschaft.

Zunächst die Jugend. Es ist allmählich zur Binsenwahrheit geworden, daß ein großer Teil der Jugendlichen in der Monotonie des Konsumierens und der machbaren Welt nicht ausgefüllt ist. Viele langweilen sich einfach, weil sie keine überzeugenden Aufgaben finden. Hier will „intertat" einspringen. „intertat" bietet Einübungsfelder für soziales Handeln nicht als Sandkastenspiel, sondern Einübungsfelder mit wirklicher Verantwortung und allem, was daraus folgt: Spannung, Freude, Spaß, aber ebenso Enttäuschung, Ärger, Erkenntnis der eigenen Grenzen. Durch fachliche Anleitung, ständigen Austausch untereinander und gemeinsames Verarbeiten kommt ein Gruppenprozeß in Gang, der Frustrationen auffängt und den einzelnen zu größerer Klarheit über sich selbst und seine Mitmenschen führt.

So gesehen versteht „intertat" das Helfen als Lernprozeß. In diesem Lernprozeß gelangt der junge Mensch durch aktives Tun und durch praxisbegleitende Reflexion zu einem besseren Verständnis seiner selbst und der Welt, in der er sich befindet.

Davon profitieren dann auch die sozialen Verhältnisse insgesamt. Nicht deswegen, weil die jungen Freiwilligen Lücken stopfen, die der immerwährende Mangel an Arbeitskräften verursacht. Sofern dieses Moment an der einen oder andere Stelle mitspielt, ist es doch höchstens ein Nebeneffekt. Eine Verbesserung

auf dem Gebiet des Personalmangels kann und soll von „intertat" nicht geleistet werden. Eher schon ein Anstieg der Zahl von Jugendlichen, die angeregt werden, einen sozialen Beruf zu ergreifen.

Wichtiger als all dies sind allerdings die neuen Impulse, die durch kritische und gleichzeitig bereitwillige Jugendliche in alte und in ihren Strukturen manchmal verhärtete Einrichtungen hineinkommen. Wichtiger ist, daß die Jugendlichen sich auch einmal mit solchen Pfleglingen beschäftigen, für die sonst keiner Zeit hat. Wichtiger ist, daß die hauptamtlichen Mitarbeiter merken: ihre Arbeit wird beachtet; daß sie aber gleichzeitig auch mit sanfter Gewalt gezwungen werden, eingeschliffene, aber nicht immer zweckmäßige Verhaltensformen zu reflektieren und abzubauen. Niemand darf meinen, das sei Utopie. Es ist Realität.

Aber es genügt nicht, daß „intertat" hilft, soziale Verhältnisse zu ändern. Das allgemeine Verständnis dafür muß wachsen. Seit vielen Jahrzehnten hat sich die Gesellschaft mit wachsendem Erfolg bemüht, die Sorge für die Unterprivilegierten an einige Fachleute abzuschieben. Indem nun die Jugendlichen sich sozial engagieren, demonstrieren sie, daß es sich hier um Aufgaben handelt, die man *nicht delegieren* kann. Der Rollstuhlfahrer, der Krampfkranke, das Mädchen, das keiner haben will, weil sie schon viermal stationär in einer psychiatrischen Klinik war — man kann sie eben nicht einfach abschieben. Man muß sie annehmen, und wäre es auch aus dem simpelsten aller Gründe, nämlich weil man Angst hat, eines Tages in der gleichen Lage zu sein. . .

„intertat" will dazu beitragen, daß die Generation, die jetzt heranwächst, besser und menschlicher als wir heute auf die Herausforderungen reagiert, die auf uns zukommen. Wir meinen damit eine Aufgabe zu übernehmen, die den christlichen Kirchen außerordentlich gemäß ist — nämlich eine dringend notwendige Aufgabe.

Das Notwendige zu *tun,* war immer die Aufgabe der Kirche Jesu Christi. Nun zeigt es sich, daß Tun schwerer ist als Reden, überzeugende Praxis seltener als überzeugende Theorie. Deswegen heißt unser Slogan:

Statt vieler Worte — eine Tat.

Wir meinen, daß dies ein eminent christlicher Slogan ist.*)

*) Marlies Flesch-Thebesius, Werdegang und Konzeption, in: Mitteilungen der Evangelischen Frauenhilfe im Rheinland E.V., Oktober 1971/21.

Ich möchte das Ziel des Diakonischen Jahres folgendermaßen formulieren: Den Teilnehmern soll ermöglicht werden, im sozialen Bereich Erfahrungen zu machen und zu zunehmender Übernahme von Verantwortung fähig zu werden. Mit anderen Worten: Sie sollen das Helfen als Lernprozeß erleben. Dabei werden folgende Teilziele (die sich für die praktische Durchführung der Seminare stärker differenzieren lassen) angestrebt: 1. Sich als Partner der Hilfsbedürftigen verstehen. 2. Notsituationen differenzierter sehen (z. B. die Möglichkeiten des Helfens aus der Not und des Helfens in der Not zu unterscheiden). 3. Die Fähigkeit entwickeln, je nach Notwendigkeit Gegebenheiten zu verändern oder anzunehmen (also weder Veränderung um jeden Preis, noch grundsätzliche Erhaltung des gegenwärtigen Zustandes zu wünschen, sondern jeweils situationsgerecht zu handeln).

Diesen Zielen dient sowohl die vollzeitliche Arbeit in sozialen Einrichtungen als auch die in Gruppen unter Anleitung geschehende Reflexion dieser Arbeit hinsichtlich ihrer Ziele, Bedingungen und Auswirkungen, die Hilfe zu besserer Fremd- und Selbstwahrnehmung durch Gruppengespräche und -übungen und die individuelle Beratung der Teilnehmer — nicht nur in Arbeits- sondern auch in speziellen Lebens- und Glaubensfragen.*)

Zu einer immer größeren Bedeutung gelangt der „Weltgebetstag der Frauen". Er steht in der Rheinischen Frauenhilfe in direkter Beziehung zu einem ihrer Arbeitszweige: den „Aufbauwochen".

Der *Weltgebetstag der Frauen* ist . . . aus der Arbeit für die Mission hervorgegangen und heute dem Geiste und seiner Durchführung nach ein ausgesprochen ökumenisches Unternehmen geworden.

Im Jahre 1887 brachten amerikanische Frauen, die die geistliche Verbindung mit denjenigen von ihnen, die nach Übersee ausgereist waren, aufrechterhalten und ihnen durch die Fürbitte helfen wollten, den Gedanken eines Gebetstages auf, an dem ganz besonders die Frauen zusammengerufen werden sollten, um einmal im Jahr für die Missionare und die Missionare für ihre daheimgebliebenen Schwestern zu beten. Zur Unterstützung dieses Gebetstages wurden Unterlagen und eine besondere Gottesdienstliturgie vorbereitet und in weiten Kreisen verteilt. Der Gedanke verbreitete sich in den USA sehr rasch von einer Denomination zur anderen und von einer Missionsgesellschaft zur anderen. Die Missionare mit den von ihnen geschaffenen Frauengruppen beteiligten sich ihrerseits an der Durchführung. Allmählich wurde der Missionscharakter dieses Tages immer weniger spürbar, dafür aber um so mehr sein interdenominationeller, internationaler und die Rassenunterschiede überbrückender Charakter. Heute rüsten sich Millionen von Frauen in achtzig Ländern innerlich auf diesen Tag. In vielen Ländern sind zu diesem Zweck Ausschüsse geschaffen worden, die oft die erste Gelegenheit darstellten, bei der sich Frauen verschiedener Volks-, Rassen- und Kirchenzugehörigkeit, die vorher nebeneinander lebten, begegnet sind.

Diese Kontakte zwischen Frauen mit dem Ziel der Gebetsgemeinschaft haben fast überall die Vorläufer jeder anderen ökumenischen Begegnung dargestellt und damit Pionierarbeit geleistet. Die von New York aus in der ganzen Welt verteilten Gottesdienstordnungen haben dazu beigetragen, diesem Tag eine ökumenische Note zu verleihen. Das geschah zuerst fast unbewußt, indem man nacheinander Gruppen aus verschiedenen Völkern bat, die Gottesdienstordnung zusammenzustellen. Später geschah es dann ganz bewußt, indem man darauf achtete, daß verschiedene Denominationen eingeladen wurden, die Liturgie zu verfassen. Seit kurzem hat man dann jedes Jahr darum gebeten, daß sich in diesem gemeinsamen Gottesdienst verschiedene Gebetstraditionen durchdringen und ihren Reichtum gemeinsam ausbreiten. Man will damit erreichen, daß die Liturgie von allen Teilnehmern benutzt und gebetet werden kann, ohne daß jemand durch zu fremde Formen sich vor den Kopf gestoßen fühlt oder einfach durch zu exotische Formen abgelenkt wird.

Langsam wurde so der Weltgebetstag der Frauen aus der einfachen Koexistenz von Traditionen, die gewillt waren, sich zu achten, zu einer Gelegenheit für eine wirkliche Gemeinschaftsarbeit. Aus seinen rein amerikanisch-protestantischen Anfängen hat er sich ausgeweitet zu einem wahrhaft ökumenischen Unternehmen im interkonfessionellen ebenso wie im internationalen Sinn

*) Siegfried Kruse, Motivation [Intertat-Diakonisches Jahr], in: Mitteilungen der Evangelischen Frauenhilfe im Rheinland E.V., April 1974/26.

des Wortes. In vergleichbarer Weise ist die Gebetswoche für die Einheit der Christen, die katholischer Initiative entstammt und die meistens in der dritten Januarwoche gehalten wird, in zunehmendem Maße von den protestantischen und orthodoxen Kirchen angenommen worden. Der Weltgebetstag der Frauen bleibt aber das weitaus bedeutendere Ereignis. Das liegt einfach daran, daß er dank seines Ursprungs in der Mission eine so weite Verbreitung bis in die fernsten Winkel der Welt erfahren hat und daß er Millionen von Frauen aller Denominationen seit fast achtzig Jahren Jahr für Jahr in der Fürbitte vereinigt.*)

Alljährlich wird am Weltgebetstag der Frauen in Deutschland ein Teil des Opfers für die Aufbauwochenarbeit erbeten. Für viele Christen ist das die einzige Stelle, an der sie von dieser besonderen Gruppe von Randsiedlern überhaupt etwas erfahren, von den deutschen Menschen, die — zumeist aus den Ostblockstaaten — neu in die Bundesrepublik gekommen sind. In Friedland oder Nürnberg wurde die Grenze überschritten. „Wir sind in Deutschland." Aber am Rande der Bundesrepublik. Dann folgt meist eine mehr oder weniger lange Zeit in Durchgangs- und Übergangswohnheimen. Immer noch Randsiedler. Das Leben sollte ganz anders verlaufen. Irgendwo in der Weite Osteuropas waren sie in deutschen Siedlungen zu Hause, besaßen Haus und Hof, Verwandte und Freunde. Im Kriege flohen sie gen Westen. Obschon sie Bürger eines fremden Staates waren, wurden sie als Deutsche aufgenommen und eingebürgert. Sie gehörten ganz dazu, mit Rechten und Pflichten. Die Männer wurden zur Wehrmacht eingezogen und auch die Frauen zu Hilfsdiensten geholt. Dann überrollten die russischen Soldaten die neue Heimat . . .

Zwangsaufenthalt im äußersten Sibirien bis etwa 1956. Dann durften sie sich im weiten Gebiet der UdSSR frei bewegen, mit jeweils einer wichtigen Ausnahme: Nicht in die alte Heimat, nicht nach Hause. Und natürlich nicht nach Deutschland. Ausreiseanträge werden überall gestellt.

Anträge sind mit hohen Kosten verbunden. Oft muß man weite Reisen machen, um die Formulare zu bekommen. Warten auf Bescheid. Immer wieder „Absage". Man wird müde; man stellt schließlich einen erneuten Antrag, ohne noch ernsthaft auf eine gute Nachricht zu warten. Man findet sich ab, man richtet sich ein. Die Jugend wird heimisch in der Fremde, es ist ja ihre Heimat. Die Jugend versteht nicht recht, was Eltern und Großeltern meinen, wenn sie von Deutschland sprechen; wenn sie schwärmen, wie es ihnen in Deutschland ergehen würde. Wenn sie ganz dazu gehören, als Deutsche unter Deutschen in Freiheit leben könnten.

Und jetzt sind sie da. Die Alten und die Jungen. Gehören sie „ganz dazu"? Nehmen wir sie zur Kenntnis als Brüder und Schwestern? Oder belächeln wir die etwas harte Aussprache bei den Alten? Bemerken wir überhaupt, daß die Jungen nur das Allernotwendigste sprechen, daß sie uns gegenüber fast stumm sind? Daß sie aber munter drauflos plaudern in einer fremden Sprache, wenn sie sich unbeachtet fühlen? Sollen diese Menschen Zeit ihres Lebens Randsiedler bleiben? Die Frauenarbeit versucht, durch Aufbauwochen Hilfe zu geben. Hilfe zur Integration in die westliche Welt, die ihnen zur Heimat werden soll.

Da wird von dem vielschichtigen Leben in der Demokratie mit ihren ungeahnten Möglichkeiten, die es zu nutzen gilt, gesprochen. Man hört von Chancengleichheit aller Bürger und dann merkt man auf Schritt und Tritt, daß vieles von dem, was in der alten Heimat Wert hatte, hier wenig zählt. Daß Prüfungen und Examen hier nicht ohne weiteres anerkannt werden. Daß es einen Wald von bestimmungen und Gesetzen gibt, durch den allein man den Weg nur schwer finden kann. Man läßt sich beraten. Man lernt, mit den Behörden und Ämtern umzugehen und erfährt, die Mitarbeiter dort wollen helfen, man muß sie nur fragen. Man kann seine Bedenken getrost vortragen, wenn man sich nicht richtig verstanden fühlt. Es gibt Bestimmungen, die nach Ermessen angewandt werden können. Für jeden einzelnen Menschen müssen alle Möglichkeiten besonders erwogen werden. Es soll der beste und schnellste Weg gewählt werden, um das Ziel „Integration" = Dazugehören zu erreichen. Vom Randsiedlerdasein hinein in das volle Leben. Dafür gibt es keine allgemein gültigen Rezepte.

Da ist der alte Buchhalter aus Rumänien, dem die technischen Fähigkeiten fehlen, ohne die es in modernen Betrieben keine Arbeit für ihn gibt.

*) Madeleine Barot, Die Frauen und die ökumenische Bewegung, in: Gemeindeveranstaltungen 11,1 (Frauenveranstaltungen), hrsg. v. Fritz Mybes, Stuttgart 1968, S. 38f. (Erstmals in: Ökumenische Rundschau, Heft 3/1965).

Das Ehepaar aus dem Baltikum: Der Mann, als Jude in deutschem Kulturbereich aufgewachsen, hat sich immer als Deutscher gefühlt. Vor den Nazis ins Innere Rußlands gewichen, dort Studium, Krieg, Berufsausübung, Eheschließung mit einer Frau aus osteuropäischem Volksstamm, ebenfalls Akademikerin. Als alle Anträge auf Ausreise nach Deutschland abgelehnt wurden, entsann man sich der jüdischen Abstammung und beantragte Ausreise nach Israel. Nach wiederum langem Warten konnte die Reise angetreten werden. In Wien Kursänderung: Statt nach Israel geht es in die Bundesrepublik. Die Frau benötigt, um ihren erlernten Beruf hier ausüben zu können, fehlerfreies Deutsch.

Die „goldenen Hochzeiter": Am Anreisetag wird das Fest zur Überraschung des Paares gefeiert. Zuerst in der Kapelle, dann im Saal mit Musik und Wein. Die Dankesrede des Bräutigams hört man wie einen spannenden Roman. Von der Heimat im Dorf am Schwarzen Meer, von der Trennung durch den Krieg, vom Wiederfinden, von dem kümmerlichen Anfang auf einer Wiese in Sibirien, von harter Arbeit, von Fleiß und bescheidenem Wohlstand, von langer Reise nach Kasachstan, weil dort das Klima dem der Heimat ähnlich ist, nach Estland, weil da die Chance der Ausreise nach Deutschland größer scheint. Es hat geklappt. Zuversichtlich hoffen die zwei, alle Schwierigkeiten zu überwinden. „Wir sind ja in Deutschland." Die Landarbeiterfamilie aus der Ukraine gehört zu den Mennoniten. Auch sie setzten sich in den Westen ab. Im Nachkriegsdeutschland empfing sie Hunger und Elend. Die Glaubensbrüder in Lateinamerika hatten Hilfe zugesagt. In Paraguay ist Land zu haben, d. h. ein Stückchen Urwald wird zur Verfügung gestellt. Was damit zu erreichen war, ist erreicht. Die Sehnsucht nach Deutschland ist groß. Man bricht noch einmal die Zelte ab, lädt sich eine Schuldenlast auf, um die Überfahrt nach Europa bezahlen zu können, und fängt wieder neu an.

Schließlich die Großfamilie aus Zentralasien. Selbst in der großen Industriestadt ist es gelungen, fest im Familienverband zu bleiben. Man ging zur Arbeit und konnte im privaten Bereich die Tradition der Väter fortführen: Frömmigkeit, lebendiger christlicher Glaube. Deutsche Lieder sind nach dem Gedächtnis aufgeschrieben und werden auch von der Jugend gesungen, deren Umgangssprache sonst Russisch ist.

Es ist klar, daß in so einer Aufbauwoche nur ein Anfang gemacht werden kann. Die Hauptsache kommt erst, die Integration in den neuen Lebenskreis. Noch leben sie am Rande. Am Rande der Gesellschaft und leider oft auch am Rande der Kirchengemeinde. Man ist überall so mit sich selbst beschäftigt, daß man gar nicht bemerkt, was da in nächster Nähe und doch am Rande sich abspielt. Diese Menschen kamen mit großen Hoffnungen, vielleicht mit unerfüllbaren Wünschen, und merken nun, daß sie vielfach falsche Vorstellungen gehabt haben. Sie brauchen Hilfe. Materielle Hilfe wird ihnen gewährt, sie werden mit dem zum Leben Notwendigen versorgt. Ist damit die Integration erreicht?

Im sozialen Miteinander ist in den letzten Jahren ein Wandel zu beobachten. Die natürlichen Beziehungen, Familie, Verwandtschaft, gemeinsame Arbeit, sind gelockert oder ganz gelöst. Neue Beziehungen werden geknüpft durch Hobby-Kreise, Sport, Volkshochschule, die aber von der Sache her nicht auf Dauer angelegt sind. Man kommt und geht. Wie schwer ist es da für Fremde, Kontakte zu finden, besonders für die, deren Gemeinschaftsleben sehr ausgeprägt und für das ganze Leben bestimmend war.

Es liegt an jedem einzelnen unter uns, ob aus den Randsiedlern in der Nähe enttäuschte und verbitterte Menschen werden oder Mitbürger, die am Aufbau unseres Staates mithelfen und somit dazu beitragen, daß unsere Demokratie funktioniert. Von christlicher Verantwortung für den Nächsten gar nicht zu reden!*)

Die Arbeit der Frauenhilfe ist von ihren ersten Anfängen an auf Partnerschaft angelegt. Zunächst wird dabei an den „Partner Pfarrer" gedacht, nach 1945 wird bei aller Respektierung der je eigenen Aufgaben auch nach der Zusammenarbeit von Frauen und Männern in der Gemeinde gefragt. Das von der UNO für 1975 proklamierte „Internationale Jahr der Frau" veranlaßt zu erneutem Nachdenken über Erreichtes und Noch-nicht-Erreichtes.

*) Hildegard Harzbecher, Dazugehören — oder Randsiedler bleiben? in: Der Bote für die evangelische Frau, Februar 1975, S. 10, Rheinland.

Die traditionelle Männer- und Frauenarbeit in der Ortsgemeinde geschieht . . . noch immer in Klausur. Diese Form hat zweifellos auch heute noch gute Berechtigung . . . Dennoch sollten Ansätze gemacht werden, die die „Koordination" nicht allein auf sogenannte „übergeordnete Bereiche" beschränken, sondern vielmehr zur Kooperation auf breiter Ebene führen, wie es der täglichen Praxis im gesellschaftlichen Bereich entspricht.

Ledige, Verheiratete, Alleinstehende oder verwitwete Männer und Frauen verschiedener Berufe und „Stände" haben zwar verschiedene Interessen und Probleme, aber gerade deshalb sind Kontakt, Verständnis und lebendige Gemeinschaft vonnöten, um die tödliche Isolierung aufzubrechen.*)

Ein Mann als Stellvertreter? Es soll Leute geben, die darüber schmunzeln. Sie meinen, wir hätten immer noch nicht begriffen, daß Frauen sehr wohl allein eine Organisation leiten können. Nur eben, wir empfinden das in der Frauenhilfe nicht mehr als ein Ziel, das anzustreben ist.

Als 1926 eine Frau in die Leitung der Frauenhilfe berufen wurde, war das der entscheidende Fortschritt. Ohne diesen Schritt wären die 75 Jahre, auf die wir zurückblicken, anders verlaufen und weniger wichtig. Aber Frauenhilfe ohne männliche Partner, das wäre ein Rückschritt.

Wir sehen natürlich, daß mit dieser Aussage längst nicht alle Probleme gelöst sind.

In den Synoden sitzen zu wenig Frauen, in den Gottesdiensten zu wenig Männer, um es zugespitzt zu sagen. Ein Problem für die Frauenhilfe und zugleich für die ganze Kirche. Tatsächlich ist kaum eine Frage, die in den vielen Gruppen und Kreisen der Frauenhilfe besprochen wird, eine spezifische Frauenfrage. Was da erkannt, besprochen, durchgearbeitet, weitergegeben wird, wird fast immer auf eine bessere Zusammenarbeit von Mann und Frau in Kirche und Gesellschaft zielen. Daß uns dies zum Besten unserer Kirche gelingt, ist mein Wunsch für die vor uns liegende Zeit.**)

Nach allem, was dem interessierten Staatsbürger seit Anfang 1975 zum „Internationalen Jahr der Frau" vor Augen und Ohren kommt, kann ich meine Meinung dazu nur unter dem Ausruf „Das mißverstandene Jahr!" zusammenfassen. Oder sollte ich schreiben: „Das Jahr der Mißverständnisse!"?

Die UNO hat das Jahr der Frau weltweit proklamiert. Die Begriffe Gleichberechtigung — Entwicklung — Frieden stehen als Leitmotiv. In allen Erdteilen sollen Regierungen und Völker ihren Beitrag dazu leisten, die „Menschenrechte für die Frau" (Elisabeth Moltmann-Wendel) zu verwirklichen. Bereits Erreichtes, zum Beispiel die gesetzliche Gleichberechtigung bei uns, sollte wohl gewürdigt, nicht aber als Alibi, das weitere Bemühungen überflüssig macht, benutzt werden. Entwicklung, denken wir nur einmal an Bildung, ist draußen und drinnen notwendig, Männer und Frauen müssen sie wollen und anerkennen. Frieden, noch immer das Gegenteil von Krieg, sollte 1975 zum Jahr *für* die Frau und nicht *gegen* den Mann werden lassen.

Was aber geschah bisher bei uns? Das „Jahr der Frau" ist in aller Munde, es soll Zuvorkommenheit und Rücksichtslosigkeit im Umgang von Mann und Frau gleichermaßen rechtfertigen; Fortschritt und Rückschritt berufen sich darauf; geistreiche und platte Glossen, spritzige und dumme Witze haben es als dankbares und offensichtlich unerschöpfliches Grundthema entdeckt.

Was bleibt da einem Menschen, der seit Jahren in Kirche, Diakonie und Evangelischer Frauenhilfe mitarbeitet, dies gerne tut und auch weiter dabeisein möchte, aber — was er nicht bedauert — eine Frau ist? Mir bleibt nur die Hoffnung, daß sich 1975 und darüber hinaus — mit und ohne „Jahr der Frau" — immer mehr Menschen Gedanken machen über Nöte in der Welt, die abgestellt werden können, wenn Männer und Frauen zusammenarbeiten. Es bleibt die Hoffnung, daß es nicht als naturnotwendig hingenommen wird, daß — um nur eines zu nennen — von den rund 25 000 hauptamtlichen Mitarbeitern im Bereich des Diakonischen Werkes der Evangelischen Kirche im Rheinland zwar mehr als zwei Drittel Frauen sind, in den Leitungsgremien der Einrichtungen aber jeweils nur einige wenige.

Ehrenamtliches Wirken in Kirchengemeinden und Diakonie sollte nicht deswegen *die* Domäne der Frauen bleiben,

---

*) Helmut Esser, Vierfaches — aber gemeinsames Leben, Entwurf für gemeinsame Veranstaltungen der Männer- und Frauenarbeit, in: Gemeindeveranstaltungen 11,1 (Frauenveranstaltungen), hrsg. von Fritz Mybes, Stuttgart 1968, S. 27.

**) Ferdinand Schlingensiepen, Stellvertretender Vorsitzender der Evangelischen Frauenhilfe in Deutschland, in: Evangelische Frauenhilfe 1899/1974, Faltblatt hrsg. von der Evangelischen Frauenhilfe in Deutschland, 1974.

weil sich Männer dafür zu schade sind! Auch solches Hoffen sei nicht *gegen* jemanden, sondern *für* alle gesagt: den Männern mit der Bitte, von Frauen, die mitwirken möchten, nicht stets zusätzliche Befähigungsnachweise zu fordern: Perfektion von Anfang an plus gutes Aussehen, tadellose Umgangsformen und unentwegte Rücksichtnahme; den Frauen mit der Ermutigung, daß man sich auch in Bereiche einarbeiten kann, die einem zunächst fremd sind; daß Zuhörenkönnen in manchen Leitungsbereichen zum Nutzen aller geübt und praktiziert werden muß; daß mutiges Fragen schon manche Diskussion auf den Boden der Tatsachen zurückgeführt hat.

Das „Jahr der Frau" muß kein Jahr der Mißverständnisse bleiben. Auch in Kirche und Diakonie können wir dazu einiges tun. Gegenseitige Achtung und Ernstnehmen in unseren Arbeitsbereichen kann die Forderung nach der *Gleichberechtigung* der Frau in der Dritten Welt glaubwürdiger machen. Die Erkenntnis, daß *Entwicklung,* nämlich Entfaltung der Fähigkeiten und damit Einsatz für den nahen und fernen Nächsten, auch bei uns Aufgabe für Frauen und Männer ist, wird uns einordnen in den Erdkreis. *Frieden* darf kein Schlagwort sein, das nur des Dreiklangs wegen angefügt wird. Die ursprüngliche Bedeutung des Wortes: „Zustand der Freundschaft, Schonung" könnte vielleicht im Umgang der Menschen miteinander im Jahre 1975, im „Internationalen Jahr der Frau", bewußter gemacht werden, auch in Kirche und Diakonie.*)

Am 28. Mai 1974 beschließt die Mitgliederversammlung der Evangelischen Frauenhilfe im Rheinland in der Aula des Amos-Comenius-Gymnasiums in Bonn-Bad Godesberg nach langen Vorberatungen und nochmaliger eingehender Diskussion eine neue Satzung. Auftrag, Ziel und Arbeitsfelder der Rheinischen Frauenhilfe werden neu beschrieben.

Satzung
der Evangelischen Frauenhilfe im Rheinland e.V.
Eingetragen im Vereinsregister des Amtsgerichts Bonn unter der Registernummer VR 2391 am 1. Juli 1974.

§ 1 Name, Sitz, Geschäftsjahr
Der Verein führt den Namen
„EVANGELISCHE FRAUENHILFE IM RHEINLAND E. V."
Er hat seinen Sitz in Bonn - Bad Godesberg und ist unter der Nummer VR 2391 im Vereinsregister beim Amtsgericht Bonn eingetragen.

Das Geschäftsjahr ist das Kalenderjahr.

§ 2 Zweck des Vereins
Zweck des Vereins ist es, evangelische Frauen bei der Erfüllung ihrer Aufgaben in Familie, Beruf, Kirche und Gesellschaft zu unterstützen und Bereitschaft zur Verantwortung zu wecken. Diese Aufgaben haben ihren Grund in dem biblischen Zeugnis von der Liebe Gottes in Jesus Christus. Im Hören auf dieses Zeugnis sucht der Verein seinen Zweck zu erreichen, insbesondere durch
1. Verbindung zu örtlichen Frauengruppen zur Hilfe für ihre äußere und innere Gestaltung und zur Förderung bei der Erfüllung ihrer speziellen Aufgaben;
2. Veranstaltung von Lehrgängen und Freizeiten;
3. Durchführung von Bildungsarbeit für Frauen aller Altersstufen;
4. Maßnahmen der Familienbildung und Familienerholung;
5. Förderung der Mitarbeit evangelischer Frauen in den Kirchengemeinden und in den Leitungsgremien der Kirche;
6. Förderung der Mitarbeit evangelischer Frauen im Bereich der Diakonie;

*) Gertrud Frauenknecht, Das mißverstandene Jahr, in: diakonie im rheinland, Jg. 12, Ausgabe März/April 1975, S. 10f.

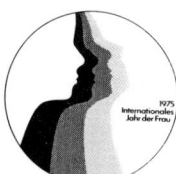

7. Wecken diakonischer Gesinnung und Ausbildung zu praktischer Diakonie;

8. Verbindung zu anderen Frauenverbänden;

9. Zusammenarbeit mit anderen Ämtern und Werken der Evanlischen Kirche im Rheinland;

10. Förderung der Mitarbeit evangelischer Frauen in öffentlichen Gremien;

11. Angebot von Arbeitshilfen und anderem für die Förderung der Arbeit geeignetem Schrifttum;

12. Angebote zur Information und Kommunikation der Kreisverbände untereinander, auch im Blick auf deren diakonische Einrichtungen;

13. Errichtung und Führung von Heimen und Häusern für Müttergenesung, Gesundheitspflege und Altersfürsorge;

14. Förderung der Frauenhilfs-Diakonieschwesternschaft im Rheinland e. V.

§ 3 Gemeinnützigkeit und Zugehörigkeit zum Spitzenverband

1. Der Verein verfolgt ausschließlich und unmittelbar kirchliche, gemeinnützige und mildtätige Zwecke im Sinne der Gemeinnützigkeitsverordnung vom 24. 12. 1953 in der jeweils geltenden Fassung.

Etwaige Gewinne des Vereins dürfen nur für die satzungsmäßigen Zwecke verwendet werden. Die Mitglieder erhalten keine Gewinne und in ihrer Eigenschaft als Mitglieder auch keine sonstigen Zuwendungen aus Mitteln des Vereins. Sie haben bei ihrem Ausscheiden, bei Auflösung oder bei Entziehung der Rechtsfähigkeit des Vereins keinerlei Ansprüche an das Vereinsvermögen. Keine Person darf durch Ausgaben, die den Zwecken des Vereins fremd sind, oder durch unverhältnismäßig hohe Vergütungen begünstigt werden.

2. Der Verein ist dem Spitzenverband der freien Wohlfahrtspflege Diakonisches Werk der Evangelischen Kirche im Rheinland als Fachverband angeschlossen.

§ 4 Mitgliedschaft

1. Der Verein „Evangelische Frauenhilfe im Rheinland e.V." — Mitglied der Evangelischen Frauenhilfe in Deutschland e.V. — ist ein Landesverband. Der Landesverband umfaßt das Gebiet der Evangelischen Kirche im Rheinland und gliedert sich in Kreisverbände.*) Die Mitgliedschaft können erwerben:

a) evangelische Frauengruppen;

b) Gemeindekreise und Einzelpersonen, die sich zur Förderung der Zwecke des Landesverbandes verpflichten.

Die Aufnahme der Mitglieder erfolgt in der Regel durch den Vorstand des zuständigen Kreisverbandes, in besonderen Fällen durch den Vorstand des Landesverbandes. Neuaufnahmen von Mitgliedern sind dem Landesverband durch den Kreisverband schriftlich anzuzeigen.

2. Die Mitglieder zahlen einen jährlichen Beitrag an den Landesverband. Einzelheiten regelt eine Beitragsordnung.

3. Mitglieder und Kreisverbände bringen vorhandene Ordnungen und Satzungen dem Landesverband zur Kenntnis und zeigen ihm die Namen ihrer Vorstandsmitglieder an.

4. Der Landesverband kann an den Sitzungen der Vorstände und den Mitgliederversammlungen der Kreisverbände stimmberechtigt — mit einer Stimme — teilnehmen.

§ 5 Organe

Die Organe des Vereins sind:

a) die Mitgliederversammlung;

b) die Vorständekonferenz;

c) der Vorstand.

§ 6 Mitgliederversammlung

1. Die Mitgliederversammlung besteht aus den evangelischen Frauengruppen, Gemeindekreisen, Einzelmitgliedern und den Mitgliedern der Vorständekonferenz.

Stimmberechtigt sind evangelische Frauengruppen (§ 4, Abs. 1a) und die Mitglieder der Vorständekonferenz (§ 7, Abs. 1). Die übrigen Mitglieder nehmen mit beratender Stimme teil. Die evangelischen Frauengruppen, Mitglieder gemäß § 4, Abs. 1a, üben ihr Stimmrecht durch Vertreter aus. Die Zahl der Vertreter richtet sich nach der Anzahl der Frauengruppen, die in einem Kreisverband zusammengefaßt sind. Jeweils bis zu 10 Frauengruppen stellen einen Delegierten. Jeder Delegierte hat nur eine Stimme.

*) Aachen; An der Agger; Altenkirchen; Barmen; Birkenfeld/Baumholder; Bonn; Dinslaken; Düsseldorf; Düsseldorf-Mettmann; Duisburg Nord; Duisburg Süd; Elberfeld; Essen; Gladbach; Hunsrück; Hunsrück-Mosel; Jülich; Kleve; Koblenz; Köln Nord; Köln Mitte; Köln Süd; Köln rechtsrheinisch; Krefeld; Krefeld Stadtverband; Kreuznach; Lennep; Leverkusen; Meisenheim; Moers; Mosel-Eifel; Mülheim (Ruhr); Niederberg; Oberhausen; Saarverband mit Saarbrücken, Ottweiler, Völklingen; Sobernheim; Solingen; Wesel; Wetzlar; Wied.

2. Aufgaben der Mitgliederversammlung sind
a) Entgegennahme des Tätigkeitsberichtes und des Berichtes über die Finanzlage;
b) Beratung über den Stand und die Planung der Arbeit;
c) Beschlußfassung zur Übernahme neuer Aufgaben durch die Evangelische Frauenhilfe im Rheinland e.V.;
d) Beschlußfassung über Satzungsänderung und Auflösung des Vereins.

3. In der Regel alle zwei Jahre, mindestens in jedem 4. Kalenderjahr, findet eine ordentliche Mitgliederversammlung statt. Die Einberufung einer außerordentlichen Mitgliederversammlung muß binnen sechs Wochen erfolgen, wenn sie unter Angabe des Zweckes und der Gründe von mindestens zehn Kreisverbänden schriftlich gefordert wird. Die Einladung erfolgt durch die Vorsitzende und den Leitenden Pfarrer.

Der Vorstand bestimmt mindestens zwei Monate vorher Ort und Zeit der Mitgliederversammlung, setzt die vorläufige Tagesordnung fest und teilt dies umgehend den Mitgliedern mit. Spätestens drei Wochen vor der Versammlung sind die Einladungen unter Angabe der endgültigen Tagesordnung an die Mitglieder abzusenden. Die Mitglieder benennen spätestens vor Beginn der Versammlung ihre zur Wahrnehmung des Stimmrechts bevollmächtigten Vertreter.

Anträge der Mitglieder für die Mitgliederversammlung sind an die Geschäftsführung zu richten und müssen auf die Tagesordnung gesetzt werden, wenn sie wenigstens vier Wochen vor der Versammlung eingehen. Anträge, die nicht rechtzeitig eingehen oder in der Versammlung gestellt werden und sich auf nicht auf der Tagesordnung stehende Angelegenheiten beziehen, gelangen zur Verhandlung, wenn mindestens ein Zehntel der anwesenden stimmberechtigten Mitglieder sie schriftlich unterstützen.

4. Die Versammlung ist beschlußfähig, wenn Vertreter von mindestens einem Drittel der stimmberechtigten Mitglieder anwesend sind.

Beschlüsse werden mit Stimmenmehrheit gefaßt. Bei Beschlußfassung über Satzungsänderung und die Auflösung des Vereins ist eine Dreiviertelmehrheit der anwesenden Stimmberechtigten notwendig. Über die Beschlüsse und, soweit zum Verständnis über deren Zustandekommen erforderlich, auch über den Verlauf der Verhandlung, ist eine Niederschrift aufzunehmen, die von der Vorsitzenden und dem Protokollführer zu unterzeichnen ist.

§ 7 Vorständekonferenz
1. Der Vorständekonferenz gehören an:
a) die Mitglieder des Vorstandes;
b) die Vorsitzenden jedes Kreisverbandes oder ein vom Kreisverband zu entsendender Vertreter;
c) bis zu 10 Personen, vorzugsweise aus der Arbeit der Frauenhilfe, die von der Vorständekonferenz für vier Jahre gewählt werden und von denen alle zwei Jahre die Hälfte ausscheidet. Die zuerst ausscheidenden Mitglieder werden durch Los bestimmt. Wiederwahl ist zulässig.
d) der Präses der Evangelischen Kirche im Rheinland und der Referent für Frauenarbeit im Landeskirchenamt;
e) der Direktor des Diakonischen Werkes der Evangelischen Kirche im Rheinland oder ein Vertreter;
f) die Vorsitzende der Evangelischen Frauenhilfe in Deutschland e.V. oder ein Vertreter.

2. Die Vorständekonferenz stellt die Richtlinien für die Arbeit auf und entscheidet Fragen von grundsätzlicher Bedeutung für die Evangelische Frauenhilfe im Rheinland e.V.

Zu den Aufgaben der Vorständekonferenz gehören namentlich:
a) die Wahl der Vorsitzenden, ihrer Stellvertreterin und des Schatzmeisters;
b) die Wahl der in § 7, Abs. 1c genannten Mitglieder;
c) die Berufung der hauptamtlichen Pfarrer der Evangelischen Frauenhilfe im Rheinland e.V.;
d) die Wahl der nicht kraft Amtes dem Vorstand angehörenden Mitglieder;
e) die Entgegennahme des Tätigkeitsberichtes;
f) die Entgegennahme der Finanzplanung, des Finanzberichtes und die Entlastung des Vorstandes;
g) die Bildung von Fachausschüssen;
h) die Aufstellung der Beitragsordnung;
i) die Beschlußfassung über die Auflösung des Vereins.

3. Die Vorständekonferenz tritt auf schriftliche Einladung der Vorsitzenden und des Leitenden Pfarrers der Evangelischen Frauenhilfe im Rheinland zusammen so oft es erforderlich ist, in der Regel zweimal jährlich. Sie muß binnen vier Wochen einberufen werden, wenn mindestens 20 Mitglieder es unter Angabe von Gründen verlangen. Die Einladung zu den Sitzungen muß drei Wochen vorher erfolgen.

4. Die Vorständekonferenz ist beschlußfähig, wenn mehr als die Hälfte der Kreisverbände vertreten ist; ihre Beschlüsse werden mit Stimmenmehrheit gefaßt. Jeder vertretungsberechtigte Anwesende hat nur eine Stimme. Bei Beschlüssen über die Auflösung des Vereins ist Dreiviertelmehrheit der erschienenen Stimmberechtigten erforderlich.

Über die Beschlüsse und, soweit zum Verständnis über deren Zustandekommen erforderlich, auch über den Verlauf der Verhandlung, ist eine Niederschrift aufzunehmen, die von der Vorsitzenden und dem Protokollführer zu unterschreiben ist.

5. Zu den Tagungen der Vorständekonferenz können Gäste eingeladen werden.

§ 8 Vorstand

1. Der Vorstand besteht aus höchsten 19 Mitgliedern, von denen die Mehrheit Frauen sein müssen. Ihm gehören an: Die Vorsitzende, die stellvertretende Vorsitzende, der Schatzmeister und als geborene Mitglieder der Leitende Pfarrer des Landesverbandes der Evangelischen Frauenhilfe im Rheinland e.V., sein Vertreter, die zwei übrigen Mitglieder der Geschäftsführung, die Oberin und der Vorsitzende der Frauenhilfs-Diakonieschwesternschaft im Rheinland e.V. und bis zu zehn zu wählende Mitglieder.

Die zu wählenden Mitglieder des Vorstandes, einschließlich der Vorsitzenden, ihrer Stellvertreterin und des Schatzmeisters, werden von der Vorständekonferenz auf vier Jahre gewählt; sie unterliegen dem Wahlturnus wie in § 7, Abs. 1c. Ausgeschiedene Mitglieder sind wieder wählbar. Scheiden Mitglieder vor Ablauf ihrer Wahlzeit aus, so kann der Vorstand für die restliche Amtszeit Ersatzmitglieder wählen.

2. Der Vorstand entscheidet alle Angelegenheiten soweit sie nicht der Mitgliederversammlung oder der Vorständekonferenz

vorbehalten sind und über die laufende Geschäftsführung hinausgehen, inbesondere
a) den Kauf, den Verkauf und die Belastung von Grundstücken;
b) die Aufnahme von Darlehen;
c) die Vorbereitung des Finanzberichtes zur Vorlage an die Vorständekonferenz;
d) den Erlaß der Geschäftsordnung für die Geschäftsführung.

Er wählt die Mitglieder der von der Vorständekonferenz gebildeten Fachausschüsse.

3. Der Vorstand tritt nach Bedarf, möglichst vierteljährlich, zusammen. Auf Verlangen von drei Mitgliedern ist innerhalb von vier Wochen eine Sitzung einzuberufen.

4. Der Vorstand ist beschlußfähig, wenn die Hälfte seiner Mitglieder anwesend ist. Beschlüsse werden mit Stimmenmehrheit gefaßt.

In dringenden Fällen können Beschlüsse schriftlich gefaßt werden. Ein Beschluß ist dann zustande gekommen, wenn die Mehrheit des Vorstandes einem Vorschlag der Geschäftsführung zugestimmt hat.

5. Stehen Fragen ihres Arbeitsbereiches auf der Tagesordnung, so können Angestellte des Landesverbandes mit beratender Stimme zu den Sitzungen des Vorstandes zugezogen werden.

§ 9 BGB - Vorstand

Der Vorstand im Sinne des § 26 BGB ist die Vorsitzende und in ihrer Stellvertretung der Leitende Pfarrer der Evangelischen Frauenhilfe im Rheinland e.V.

Dieser Vorstand ist der Evangelischen Frauenhilfe im Rheinland e.V. gegenüber verpflichtet, sich an die Beschlüsse und die Richtlinien der Organe zu halten. Seine Vertretungsbefugnis nach außen wird hierdurch nicht berührt.

§ 10 Geschäftsführung und Geschäftsstelle

Der Leitende Pfarrer, sein Stellvertreter und die für die Sachgebiete Personal und Finanzen zuständigen Referenten bilden die Geschäftsführung. Der Vorsitz liegt bei dem Leitenden Pfarrer, im Fall seiner Verhinderung bei seinem Stellvertreter. Die Geschäftsführung ist mit Hilfe einer Geschäftsstelle für die laufenden

Geschäfte und die Durchführung der Beschlüsse der Organe verantwortlich. Näheres regelt die vom Vorstand erlassene Geschäftsordnung.

§ 11 Auflösung

Zur Auflösung des Vereins ist ein übereinstimmender Beschluß der Mitgliederversammlung und der Vorständekonferenz erforderlich. Er erhält erst dann Gültigkeit, wenn er in nochmals angesetzten Versammlungen der beiden Organe mit demselben Wortlaut gefaßt wird.

Bei Auflösung oder bei Entziehung der Rechtsfähigkeit des Vereins fällt das gesamte Vermögen an die Evangelische Kirche im Rheinland, die es zu entsprechenden Aufgaben (§ 2) zu verwenden hat.

§ 12 Formelle Änderungen

Formelle Änderungen oder Ergänzungen der Satzung, welche die Registerbehörde oder das Finanzamt verlangen sollten, gelten als von der Mitgliederversammlung beschlossen.

§ 13 Inkrafttreten der Satzung

Diese Satzung tritt an die Stelle der Satzung vom 9. 12. 1954. Sie tritt mit der Eintragung in das Vereinsregister in Kraft.*)

Im Herbst 1974 ziehen 13 bisher voneinander getrennt arbeitende Ämter und Werke der Evangelischen Kirche im Rheinland in ein „Haus landeskirchlicher Dienste" in der Rochusstraße in Düsseldorf. Erstrebt wird vor allem eine bessere Kooperation der Ämter und Werke. Überschneidungen in der Arbeit sollen durch gemeinsame Planung möglichst vermieden, Arbeitsschwerpunkte sollen gebildet werden. Die Evangelische Frauenhilfe im Rheinland richtet im „Haus landeskirchlicher Dienste" eine Außenstelle ein. Die dort tätige Mitarbeiterin vertritt zugleich die Evangelische Frauenarbeit im Rheinland.

*) AFrRh.

Die Schwesternschaften der Frauenhilfe

Nach dem Zweiten Weltkrieg entsteht für die Schwesternschaften der Frauenhilfe folgende Situation: Die Frauenhilfsschwestern aus Ostpreußen schließen sich zum Teil der Pommerschen (Stralsund) und zum Teil der Brandenburgischen Schwesternschaft (Potsdam) an. Die Frauenhilfsschwestern aus Schlesien werden bis auf wenige von der Rheinischen Schwesternschaft übernommen. Durch das Entstehen zweier deutscher Staaten schließen sich die Frauenhilfsschwestern der Kirchenprovinz Sachsen, soweit sie in Sachsen tätig waren, der Brandenburgischen Schwesternschaft an; die restlichen Schwestern bleiben mit ihrer Oberin in ihrem Heimathaus in Bad Sachsa. 1957 schließen sich die Schwesternschaften von Pommern und Brandenburg zusammen als Schwesternschaft der Evangelischen Frauenhilfe innerhalb der östlichen Gliedkirchen mit ihrem Heimathaus in Potsdam. Der Schwesternverband der Evangelischen Frauenhilfe von Westfalen ist und bleibt in Soest beheimatet. Die Schwesternschaft der Evangelischen Frauenhilfe im Rheinland baut nach mehreren Zwischenunterkünften in Hessen und Rheinland-Pfalz in Bad Godesberg ihr neues Heimathaus.

1975 (Mai) gehören zum Mutterhausverband der Evangelischen Frauenhilfe in Deutschland die „Schwesternschaft der Evangelischen Frauenhilfe" in der DDR (79 aktive Schwestern, 25 pensionierte Schwestern, 13 Schülerinnen), der „Schwesternverband der Evangelischen Frauenhilfe in Westfalen" (47 aktive Schwestern, 78 pensionierte Schwestern) und die „Frauenhilfs-Diakonieschwesternschaft im Rheinland" (61 aktive Schwestern, 61 pensionierte Schwestern, 29 Schülerinnen). Die Schwesternschaft der Sächsischen Frauenhilfe hat sich aufgelöst. Die dem Mutterhausverband verbliebene Aufgabe besteht in der Vorbereitung und Durchführung von Gesamtschwesterntagen.

———————

Im folgenden sei der Weg der Schwesternschaft der Evangelischen Frauenhilfe im Rheinland von den letzten Kriegsjahren an ausführlicher dargestellt.

Das Ende in Barmen 1943

Das Auguste-Victoria-Heim als Zentrale der Evangelischen Frauenhilfe im Rheinland, 1906 eingeweiht und 1929 erweitert, war gleichzeitig zum Mutterhaus der Schwesternschaft geworden. Im Auguste-Victoria-Heim verrichteten die Schwestern den Dienst an den Aufgaben der Frauenhilfe in Haushaltsführung, Freizeiten, Konferenzen, Müttererholung, Tagesbesuchen von Frauenhilfen, Durchführung von Helferinnen-Lehrgängen u. a.

Nach dem Selbständigwerden der Schwesternschaft erfolgte auch innerhalb des Hauses eine Trennung zwischen Mutterhaus und der Zentrale der Frauenhilfe, wobei die Schwestern Aufgaben im Gesamtbereich derselben behielten.

Oftmals waren in all den Jahren Schwestern herbeigeströmt zu den jährlich zweimal stattfindenden Schwesterntagen bis zum 23. Mai 1943.

„Ehringshausen Kr. Wetzlar, den 3. 6. 1943
Meine lieben Schwestern!
Sie alle wissen, daß Barmen bei dem letzten Angriff in der Nacht vom 29. zum 30. Mai sehr schwer gelitten hat und daß dabei unser liebes Auguste-Victoria-Heim völlig zerstört und bis auf den Grund ausgebrannt ist. Durch ein Wunder sind die

meisten seiner Insassen aus großer Not errettet. 1 1/2 Stunden dauerte der Angriff, der an Heftigkeit wohl alles Bisherige überbot. Keine Flak hielt die Angreifer zurück und ungehindert konnten sie Spreng- und Brandbomben und Feuer auf die unglückliche Stadt werfen. Kaum vermochten wir nach dem Alarm in den Keller zu kommen, da brannte schon der Dachstuhl, fielen Bomben, Kanister in großer Zahl. Ein Volltreffer zerstörte gleich zu Anfang den Durchgangsbau, so daß eine Verbindung mit dem Neubau nicht mehr möglich war. Im Luftschutzkeller waren wir zu 37 Menschen. Keiner konnte mehr nach oben: da die Durchschläge bis in die untersten Stockwerke erfolgten, waren wir ständig bedroht durch brennende Balken und Holzteile, die durch den Luftdruck der Sprengungen, durch die Kellerfenster und Außentüren getrieben wurden. Dazu kam die Erstickungsgefahr durch die ungeheure Rauchentwicklung. Hinaus ins Freie konnte man nicht, weil ununterbrochen Bomben auf das Haus und um das Haus herum fielen. Dazu wurde mit Maschinengewehren geschossen. Die Not dieser Stunde war sehr groß, aber Gott hat uns Kraft gegeben und uns schließlich durch eine der letzten Sprengbomben den Ausgang durch die Küchenhaustür freigelegt . . . Drei Kranke sind in ihrem Bett sofort umgekommen und zwei konnten nicht mehr den Ausgang aus dem Luftschutzkeller erreichen, da der Rauch sie bewußtlos gemacht hatte. Einstweilen bleibe ich hier [Oberin Volkenborn war es gelungen, mit einigen Schwestern in das frauenhilfseigene Krankenhaus nach Ehringshausen zu kommen], um von hier aus die Leitung der Schwesternschaft weiterzuführen. Vieles gibt es zu überlegen und zu tun. Leider muß ich noch liegen, da ich mehrere Wunden am rechten Bein erhielt durch Anprall von gesprengten Mauerstücken . . . — Am schwersten ist es mir, daß wir nichts für die Schwesternschaft retten konnten: alles, was Sie und wir für die Schwesternschaft mit viel Liebe zusammengetragen haben, ist nicht mehr. Auch das gesamte Aktenmaterial des Büros und der Kasse ging verloren. Wir müssen alles neu aufbauen: Aber wir sorgen uns nicht. Gott wird helfen und den Weg weisen, nachdem er uns so wunderbar rettete. Danken müssen wir, daß die Gesamtarbeit unserer Schwesternschaft in den Außenstationen weitergeht und hier in Ehringshausen haben wir ja alle Hände voll zu tun . . . "

Unterwegs 1943 — 1947

Durch die Zerstörung der Zentrale in Barmen wurden Geschäftsstelle der Evangelischen Frauenhilfe und Schwesternschaft auseinandergerissen. Die Geschäftsstelle zog zunächst nach Lennep, dann nach Bad Godesberg in verschiedenste Behelfsunterkünfte. Die Schwesternschaft hatte für einige Monate ihr Domizil im Kaiserin-Auguste-Victoria-Krankenhaus in Ehringshausen. Noch im gleichen Jahr (1943) siedelte das „Mutterhaus", nun ein fester Begriff für die Zentrale der Schwesternschaft, mit Oberin, den Mitarbeiterinnen, Schülerinnen, alten und kranken Schwestern nach Meisenheim/Glan über in einen Teil eines Erholungsheimes der Evangelischen Kirche im Rheinland, des Herzog-Wolfgang-Hauses. Das Erholungsheim wurde Arbeitsfeld der Schwesternschaft. „Zunächst begann man mit der mühseligen Arbeit des Ersatzes des restlos verloren gegangenen Aktenmaterials: Akten der Schwestern, der Stationen, der Versorgung usw. Wichtige Dokumente mußten in Abschrift herbeigeschafft werden: Arbeitsverträge, Zeugnisse, Lebensläufe. Auch die Kartei der Schwestern und der Arbeitsfelder mußten neu erstellt werden. Dazu kamen die notwendigsten Anschaffungen in einer Zeit, wo eigentlich nichts mehr zu haben war. — Die Außenarbeit ging gut weiter, so gefährdet die Schwestern im Rheinland durch Bombenangriffe und später durch die Nähe der Front auch waren. Jede Schwester stand tapfer und treu auf ihrem Platz, oft unter Einsatz des Lebens."

Bis Ende 1944 konnte Oberin Volkenborn noch Stationsreisen unternehmen und die Verbindung mit der Frauenhilfszentrale in Bad Godesberg aufrecht erhalten. Im März 1945 wurde Meisenheim von den Amerikanern überrollt. Die Bewohner des Herzog-Wolfgang-Hauses blieben vor Schwerem bewahrt und konnten, von der Godesberger Zentrale und allen Arbeitsfeldern abgeschnitten, wertvollen Not- und Ersatzdienst in der Gemeinde Meisenheim verrichten.

1946 schied Pfarrer D. Kunze aus. An seine Stelle trat, auch als Vorsteher der Schwesternschaft, Superintendent Pabst. Er leitete den ersten Schwesterntag nach dem Kriege in Meisenheim. Am 5. November 1947 bezog die „Mutterhausfamilie" das Hotel Decker in Rolandseck/Rhein als neue Zentrale der Schwesternschaft, nachdem auch die Verbindung mit allen Arbeitsfeldern wiederhergestellt war. Einige Monate zuvor hatte Pfarrer Lorenz, mit der Schlesischen Schwesternschaft in den Westen geflüchtet, Superintendent Pabst abgelöst.

Sammlung und Neubeginn 1947 — 1956

„Ein altes, vernachlässigtes, vom Kriege sehr mitgenommenes Hotel ist nicht ohne weiteres ein Mutterhaus. Mit großer Freude und Tatkraft, trotz oft grimmigen Hungers, gingen wir daran, uns einzurichten. Schäden auszubessern, eine Waschküche mit alten, erworbenen Maschinen auszustatten, ein Gartenstück zu bearbeiten, Schweine und Hühner zu ziehen, Spenden von Lebensmitteln aller Art von den Arbeitsfeldern entgegenzunehmen. Sogar der jährliche Koksbedarf für die immer reparaturbedürftige Heizung wurde von der Zeche Rheinhausen geschenkt. Wir lebten vom Wunder, hatten kein Geld nach dem Währungsschnitt und durften doch da sein für viele Menschen aller Art, die auf uns zukamen. Natürlich zunächst für die eigenen Schwestern, die nun in Rolandseck wieder eine Heimat bekamen, für die ersten Feierabendschwestern, die bei Verwandten keine Unterkunft mehr fanden. Ihrer wurden es im Laufe der Jahre 10 bis 15, für die ein Stübchen bereitgestellt werden mußte. Die Schülerinnen erhielten geordneten Unterricht unter wechselnder Leitung. Die erste Lehrmeisterin war eine in unserer Altenstation aufgenommene Studiendirektorin, dann eigene Schwestern. Wir richteten ein Schulzimmer ein, ergänzten Lehr- und Anschauungsmaterial, bauten eine Bücherei auf usw. Die aktiven Schwestern wurden wieder regelmäßig zu Fortbildungslehrgängen einberufen. Höhepunkte waren im Jahr wie eh und je die Schwesterntage mit den Einsegnungsfeiern in der Oberwinterer Kirche.

Ein ganz besonderes Gedenken gilt der Schwesternschaft der Schlesischen Frauenhilfe, die sich unter Führung ihrer Oberin, Schwester Paula Appel, ab 1947 unserer Schwesternschaft allmählich anschloß. Diese kleine, aber vorzüglich ausgebildete Schar bedeutete eine wertvolle Bereicherung unseres Gemeinschaftslebens. Ihr Dienst in den Mütterheimen und in Gemeinden war nicht mehr zu entbehren. Wichtig war in all den Jahren die engere Verbindung mit der Geschäftsstelle der Frauenhilfe und dem Pfarrhaus in Godesberg. Wir dienten einander und konnten das um so mehr, als Mutterhaus und Frauenhilfe sich in

ihrer Eigenständigkeit selbständig entwickelten, um in Partnerschaft füreinander dazusein." (Oberin Volkenborn)

Die Schwesternschaft der Evangelischen Frauenhilfe wurde allmählich wieder zu einem Begriff . . .

Neue Aufgabengebiete entstanden. Die Evangelische Frauenhilfe im Rheinland hatte die nach dem Kriege von der Frau des Bundespräsidenten Elly Heuss-Knapp ins Leben gerufene „Müttergenesungsarbeit" als eine alte Aufgabe wieder aufgenommen und dafür Heime eingerichtet, in denen Schwestern der Frauenhilfe Hausmütter wurden. Als zweites wurde die Schwesternschaft von der damaligen Vorsitzenden der Evangelischen Frauenhilfe im Rheinland, Frau Emmi Welter, mit der Durchführung von Lehrgängen für Familienhelferinnen beauftragt, angeregt durch einen Urenkel von Theodor Fliedner, Pfarrer Fliedner in Hamburg. Nach seinem Modellfall und unter seiner Leitung fand 1952 der erste Lehrgang für Familienhelferinnen in Rolandseck statt. Ihm folgten jährlich ein bis zwei Lehrgänge mit einer Teilnehmerzahl von 10 bis 20 meist älterer Frauen. Sie verrichteten einen ehrenamtlichen Dienst im Auftrag der Gemeinden, was nicht ausschloß, daß sie ein zusätzliches Entgelt zur Rente von der Entsendestelle erhielten. Von dieser wurden sie zur Mutter- und Hausfrauen-Stellvertretung in Familien gegeben.

Wieder vereint 1956 — 1959

Inzwischen hatte die Evangelische Frauenhilfe 1953 in Pfarrer Erich Kramp den Mann gefunden, der den Bau einer neuen Zentrale in Angriff nahm. Es entstand das „Haus der Frauenhilfe" in Bad Godesberg (Mehlem), in dem nun auch die Schwesternschaft wieder ein Zuhause finden sollte. Am 30. Mai 1956 wurde es eingeweiht, und bald konnte auch die Schwesternschaft ihren Umzug tätigen. Zunächst hatte sie wieder, wie in Barmen, ein „Etagendasein". Eine Etage für das „Mutterhaus", eine Etage für „Feierabendschwestern". Für die Aufgaben der Frauenhilfe selbst wurde viel Platz benötigt, so daß keine eigene Haushaltsführung möglich war. Die in Rolandseck neu aufgenommenen Arbeitsgebiete konnten aber gut und vor allem in schöneren, geeigneteren Räumen durchgeführt werden. Hinzu kam eine Beteiligung am Unterricht in der Pflegevorschule der Evangelischen

Frauenhilfe und den ersten Einführungslehrgängen des Diakonischen Jahres der Evangelischen Kirche im Rheinland, im gleichen Hause, das außerdem ein Altenheim und ein Freizeitheim umfaßte.

Das „Haus der Frauenhilfe" wurde von der ehemaligen schlesischen Oberin, Schwester Paula Appel, als Hausmutter geleitet; im Altenheim waren ebenfalls unsere Schwestern eingesetzt. Zwischenzeitlich war Pfarrer Theo Boehle als zweiter Pfarrer der Frauenhilfe Vorsteher der Schwesternschaft.

1957 billigte der Verwaltungsrat der Schwesternschaft den Antrag des Schwesternrates, den Bau eines eigenen Mutterhauses in Angriff zu nehmen, wofür ein Gelände neben dem „Haus der Frauenhilfe" durch die Schwesternschaft erworben wurde.

Oberin Volkenborn trat 1957 in den Ruhestand, nachdem sie 23 Jahre in der Leitung der Schwesternschaft gestanden und 13 Jahre mit ihr „unterwegs" gewesen war. Sie legte ihr Amt in die Hände von Oberin Margareta Stahl vom Evangelischen Diakonieverein Zehlendorf. Diese wurde im September 1957 von der Vorständekonferenz der Evangelischen Frauenhilfe im Rheinland gewählt, nachdem sie Anfang September bereits ihre Arbeit aufgenommen hatte. Ihr war es aufgegeben, den Übergang in die neue, eigene Heimat zu leiten.

Am 1. Dezember 1959 konnte die Schwesternschaft in ihr eigenes Haus umziehen. Sie erhielt nunmehr ihre völlige Selbständigkeit auch in verwaltungsmäßiger und hauswirtschaftlicher Hinsicht.

Die Schwesternschaft im eigenen Haus 1960 — 1971

Die offizielle Einweihung des Mutterhauses, verbunden mit einem Schwesterntag, war im Mai 1960 und wurde mit großer Freude und Dankbarkeit, besonders seitens der Schwestern, begangen. Hatten sie doch alle durch ihre Gaben einen ganz persönlichen Anteil an diesem Haus. 1965 erhielt es als Angliederung ein großes Altenheim (60 Plätze) mit Pflegestation, nach dem letzten Generalsuperintendenten der Rheinischen Kirche „Ernst-Stoltenhoff-Haus" benannt. Beide Häuser bilden einen gemeinsamen Verwaltungs- und Wirtschaftsbereich inmitten von Grünanlagen. Ein erneuter Wechsel in der Leitung der Schwesternschaft ergab sich durch das Ausscheiden von Pfarrer Boehle

1959. Erneut übernahm Pfarrer Kramp, gleichzeitig Leitender Pfarrer der Evangelischen Frauenhilfe im Rheinland, dieses Amt. Pfarrer Kramp hatte nur noch einige Jahre des Dienstes vor sich. Er starb 1964 nach zweijähriger schwerer Krankheit. Als Nachfolger wurde Pfarrer Fritz Mybes gewählt, der bereits seit 1961 zweiter und nunmehr Leitender Pfarrer der Evangelischen Frauenhilfe war und damit laut Satzung die Vertretung des Schwesternschaftspfarrers wahrnahm.

Das Altenheim wurde gebaut, um neben zivilen alten Menschen eigene Schwestern im Ruhestand aufnehmen zu können (15 Plätze) und um eine diakonische Aufgabe mit dem Mutterhaus in direkter Verbindung zu haben. Eine Freizeitetage im Mutterhaus gab die Möglichkeit, eigene und fremde Freizeiten sowie Tagungen verschiedenster Art durchzuführen oder Feriengäste aus dem Freundeskreis und der Evangelischen Frauenhilfe aufzunehmen.

Neben der erweiterten Schwesternvorschule, halb- oder einjährig, war Platz, junge Mädchen hauswirtschaftlich auszubilden . . .

Die Ausbildung der Schwestern war fast immer ein Problem gewesen, seitdem es eine staatlich verlangte und festgelegte Krankenpflegeausbildung gab. Von Trier bis Berlin waren die lernenden Schwestern in befreundeten Mutterhäusern und Krankenpflegeschulen untergebracht. Zeitweilig in 14 verschiedenen! Daß die rheinische Schwesternschaft dennoch zusammenwuchs, wenn auch mit verhältnismäßig niedrigen Mitgliedszahlen, ist erstaunlich. Von 1925 bis 1930 war die Ausbildung am Kaiserin-Auguste-Victoria-Krankenhaus in Ehringshausen möglich. . . . In diesem Krankenhaus waren gut vorgebildete und erfahrene Landpflegerinnen tätig gewesen, Schwestern aus anderen Provinzialverbänden und schließlich — bis zum heutigen Tage — solche der rheinischen Schwesternschaft. Ab 1927 lag die Leitung in Händen unserer Schwestern. Besonders geprägt wurde das Haus mit seinem Schwesterndienst durch die über 30jährige Leitungstätigkeit von Schwester Aenne Mink. In jüngster Zeit wurde das Krankenhaus durch einen Erweiterungsbau bereichert, wodurch sich die Bettenzahl auf 100 erhöhte und das Haus in medizinisch-technischer Hinsicht wieder auf den neuesten Stand kam. Leider

konnte die Schwesternschaft nur noch wenige ihrer Schwestern dort belassen, weil eine neue Aufgabe auf sie wartete.

„Mit Herz dabei" — so warb ein großer Plakatprospekt der Schwesternschaft um Schwestern, Mitarbeiter und Schülerinnen für das neue Evangelische Krankenhaus Bad Godesberg, das am 1. April 1970 eröffnet wurde. An die Schwesternschaft war schon Anfang der 60er Jahre die Bitte der evangelischen Kirchengemeinden von Bad Godesberg ergangen, in der Versorgung und Pflege der Kranken, sowie in der Leitung eines neuen Krankenhauses mitverantwortlich tätig zu sein. Zunächst erschien die Verantwortung für ein Krankenhaus mit 352 Betten für unsere kleine Schwesternschaft, deren Zahl in dem letzten Jahrzehnt zwischen 120 und 140 schwankte, völlig indiskutabel zu sein. Nach eingehenden Beratungen nahm jedoch die Schwesternschaft den Auftrag an, da auch das Diakonische Werk und die Leitung der Evangelischen Kirche im Rheinland sich stark dafür ausgesprochen hatten. Nicht zuletzt aber deswegen, weil der Schwesternschaft hier nach 40 Jahren wieder die Möglichkeit einer eigenen Schwesternausbildung geboten wurde. Zwei Schultypen stehen nun zur Verfügung: eine staatlich anerkannte Schule für Krankenpflege und eine staatlich anerkannte Schule für Krankenpflegehilfe. Zur Zeit leben und lernen dort 44 unserer Schülerinnen. Sie sind Glieder der Schwesternschaft und stehen zu ihr in einem Ausbildungsverhältnis mit eigener Ordnung. Eine zeitliche Verpflichtung der Schülerinnen im Anschluß an die Ausbildung wird nicht gefordert.*)

Die Ausbildung von Familienhelferinnen war kontinuierlich weitergegangen. Um diesen Beruf auch jüngeren Frauen zugänglich zu machen und eine für sie notwendige Ausbildung auf breiter Basis zu schaffen, gründete die Schwesternschaft in Verbindung mit dem Diakonischen Werk der Evangelischen Kirche im Rheinland 1961 die „Evangelische Ausbildungsstätte für Haus- und Familienpflege", für die wir im Ernst-Stoltenhoff-Haus Räume vorgesehen hatten. Der gleichzeitig beginnende erste einjährige Lehrgang umfaßte drei Teilnehmerinnen. Inzwischen wurden sieben Jahreslehrgänge mit 36 und seit 1966 Drei- bzw. Viermonatslehrgänge mit 43 Teilnehmerinnen durchgeführt. Zur Zeit [April 1971] hat die Ausbildungsstätte die vorläufige staatliche Anerkennung als „Fachseminar für Familienpflege", die endgültige wird mit dem nächsten Jahreslehrgang erteilt . . . Neben dieser Ausbildung der Familienpflegerinnen, die hauptamtlich angestellt und nach Tarif bezahlt werden, soll die etwa 14tägige Ausbildung älterer Familienpflegehelferinnen als notwendig für die Gemeinden beibehalten werden.*)

Im Laufe des Jahres 1971 erhält das „Evangelische Fachseminar für Familienpflege" die volle staatliche Anerkennung. Die Art der Durchführung der Lehrgänge kann beibehalten werden. Angeboten werden Jahreslehrgänge, Halbjahreslehrgänge, zudem Einführungslehrgänge für Familienpflegehelferinnen. Es zeigt sich, daß Frauen zwischen 30 und 55 Jahren ein besonderes Interesse an diesem Beruf haben. Ihre halbjährige Ausbildung wird als Fortbildungsmaßnahme vom Arbeitsamt gefördert.

Die im Evangelischen Fachseminar für Familienpflege ausgebildeten Familienpflegerinnen gründen im Januar 1972 eine vom Fachseminar unabhängige „Rheinische Arbeitsgemeinschaft evangelischer Familienpflegerinnen". Die Arbeitsgemeinschaft führt jährlich eine Fortbildungstagung durch, zwischenzeitlich finden Regionaltreffen statt.

Zu den Aufgaben der Schwesternschaft der Evangelischen Frauenhilfe im Rheinland zählt nach wie vor die Ausbildung von Familienpflegerinnen.

*) Margareta Stahl, Die Frauenhilfs-Diakonieschwesternschaft — Stationen eines Weges, in: Mitteilungen der Evangelischen Frauenhilfe im Rheinland E.V., April 1971/20.

*) Margareta Stahl, a.a.O.

Auf ihrer Mitgliederversammlung am 4. Mai 1969 gibt sich die Schwesternschaft der Evangelischen Frauenhilfe mit einer neuen Satzung einen neuen Namen: „Frauenhilfs-Diakonieschwesternschaft im Rheinland E.V.".

Der Begriff „Diakonieschwesternschaft" soll darauf hinweisen, daß die Schwestern der Art ihrer Schwesternschaft nach und durch die Zugehörigkeit zum Zehlendorfer Verband für evangelische Diakonie*) — zu dem die Schwesternschaft seit ihrer Gründung gehört — Diakonieschwestern sind. Nach der neuen Satzung gliedert sich die Schwesternschaft in Schülerinnen, Jungschwestern und Stammschwestern. Mit vollendetem 24. Lebensjahr kann die junge Schwester als Stammschwester vollberechtigtes Mitglied der Schwesternschaft werden. Eine Einsegnung zum kirchlichen Amt der Diakonie soll nicht vor dem 30. Lebensjahr erfolgen. Auch der Anschluß verheirateter Schwestern wird nun ermöglicht.

In der Präambel ihre Ordnung sagt die Schwesternschaft über sich selbst: „Die Frauenhilfs-Diakonieschwesternschaft im Rheinland E.V., entstanden aus der Rheinischen Frauenhilfe, weiß sich der Diakonie ihrer Landeskirche verpflichtet. Ihr Dienst steht unter dem Wort Jesu: ‚Was ihr getan habt einem unter diesen meinen geringsten Brüdern, das habt ihr mir getan.'"

Ausbildungsmöglichkeiten, Arbeitsbedingungen und die Gestaltung gemeinsamen Lebens der Schwesternschaft der Evangelischen Frauenhilfe in der DDR werden im folgenden dargestellt.

Wozu bloß diese Schwesternschaft?
Die „Schwesternschaft der Evangelischen Frauenhilfe" im Interview
In einer Konferenzpause hält eine Frauenhilfs-Leiterin eine Schwester an: Schwester, eine Frage: Sie tragen da so eine altertümliche Brosche, wie ich sie früher bei meiner Großmutter sah — weißes Lilienkreuz auf blauem Grund — was bedeutet das?
Schwester: Sehen Sie die Umschrift „Evangelische Frauenhilfe"? Ich gehöre zu ihrer Schwesternschaft.
Leiterin: Eine „Schwesternschaft der Evangelischen Frauenhilfe" gibt es? Nanu! Ich bin schon jahrelang bei der Frauenhilfe tätig, aber davon habe ich noch nie gehört!
S.: Sie kommen aus Mecklenburg, nicht wahr? Ja, dort sind kaum Schwestern von uns. In Berlin-Brandenburg oder im Gebiet der Landeskirche Greifswald würden Sie uns öfter begegnen. Allerdings tragen die meisten unserer Schwestern unterwegs Zivil.
L.: Und warum Sie nicht?
S.: In Tracht wird man eben viel öfter angesprochen und gefragt — so wie Sie es jetzt gerade tun. Ich habe solche Gespräche gern.
L.: Setzen wir uns doch dazu. — Hallo, Pfarrer Draeger, hören Sie mal — wissen Sie, daß es eine Frauenhilfs-Schwesternschaft gibt?
Pfarrer: Das weiß ich sehr genau, und ich habe bisher nur schlechte Erfahrungen mit ihr gemacht. Die Schwester aus unserem Pflegeheim ist wegen Heirat weggegangen und arbeitet jetzt in einem staatlichen Krankenhaus. Ihre Schwesternschaft schickte mir aber keinen Ersatz. Und als ich eine Gemeindeschwester haben wollte, hieß es: „Nur, wenn Sie eine Familienwohnung stellen können!" — Ich bitte Sie, wer hat denn soviel Wohnraum für eine Schwester! Und dann: Wie soll eine Hausfrau und Mutter solch schweren Dienst richtig versehen können?
S.: Verzeihen Sie eine Frage, Herr Pfarrer: Sind Sie nicht auch verheiratet und Familienvater? — Heute ist es doch wohl normal, daß auch eine Schwester solche Mehrfach-Belastungen hat!

*) Dem Zehlendorfer Verband für evangelische Diakonie gehören zur Zeit folgende Schwesternschaften an: Evangelischer Diakonieverein e.V., Berlin-Zehlendorf; Hessischer Diakonieverein e.V., Darmstadt; Schwesternschaft des Evangelischen Bundes e.V., Berlin; Frauenhilfs-Diakonieschwesternschaft im Rheinland e.V., Bonn-Bad Godesberg; Schwesternschaft der Evangelischen Frauenhilfe in Westfalen, Soest; Friederikenstift Hannover, Hannover; Evangelische Diakonieschwesternschaft Herrenberg e.V., Herrenberg; Frauenmission Malche e.V., Barkhausen; Evangelische Haus- und Landesschwesternschaft Korntal e.V., Korntal; Ottobrunner Diakonieschwesternschaft e.V., Ottobrunn; Evangelischer Kölner Schwesternverband e.V., Rodenkirchen-Michaelshoven; Johanniter-Schwesternschaft e.V., Bonn; Christopherus-Schwesternschaft e.V., Bad Pyrmont.

L.: In gewisser Weise muß ich Ihnen recht geben: Das Leitbild der ledigen Schwester, durch ihr Mutterhaus voll versorgt und deshalb ausschließlich für den Dienst zur Verfügung, trifft heute nicht mehr zu. — Sagen Sie, Schwester . . .

S.: Doris heiße ich.

L.: Also, Schwester Doris, ich höre da immer von Heirat und Kindern. Demnach sind also auch junge Schwestern bei Ihnen?

S.: Na, und ob! Wollen Sie Zahlen hören? Hier habe ich unsere letzte Aufstellung. Also, in der Zeit von 1970 bis einschließlich 1972 sind 22 junge Schwestern bei uns aufgenommen worden.

Pf.: Aber darf man auch erfahren, wie viele weggegangen sind?

S.: Das steht hier auch: In derselben Zeit hatten wir 4 Austritte, 2 Todesfälle, und außerdem siedelten 2 sechzigjährige Schwestern in die Bundesrepublik über.

L.: 22:8, demnach wachsende Schwesternzahl! Wie viele sind Sie denn im ganzen?

S.: Zur Zeit [März 1973] rund 100 Schwestern. Ganz genau könnte ich sagen: 98, oder auch: 115.

Pf.: Wie kommen Sie zu dieser Differenz?

S.: Weil 17 Schwestern in unserem sogenannten „Ring der Freunde" sind — das ist ein loser Anschluß an die Schwesternschaft mit nur wenigen gegenseitigen Verpflichtungen.

Pf.: Ach, lassen Sie den „Ring der Freunde" jetzt beiseite. Also praktisch 98 Schwestern, aber die Hälfte davon im Feierabend, was?

S.: Nein, so ungünstig ist das Verhältnis nicht. Jetzt sind 21 Schwestern im Feierabend und 19 in der Ausbildung. Altersstufenmäßig baut sich die Schwesternschaft ziemlich gleichmäßig auf — das Durchschnittsalter der Arbeitenden liegt schon seit langem zwischen 35 und 38 Jahren.

Pf.: Da stimmt doch irgendwas nicht. Wenn Sie wirklich fast 60 Schwestern in der Arbeit haben, müßten Sie doch bei dringenden Anforderungen ohne weiteres ein Dutzend davon zur Verfügung stellen können.

L.: Aber, Herr Draeger, was sollte dann aus den 12 Ehemännern und vielleicht 25 dazugehörigen Kindern werden?

S.: Ja, ich fürchte, Sie haben immer noch das Modell des „entsendenden" Diakonissenmutterhauses im Blick. Bei uns werden nur noch die ganz jungen unverheirateten Schwestern für ein Jahr nach dem Examen in eine Arbeitsstelle „geschickt" und auch niemals gegen ihren Willen. Alle anderen Schwestern wählen sich ihren Arbeitsplatz selbst — natürlich im Einvernehmen mit der Schwesternschaft.

Pf.: Was hat die ganze Schwesternschaft für einen Sinn, wenn jede Schwester machen kann, was sie will? Wo bleibt denn da die Diakonie? Denn sicherlich streben doch alle in ein großes, modernes Krankenhaus und denken nicht daran, freiwillig z. B. die eintönige, schwere Siechenpflege zu machen!

S.: Es ist nötig, daß mindestens ein Teil der jungen Schwestern fachlich weitergebildet wird. — Übrigens gibt es auch Gegenbeispiele: Kürzlich ist eine erst Dreiundzwanzigjährige als Alleinschwester in ein Feierabendheim gegangen. 2 Neunzehnjährige möchten demnächst nach Abschluß ihrer Ausbildung in ein Pflegeheim und 2 sind in der Arbeit für geistig behinderte Kinder.

Pf.: Kann ich dann nicht eine von den Neunzehnjährigen bekommen?

S.: Leider wollen sie beide nach Rügen, in die Nähe ihrer Eltern.

Pf.: So geht es mir nun bei jeder Anfrage.

S.: Ja, es sind eben immer noch viel zu wenig Schwestern da, und überall werden sie gebraucht. Aber wie wäre es, wenn Sie uns mal eine Schülerin schickten, die später gut ausgebildet zu Ihnen zurückkäme?

L.: Ach, haben Sie denn auch eine Krankenpflegeschule?

S.: Nein, aber unsere Schwesternvorschule in Stralsund.

L.: Wieso Stralsund? Ich denke, Sie sitzen in Potsdam?

S.: Wir haben *zwei* Schwesternheimathäuser — warum, das ist eine Geschichte für sich, davon ein andermal! Heute nur soviel: In Potsdam ist unsere Zentrale und Verwaltung, das Heimathaus für Zusammenkünfte der Schwestern und für Aufenthalt im Urlaub und bei freien Tagen. In Stralsund haben wir die Schwesternvorschule.

L.: Was machen denn Ihre Schülerinnen?

S.: Sie bekommen theoretische und praktische Unterweisung; theoretisch hauptsächlich in biblischen Fächern, aber auch schon in Anatomie, Krankenpflege, Kinderkunde und Kinderbeschäftigung. Praktischer Dienst wird in unserem Alten- und Pflegeheim getan und in unserem Rüstzeitenheim bei ständig wechselnden Gästen aus der ganzen DDR. Wir haben Kochen, Nähen, Basteln,

Chorsingen . . . Am besten fordern Sie mal unseren kleinen bunten Prospekt über die Schwesternvorschule an.

Pf.: Müssen die Schülerinnen dann in Ihre Schwesternschaft eintreten?

S.: Nein, der Besuch der Vorschule ist unverbindlich. Aber die meisten Schülerinnen werden nach einem Jahr bei uns aufgenommen und als unsere Schwestern zur Hauptausbildung in befreundete Häuser delegiert. Sie können Kranken- und Kinderkrankenschwester werden, aber auch Verwaltungs-, Heim- und Wirtschaftsdiakonin, Katechetin oder Diakoniepflegerin.

Pf.: Ihre Schwesternschaft hat doch nur ganz wenige eigene Einrichtungen. Dann könnten die Schwestern sich doch besser in ihren neuen Arbeitsstellen anschließen.

S.: Sie sind aber zum Teil nicht in konfessionellen Krankenhäusern, sondern in staatlichen Einrichtungen an den Wohnorten ihrer Männer tätig oder einzeln in Gemeinden oder in kleinen Pflegeheimen. Da ist es gut, wenn sie von Anfang an den schwesternschaftlichen Zusammenhang behalten.

L.: Und wie wird er praktiziert?

S.: Die Schwesternschaft verschickt etwa 8 Rundbriefe jährlich mit geistlichen Besinnungen und schwesternschaftlichen Nachrichten. Zweimal im Jahr sind große Schwesterntreffen — oft mit über 60 Teilnehmern — außerdem einzelne „Schwesternrüsten" und ständig viele Besuche in den Schwesternheimathäusern. Bei 100 Schwestern kann man sich durchaus noch wie eine große Familie fühlen.

Pf.: Wie wird das alles denn finanziert?

S.: Für die Schwesternvorschule bekommen wir Zuschüsse von der EKU, deren Werk wir sind, und von der Inneren Mission. Aber die laufenden Ausgaben der Schwesternschaft werden von den Schwestern selbst getragen. Viele, die sogenannten „Stammschwestern", geben 10 %, einige sogar 20 % von ihrem Brutto-Einkommen. Andere, die „Mitschwestern", überwiegend junge Ehefrauen und Mütter, zahlen geringere Abgaben.

Pf.: Und bei dieser uneinheitlichen Regelung kommen Sie geldlich durch?

S.: Bisher gerade noch so. Aber Sie haben schon recht, die Geldfrage ist ein neuralgischer Punkt. Wir halten unsere Aufwendungen sehr niedrig. Vieles wird ehrenamtlich getan.

Pf.: Alle Achtung! Trotzdem ist mir immer noch nicht klar, ob diese Schwesternschaft wirklich für sich allein existenzberechtigt ist. Es gibt doch eine ganze Reihe kleinerer Schwesternschaften — warum schließen die sich nicht einfach zusammen?

S.: Gemeinsam ist uns allen die Zurüstung zu einem bewußt christlichen Dienst, wo immer er auch geschieht, aber darüber hinaus gibt es erhebliche Unterschiede zwischen uns. Sehen Sie, in *unserer* Ordnung heißt es: „Als eine Gemeinschaft, die aus der Frauenhilfe heraus entstanden ist, hat die Schwesternschaft entsprechend weite und wandelbare Aufgaben." Wir haben die Möglichkeit uns umzustellen, zu experimentieren, Neues zu versuchen — das kann keine Schwesternschaft, die an ein großes eigenes Haus gebunden ist.

L.: Und wer zieht diese wechselnden Linien für Ihre Arbeit?

S.: Der Schwesternrat. Er wird aus Stammschwestern und Mitschwestern für 3 Jahre gewählt, kommt mehrmals im Jahr zusammen und gibt viele neue Impulse für die Arbeit.

Pf.: Aber was ist das Bleibende in der Schwesternschaft bei solcher — ich möchte beinahe sagen — „Unbeständigkeit"?

S.: Ich darf vielleicht noch einen Absatz aus unserer Ordnung anführen: „Wir Schwestern der Evangelischen Frauenhilfe wollen von Jesus Christus her auf unsere Aufgaben hin leben. Wir erbitten von ihm, daß wir entschieden Gott zugewandt und dankbar für die Welt offen sind und daß unser Leben und Arbeiten unseren Mitmenschen etwas von seiner Liebe zeigt. Wir sind verbunden durch die tägliche Schwestern-Fürbitte, die möglichst viele von uns für alle tun sollen."

L.: Unsere Pause ist jetzt zu Ende, aber das Thema „Schwesternschaft der Evangelischen Frauenhilfe" für mich noch lange nicht. Dazu werde ich Ihnen bestimmt noch öfter Fragen stellen, Schwester Doris.

Pf.: Und ich werde doch immer wieder versuchen, Schwestern von Ihnen zu bekommen.

S.: Schicken Sie uns Vorschülerinnen, dann haben Sie Aussichten. Und ich würde mich sehr freuen, wenn Sie uns mal in unseren Schwesternheimathäusern besuchten, in Potsdam, Gregor-Mendel-Str. 36/37, und in Stralsund, Große Parower Str. 42. Also auf Wiedersehen!

Ruth von Seydlitz*)

*) Arbeitshilfe der Zentrale der Evangelischen Frauenhilfe, 1/1974, Berlin 1973, S. 54ff.

Evangelische Frauenhilfe
für die Auslandsdiaspora

Die Arbeit der 1908 gegründeten „Frauenhülfe fürs Ausland" (vgl. S. 33f.) wird fortgeführt durch den Verein „Evangelische Frauenhilfe für die Auslandsdiaspora".

Die Frauenhilfe blickt über die Grenzen. Neben den Landesverbänden gibt es die „Evangelische Frauenhilfe für die Auslandsdiaspora e.V.", die sich die Unterstützung der Frauenarbeit vor allem in Brasilien zum Ziel gesetzt hat und dabei mit anderen traditionsreichen Organisationen, z. B. dem Gustav-Adolf-Werk, zusammenarbeitet. Der Verein hat manche Aktivität in den Kolonistengemeinden oder unter den evangelischen Frauen in den brasilianischen Großstädten unterstützen können und tut es bis heute.

Daß der Verein von Kaiserswerth aus arbeitet, daß Kaiserswerth den Vorsitzenden — und jetzt auch wieder den stellvertretenden Vorsitzenden der Frauenhilfe in Deutschland — stellt, ist nicht notwendigerweise so, aber ein bloßer Zufall ist es auch nicht.

In Kaiserswerth ging und geht es um zwei Elemente kirchlicher Arbeit, die auch für die Frauenhilfe von ihren Anfängen her entscheidend gewesen sind: um die Diakonie und um die Rolle der Frau in Diakonie und Kirche.

In Brasilien hat die Mutterhausdiakonie Kaiserswerther Prägung vor langer Zeit Fuß gefaßt und sich sehr eigenständig entwickeln können. Aus der ursprünglichen engen Zusammenarbeit zwischen den Mutterhäusern in Sao Leopoldo und Kaiserswerth, das das Erbe des Mutterhauses in Wittenberg übernommen hat, ist Partnerschaft und Freundschaft geworden. Man kann fragen: was haben zwei Mutterhäuser mit der Frauenhilfe zu tun? Diakonissen sind unverheiratete hauptberufliche Mitarbeiterinnen der Kirche; in den Frauenhilfen kommen (meistens verheiratete) Frauen zusammen und ihre Diakonie geschieht ehrenamtlich.

Gerade dies aber ist in Brasilien und bei uns nicht als Gegensatz, sondern als notwendige Ergänzung empfunden worden. Die gute Zusammenarbeit, die es vielerorts zwischen Gemeindeschwester und Frauenhilfe gibt, hat nicht nur Tradition, sie ist sinnvoll.

Es gibt in der Kirche viele Stimmen, die Mutterhausdiakonie und Frauenhilfe für überholt erklären. Wir sehen es anders. Formen können vergehen. Die Inhalte — in unserem Fall die Diakonie und die haupt- oder ehrenamtliche Mitarbeit der Frau — brauchen dann eben neue Formen. Daß wir in einer Zeit leben, in der alte Formen bestehen und neue erst gefunden werden müssen, mag unbequem sein. Es ist — wie Frauenhilfe und Mutterhäuser zeigen — auch verheißungsvoll.*)

Lage des Brasilwerks um 1932

In dem wirtschaftlich so bedrängten Deutschland von 1932 ging auch das Katharinenstift in Wittenberg, das Mutterhaus der Evangelischen Frauenhilfe fürs Ausland, einer ungewissen Zukunft entgegen. Von den insgesamt 170 Schwestern arbeiteten 60 Schwestern in dem Paul-Gerhardt-Stift, dem zugehörigen Krankenhaus, 20 waren in deutschen Gemeinden tätig und 50 in Übersee, in Brasilien in den Staaten Rio Grande do Sul und Santa Catarina, dazu in der Bundeshauptstadt Rio de Janeiro. Acht Schwestern wurden zum Diakonissenamt eingesegnet. Aber trotz äußerster Sparmaßnahmen konnten die drängendsten und unvermeidlichsten Ausgaben nicht mehr von den allzu spärlich eingehenden Einnahmen gedeckt werden. Im Wittenberger Krankenhaus war infolge der Notverordnungen des Staates die Belegungsziffer erheblich zurückgegangen. Nur wenige Gemeinden vermochten die Stationsgelder in voller Höhe aufzubringen.

Durch die Weltkrise, von der die deutsche Wirtschaftskrise nur ein Teil war, wurde auch Braslien aufs schwerste bedroht. Es war jene katastrophale Zeit, in der der Kaffee, der Hauptexportartikel, aus Mangel an Absatzmöglichkeiten sich zu 18

*) Ferdinand Schlingensiepen, Neue Formen finden — nicht bequem, aber verheißungsvoll, in: Der Bote für die evangelische Frau, Oktober 1974, S. 3.

Millionen Sack angesammelt hatte und schließlich als Brikett gepreßt zu Heizzwecken diente oder in ganzen Schiffsladungen ins Meer geschüttet wurde. Infolge der entwerteten Währung konnten die brasilianischen Stationen ihren geldlichen Verpflichtungen gegenüber Wittenberg nicht nachkommen. Das Anwachsen des brasilianischen Nationalbewußtseins seit der Oktoberrevolution trug mit zu dem Gerede von den „teuren deutschen Schwestern" bei, die doch im Land Pionierdienste leisteten.*)

Inmitten dieser Schwierigkeiten ist das Brasilwerk ohne Geschäftsführer. Trotz einiger Bedenken wegen der Jugendlichkeit des Bewerbers beruft der Vorstand der Frauenhilfe fürs Ausland den noch nicht dreißigjährigen Pfarrer Johannes Raspe in das Amt eines Diakoniepfarrers, das mit der Leitung der Riograndenser Frauenhilfe verbunden ist. Am 17. April 1932 tritt Pfarrer Raspe sein Amt mit dem Sitz in Pôrto Alegre an.

Am 29. Mai 1932 fand die kirchliche Einführung des neuen „Diakoniepfarrers" statt. In seiner Ansprache wies Propst Funcke auf das „wundervolle Doppelwerk" hin, das Pastor Raspe anvertraut wurde: die deutsche evangelische Diakonissenarbeit in Brasilien zu leiten und die deutschen evangelischen Frauenhilfen hin und her im Land anzuregen, beides in enger Verbindung mit der Riograndenser Synode und ihren Schwesternsynoden bis hin zur damaligen Bundeshauptstadt Rio de Janeiro . . .

Gleich zu Anfang nahm Johannes Raspe an der Synodalversammlung der deutschen evangelischen Kirche von Rio Grande do Sul teil, die in Cachoeiro stattfand. Man spürte da das Ringen dieser werdenden Kirche, und wie die zahlreichen Frauenhilfen und die mit ihnen verbundenen Schwesternstationen zum inneren Aufbau beitrugen. Mit Freuden bot Raspe seine Mitarbeit und Förderung als Pfarrer der Frauenhilfe fürs Ausland an. Im Jahr 1933 war er fast vier Monate unterwegs, um in den Staaten Rio Grande do Sul, Santa Catarina, Paraná und São Paulo bis hin nach Rio de Janeiro Frauenhilfen und Schwesternstationen kennen zu lernen und sich Pläne für seine zukünftige Arbeit zu machen.

Die regelmäßig nach Deutschland ausgehenden Flugbriefe geben ein anschauliches Bild, wie sich der neue Frauenhilfe- und Diakoniepfarrer in seine Aufgabe einarbeitete.*)

Außer in Pôrto Alegre und Rio de Janeiro waren die Wittenberger im Innern der Staaten Rio Grande do Sul (RS) und Santa Catarina (SC) in kleinen Hospitälern, Wöchnerinnenheimen und Gemeinden, in Kindergärten und Schulen im Sinn der heutigen Entwicklungshilfe tätig.

Drei Schwestern leiteten die von den evangelischen Frauenhilfen unterhaltenen Kindergärten in Pôrto Alegre, in der Vorstadt Navegantes und in dem nahe gelegnen São Leopoldo, das später die Zentrale der gesamten Arbeit werden sollte.

Im Evangelischen Stift von Hamburgo Velho, einem „freundlichen Bergstädtchen" damals, war vier Lehrschwestern Bildung und Erziehung der Jugend anvertraut. Zwei Schwestern betreuten Schulkinder und einen Kindergarten im Schwesternheim von Santa Cruz.**)

Übersicht 1932***)

Krankenhäuser	Schwestern
Pôrto Alegre RS	18
Montenegro RS	1
Sinimbú RS	1
Rio do Sul RS	1
Blumenau RS	6
Blumenau Wöchnerinnenheim	3
Rio de Janeiro Wöchnerinnen- und Altenheim	4
Bildungsarbeit	
Hamburgo Velho RS Schule	4
Santa Cruz RS	2
Pôrto Alegre RS	2
São Leopoldo RS	1
Gemeinde	
Florianopolis SC	1
Blumenau Garcia	1
Rio de Janeiro	1
Gästehaus Rio de Janeiro	1

*) Anna Sticker, Johannes Raspe, in: Brasilnachrichten, Jg. 57, Nr. 39, Herbst 1973, S. 3.

*) a.a.O., S. 4f.

**) a.a.O., S. 6.

***) a.a.O., S. 6.

Neue Aufgaben

Eine besondere Aufgabe für Raspes organisatorisches Geschick stellte die Einweihung des Deutschen Krankenhauses in Rio de Janeiro im Jahr 1934. Für diesen stattlichen fünfstöckigen Neubau mit seinen hundert Betten mußten zu diesem 19. August 19 Diakonissen zur Verfügung stehen. Da hieß es, Schwestern von den brasilianischen Staaten für Rio freimachen und den Nachschub aus Deutschland verteilen, zu dem sich außer den Wittenbergern auch Bremer, Wittener und Schwestern deutscher Frauenhilfen gesellten. Dank dieser Mithilfe konnte die große Umstellung vollzogen und trotzdem auch der je nach fünf Jahren fällige halbjährige Heimaturlaub der Schwestern eingerichtet werden. . .

Trugen bisher in Deutschland ausgebildete und meist auch aus Deutschland stammende Schwestern die Arbeit im fernen Brasilien, so fingen sie doch gleichzeitig an, junge Deutschbrasilianerinnen auszubilden. Das Zukunftsbild einer einheimischen Schwesternschaft tauchte auf. Auch in Deutschland fing man an, die Situation im fernen Land zu begreifen. Das Gustav-Adolf-Frauenwerk rief 1935 zu einer „Liebesgabe" für die Schaffung einer „bodenständigen Schwesternschaft" in Brasilien auf und konnte im kommenden Jahr die hohe Summe von 15 350 RM zur Verfügung stellen.*)

Gründung in São Leopoldo

Mit einer größeren Zahl von deutschen Schwestern für Brasilien konnte man im Hitlerreich nicht mehr rechnen. Raspe übernahm die langwierigen Verhandlungen und Vorarbeiten zur Gründung einer selbständigen Schwesternschaft. Seinem unermüdlichen Einsatz gelang es, zu der Frauenliebesgabe des Gustav-Adolf-Werks mehr als die in Deutschland gestiftete Summe auch in Brasilien aufzubringen, um ein geeignet erscheinendes Landgut, auf dem ein Schützenhaus stand, zu erwerben und einen Altersversorgungsfonds der neuen Schwesternschaft zu gründen. Dies neun Hektar große Landgut lag auf dem Spiegelberg in São Leopoldo, unmittelbar angrenzend an das Gelände der synodalen Einrichtungen der Kirche.

Am 19. Mai 1939 zogen Johanna Kurrle, eine deutsche Diakonisse, und Hilda Sturm, eine 18jährige Deutschbrasilianerin, als Probeschwester in das ehemalige Schützenhaus ein. Bei seinen Besuchsreisen zu den Frauenhilfen in Rio Grande do Sul und Santa Catarina hatte Pastor Raspe zielbewußt nicht nur um Geld und Naturalien gebeten, sondern auch um junge Mädchen geworben. Ferner erhielt dieser geniale Bettler in Pôrto Alegre von gebefreudigen Freunden und Geschäftsleuten das nötige Inventar: Möbel, Bettzeug, Tischwäsche. Da in Brasilien alles sehr schnell wächst, konnten die Schwestern bald im selbstbebauten Garten Ernte halten. Von den Frauenhilfen erhielten sie Säcke mit Reis und Bohnen. Herr Stelzer versorgte das lebendige Inventar: Pferd und Kuh, Schwein und Hühner. Und es stellten sich auch Kolonistenmädchen ein, um sich als Probeschwestern in die Diakonie einweisen zu lassen. Nach einem Jahr im Mutterhaus kamen sie zu einer dreijährigen pflegerischen Ausbildung in das Hospital Alemão, das deutsche Hospital in Pôrto Alegre.

Während sich das „bodenständige Mutterhaus" langsam aufbaute, ging die Arbeit der Wittenberger oft mit gesteigerter Leistung weiter. Denn da seit Beginn des Zweiten Weltkrieges der Überseeverkehr aufgehört hatte, war an Schwestern aus Deutschland nicht mehr zu denken und ebensowenig an Heimaturlaub.*)

Kriegsjahre in Brasilien

Noch im Januar 1938 hatte das Krankenhaus in Pôrto Alegre höchste Anerkennung erfahren, als der Bundespräsident Dr. Getúlio Vargas dort einen von den deutschen Diakonissen gepflegten General besuchte und bei der Gelegenheit das Haus besichtigte. Im Gästebuch findet sich seine Eintragung: „Um instituto modelar de assistência hospitalar" — eine Musteranstalt der Krankenfürsorge. Das gab den Schwestern und ihrem Pfarrer Rückhalt bei den angesichts der politischen Lage sich mehrenden Schwierigkeiten. Daß die Nationalisierung Brasiliens die portugiesische Staatssprache als Umgangssprache forderte, war vor allem in den reinen Pommerngemeinden, wo bisher nur deutsch gesprochen wurde, aber auch anderswo nicht so einfach.

Doch konnte Pastor Raspe 1940 noch einmal die übliche Winterreise im Juni-Juli durch die verschiedenen Staaten Brasiliens durchführen, um die fünfzehn Stationen zu besuchen, auf denen jetzt 67 Wittenberger, 8 Wittener, 4 Bremer Schwestern arbeiteten.

*) a.a.O., S. 7.

*) a.a.O., S. 9.

Bei seinem Aufenthalt in Rio de Janeiro segnete er Schwester Hedwig Weinbaum nach siebenjähriger Probezeit ein, die erste Diakonisseneinsegnung, die nicht in Wittenberg stattfand. Das Brasilwerk war für die Dauer des Krieges auf sich gestellt. Der Jahresbericht über 1940 brachte die letzten ausführlichen Informationen. Ende September 1941 hörte der Nachrichtenverkehr auf.*)

Von Wittenberg nach Kaiserswerth

Von den großen Umstellungen in Wittenberg hatte man in Brasilien noch erfahren. Die erhebliche Erweiterung und Modernisierung des Krankenhauses Paul-Gerhardt-Stift forderte mehr Schwestern, als das Mutterhaus zur Verfügung stellen konnte, zumal infolge von Schwierigkeiten in der Schwesternschaft eine unverhältnismäßig große Zahl von Diakonissen ausgetreten war. Am 1. Oktober 1939 übernahm der Zehlendorfer Diakonieverein das Krankenhaus und löste im Verlauf eines halben Jahres alle Wittenberger ab. Mit dem Paul-Gerhardt-Stift hatte das Mutterhaus seine wichtigste Ausbildungsstätte verloren. Nach vielem Hin- und Herüberlegen beschloß der Vorstand, das Mutterhaus von Wittenberg in das Dorf Großburgwedel bei Hannover zu verlegen und in Verbindung mit der dortigen Pestalozzistiftung neu aufzubauen. . .

Doch leider zeigte sich, daß die mehr pädagogisch ausgerichtete Arbeit der Pestalozzistiftung nicht der richtige Boden für die mehr pflegerisch arbeitenden Brasilschwestern war. Nach Kriegsschluß begannen die Verhandlungen mit Kaiserswerth, die am 21. Januar 1946 zur Zusammenlegung der Kaiserswerther und der Wittenberger Schwestern führten. Der Vorsteher des Mutterhauses Kaiserswerth übernahm auch die Leitung des Vereins der Frauenhilfe fürs Ausland, der am 8. März 1954 sich neu konstituierte.**)

Letzte Nachrichten aus Brasilien

Zeitungen von Anfang September berichteten von der Beschlagnahme des Deutschen Krankenhauses, „eines der größten und angesehensten Rios", und von der Amtsenthebung aller deutschen Pfarrer. Auf Umwegen wurde bekannt, daß sich die internierten Krankenhausschwestern in dem Erholungsheim Novo Friburgo bei Rio befanden und sich dort frei bewegen konnten. Die sehr tüchtige und beliebte Krankenhausoberin Anna Vollmeyer, die seit 1920 in Brasilien arbeitete, hatte als Reichsdeutsche keine Möglichkeit des Einspruchs gegenüber den brasilianischen Behörden.

Sophie Zink, die in beiden Sprachen aufgewachsene Brasilianerin, hielt bei versuchten Eingriffen den Beamten ihr stolzes „Eu sou Paulista" entgegen, so daß die Herren sehr höflich reagierten. Paulistanerin zu sein ist „mehr" als Brasilianerin; denn São Paulo ist eines der alten Kernländer des Bundesstaates. Der Weisheit von Sophie Zink, der diplomatischen Begabung Pastor Raspes und der Wendigkeit des Kaufmanns Willi Kloß, „unsers Herrn Kloß", ist die glückliche Überwindung des Umbruchs vom Januar 1942 zu verdanken. Das Deutsche Hospital in Pôrto Alegre blieb unter dem neuen Namen Moinhos de Vento, „auf dem Berg der Windmühlen gelegen" und unter verändertem Vorstand der Diakonissenarbeit erhalten.*)

Erste Verbindung nach dem Krieg

1946 konnte endlich der Briefverkehr wieder einsetzen, wenn auch die Post noch zwei Monate unterwegs war. Allmählich bekam man in Brasilien ein Bild von der Lage in Deutschland und in Kaiserswerth ein Bild von der Schwesternarbeit in Brasilien.

Bis auf das beschlagnahmte Krankenhaus in Rio konnte alle Schwesternarbeit während des Krieges fortgeführt werden. In Vertretung des Wittenberger Mutterhauses segnete Pastor Raspe insgesamt sechs deutsche Diakonissen in Rio und in Pôrto Alegre ein.

Er hatte eine schwere Zeit durchgemacht. Erst später erfuhr man, wie die Bemerkung in einem Schwesternbrief aus Pôrto Alegre „Herr Pastor war ein halbes Jahr fort, aber Gott half" zu deuten war. Von März bis August 1943 war er, wie andere deutsche Pfarrer, gefangen gehalten, aber nicht unfreundlich behandelt worden . . .

Als die Verhältnisse in Brasilien sich zu normalisieren anfingen, nahm Pastor Raspe seine Besuchsreisen auch in Santa Catarina und bis nach Rio und Friburgo wieder auf. Als besondere

*) a.a.O., S. 9f.

**) a.a.O., S. 10.

*) a.a.O., S. 11.

Aufgabe organisierte er Hilfe für Deutschland. Der erste Nachkriegsluftpostbrief aus Kaiserswerth betraf Lebensmittelsendungen aus Brasilien. „Er war überschrieben ,man hu?' was ist das? 2. Mose 16, 15'', schrieb Raspe. „Es erging den hungernden Leuten in Deutschland wie dem Volk Israel vor dreitausend Jahren. Unsere mit Rosen und Fischen verzierten Konservendosen enthielten keineswegs Rosen und Fische, sondern vielbegehrtes Fett und Marmelade. Man hu? Wir haben uns über das Echo aus dem hungernden Europa gefreut.''*)

Fraglos ist der 17. Mai 1939 ein entscheidendes Datum für die Entwicklung der Mutterhausdiakonie in Brasilien. Jahre zuvor war längst sichtbar geworden, daß auf die Dauer mit dem Eintritt junger brasilianischer Mädchen in die Mutterhausdiakonie über das Krankenhaus Pôrto Alegre und das Mutterhaus Wittenberg auf die Dauer nicht zu rechnen wäre. Der Umweg über Deutschland war zu weit. Und seit 1938, dem Erwachen des Brasilianischen Nationalgefühls und seiner Pflege durch den sog. Neuen Staat (Getúlio Vargas) sollte nun auch die Mutterhausdiakonie in das Gefälle der Nationalisierung geraten. Für die ausländischen Schwestern war diese Erkenntnis und ihre Folgen ein grundstürzendes Ereignis. Dazu kam der Zweite Weltkrieg mit dem Aufpeitschen des Nationalismus drüben und hüben. Die deutschen Schwestern haben in diesen Kriegsjahren viel Bitteres durchgemacht, das durch den Zusammenbruch im Mai 1945 seinen Höhepunkt erreichte. Die kurz vor Ausbruch des Krieges neu eingetretenen Schwestern des Leopoldenser Mutterhauses hatten mit ihren reichsdeutschen Mitschwestern alle Nöte der Kriegsjahre mitzuerleben. Dazu kamen Taktlosigkeiten auf beiden Seiten. Sie haben nicht gerade das Werden des jungen Mutterhauses gefördert. Wer diese Zeiten miterlebt hat, versteht die Not, welche das Zusammenleben von Angehörigen zweier durch Krieg verfeindeter Nationen mit sich bringt. Andererseits haben gerade reichsdeutsche Schwestern der werdenden brasilianischen Mutterhausdiakonie auch in jenen bitteren Jahren wunderbare Dienste geleistet und dem Mutterhaus und seinen Jungschwestern ihr Herz geöffnet und geschenkt. Heute, nach mehr als einem Vierteljahrhundert, kann auch diese Notzeit positiv bewertet werden. Gott macht keine Fehler, auch wenn wir Menschen ihn tadeln und anklagen möchten. Er hat auch der Mutterhausdiakonie zur guten Stunde die Erfahrung der Ökumene geschenkt. Unter ihrer Flagge läßt es sich jetzt leichter und fröhlicher auch in Brasilien und Deutschland segeln.*)

Entwicklung in São Leopoldo

Plantando dá, der Pflanzende erntet. Nach diesem von ihm gern gebrauchten brasilianischen Sprichwort hat Pastor Raspe gehandelt. Sein großes diplomatisches Geschick und seine mecklenburgische Zähigkeit halfen ihm, die Hindernisse zu überwinden. Jahr um Jahr unternahm er wieder weite Vortrags- und Besuchsreisen im Land, die gleicherweise die Aufgaben der Diakonie und der Frauenhilfe zum Inhalt hatten und Mutterhaus und Frauenhilfen einander verpflichteten.

Eine große Arbeit erwuchs dem Diakoniepfarrer durch die Schwester-Sophie-Zink-Stiftung. Im Juni 1951 war die 70jährige Sophie Zink nach Kaiserswerth in den Feierabend eingekehrt. Ihre Nachfolge trat die brasilienerfahrene Schwester Margarete Hellwig an. Von ihren 29 Jahren Brasildienst hat Schwester Sophie 23 Jahre durch gute und böse Zeiten das Krankenhaus Moinhos de Vento in Pôrto Alegre geleitet. Die Gemeinden von Rio Grande do Sul errichteten zur Erinnerung an ihre segensreiche Tätigkeit im März 1952 die genannte Stiftung als Mal der Dankbarkeit und Mal der Nacheiferung. Sie hatte zum Ziel, die für eine gesunde Fortentwicklung der brasilianischen Frauendiakonie nötigen Gebäude zu erstellen. Am 23. April 1952 wurde der Grundstein in São Leopoldo gelegt.

1956 konnten das Mutterhaus, der Wirtschaftsteil und das Frauenheim bezogen werden. Als zweiter Bauabschnitt folgte der Andachts- und Festsaal, zu dessen Einrichtung die Frauenliebesgabe des Gustav-Adolf-Werkes 1955 mit 13 000 DM beigetragen hatte.

1963 Ostermontag wurde als letztes das neue Feierabendhaus eingeweiht, das den alten Schwestern Heimat bot und zugleich der Berufsarbeiterin der Frauenhilfen, Frau Dorothea Seydel, Büro und Wohnung. Mit diesem Gebäudekomplex der Schwester-Sophie-Zink-Stiftung, in den Pastor Raspe viel Über-

---

*) a.a.O., S. 12.

*) Johannes Raspe, Erinnerungen für die Mutterhausschwestern in Brasilien, Maschinenschrift 1968.

legung, Zeit und Kraft und viel „jeito" investiert hat, hat er sich selbst ein Denkmal gesetzt.*)

Ausbildungsfragen

Bildung der Jugend für den Dienst an Kranken, Alten, Müttern und Kindern hielt Pastor Raspe für die wichtigste Aufgabe der brasilianischen Frauendiakonie, und er tat alles, nicht nur in São Leopoldo und Pôrto Alegre, sondern auch auf den kleinen Stationen im Innern des Landes, um bei den Schwestern das Verständnis dafür zu fördern. „Vieleicht gehören zu diesem Dienst mehr Barmherzigkeit, Geduld und Treue als zu dem an den Kranken und Hilfsbedürftigen selbst." Bei diesem Ziel bewegte sich Raspe in den von ihm oft zitierten Richtlinien, die Generalsuperintendent D. Wilhelm Zoellner 1909 für die Arbeit der Auslandsdiakonissen entworfen hat: nicht zu meinen, „selbst alle Aufgaben zu bewältigen, vielmehr die Kräfte dienender Liebe mobil zu machen".

Zu diesem Programm gehörte auch, den fähigen brasilianischen Schwestern die bestmögliche Ausbildung mitzugeben. So erhielten drei Schwestern die höhere Krankenpflegeausbildung auf Universitätsniveau, die sie zur Leitung von Krankenpflegeschulen berechtigte. Im Laufe der Jahre vermittelte Pastor Raspe sechs Schwestern einen Studienaufenthalt in der Bundesrepublik mit erbetenen Geldern der Evangelischen Frauenhilfe fürs Ausland, unter ihnen die beiden Schwestern, die Nachfolgerinnen der Kaiserswerther werden sollten: Magda Maier, seit 1967 Vorsteherin des Diakonissenhauses in São Leopoldo, Hilda Sturm, die Anni Götschin, die vorstehende Schwester in Moinhos de Vento ablöste, und Ruthild Brakemeier, die als „Orientadora der OASE" [OASE = Ordem Auxiliadora das Senhoras Evangélicas = Evangelische Frauenhilfe], d. h. Leiterin der Evangelischen Frauenhilfe in der Südregion von Rio Grande do Sul, Nachfolgerin der Berufsarbeiterin der Frauenhilfen, Frau Dorothea Seydel wurde, die 1970 nach sechzehnjährigem Brasildienst in die Bundesrepublik zurückkehrte.

„Wir können Pastor Raspe nicht dankbar genug sein", schrieb Pastor D. Frick 1955, „daß er das Werk des bodenständigen Mutterhauses vor fünfzehn Jahren begonnen hat, daß er nach dem Krieg es wagte, an einen Neubau zu denken und daß er durch keine Rückschläge und Schwierigkeiten sich entmutigen läßt."

Seine Unternehmungen hat Pastor Raspe unter permanenten inflatorischen Verhältnissen durchgeführt. Da ging es durch manche Tiefen, aber auch durch manche Erfahrungen unverhoffter Hilfe. „Wir waren Ende 1959 mit unserm Geld ganz am Ende. Teuerung und Währung hatten unsere Kasse restlos erschöpft. Wir bereiteten gerade den Brief vor, der unsern Konkurs in Kaiserswerth melden sollte. In den Tagen kam ein Brief, der uns eine Gabe von 50 000 DM ankündigte, sofern wir unsere verzweifelte finanzielle Lage nachweisen konnten. Wir konnten sie nachweisen. Die diese erhebliche Gabe geben wollen, mögen es spüren, daß ihre Hand von Gott geführt worden ist."*)

Aufbauarbeit

Jahr um Jahr hat Pastor Raspe durch seine „Flugbriefe", die in dem Blatt „Daheim und Draußen", später „Brasilnachrichten" betitelt, veröffentlicht wurden, die evangelischen Frauenhilfen in der Bundesrepublik über den Diakonissendienst in Brasilien informiert . . . Sein letzter Bestandsbericht von 1966 gibt folgende Zahlen:

Der Mutterhausdiakonie innerhalb der evangelischen Kirche Lutherischen Bekenntnisses in Brasilien gehören an: 20 arbeitende Kaiserswerther, 72 Leopoldenser Schwestern, davon 22 in der Ausbildung, und 2 Verbandsschwestern, dazu 7 alte Kaiserswerther, die ihren Feierabend in Rio Grande do Sul verbringen. Sie arbeiten in 11 Krankenhäusern und Wöchnerinnenheimen, davon in Moinhos de Vento mit 150 Betten, in den Koloniehospitälern und -heimen mit durchschnittlich 35 Betten; in 4 Altenheimen, davon das größte in Braço do Trombudo mit 80 Betten; in 3 Kindergärten, auf 3 Gemeindestationen, in dem Hamburger Stift und in dem Mutterhaus selbst. Sozusagen als Abschluß seiner Tätigkeit [1966 Ruhestand, 11. Juli 1973 gestorben] konnte Pastor Raspe noch erreichen, daß alle Diakonissen ab 1. Oktober 1965 in die Versorgungskasse der evangelisch-lutherischen Kirche in Brasilien aufgenommen wurden. Der größte Teil des dafür notwendigen „Eintrittsgeldes", 40 000 DM, wurde durch seine Vermittlung von der Evangelischen Frauenhilfe für die Auslandsdiaspora, Sitz in Kaiserswerth, aufgebracht.**)

*) Anna Sticker, a.a.O., S. 14.

*) a.a.O., S. 14f.

**) a.a.O., S. 16f.

Nachwort

Leitwort der Frauenhilfe und ihrer Schwesternschaften von den ersten Anfängen an ist ein Satz aus dem Matthäus-Evangelium (25,40): ,,Was ihr getan habt einem unter diesen meinen geringsten Brüdern, das habt ihr mir getan.''

Dieses Wort wird zu Menschen gesagt, die eigentlich nur selbstverständliche Dinge tun: Einem Hungernden zu essen geben, einem Durstigen zu trinken, einen Heimatlosen aufnehmen, einem Zerlumpten ein paar Kleidungsstücke schenken, einen Kranken besuchen, sich um einen Gefangenen kümmern. Aber gerade danach wird letzten Endes gefragt: Was wir getan haben für die unserer Hilfe Bedürftigen, die in unserer Welt nicht Beachteten, Zukurzgekommenen, Ausgestoßenen.

Von diesem Wissen bekommt die Arbeit der Frauenhilfe ihre Impulse. Die vielfältigen Formen ihres Dienstes in den Landesverbänden, Kreisverbänden und örtlichen Frauenhilfen orientieren sich nicht an einem für alle geltenden Programm, sondern an den Notwendigkeiten vor Ort.

Die Frauenhilfe als Arbeitszweig des Evangelisch-Kirchlichen Hilfsvereins

Was ist und was will die Frauenhilfe? In den ersten beiden Jahrzehnten ihres Bestehens wird geantwortet: Frauenhilfe ist evangelische, freiwillige, geschulte und organisierte Diakonie der Frau aus der Gemeinde für die Gemeinde.

Die Frauenhilfe wird nicht gegründet als selbständiger Frauenverband - dies wird gelegentlich übersehen -, sondern als ein Arbeitszweig des Evangelisch-Kirch-

lichen Hilfsvereins, der einen nicht unwesentlichen Teil der Kosten der Arbeit trägt.

Diese Verbindung bewirkt einen engen Bezug zum Pfarramt, wehrt dem Mißverständnis, Frauenhilfe verstehe sich als Sonderkreis in der Gemeinde und ermöglicht eine vertrauensvolle Zusammenarbeit von Frauen und Männern.

Indem Frauenhilfe nach den Bedürfnissen der einzelnen Gemeinde fragt, sucht und findet sie bisher unerschlossene Räume der Mitarbeit für Frauen in den Kirchengemeinden.

Weil Frauenhilfe sich zunächst und vor allem als eine Dienstgruppe der Kirchengemeinden versteht, grenzt sie sich sachlich ab zur Frauenbewegung. Weil die Arbeit der Frauenhilfe ein evangelisches Bekenntnis sein will, das die Tat der Liebe nicht an die Stelle, sondern an die Seite der Worte des Glaubens setzt, grenzt sie sich sachlich auch ab von interkonfessionellen und humanitären Verbänden wie dem ,,Vaterländischen Frauenverein''; widersteht sie der Meinung, Frauenhilfe sei ein Wohltätigkeitsverein, der Werke der Wohlfahrtspflege treibt, die auch andere tun können.

Indem örtliche Frauenhilfen sich als diakonische Dienstgruppen verstehen, bilden sie die Basis für ehrenamtliche Diakonie in Kirchengemeinden. Zugleich ermöglichen sie die Schaffung vielfältiger eigener diakonischer Einrichtungen und Ausbildungsstätten sowie das Entstehen eigener Schwesternschaften.

Bis 1916 liegt die Gesamtleitung der Frauenhilfe beim

Engeren Ausschuß des Evangelisch-Kirchlichen Hilfsvereins. Aber auch die dann selbständig werdende Frauenhilfe (Gesamtverein) bleibt - schon aus finanziellen Gründen - bis 1932 mit dem Hilfsverein verbunden. Der Hilfsverein behält sich ein Mitspracherecht vor, um das freie Werk Frauenhilfe an die verfaßte Kirche zu binden. Erst unter Druck der Ereignisse von 1933 gibt der Hilfsverein die letzte Verbindung auf.

Der Kirchenkampf

Der im Spätsommer 1933 beginnende „Kirchenkampf" ist, von außen gesehen, der Kampf einer Minderheit in der Kirche gegen die anerkannte Institution Kirche. In Wirklichkeit ist diese Auseinandersetzung ein Abschnitt in dem längst begonnenen Prozeß kirchlicher Selbstkritik und erstrebter Erneuerung, und zugleich ein Nein gegenüber der totalen Diktatur eines Staates, der von seinen Bürgern nicht nur unbedingten Gehorsam in ihrem Tun und Lassen, sondern auch in ihrem Denken und Wollen verlangt.

Um Selbstkritik und Erneuerung geht es auch in der Frauenhilfe. Zu Beginn des Dritten Reiches wird in den Publikationen der Frauenhilfe in der Umrahmung durch biblische Worte und Gedanken die Botschaft der Deutschen Glaubensbewegung verkündet. Nach schweren inneren Auseinandersetzungen löst sich die Frauenhilfe von dem Partei-Kirchenregiment der Deutschen Christen. Ihre öffentliche Absage an kirchliche Irrlehren und an den Totalitätsanspruch des NS-Staates wird ernst genommen. Wenn auch nicht als ganze, sondern nur in einigen Untergliederungen verboten, wird ihr bescheinigt, sie sei eine staatsfeindliche Organisation. In Zusammenwirken von staatlichen und reichskirchlichen Organen wird versucht, die Frauenhilfe von innen her aufzuspalten und zugleich ihre Arbeit durch Entziehen finanzieller Mittel zu erschüttern. Aber Hunderttausende von Frauen zeigen, daß Bibel und Bekenntnis kein ruhendes Gut der Kirche sind, sondern daß sie Kirche und Gemeinde gestalten.

Es ist erstaunlich und bedauerlich, daß die bisherigen Darstellungen des Kirchenkampfes diese entschiedene Haltung nicht nur der Leitung der Frauenhilfe, sondern auch der meisten örtlichen Gruppen höchstens in Nebensätzen erwähnen. So kann es zu der mancherorts als Tatsache ausgegebenen Vermutung kommen, die Frauenhilfe habe sich von allen politischen Auseinandersetzungen ferngehalten und durch einen Rückzug auf das „Religiöse" die NS-Zeit überdauert. Dieses Kapitel bedarf noch einer ausführlicheren Darstellung als sie bisher - auch im Rahmen dieses Buches - gegeben wurde.

Freilich enthält dieses Kapitel nicht nur Ruhmesseiten. Auch für die Frauenhilfe im NS-Staat gilt, was der Rat der Evangelischen Kirche in Deutschland in seiner Stuttgarter Erklärung im Oktober 1945 gegenüber den Vertretern des Ökumenischen Rates der Kirchen gesagt hat: „Wohl haben wir lange Jahre hindurch im Namen Jesu Christi gegen den Geist gekämpft, der im nationalsozialistischen Gewaltregime seinen furchtbaren Ausdruck gefunden hat; aber wir klagen uns an, daß wir nicht mutiger bekannt, nicht treuer gebetet, nicht fröhlicher geglaubt und nicht brennender geliebt haben." Auch für die Frauenhilfe gilt, daß sie sich im Ringen des Kirchenkampfes mehr durch die Feinde des Evangeliums in ihrem Verhalten bestimmen läßt als durch die Menschen, die ihren Beistand nötig haben. Das Weiterleben der Kirche und die Erhaltung der Frauenhilfsarbeit wird stärker bedacht als ein wahrhaft menschliches Leben und das Überleben diffamierter, bedrohter und verfolgter Mitmenschen. Auch für die Frauenhilfe gilt, was die Synode der

Evangelischen Kirche in Deutschland im Februar 1961 anläßlich des Eichmann-Prozesses in einem Aufruf an die Kirchengemeinden gesagt hat: „Alle überlebenden Deutschen, die im urteilsfähigen Alter die Greuel der Judenvernichtung miterlebt haben, auch die, welche jüdischen Mitbürgern in ihrer Bedrängnis beigestanden haben, müssen vor Gott bekennen, durch Mangel an wachsamer und opferbereiter Liebe mitschuldig geworden zu sein."

Bibelarbeit

In einer Zeit schwerer weltanschaulicher Auseinandersetzungen beginnt die „Bibelarbeit" der Frauenhilfe. Religiöses Bewußtsein ist in den Frauenhilfen vorhanden, aber es fehlt weithin die Kenntnis christlicher Grundwahrheiten. Die Bibel ist ein unbekanntes Buch.

In der NS-Zeit wird die Notwendigkeit des Studiums der Bibel als dem alleinigen Worte Gottes noch deutlicher erkannt. Frauen sollen nicht in eine Ersatzreligion gedrängt werden. Darum ist es notwendig, das Evangelium unmittelbar in das Leben der Frauen und Mütter hineinzusagen und zwar indem miteinander Texte der Bibel gelesen und besprochen werden. Dabei wird gemeinsam erkannt, ob das Gehörte auch verstanden ist; und zwar so verstanden, daß Frauen die Botschaft in aller Schlichtheit weitergeben können, überall da, wo es sich ergibt, daß man von ihnen „Grund fordert der Hoffnung, die in ihnen ist".

Die Gewaltmaßnahmen des NS-Staates nötigen die Frauenhilfe zu prüfen, welches die Grundlage ihrer Arbeit ist. Der Staat zwingt die Frauenhilfe, auch wenn sie nicht wollte, sich auf ihre Aufgabe zu besinnen. Sie versteht: Nur wenn das Evangelium von Jesus Christus Fundament ihrer Arbeit ist, kann sie dienstbares Glied der Kirche sein. So wie das

Siegel des Evangelisch-Kirchlichen Hilfsvereins und das Siegel der Frauenhilfe des Hilfsvereins hinweisen auf 1. Korinther 3, Vers 11: „Einen andern Grund kann niemand legen außer dem, der gelegt ist, welcher ist Jesus Christus."

An vielen Stellen entstehen „Rüstkreise", Arbeitsnachmittage für Leiterinnen, in denen sie angeleitet werden, Bibeltexte oder Monatsthemen der Frauenhilfe zu erarbeiten und weiterzugeben. Bibelarbeit wird zu einem wesentlichen Teil der Erwachsenenbildung der Frauenhilfe.

Anzumerken ist hier: Auch das „Blaue Liederbuch" der Frauenhilfe „Lob Gott getrost mit Singen" ist aus dieser und der folgenden Zeit nicht wegzudenken. Das Singen der alten und der neuen Lieder wird zur Hilfe und Freude. „Die Kirche des Wortes und des Bekennens ist die Kirche des Liedes und der Anbetung", schreibt Adolf Brandmeyer 1935 in seinem Geleitwort zum Frauenhilfsliederbuch. „Zur Kirche des Lobens haben immer Frauen gehört: Mirjam und Hanna, Elisabeth und Maria. So hat es seinen Sinn und sein Recht, wenn nun dieses Liederbuch hinausgeht zu den evangelischen Frauen in unseren Gemeinden. Im Werktag der Woche kommen sie als Glieder der Kirche zusammen, um christliche Lebensgemeinschaft im Glauben und Dienen darzustellen. Dazu ist das Lied der Kirche entscheidende Hilfe. Zur Bibelarbeit und Katechismusstunde kommt das Loblied zur Ehre Gottes." Meta Diestel setzt hinzu: „Dann erst bekommt so ein Büchlein Leben, wenn es die Beziehung herstellt zwischen unseren Zusammenkünften und der Familie - erst dann kann auch unser neues Singen wahre Frauen-Hilfe sein."

Erwachsenenbildung

Als 1918 den Frauen das ihnen bisher vorenthaltene politische und kirchliche Stimmrecht zugestanden wird, äußert sich kirchliche Besorgnis: Frauen könnten sich durch ihre Beteiligung am öffentlichen und politischen Leben ihrer Aufgabe als Ehefrau und Mutter entfremden. In der Frauenarbeit wird überwiegend bejaht, daß die Frau sich im Gewirr der Meinungen selbst ein Urteil bilden muß und daß sie dies vor neue geistige Aufgaben stellt. Hilfen für diese neuen Aufgaben werden durch Publikationen der Frauenhilfe gegeben. Lehrgänge, wie sie im diakonischen Bereich angeboten werden, gibt es zunächst nicht, aber Frauenhilfsstunden werden nun angelegt auf eine gegenseitige Hilfe der Mitglieder zu einer tätigen Anteilnahme am öffentlichen Leben.

Beim 25jährigen Jubiläum der Westfälischen Frauenhilfe sagt der ehemalige Frauenhilfspfarrer von Westfalen und spätere Präses der Rheinischen Kirche Joachim Beckmann in seinem Vortrag „Der Dienst der Frauenhilfe in der Volksbildung": „Die Notwendigkeit und Bedeutung dieser Bildungsarbeit ist in der Frauenhilfe in mehr oder weniger großem Maße eigentlich immer erkannt worden. So handelt es sich nicht um etwas völlig Neues, nicht um etwas, das erst noch in Angriff genommen werden müßte, sondern mehr um eine klarere Erfassung der Wichtigkeit dieser Arbeit, um ein schärferes Sehen der hier vorliegenden Aufgaben. Die Frauenhilfen sind wohl niemals . . . ausschließlich Vereinigungen für Wohlfahrtsarbeit gewesen, sondern sie haben immer auch Bildungsarbeit getrieben."

Es ist gut, sich an die Tatsache zu erinnern: Es gibt in der Frauenhilfe „evangelische Erwachsenenbildung", ehe mit dem neuen Begriff mancherorts der Eindruck erweckt wird, die Sache selbst sei auch neu. Nach wie vor steht in der Erwachsenenbildungsarbeit der Frauenhilfe das Wachmachen und Einüben von Gesprächsfähigkeit vor der eigentlichen Wissensvermittlung, obwohl schwerpunktmäßig auch sie dazugehört.

Frauen unter sich - unzeitgemäß?

Das klärende Gespräch, die gezielte Information, die Anleitung zum Gewinnen eines eigenen Standortes brauchen Frauen wie Männer. Praktische Erfahrungen wie grundsätzliche Überlegungen lassen dennoch eine eigenständige Frauenarbeit (noch?) sinnvoll und geboten erscheinen. „Spielräume" und „Gesprächsfelder" sind nötig, die dazu helfen, aus Verunsicherungen herauszukommen und partnerschaftliches Verhalten vorzubereiten.

Lieselotte Nold hat aus den Erfahrungen des Bayerischen Mütterdienstes darauf hingewiesen, daß fruchtbare Ansätze und durch Jahre entwickelte Arbeitsformen nicht selten durch das auf falsche Weise verwendete Stichwort „Kooperation" gefährdet werden. Sinnvolle Kooperation (z.B. mit der Männerarbeit, mit Einrichtungen der Erwachsenenbildung in verschiedenen Bundesländern etc.) muß bejaht und gewollt werden; aber wenig sinnvoll ist es, unterschiedliche Ansätze, Arbeitsformen und -methoden zu übersehen und ein „Additionsverfahren" anwenden zu wollen. „Kooperation" ist für die Frauenhilfe kein fremdes Wort, aber auch kein Schlagwort. Wirksame Modelle der Kooperation können nur in Geduld entwickelt und erprobt werden. Überschneidungen der Angebote müssen möglichst vermieden, sinnvolle Ergänzungen erstrebt werden. Kooperation in den Landeskirchen wie mit der Frauenarbeit anderer Kirchen geschieht. Lieselotte Nold: „Sicher stehen alle Formen von Frauenarbeit auch vor der Aufgabe der Überprüfung und Durchforstung der eigenen Arbeit und der einer sinnvollen Absprache von Zusammenarbeit und Koordination mit entsprechend arbeitenden Zentren und Arbeitsgebieten. Die Bereitschaft dazu ist durchaus vorhanden unter der Voraussetzung, daß nicht Verordnung, sondern Mitsprache der beteiligten Verantwortlichen es ermöglicht, Einordnung und Freiheit sinnvoll zu gestalten."

Die Frauenhilfe - ein freies Werk der Kirche

Die Frauenhilfe schafft und bewahrt sich als freies Werk der Kirche einen Freiraum, aus dem heraus es allein möglich ist, über die bestmöglichen Arbeitsformen selbst zu befinden. Diese Freiheit ist nicht nur ihre Chance, sondern zugleich Hilfe für ihre Partner. Frauenhilfe ist Teil der Kirche, doch in Eigenständigkeit. Sie ist eine Dienstgruppe der Gemeinde Jesu Christi, wenn nötig auch im kritischen Gegenüber zu den Institutionen in Kirche und Staat.

Diese Eigenständigkeit ist auch beargwöhnt und bedroht worden. Zunächst sehen es manche als eine ausgemachte Sache, daß die Wiederaufnahme freiwilliger organisierter Liebestätigkeit der Kirche - nun in Vereinen und Werken - das Pfarramt bedroht. Ist die Frauenhilfe - so hatte man es der Inneren Mission insgesamt vorgeworfen - ein „Schlinggewächs am Stamm des Kirchenbaumes"? Die praktische Arbeit der Frauenhilfe widerlegt solche Befürchtungen. Angegriffen und bedroht wird die Selbständigkeit der Frauenhilfe von dem Partei-Kirchenregiment der NS-Zeit mit der billigen Behauptung: Frauenhilfe stammt aus dem individualistischen Zeitalter, sie ist so schnell wie nur möglich zu überwindende Vereinsmeierei. Es wird geantwortet: Durch die Frauenhilfe hat die Frau unserer Tage weithin Heimat gefunden in der Kirche. Darum gibt es Landeskirchen, deren eigenster Kern die Frauenhilfe ist. Dies gilt auch heute.

Zudem gilt, daß heute mehr als 500 000 Frauen durch ihren finanziellen Beitrag die Arbeit der Frauenhilfe am Ort ermöglichen und darüber hinaus in Kreis- und Landesverbänden wie der Frauenhilfe in Deutschland. Der „Mitgliedsbeitrag" der Frauenhilfe ist kein Zeichen von „Vereinsmeierei", sondern Ausdruck der Erkenntnis, daß die Mittel zur Finanzierung kirchlicher Arbeit, wo sie unkonventionell und schnell auf Bedürfnisse und Nöte reagierend geschehen soll, nicht durch Kirchensteuereinnahmen zur Verfügung stehen, sondern durch die Opferbereitschaft engagierter Christen.

In vergangenen Jahren wurde die „Offene Arbeit" manchmal gegen die sogenannte „Verbandsarbeit" gestellt. Wer sehen wollte, hat inzwischen gesehen, daß „Offene Arbeit" zumeist von Frauen aus Verbänden, oder besser gesagt: von denjenigen getan wird, die sich für eine längerfristige Bindung und Verantwortung bereitfinden. „Offene Arbeit" - „Verbandsarbeit" sollte nicht als Alternative gesehen werden, sondern als doppelte Notwendigkeit.

Es hat sich auch gezeigt, daß die Arbeit einzelner dem Werden jedes kirchlichen Werkes vorausgeht; aber die Arbeit einzelner kann nicht bestehen. Nur gemeinsam gewollte und geordnete Einrichtungen sind imstande, Unternehmungen bis zu einem gewissen Grade davor zu bewahren, daß sie, von einzelnen Persönlichkeiten getragen, mit dem Abtreten dieser Persönlichkeiten untergehen.

Frauen in Leitungsgremien der Kirche

Ein ausschließliches Recht der Männer, die Gestaltung des Gemeindelebens zu bestimmen, wird immer wieder, auch mit biblischer „Begründung", behauptet. 1918 muß im Gefolge des politischen Wahlrechts Frauen auch das kirchliche Wahlrecht zugestanden werden. Nun wird die Bedeutung der

Frauenhilfe als organisierte Laienarbeit auch auf diesem Felde schnell erkannt. Auf allen kirchlichen Ebenen sind Frauen durch die Frauenhilfe schon längst für die Mitarbeit geschult worden. Frauen, die sich in Kreis-, Provinzial- und Landesverbänden der Frauenhilfe in kirchliche Fragen eingearbeitet haben, sollen auch in Kreis-, Provinzial- und Generalsynode mitarbeiten können. Kirchenleitende Männer erklären sogar: Die in kirchlicher Arbeit stehenden Frauenvereine haben einen Anspruch darauf, in kirchenleitenden Gremien vertreten zu sein.

Aber diese nach Erlangen des kirchlichen Frauenstimmrechts auch von Männern erhobene Forderung nach Mitarbeit von Frauen in den Leitungsgremien der Kirche setzt sich nur schwer durch. Immer noch gilt: In den Synoden sitzen zu wenig Frauen, in den Gottesdiensten zu wenig Männer. Daß sich dies ändert, ist eine gemeinsame Aufgabe von Männern und Frauen.

Unterwegs

Die vom Weltkirchenrat für den 15. bis 22. Juni 1974 nach West-Berlin einberufene ökumenische Konsultation über den „Sexismus in den 70er Jahren", an der mehr als 150 Frauen aus 49 Staaten aller Erdteile teilnahmen, hat auch deutlich gemacht, was noch zu einer vollen Partnerschaft von Mann und Frau in der Kirche fehlt: „Frauen und Männer müssen anfangen, zu entdecken, was es bedeutet verschieden zu sein, und trotzdem im gemeinsamen Kampf zusammenzustehen. Wir sehnen uns nach einer neuen Vision von dem, was es heißt, ein ganzer Mensch in Christus zu sein." Hier zeichnen sich Aufgaben neu ab, auch für die Arbeit der Frauenhilfe. Der Aktionsradius ihrer Hilfe ist neu zu überprüfen. Von Erinnerungen an geleistete Hilfe kann und will sie nicht leben.

Frauenhilfe ist unterwegs mit dem ganzen wandernden Gottesvolk. Indem sie sich ihrer Geschichte dankbar verpflichtet weiß, sieht sie auf die Zukunft.

Frauenhilfe versteht sich als erfahrene Christushilfe. Wo Frauen es glaubhaft machen, daß Jesus Christus heute hilft, geschieht Frauenhilfe. Da sind Frauen nicht Mitglieder eines Vereins mit seinen Eigeninteressen, sondern da ist Kirche in der Zeit, Kirche unterwegs.

Radikal geistliche Frauenhilfe - d.h.: Frauenhilfe verwurzelt in Wort und Sakrament - vermag weltliche Frauenhilfe zu sein: offen für die Wandlungen der Welt, die Herausforderungen ihrer Zeit annehmend. Radikal geistliche Frauenhilfe ist nicht Hüterin ihrer Tradition, sondern sie gibt immer neues Zeugnis von der Hoffnung, die in ihr ist.

Ungedruckte Quellen, gedruckte Quellen und Literatur

Ungedruckte Quellen

Archivalien folgender Archive:
Archiv des Diakonischen Werks der Evangelischen Kirche in Deutschland, Berliner Stelle,
Bestand Central-Ausschuß für die Innere Mission der Deutschen Evangelischen Kirche,
zitiert: ADW Berlin, CA.

Archiv der Evangelischen Kirche im Rheinland, Düsseldorf,
Bestand Konsistorium Koblenz,
zitiert: LKA Düsseldorf, KK.

Archiv der Evangelischen Frauenhilfe im Rheinland,
Bonn - Bad Godesberg,
zitiert: AFrRh.

Archiv der Evangelischen Frauenhilfe von Westfalen, Soest,
zitiert: AFrW.

Johannes Raspe
Erinnerungen für die Mutterhausschwestern in Brasilien,
Maschinenschrift 1968.

Sonneborn Markt + Media
Die differenzierte Generation.
Untersuchungen zum Sozialverhalten der Jugendlichen zwischen 16 und 25 Jahren unter besonderer Berücksichtigung der freiwilligen sozialen Dienste beider Kirchen in NRW, September 1969, Hektographie.

Gedruckte Quellen und Literatur

Arnold, Friedrich Richard — Helferinnen in der Krankenpflege auf dem Lande, Separatdruck aus: Monatsschrift für innere Mission, hrsg. v. Theodor Schäfer, Gütersloh o.J.

Beckmann, Joachim — (Hrsg.) Kirchliches Jahrbuch für die Evangelische Kirche in Deutschland 1933 - 1944, 60.-71. Jg., Gütersloh 1948.

Im Kampf für die Kirche des Evangeliums. Eine Auswahl von Reden und Aufsätzen aus drei Jahrzehnten, Gütersloh 1961.

Boehle, Theo — (Hrsg.) Evangelische Frauenhilfe im Rheinland 1901/1956, Festschrift anläßlich der Einweihung des Hauses der Frauenhilfe am 30. Mai 1956.

Brandmeyer, Adolf — (Hrsg.) Frauenhilfe im Ausland. Von kirchlicher Arbeit deutscher Frauen im Ausland, in: Arbeitsbücherei der Frauenhilfe, Potsdam o.J. [1938].

(Hrsg.) Die Frauenarbeit der Kirche, Dresden und Leipzig o.J. [1940].

Buchner, Rudolf — Deutsche Geschichte im europäischen Rahmen, Darmstadt 1975.

Cremer [Paul] — (Hrsg.) Die Frau im evangelischen Gemeindeleben. Handbuch der Frauenhülfe, Potsdam o.J. [1912].

(Hrsg.) Im Dienst der Liebe. 25 Jahre Arbeit des Evangelisch-Kirchlichen Hülfsvereins, Potsdam 1913.

Curtius, Friedrich — Für das Recht der Frauen in der Kirche, Berlin 1910.

Czech, Danuta — Frauen in Auschwitz, in: Weltweite Hilfe — Kirche, Diakonie, Gesellschaft; Information für die Gemeinden in Hessen und Nassau; 25. Jg., Heft 3 (156), Mai/Juni 1975.

Drewes, Gerda	Durch Gottes Güte, 1949, 50 Jahre Evangelische Frauenhilfe, Gladbeck o.J. [1949].
	Entstehung und Entwicklung der Frauenhilfsarbeit, o.J. [1964].
Ehrenforth, Gerhard	Die schlesische Kirche im Kirchenkampf 1932 - 1945, Göttingen 1968.
Erfurth, Paul	Beiträge zur Geschichte der weiblichen nachgehenden Fürsorge im Wuppertal 1844 - 1919, Elberfeld 1920.
Evers, Ernst	Auguste Victoria, Das Lebensbild der deutschen Kaiserin, Potsdam o.J. [1908], 4. Aufl.
Fahrenholtz, Elfriede	Landesverband der Evangelischen Frauenhilfe Bremen 1933 - 1958 [Eigenverlag 1958].
Freudenberg, Ika	Was die Frauenbewegung erreicht hat, München 1918.
Funke, Alex	Wie plant man die Arbeit der Frauenhilfe? Monatschrift für Pastoraltheologie, Heft 1/1965 und in: Gemeindeveranstaltungen 11,1 (Frauenveranstaltungen), hrsg. v. Fritz Mybes, Stuttgart 1968.
von der Goltz, Ed. Freiherr	Vor welche Aufgaben stellt die Gegenwart die evangelische Frau?, in: Arbeitsbücherei der Frauenhülfe, Potsdam 1919.
Hartwich, Nora	(Hrsg.) Handbuch für evangelische Frauen, hrsg. im Auftrag der Vereinigung Evangelischer Frauenverbände Deutschlands, Selbstverlag, Berlin-Dahlem 1929.
Hermenau, Hans	Bausteine zum evangelischen Muttertag, in: Arbeitsbücherei der Frauenhilfe, Heft 27, Potsdam 1933.
	(Hrsg.) Vom Werk zum Ziel. Handreichung zur Jahreslosung der Evangelischen Reichs-Frauenhilfe für 1933/34, Potsdam 1933.
	Die evangelische Frau in Kirche und Nation, Potsdam 1933.
Hey, Bernd	Die Kirchenprovinz Westfalen 1933 - 1945, Bielefeld 1974.
von der Heydt	Hundert Jahre Evangelischer Frauenverein Koblenz, o.J. [1934].

Kirmsse, Erika	(Hrsg.) Deutsches Frauenschaffen, Jahrbuch der Reichsfrauenführung, 1939, Dortmund o.J. [1938].
	Deutsches Frauentum in schwerer Zeit, in: Der Schulungsbrief, Hrsg. Der Reichsorganisationsleiter der NSDAP, VII. Jg., 7./8./9. Folge, 1940.
Koch, Ernst	Evangelische Frauenhilfe im heutigen Staat, Arbeitsbücherei der Frauenhilfe, hrsg. v. Lic. Hans Hermenau, Heft 29, Potsdam o.J.
Kracker von Schwartzenfeld, Ingrid	Auftrag und Wagnis — Der Weg des Evangelischen Diakonievereins, Berlin 1969.
Kunze, Wilhelm	Pfarrer Hermenau als Wegbereiter der Deutschen Glaubensbewegung. Als Handschrift gedruckt 1935.
Lönnies, Klara	(Hrsg.) Mütter der Kirche sind die Mütter des Staates. Unser Arbeitsauftrag für 1934 und späterhin! Hrsg. vom Reichs-Mütterdienst im Frauenwerk der Deutschen Evangelischen Kirche, Berlin o.J. [1934].
von Mirbach, Freiherr	Denkschrift, August 1904.
Müller, Heinrich	D. Ernst Stoltenhoff, Der letzte Generalsuperintendent, Neukirchen 1956.
Mybes, Fritz	(Hrsg.) Du stellst meine Füße auf weiten Raum, Verkündigung vor Frauen, in: Kasualien, Bd. XIV, Stuttgart 1964.
	(Hrsg.) Frauenveranstaltungen, in: Gemeindeveranstaltungen — Arbeitshilfen und Entwürfe, 11. Bd.; 1. Teilband: Überlegungen und Modelle, 2. Teilband: Materialsammlung, Stuttgart 1968 und 1970.
	20 Jahre Müttergenesungswerk — Erinnerungen mit Zukunft?, in: diakonie, Mitteilungen aus dem Diakonischen Werk der Evangelischen Kirche im Rheinland, Jg. 7, Ausg. 5, September/Oktober 1970, S. 14ff.
	50 Jahre Frauenhilfs-Diakonieschwesternschaft im Rheinland, in: diakonie, Mitteilungen aus dem Diakonischen Werk der Evangelischen Kirche im Rheinland, Jg. 8, Ausg. 3, Mai/Juni 1971, S. 26ff.

Das Müttergenesungswerk im Jahre 1973, in: diakonie, Mitteilungen aus dem Diakonischen Werk der Evangelischen Kirche im Rheinland, Jg. 10, Ausg. 1/2, Januar/April 1973, S. 28ff.

Bis 1915 noch eine „unselbständige" Tochter. — Nicht nur ein „verlängerter Arm des Pfarrers".
[Rückblick auf 75 Jahre Geschichte der Evangelischen Frauenhilfe in Deutschland],
in: Der Weg, Evangelisches Sonntagsblatt für das Rheinland, Nr. 37 und 39, 1974.

Paulsen, Anna — Aufbruch der Frauen. Ein Beitrag zum Gespräch zwischen Frauendiakonie und Frauenbewegung, Lahr 1964.

Philippi, Paul — Das sogenannte Diakonenamt, in: Wahrheit und Wagnis, hrsg. v. Fritz Mybes, Gladbeck 1968.

Priebe, Hermann — Kriegerfrauen! Helft euren Männern den Sieg gewinnen!, Berlin 1916.

(Hrsg.) Kirchliches Handbuch für die evangelische Gemeinde unter besonderer Berücksichtigung der Evangelischen Kirche der altpreußischen Union — zugleich ein Beitrag zur Kirchenkunde der Gegenwart, Berlin 1929, 3. Auflage.

Scharffenorth, Gerta — (Zusammenstellung und Erläuterung)
Bildung als Aufgabe der Kirche. Problemskizzen und Modelle. Materialien zur Reform des kirchlichen Bildungssystems, in: epd dokumentation, hrsg. v. Hans-Wolfgang Heßler, Bd. 7, Witten und Berlin 1972.

Schneider, J. — (Hrsg.) Kirchliches Jahrbuch für die evangelischen Landeskirchen Deutschlands 1917. Ein Hilfsbuch für die Kirchenkunde der Gegenwart, Gütersloh 1917.

Sticker, Anna — Johannes Raspe, in: Brasilnachrichten, Jg. 57, Nr. 39, Herbst 1973.

Tiling, Magdalene von — Die neue Stellung der Frau in der Volksgemeinschaft, in: Kirchlich-soziale Flugschrift Nr. 20, Leipzig 1925.

Zimmermann, Thea — Die Frau und die kirchlichen und religiösen Fragen der Gegenwart, in: Arbeitsbücherei der Frauenhülfe, Potsdam 1919.

Die Frauenhülfe bei der Arbeit.
Vier Vorträge, gehalten auf dem Informationskursus zu Cöln am 11. und 12. Oktober 1910. Pfarrer Merck, Barmen: Vertiefung in und für die Arbeit; Pastor Erfurth, Elberfeld: Bewahrung der weiblichen Jugend; Landesrat Dr. Schmittmann, Düsseldorf: Soziale Frauenhülfe; Pastor Arnold, Barmen: Armenpflege, nicht Armutspflege, gezeigt an der Tätigkeit der Cölner Frauenhülfe, Potsdam o.J.

Der Evang. Frauenverein — Frauenhülfe zu Coblenz, Sept. 1834 — Sept. 1914, Coblenz o.J. [1914], (Chronik des Evangelischen Frauenvereins zu Coblenz).

Diakonissen-Mutterhaus Katharinenstift der Frauenhilfe fürs Ausland in der Lutherstadt Wittenberg. Ein Gedenkbuch zum 20jährigen Bestehen, herausgegeben vom Hauptvorstand Düsseldorf 1929.

Gebt unserm Gott die Ehre. Zum 50jährigen Jubiläum der Westfälischen Frauenhilfe, Soest 1956.

Predigt, Vorträge und Ansprachen bei der 50-Jahrfeier der Westfälischen Frauenhilfe am 6. und 7. Juni 1956 in Dortmund [ohne Verlagsort und Jahr].

Fragen an die deutsche Geschichte. Ideen, Kräfte, Entscheidungen von 1800 bis zur Gegenwart [1974] — Katalog zu einer historischen Ausstellung im Reichstagsgebäude in Berlin.

Zeitschriften, Zeitungen etc. sind in der Regel nur bei den Quellenstücken angeführt.

Bildnachweis

Bundesarchiv — Bildarchiv, Koblenz	Seite 14, 15, 38, 60, 62, 68, 108
Archiv der Evangelischen Frauenhilfe im Rheinland, Bonn-Godesberg	Seite 47
Privatbesitz	Seite 94, 142 rechts, 169
Hans Lachmann, Düsseldorf	Seite 142 links, 156, 166, 167, 168, 182
Graphischer Kunstverlag H. Dülberg, Soest	Seite 164

Register der Namen und Begriffe

Quellentexte im Fettdruck, F = Foto, *) = Anmerkung.

II. Begriffe

Inhalt

Die Ergänzung zur Geschichte der
Evangelischen Frauenhilfe in Quellen:

Fritz Mybes:

Geschichte der Evangelischen Frauenhilfe in Bildern

72 Seiten, Format 20x20 cm,
kartoniert, DM 5,80

Über 170 Abbildungen aus der Geschichte
der Evangelischen Frauenhilfe und zum Teil
bisher unveröffentlichte Dokumente aus den
Jahren 1887 bis 1975.

Analog zu den Kapiteln des vorliegenden
Quellenbandes enthält der Bildband Foto-
und Dokumentenmaterial, dazu erläuternde
Texte des Autors.

Diese Darstellung der Geschichte der
Evangelischen Frauenhilfe gibt ein farbiges
Bild von der Entwicklung der größten Frauen-
vereinigung in der Evangelischen Kirche in
Deutschland.

Ein „Bilderbuch" nicht nur für die Mitglieder
der Frauenhilfen, sondern darüber hinaus für
jeden an Geschichte und Kirchengeschichte
Interessierten.

Schriftenmissions-Verlag
Gladbeck